中国古典思想的潜能

——重塑中文性思想世界

邱茂泽　著

中山大学出版社

·广州·

版权所有　翻印必究

图书在版编目(CIP)数据

中国古典思想的潜能:重塑中文性思想世界/邱茂泽著.—广州:中山大学出版社,2010.8

ISBN 978-7-306-03684-1

Ⅰ.中…　Ⅱ.邱…　Ⅲ.古典哲学—研究—中国　Ⅳ.B21

中国版本图书馆CIP数据核字(2010)第109128号

出 版 人:祁　军
策划编辑:王俊辉
责任编辑:王俊辉
封面设计:林绵华
责任校对:杨文泉
责任技编:何雅涛
出版发行:中山大学出版社
电　　话:编辑部 020-84111996,84113349
　　　　　发行部 020-84111998,84111981,84111160
地　　址:广州市新港西路135号
邮　　编:510275　　　　传　真:020-84036565
网　　址:http://www.zsup.com.cn
　　　　　E-mail:zdcbs@mail.sysu.edu.cn
印 刷 者:广州中大印刷有限公司
规　　格:880 mm×1230 mm　1/32　10.75印张　350千字
版次印次:2010年8月第1版　2010年8月第1次印刷
定　　价:35.00元

如发现本书因印装质量影响阅读,请与出版社发行部联系调换

目 录

前　言

没有一个创作知道将要产生什么，否则就没有创作，只是设计。但只要生命有真实完整的行动信仰，他就已经站在了创作的道路上。这一点至关重要，这是付出的开始，是在漫漫长夜中的“存在”旅行。所以，我觉得文学更名为“文字行”更为贴切，哲学不是什么学问，而是思想行动力的创造结果。

“调动思想的一切可能性。”——几乎没有人能够做到这一点，因为我们现代人已经没有那份从容与精微的思想素质。没有人相信那个整天把耳朵贴近地里的家伙，能听出什么大地的消息，除非有一个人像晒着冬日暖和阳光的浪荡汉那样，漫不经心地在那儿把玩着每一个字。时而拿到耳边“装腔作势地”听听，时而不停地变换着把戏，排成一列列、一行行的布局，时而又站得远远的、呆呆地瞅着这些字，他就是那个“贴地听音”的傻瓜。但“思想的可能性”则更像一道金光，从地缝里钻了出来，射中了这个傻瓜。这是一个奇迹，偏偏落到这个傻瓜的身上，我们现代人都以为这是走了“大运”，仍然不屑一顾地走自己的路，继续到高深的地方去寻找思想。

现象学冷不丁被一堵密不透风的墙挡在了外面，这堵墙拒绝分析，拒绝对象明晰性，甚至拒绝一般短途旅行与怀揣着理想、抱负的不安。中国古人把它说成是一种藏在事物中的“大象”，勒维纳斯把它说成一张不肯出卖自身的“他者的脸”，但那儿什么都没有，高悬着一颗人类的心，有心便有一切。谁又能看到这个“我的心”是在事物中，还是在他者身体中徘徊？谁又能像老子说的那样“致虚极，守静笃”？“我们有太多的事忙着，没有那闲功夫。”然而，我们又总是忙啊忙，不知道忙什么，其实什么也没有抓到。但我们更相信真正的现象学正是那个晒着太阳、贴地听音的家伙做出来的，因为在他的身上天然焕发了一种老子、庄子式的“精神”——“损之又损，以至无为”。他在我们以为不可能的地方挖“金子”，在没有的地方生有，在我们不为的地方、遗忘的地方，我们看不见的地方，他好像真的看见了什么……

这是一本不合时宜的、在文字中布下密云的、在艰难中写作的书，它的降临犹如落叶在风中飘零。如果命运决定了一个人的写作，他需要自己努力去实施对于生命意义的理解，而不是表演给人看；如果他又只能处身于写作中让写作来唤醒自己，在文字中生成思想的行动力量以及在行动力量自我夯实的拓扑运动中找到思想存在的真实可靠性，而不仅仅是为了说明什么、解释什么；如果思想的事情就是不为了表达，只为文字生命力的贯注而自然成就出“我能”的思想性与文字活着的“非思想”的事实表达，那么当他进行了这一写作，他就要承担这一写作的全部后果。命运不可说，能说的在书写过程中已经落下，唯有承受。这又是语言、肉身、生活世界三位一体畅神通智的写作，它把写作化为文字的亲密的融合与心灵复活的体操，不断在生命力中灌注着精微思想品质。正是文字母亲般的温存引领着我们实现了与先贤们的对话，在那个神奇交感的境界中我们来到了中国古典思想灵魂栖息之地，老子、庄子、孔子们一个个复活了，我们能说的、能做的又不过是那伟大的“共同体精神”中的一点点而已。

我们的先贤很早就已经深透理解了现象世界的内在人、物中之生态意义，为此，他们在人类生活与世界之间用一颗自然磅礴的心搭起了通往世界的天桥，用语言品质呈现、传达历史演变的声响与大地消息，一个人类有史以来浩荡的传承文明“薪火工程”与天人合一的伟大艺术时代浮现在我们眼前。“星垂平野阔，月涌大江流。”在这里，我们只能以平静的心情领受先贤们的澄怀体道，并奉上深深的敬意。

行动做出一个结果，然后再给出一种解释或理论，这是放弃原始行动成为自身存在的理由，而用了一个人为缔造的运作模式替代空间完整质地的行动意义。它把我们现代人的思维引向了从属于先验、本体形式的境地，人类从此丧失了思想的品质，失去了聚合完整与直接思想的能力，丧失了古典意义上的思想品质判断能力与融通能力。它的根本危害就在于我们并没有在行动结果中去架构存在的原因，而是以表象知觉为起点，在主体意识状态中进行形式——样态思考，如此，我们掌握的关于世界的外部知识越来越多，但真正拥有的知识几乎一无所有，有了也可能不被意识到，不能被有效地运用。人类抛弃了筑造思想环境存在品质的结晶性知识，遗忘了基于环境整全存在的直接行动觉知以及运用这一觉知力熔铸思想存在的动力性、生态性。我们再也不能从自然生存活动中享有万物一体存在的荣耀，再也不能与先人们进行心灵的对话，传统、自然、文明处于断裂中，我们在灵魂深处已经丧失了对文明生存的判断与信仰，世界走在沉沦的夜半。

思想根本不在大脑主体意识操作中，也不在现代科学本体知识运作与构建中。有一种思想比它更自然、更加锋利百倍，那就是文字运动综合潜能的启动，使思想内化于文字运动的自然品质当中，这才是世界存在之道的思想，是我们已经失去的伟大文明传统。

世界没有了“道”，生命失去了光亮。没有什么事情比这个世界遭受的全方位生态毁灭，更令人触目惊心。没有什么事实比人类正在失去诚信，失去品质，更令人不安与彷徨。我们仿佛又回到了没有文明的原始状态，大地一片荒凉。在此，我们只有向天地间古老的灵魂祈祷，让中文字惊天地、泣鬼神的创世神力复活，唤醒这沉睡的世界，拯救这失道的原野。

让中国古典思想活回来成为我们叙事的开端，让中文性思想活在中文字中成为我们创世言说的文明力量，没有什么事情比这坚实可靠，我被深深感动着，因为没有什么比复活一个被遗忘的世界——复活我们的生命、历史、灵魂更有意义。

第一章　观物取象　厚德载物
（直接经验觉知）

一、质　能①

（一）缘起

绘画、写作像种地一样，所不同的是农民耕作在田间，大地生成的气象收结在农民维持生计的劳动果实中，而绘画、写作的收成则是看不见的，所有看得见的为那看不见的而存在着。

我们随意在画布上涂上几笔，在纸上落下几个字，然后按照我们的意思把它做成一幅图画，或写成几段文字，我们真的以为那东西就已经存在了吗？看看诗人是怎么说的：

走在额头飘雪的夜里而依旧是
从一张白纸上走过而依旧是
走进那看不见的田野而依旧是
走在词间，麦田间，走在
减价的皮鞋间，走到词
望到家乡的时刻，……②

这仿佛是痴人的呓语，它不具常规的语法。为什么是在“额头

---

① 质能，物之势也。每一物在环境活动中都有“成其自身”行动性表现，这是世界存在着、生成着的“纯粹活动性”决定了的，是物存在着并能以完整活动产生能势变化有效，显示了它与环境的共造运动。

② 参见多多：《依旧是》，中国诗人库，www. SHGEBA · . c · m2009 – 10 – 9。（该诗全部抄录在本书最后部分）

飘雪的夜里”从白纸走过而走进了“看不见的田野”，这是在述说一个事实吗？还是个体内心体验呢？事情好像并没有那么简单。我们接着往下看，依旧是“走在词间，麦田间”，“走在/减价的皮鞋间”，依旧是不停地走，走啊走。“走到词/望到家乡的时刻”。词望到了它的家乡，是一个时刻的降临，这又是怎样的家乡？全部的述说只在一种言说的流动中转换着，事实仿佛没有留下痕迹，因为它走过，如流水般存在。因为词语在转换中不曾停下来把我们的目光引向描述的对象，我们只在词语间经验着它的运动，词语又如何能“望到家乡”呢？

诗人为什么要采取这样一种不断转换着的间接性叙述？是否存有对叙述本身有效性的警觉、保留？我们能直接说出事实的真相吗？比如，当牛顿看到苹果从树上落下来的时候，发现了万有引力定律，于是就用数学公式把它表达出来。科学真的有那么神奇，能够直接说出宇宙真理，为世界立法，并将全部宇宙的事实装入一个简洁的数学表达式中吗？你相信我们能够把宇宙和历史一下归入到一种可以直接抓住的表达方式中吗？你相信世间真有这回事吗？再看看诗人又是怎样说的：

一道秋光从割草人腿间穿过时，它是
一片金黄的玉米地里有一阵狂笑声，是它
一阵鞭炮声透出鲜红的辣椒地，它依旧是
任何排列也不能再现它的金黄

它的秩序是秋日原野的一阵奋力生长
它有无处不在的说服力，它依旧是它①

诗人显然已经立起了一个言说经验的事实，这个事实是词语激活、唤醒出来的事实，是完整地、用心地阅读带来的一个有如音所产生的在运动中直接经验、感动的世界，也是我们相信有一个活生生的世界总在那儿存在并发生着的事实，当我们读到“一道秋光从割草人腿间穿过时”，有一种原始生命的记忆在言语运动知觉中开始复活

① 参见多多：《依旧是》，中国诗人库，www. SHGEBA · . c · m2009 - 10 - 9。

着，在透过词语不断编织的运动经验中，我们仿佛来到了一个曾经发生过记忆的地方，在我们的心中看到、听到了一个确定无疑的真实情景，那广阔原野的光影与声响带来了万物“静立”的盛况，带来了记忆收获的成果：秋日晒暖的田野，光影穿过大地泛着一片金黄，微微的田野声音化成空旷的鸣响，我们置身于秋日旷野中，一个弥漫、浸透着的环境（包括耳朵与眼睛）让我们感受到词语在那儿说话的分量。“一片金黄的玉米地里有一阵狂笑声”，听到了吗？金黄的玉米正发出风卷残叶般的一片哗哗的狂笑，辽阔的世界吹奏着起伏连绵的交响。“一阵鞭炮声透出鲜红的辣椒地”，看到了吗？鲜红的辣椒炸开了笑脸正散发着生动的力量与气息，在色彩飞动的世界中，万物凝聚正发出坚实无声的震荡。在词语透过的深度经验中，词语如风声吹拂过言说编织的世界，带来了存在的深广。此时，我们仿佛能感到词语的风声刮过秋日的旷野，消弭于远方的世界，只留下大地的寂静，声音在声音中绵延，在原野起伏运动中收卷、消失。如果说这是有关现象的描述的话，那么这里首先是词语回到自身存在中的一种传达努力，描述不是在描述外在事物，描述是在创造着描述自身的存在，这里的描述得以存在就在于描述已经以一种能够存在的能势运动，它栖居在词语源始感应的时空中，并撞开了外在直观之下的另一个世界，这是一个生命曾经驻留、欢乐过的世界，是消除了外在喧嚣与嘈杂以后，眼睛和耳朵触摸到的世界，言说的事物以它自身的秩序成就出来，带着环境给予它的经验共享，带着世界给予言说无处不在的行动可靠，来到了真实场景中。没有一个“排列”可以再现它金黄的品质，没有一个秩序像“秋日原野的一阵奋力生长”，也没有一个解释可以深达这自身存在的说服力，它在不可动摇的质感经验中开拓着世界存在，但“它依旧是它”。

多么奇妙！语言与环境产生了相互致意，话中的世界生产了在世界中的芳香，仿佛我们通过言说本身的运动而置身在世界与言说活动之间，在那儿共享着一种周游于世界而又出入于世界的运动，它在描述自己吗？还是在描述物？好像两者都不是。如此的描述如何可能，它又有什么依据？

说到依据，我们不禁要问：如果依据只是意识编织的理由，就像我们一直在谈论文学要为社会做点什么，但是如果连这全部的理由加起来也不存在，没有作为历史的真实性，没有我们期待的更有意义的生活，没有历史本身的思想与贡献，只是像风潮一样过去了的片刻意义，那么这样的依据实际上还是不存在，也没有什么意义。如果语言本身不具有存在性，只是意识工具，那么我们就不要期望语言能说出什么世界真实存在的东西，也不要期望文学甚至人本身能为世界做点什么。语言不存在连同它说着的事情也根本不存在。可见，不是意识决定要怎样，而是语言存在了，它才能说出存在着的事情，历史回到了我们中间，我们才能历史地存在着。说到语言存在的依据，在这个现实得不能再现实的世界上又显得多么可笑，没有人相信有什么存在的依据，就像我们时常说历史一样，我们真正相信了我们说的是存在着的吗？是让历史存在着的在那儿现身说法吗？比如：诗人在谈论着诗时，文学家在谈论文学时，在我们的眼里，这一切难道真的相信它是确实存在着的吗？

如果我们只是在意识主体中，在现实生活行为的可能性之中，给诗和文学一种可以存在的理由，那么我们不应去谈论诗和文学，因为诗和文学在此时就是一种荒谬。就像我们一直在谈论着文学要为社会做点什么那样，如果它不存在，我们又能让它做什么？如果我们只是在意识行为中谈论世界，我们最好什么也别说，没有一样东西能够证明是存在着的。

（二）整全存在经验事实

如果世界只有空间事实与外在描述，那么世界就不存在。相反，如果世界存在着，那么这一切就重新改变了，它是时间有效行使的存在证明，此时不是我们要把世界怎样，而是只有我们找到了在世界中存在，才产生了我们存在着的言说与事实。

存在的道路不在现实逻辑思维中，存在的道路根本就在意识追踪思想的可能性之外，它是获得性存在的降临与驻留，它昭示了这样一种运动发生：存在之道路是存在发生中的事情与觉悟，不为外在事物理解与反思所穿透。而对于存在本意的哲学理解至今仍未显露，它是在现代世界对面无声存在着的巨大秘密。

何以有存在不在我们的意识思维运动中，又不被我们的主体意识所察觉这一局面呢？

如果存在着事物成其自身的运动，那么这一运动根本就不会在主体意识行为中显示出来，因为存在着的历史是在运动变化中不变的事实，因为存在着的经验在历史中享有它庄严的荣耀，因为正是历史的意义拉开了主体意识看不见的距离，成就着不变的本性自然，而这个不变的事实只能是变化着的自身完整统一性——它如身体一般在同一个身体中不断刷新着自己。如果存在着这一运动有效完整，那么它就是一种环境内部整全存在循环的行动有效，这行动有效指的是共同生成的行动有效，即每一个动作在发出时首先是在共同体成熟状态中所规定的动作质量与要求，能够成为共同体一体性状态同步协调稳定运动中的动作，每一个动作又在共同体生成变化中改变、塑造着自己，动作的给出理由以及动作的当下可靠性是在共同变化中成就出来的共在生成事实，如此——动作发出是共同体存在状态的唤醒，动作的连续有效是共同体共在改变中成就着的内部传接，这是一个内向包裹、收卷、结晶着的事实运动，全部行动有默切生成的原始熔铸空间性，而不仅仅是空间连接的想象。此时主体意识看不到、思维不到的局面就产生出来了，它像是我们在意识中知觉、想象一种在场性一样，没有时间性的空间想象与体验把行动有效的共同体生成状态简单想象为空间表象事实，抛弃了成熟应用中所要求的动作时空完整品质与渗透意义，没有了内在组织运用的有效驻留，没有了生成变化中动作塑造均衡对称，此时空间构造性知觉与想象就直接取代了默切生成的完整事实，这是只在共处行动中才经验到的非构造运动性本身。

如果说有这一可能的话，那么我们能不能敞开这一可能性而寻找一种设身处地的经验，在设身处地的运动中建立一种新的思想与觉知运动？这里，这一想法立足的基本理由就是，如果我们有可能在意识方式上并不一定契合现象本身的自在运动（因为我们总是在一定的行为方式习惯中经验知觉着事物，把事物看成是那样的），那么，我们就没有理由首先在意识中去设想事物。现象的运动只在事物自身存在中，而依据事物存在去思想则是更基本的要求。当然，我们并不能总是钻到事物中去感知事物运动，但是这又不能达成我们在行动处身中发现事物，并重新赋予现象存在并理解运动有效的理由。设身处地的思想要求我们进入事物运动场域，感受运动构成发生，依据事物在场的运动变化、作用而进行感知与思想。把事物的运动纳入到整全经验行动场中进行思考，这是回到事情本身更基本的要求，是现象学彻底性的体现。

可见，我们要做到一切从事实出发，但从事实出发又有两种情况：是从眼睛看到的事实出发呢？还是从眼睛能看的事实出发？这里就有根本的区别，前者看到了什么就说是什么，而后者则不敢那么贸然行事，因为它知道还有一种学习中的看，而学习中的看又含有行动实践的功夫，也即是说别人看到了，你不一定就能看到，即使看见了那个表面，还是不能代表你已经看到了事情本身。因此，事实本身的有效性判断在能看的环境实践功夫中，在环境知觉语言的能力培养中。只有从事实出发，然后又回到事实中才构成了在这一事实层面的认同有效，同时不断在行动中回到事实，又构成了事实存在的深度循环，它产生了事实本身的“能看”与“能行动”的相互见证与历史意义。它说明事情本身并不是先验形式想象的成果，而是事实经验在环境中为人类贡献的行动实践——“能看”的视阈有效前景与活动意义。

在网球比赛中，作为观众的我们会看到，当一个网球打过来的时候，运动员用球拍击球，于是就有“作用力与反作用力，大小相等，方向相反”的想象。但是，当我们是运动员时，如果我们是非常熟悉这项运动的话，我们就可以发现作用力与反作用力的经验本身并不是在击球那一刻才开始的，而是在这之前我们已经有了这一作用力与反作用力的大致承受与准备状态，我们总是在有所准备中才投入于这一运动中的，如果没有这一针对每一次将要发生的情况的较为充分的准备，没有应付网球比赛游戏的这一活动完整能力的话，那么我们就很难展开这项游戏，特别是激烈程度较高的对峙。也就是说，在作用力与反作用力发生之前，必然已经有了维持这一作用存在的游戏对称与整全运动均衡的交换时间，这一对称均衡性既是确保当前作用有效运行的前提，又是维持游戏持续展开的可靠保障，这对称均衡就是我们处身于环境游戏中生成的应付事物的能力。只要事物完整存在着，那么这一游戏环境的对称均衡就已经存在了，而这一对称均衡又是整全存在的对称，有环境存在功能交换的循环性，有构成完整运动的经验运用平衡调节性，有经验运用能力成熟的素质保障，包括比赛双方的实力灵敏性对比、综合，比赛场的情况，应对抗受能力准备情况，比赛器材的熟悉程度，等等，只有这样才能确保游戏正常展开，并随着时间的深入不断在比赛中产生出竞争对峙的综合实力。这里我们就可以看到，作用力与反作用力能产生一个维持、支撑有效的环境完整性的，主要是在活动对称均衡方面，并不仅仅是空间因果关系，这一完整给予了我们“能看的”视阈运用基础，给予了事实存在，可理解的对话对称组织有效以及不断唤醒、可知觉的真实可靠，如果没有这一已经存在的高度具体的具有历史意义的“感觉”被唤醒，仅仅凭外在对象看的经验，就如我们作为观众看到的，那么我们就根本说不出那种意义在环境组织活动中富有张力的完整质感经验来，理解不了环境内部运动节奏的变化以及完整调节控制给予活动本身产生的转换意义与酝酿的时机性，切身经验在这里具有存在的分量与无法替代的作用。因此，均衡作用得以成立并被信仰着，就在于环境活动均衡对称连续有效能不断地被唤醒，“能”在环境活动中给予身体行动起承转和的意义，能产生寓居于环境的完整存在深层对话，没有这一环境背景与身体行动的相互熔铸与开启，我们就找不到均衡作用发生的连续存在理由与活力源泉。而对称均衡运动经验又是在综合潜能运用中成就出来的完整可靠性，它与我们通常所说的条件构成与知识判断不同。也就是说，从构造的手段、方法、形式开始就已经把经验活动据为存在的机制，即背景的环境历史综合行动意义与非一构造性潜能运动性取缔了，没有了完整运动连续有效性，也没有了任何一个思想存在着必然要面对的环境行动无处不在的历史整合考验与真实品质。如果有这一存在之维的连续运动有效，那么它就是更基本、完整的运动，而形式、方法只能是隶属于“内容”实存运动性总体，属于有效度衡中的第二层次、次一级的被规定性，不能成为历史存在的基本规定与内容显示的构成理由，这本身就是主宾倒置的做法，也不是有效性判断本身所具备的品质与诚信——一种欺骗有可能在自身意识不到的地方产生，因为在这里诚实的品质不是来自于简单的反思，而是上升到了行动存在的高度凝聚，这是环境背景以对话对称方式存在着的意义产生了不可替代的作用，它已然是一种实践功夫的哲学。

环境性的普遍意义不是什么假设的前提，它存在着不是你要用知识证明的事情，而是事情本身给出的人类行动奠基，它仿佛在说：不是你要如何思想，而是思想的基本底色是处身行动，唯有行动才奠基了全部思想的存在可靠性，它高出于单纯形式思想性，就在于它安置了思想存在的有效活动家园，思想之屋不是“座架”（海德格尔命名）式的建筑，而是升起在环境活动上的行动交换言语意义凝结之生命殿堂。

因为作为一种自身具备充足性的基本判断——这是对判断是否存在的前提与要求——必然是充分敞开接受考验与完整经验性的，而不能依据某种先行假定，这是经验存在的意识所给予着的存在信仰，也是我们存在着、经验着而又能给予事物存在着的确定无疑的判断。这里存在的依据就是在存在中逐渐完整的在场实践活动，只有行动支撑、处身的完整经验自我生成，只有一切从事实出发，又回到事实中的发现，不再有其他理由可以超出事实经验的完整性。这是“内容”实存的能看视阈基础意义决定着的，它体现在：

1. 存在是有环境背景对话交换意义的活动，而不是主体意识的设定，它是只有存在着的运动才能回答的事实，是对称均衡有效经验中不断唤醒出来的事实存在信仰，是共造事实经验中对于行动艺术生命——生成性事实的直接经验，此时存在就是历史，就是生命。

存在的行动是为存在而不断准备着的、在直接经验中产生的实践艺术性，它在为唤起在场完整均衡而行动准备着、塑造培养着，又是为维持这一完整经验运动存在而充分变化调整着与不断适应、学习努力着。存在在这里就是立定身体行动寓居于环境的稳定可靠，它需要投入前的活动“仪式”，即完整交换技艺培养，而培养本身又不是在岸上学习“游泳”，因为运动处身是直接经验行动对称均衡时间性考验，是在环境循环中通过能力培养而不断掘进、提升着的行动凝聚、贯串力，它要求具身能力的习得与整全存在运用，这是身体间的对抗、竞争，又是身体间性的存在结晶，全部经验的有效性是身体处身行动运用的综合（在具体经验节奏、力度中的弥合，即居中行动中和），它具有个体在场适应性，调节无处不在的实践意义与行动响应力，个体行动对经验的适存与有效运用又只在环境经验完整有效变化中产生出来，没有其他捷径可走。一个球打来，此时只有身体面对，而只有个体身体学会了把全部球路、球性、发力、回击的技艺等都熟悉并运用自如的情况下，才能支配、运作这项运动，因此，学习在这里是亲身的经验、经历，亲身经验是为了成功实施在场行动的全部交换，是针对不同情况发展出来的博弈竞争力，又是在不同的竞争水平中建立的存在驻留与稳定，是共在行动局面中产生的“我能”身体存在的历史。而竞争力又是对身体整全调控运用能力的考验，这里就有一种在竞争中提升整全适应力与反击力的更新性，它通过运动水平的转化实现出来，只有个体对当前运动整体情况相当熟悉和运用自如了，层次提升才在嵌入行动变化与创新成就中积累产生出来，显然这也是对自身能力、体力与行动技艺水平的中和，也是更高要求，因此，培养只是亲身实践与层层跃进，是在具身运用中化成的身体响应与竞争运动深入融合的亲密无间性。这是对称均衡的完整内在事实性与过程运用有效，没有对称均衡作为经验的奠基，我们就说不出什么是历史中存在的真实，而历史则成为了没有意义的人为臆断与妄想。

2. 环境事实是运动有效完整存在事实而不是空间行为构成，是已经存在对于存在着的发现，而这个存在着的发现就是全适性运动中产生出来的完整活动组织有效视阈，这是能力存在的同一知觉生成完整更新交换规则，它是由环境的先验适有性决定的。

个体性经验习得从来就是在环境中的适应整全性考验，即使学习一种新的技艺也是身体进入技艺环境场的过程，是身体把过去的环境适存力融合到新的环境运动中的过程体现，是形成更新性的环境适存行动努力。从一种运动提升、转换到另一种运动，不是外部行为构建或设计，而是具身能力综合素质生成，这是环境整全适存综合行动力的塑造与素质提升，以前的经验总是以能力积累的综合素质与品质为后面技艺的习得创造着有利条件与机会，而作为行动存在的环境意义，也是在已经存在的有效性中生成更广泛深入的环境存在运动。没有环境一开始就已经提供的具身存在完整可能，就没有当下行动存在本身，在世的具身性在人一诞生那一刻起就已经由世界给出、准备了，这是一种知觉存在的先行能行动视阈，它体现了历史真实的人类活动启承意义。新的环境适存力塑造又是对于具身综合调节运用有效强度与深度的考验，包括对灵动性、敏感度、综合平衡把握，以及感知经验吸收、运用、融合铸造力的考验。在这里，新的技艺对于个体行动培养来说并不是对身体经验素质完全的更新，也不是环境经验中完全不存在的行动可能，技艺实践的存在可靠性涵括在环境与人类活动源始无间的生存自然中，首先是对在场适应性的完整考验，表面上看是新的经验空间运动，但从经验具身运用有效综合来看又不是构造的更新，而是非一构造的行动潜能生成，是环境地质拓扑性奠基一开始就为人类活动准备了一种实践性融合的前景与可能，是环境源始语言的行动性意义在无声地接纳着它的无形存在的时间性连接，是环境适存力在技艺运动场中进行的能力综合（中和）、创造与适存力具身性生成。它根本不在外在形式交互活动中，能力性思想是能力成就着的感知综合素质，是看不见的品质化工效应，即感知经验在具身行动综合有效运用中只存在意义尝试的具身经验生成运动，而不存在经验具身运用质能综合之外的单纯记忆知识构造。也就是说，生命的环境适存在先验性决定了一种适存力自我意义拓展，并在原始适存运动中构成着适存深度存在的可靠性与奠基意义，它把身体涵括在行动力及在场经验运用中，把有效的综合素质贡献出来，并参与到活动完整的组织能力熔铸运动中，没有了适存性之外的单纯空间意义判断，这是肉身行动具身调节在环境中生成经验结体，分形运用内部结晶与连续性的事实性交换，交换的“内容”是经验综合（中和）运用行动力，是在场经验自在运动行动有效性与综合调节机制的建立，它又以环境内部整全功能放射、交换与生成运动产生出行动艺术生命，不断刷新着环境场内部整全调节功能，生成着新的行动调节机制。而这一调节机制的生成又与环境融合运动的交换深度、强度效力对应着，是两个动势存在（肉身与环境）对称平衡交换过程运动，全部存在的事实不是已经构造既定的事实，而是一个被规整着的开放性存在，它把一个具身事实（身体）放置、投入到环境共造存在运动中，在那儿结晶出事实的动势存在与栖居有效，并与环境场的调节变化发生着融合与渗透。结晶事实在这里贡献的是自然品质，是物物相用、相依性，是在已然存在着的结晶事实中形成更加能存在的环境熔铸力。原来，世界本身在给出人的环境在世性同时，也一并给予了人在存在中生成存在的全部可能性，这是一个“我能”存在的内在“视阈－世界”，只有它才是我们谈论事实存在的依据。这又是身体行动适存调节运用感受性的品质综合与承受考验，是环境场的经验自在质能综合（一种熔融运动本身）对于身体行动调节性的嵌合生成，是动觉的行动素质培养与运用潜能塑造，而在这个运用综合有效意义上，经验存在不完全更新，有事实融合的时间潜在效力，否则一切不可能发生。

从这一处身存在根本意义上讲，肉身所面对的环境差异融合运动就不存在构造性的基本事实，没有空间规定的基本意义存在着，只有在对称平衡完整经验运动过程中的品质交换结晶性事实，没有适存在先，一切意义也不存在。因此，是感性经验塑造自身结晶运动的艺术生成，它从整全性中来，又回到了整全性之中。事实融合的时间潜在效力恰恰在环境历史沉淀中，是存在给出的默会运动对称均衡截取层次与动势的综合。一如我从来没有拿铁锤钉过东西，但是，如果我以前有过拿其他物体来钉东西的经验，它就可以给予我用铁锤钉东西这一运用潜在可能。

3. 环境全适性给予了我们存在结晶运动视阈，而这一“日用而不知”的意义存在又要求着它自身的存在规定，不是我们眼前看到了什么，就以为那个什么是已经存在了的事实，而是我们必然要把看到的重新纳入到环境全适性事实经验运动中，在这一运动有效中酝酿出它的完整存在视阈，我们才能看到那个事实到底意味着什么。而“环境能”行动的视阈又是奠基思想活动意义的源始基础，谈论思想本质就是在谈人厚德载物的品质以及在这一品质活力中爆发的整合环境深度经验的能力，它不再是单纯的思想，而是思想活着的原始行动力。

正因为投入是为了建立处身的对称均衡完整运动，而建立对称均衡又只在亲身实践达致的行动与环境亲密无间中，这里就包括了对称均衡的交换性与深入性，环境经验在交换的行动过程以及行动技艺水平中存在，是行动中习得的运动相关性，这运动相关是能力发展出来的环境处身经验结体、分形运用效应，并产生了能力化生在经验运用中的环境功能配置与整全调节运动，全部运动经验在行动运用中成就着功能转换与组织调节，是攻守兼备、变化多端而又自身完整的动态过程，是身体整全潜能的实现所获得的存在意义，在新的行动品质塑造中不断转化着、生成着环境性事实发现。在这里，全部行动是经验具身创造，而随着经验具身创造的实现，它又展示出身体整全行动功能发明、调适力与环境调节变化之间的相互支撑、渗透，它创造了一种共存生长而又相互渗透的动态局面，存在的意义是在环境对称均衡性不断塑造中的深入发现与创造，是开放性的完整经验行动，而不是单纯的构造行为与认知形式规定。这是在支撑运动结体、分形运用有效中生成的完整行动品质交换，是经验完整存在运用生成的品质聚焦，是环境事实结晶运动的生成性、动力性，它超出于现行人类知识运动，在实践艺术、哲学以及历史存在的高度与综合中成就着人类社会另类的风景。

因为在行动实施的环境场中，有一种经验集中的时空状态，它是处身情态奠基着的高度具体运动性。环境场首先以事物特征结体、分形运用的连续性与协同性贡献于环境适存的行动有效觉知意识，没有意向性，只有经验在整全时间性中的活动意义，这是经验在触动人的行动身体感受运用中产生的行动“极”① 的根本变化，也是环境世界

① “极”是环境适存意义运动拓扑性与完整地质构成产生的环境空间内部现象，是知觉存在的完整性奠基以及经验、理解有效的互文支撑循环层次，唯有“极”的居于环境整全具身经验产生了，知觉才获得了自身存在可靠与组织调节性。“极”既是环境适存奠基，又是意义涌现的可能性创造。

为人类生存活动开出的完整存在具身有效性本身。它是这样一种情形：“我能”的行动可能已经没有外在视阈的对象性意义，没有对象性行为可以判定的形式可能性，它是经验只在经验存在可靠中才产生出运用组织行动知觉的时间性意义，是“我能”的具身性行动在环境经验对称运用交换中生成的环境场共变性质，以及在共变性中产生的经验存在不变性——“极”的生成可能，此时经验对于“我能”的存在是在被动感应中的存在驻留的时空运用中生成可能，是共在交换的行动化视阈组织，它唤起了一种源始性，即动觉自在完整，改变了我们对于环境性的认定。环境性意义既是行动存在着的当下支撑域共现，又是行动存在着的高度经验运用有效集中，它在经验完整存在的可见与可视性两方面上自行涌现出来，是二者同步、协调统一着的融合运动。也即是说，当我们在看到事物当前的状态时，同时也在看到源始存在意义被环境嵌入了弥深视性运用有效，并产生了在动觉有效性凝视中的看到。没有动觉有效性的高度集中，就没有视性存在，看的活动就没有源始运动支撑有效奠基，可见与可视就处于分离状态，此时我们看到的就只是意向性图景，没有视性存在的支撑运用。而视性存在的可视性恰恰又已经深入到环境之中，成为了视性行止的基本规定力量，它不是外在关系的总和，而是全部关系存在着的运动体现，是高度集中的运用有效。因此，在环境处身行动实施状态中，不存在意向性统摄意义，只有意向被修正、被证明存在着的高度集中运动性，它是“对象性”活动的前身，是“对象性”活动看不见的行动调节。当我们看到事物时，调节与姿态变化也已经以非对象性的存在同时在场了，它要求着一种只在此在环境处身运用中的质能中和觉知①有效，这质能觉知性不是环境表象连接，而是结体、分形运用综合，是将环境事物特征进行着具身行动熔铸的运用集中，也只有在

① 质能中和知觉是环境适存在先性决定着的环境运动汇意知觉，它是生存活动自我存在塑造、自我编织意义的拓扑运动，是对象性视阈能产生空间形式的“前对象性”完整经验组织调节行动化空间，是环境活动默会性生成的意义地质拓扑构成与共现中的形式有效性。它像是在环境具身塑造中“下天下同一盘棋”，全部形式有效只在拓扑可靠完整性中才产生意义有效与实存。此时知觉着的是运动性完整可靠，是特征拓扑性捆绑。

这个源始存在意义上，我们才能说我们看到了事物存在的真相。

可见，不是我们要强调环境活动视阈，而是没有这一存在着的视阈，你就根本不知道什么是存在连续性与一贯性，什么是可说的真实性经验。它产生了能看的事实，即历史存在着的事实“内容”不是对象性视阈中看到的，也不是对象性视阈构建出来的逻辑内容，而是在完整环境活动中生成出来的能力性组织调节运动视阈，是没有对象性内容，它在对象视阈中看不见，但又一直存在着，并构成在能看的实践活动中，而历史事实正是存活于这一能看的深度经验运动，它是能看视阈域生成背景中一一浮现出来的循环更新着的在具身性事实。看到了什么，不是什么，而是“是”本身，可以是这一个，也可以是那一个，但又都不是，只是它自身——一种能实能虚的活化的具身性直觉，一种灵动经验的综合质能知觉。

从打网球的切身经验中就可以发现，实际上并不存在一个单一的、分离开来的把握事物的方式，事物的把握总是在直接经验行动中进行的，而且是在事物存在的整全环境中被把握到的。一个球打过来，我看到的是局部的一个面，但我感受到的是整体，我从局部呈现的事物运动性中直接把握了整体，由此才有我在感受到球即将到来时我的身姿调整，以及行动反应与击球力度的准备；等等，也才有我对球到来时的可以成立的对等潜能发挥。一切将要来临的已经在我能感受到的整体有效性的存在，促成了我的当下行动，这不是意识记忆的组合与想象，而是均衡对称运动培养出来的直接行动能力。比如：对手击球的一个动作、力度与闪晃，球在场中的运动速度与地面的撞击弹力、球划过空间的弧度以及来时的旋转方向都无不显示了球的整全状况，它是一个质感综合物，合着球的环境整体作用，合着运动中的变化与质量体现，合着游戏切身经验的感应力运用以及我对环境的适应力，传达着作用发生的全部环境运用潜能，而这个整全效应又是我在网球运动中不断练习把握到的整全存在运动有效，是与环境游戏当下状况综合以及我对网球运动训练熟习的历史关联着的，它构成了我的运动在场反应。球的每一次运动把它的环境运动态势与稳定性传达给我，我不仅能够感受到球的正面、反面运动性，更重要的是这一切状态的把握都在整全运动对称均衡调整中，不是直接的空间联想，而是综合运用发现。当我把握事物空间状态的同时，又已经把握了事物环境运动的整体质量，空间运动暗示着环境整体应力的变化与发生，这是运动均衡效应中经验到的，所以我可以知道此时球运动而来的空间存在意味着什么，它不是空间表象，而是表象之下的运动稳定态势，是带着风声、弹力与旋转速度的运动，我并没有像表象知觉那样在行为方式中把握事物，而是在行动运用中把博弈转化成了我对事物的直接经验运用综合，这是行动运用创造的整全处身质感把握，是交互作用过程把行动在整全环境存在中的对称交换熔铸性一并给出。此时外在观察的看，也只看到了交互作用空间连接形式运动，并没有看到对称均衡交换熔铸性，把握不到地面、空气、运动员技艺能力以及位置变化产生的综合平衡与转换可能，甚至看不到地面质地的不同，在一丝细微差异中促发的球的运动变化，但运动员却可以当下感应到，它要求一种在环境中的直接反应力与灵敏性，甚至想都不用想，直接就构成了当下行动。如果没有那种与肌体行动生成连接着的整全感受运用力与行动觉知判断，那么这一切就将是不可能做到的。因此，每一个当前行动的适恰反应都是全部环境历史熔造的质能综合反应，是结晶性事实的当下综合潜能的体现与把握。

事物在环境活动中是整全存在的事物，是环境共现的存在性意义，即事物存在的并置均衡与环境对称状态给予了可视的呈现运动以及存在支撑意义。也就是说，我能把握事物这一经验事实是奠基在环境处身运动上的，环境的存在完整品质贡献了发生作用的运用适存运动有效，而运用性又回到整全游戏状态中，这是一体存在的、相互关联、共在支撑的运动性，我只能在环境整全行动唤起与运用中才能感受、把握环境内在适存的关联与变化生成，此时事物并没有成为我外在直观的对象，而是以环境存在的完整运用在活动中不断涌现出来，而我又是在整全性运用感受中才与事物直接碰面的，这个整全性运用涵括着我的处身行动调整与承受性中，也涵括着我的行动整全觉知适存变化中，这个觉知状态既是与我在场行动处境调节连接在一起的，也是场域经验运动变化、交换和生成的熔铸，它促发了我的整全运动感受性，进而使我将感受回缩于身体承受之中，在身体承受的行动调整中来回应环境作用，并形成了这样一种知觉情形：知觉既内在于我，又外在于我。我在整全环境处身承受中对当下事物作用作出反应，反应是经过了身体行动艺术调整，成为肉身整全行动力对环境平衡作用的一个“我能”的回答。而环境总是以整全经验运用有效的对称均衡交换形势包裹着、塑造着我，当我在承受环境完整作用时又同时对应、生发了我的行动处身平衡状态运用，并使我能在这处身状态调整中给出着行动相形嵌合的能势，此时，这个觉知运动就在我与环境相互作用的对称均衡深度交换中生成了整全感受，它在运用中生成行动，在行动中增强综合适存运用能力，而运用行动又进行着运动品质综合。综合是具身调整平衡运用的综合，是作用对称交换与均衡熔铸的行动力道与功夫，它是一种在完整存在历史中直接给出的均衡力完美综合，因此我们就能看到它同时又是一种“时机化”行动，以及这一“时机化”本身的内在测度和事实经验。因为我的觉知行动反应与调整是在经验生成中进行着契合于当下平衡作用整全质能的行动体现，每一次给出的作用并不是完全被动的，而是在被动响应之前已经先行拥有了主动适存的同步能势运用与具身协同性，它是从我的经验行动沉积发展出来的整全存在觉知力与行动运用调节性，是整全适存对称平衡有效与结体组织调节，它给予了行动存在本身一种在行动意义尝试中的垂曳性①，觉知性呈现出运动性的两面：既有场域整全效应同时在场，又有交换功能发生的过程变异。它把行动感受不断调节生成、熔铸为一种动势栖居的运动质感融合性经验，并直接与肌体运动生成连接，从而创造了行动读出的规整性觉知状态，即质能综合（中和）运用觉知力，这是在行动适存参与中经验到的行动质

① 垂曳性：是先于主体意向的拓扑地质拓扑运动深度存在经验，它直接给予了具身行动一种在拓扑经验完整构成中的地质测度、堪舆性质，“形式”并不具有无限可分性，而是只在具身经验完整可靠性中才成为有效运用的知觉完整形式。垂曳性运动奠基着完整经验知觉可靠性与意义实存理解，它意味着“作用力与反作用力”能够被我们切身经验到并计算出来，只在完整拓扑运动机制中才是有效的，否则“形式”不具有完整可靠性与意义知觉机制。

感、通感，是时空相互渗透产生出来的结晶性运动潜质、潜能。

此时，你或许在问：有这样的能看的历史性眼光吗？难道我们平常的现实性眼光就不真实了，我们不是天天都在好好地用着它吗？其实，此时你更应该问：现实的表象性眼光到底从哪儿来，如果没有一种启承的连续性意义，难道它会从天上掉下来？如果表象知觉的连接理解没有知觉存在着的背景对称均衡性，以及这一对称均衡生成的环境交换，这一切将意味着什么？此时你就会发现，我们全部的表象经验知觉和因果连接判断没有可以理解的历史与存在理由，没有依据可以说明自身是同一个存在的生成连续性与存在着的事实，也没有能够成就出这一表象性事实的对称交换环境意义；它只是人类主体意识假想、设定的，是没有环境处身运动的非习得性经验，是从人类操作习惯中直接拿过来的构造性知识，它并不存在，没有环境支撑的完整历史，只是被人为分离出来的、没有事实经验构成的外在空间形式。此时，我们已经失去了环境直接给予的背景语言交换能力，我们看到的根本就是没有环境深度经验整合的外在形象。

当表象性知觉悬挂在人类想象的知识本体天空的时候，你能看到什么？你什么也不能看到，那是所谓的共识的天空，但没有语言对称交换的环境存在，人们找不到意义的家园，它从哪里来，又到哪儿去？共识视阈能给出我们存在的历史与命运吗？环境又将被置于怎样的境地？没有环境参与着的意义交换，我们能真正在大地上确立一种人类共同生活的美好世界吗？只是意义无效的空间滑动，意义不存在，就没有历史。

在这里，事物环境处身性也并不是一个假定，而是一个确定无疑的行动存在事实，它先于任何一个思想假定与逻辑构想，是环境不可分割的具身性体现。因为没有行动处身就没有行动支撑，而行动支撑是在具身运动中首先被建立起来的，所有的感知运动之所以成立，就是因为有了处身行动环境支撑的建立才成为了可能，否则一切将不会发生，因此处身性才是建立一切感知经验存在的源始基础，同时处身性又奠基了感受经验的真实有效性，有什么样的处身状况就会有什么样的感受性产生，感受性的构成总是包含着处身情境完整状况，这一点尤其重要。因为不稳定的处身状态必然产生行动感受的不稳定，当行动处身支撑总在滑落时，那么身体对于事物的接触感受也总在瞬间消失，事物的完整感觉经验也就不能建立起来，行动有效也不存在。此时就没有感受的确定性与稳定可靠性，也就不会有运动的可靠连接产生。因此，只有处身运动在环境支撑的具身可靠中才创造了感受行动的能势状态与对称均衡，也才产生了行动与事物经验的稳定连接。而有了处身性存在就有了环境事物的驻留与经营性，也正是驻留与存在经营的行动艺术才生成了环境活动意义本身。在这里，环境活动生成于处身运动又包含了两层意思：一是环境意义是处身性存在的经营活动创造出来的蕴涵机制，而不仅仅是形式规则；二是环境经营性又成就着处身性运动，为处身行动的实施开拓着存在道路。这一环境活动适存性是我们在具身运动领会中产生出来的，它更基本于外在形式给出的理由，因为它存在的可能性。这里我们还可以直接给出两个不在形式认定中的真实经验与见证：一是环境活动过程产生了行动参与的依附随身运动，在运动承受中有一体化的栖身感受发生，只要我们熟悉一种运动，我们就会有瞬间唤起的切身经验与感受，这是一种不在对象性经验中的时间性经验。二是环境涉身运动中又培养了我们行动的能力与整体默切性，并产生了行动蕴涵生长机制与稳定状态，正因为这一行动蕴涵生长机制存在着又产生了环境经验的时间性生成意义。由此，一种超越于对象性经验的“极”的性质在此产生，它架设了经验自在的完整时空性，这是变动而又循环更新着的存在时空。这是超主体意向的时间驻留境域性质，没有环境存在的具身完整处身性，就不会有这内在熔铸的可能。环境的意义就是先适存才有了一切关系与意义，它既是成为一切发生运动的连续性奠基，又自我塑造并绵延着“纯粹活动性”① 整体。如果说我们的经验与言说有什么前提

① 纯粹活动性：是一种在自然源始性上产生出来的、具有地质分布拓扑效力与环境质地特征的、同一个世界视阈性的生存游戏，它不同于非自然经验（如全球化自由经济）游戏，就在于后者的游戏性质已经脱离出生物约束时间性，即游戏可能性在一种人为构造的力量上独立出来。

与信仰，那么就只有这一“纯粹活动性”是我们行动的开始，也是全部存在回到自身的终止处，它将通过时间来证明这一活动的存在意义与自然合法。内向超越“极”的时空性产生了它的经验构成道路——“人法地，地法天，天法道，道法自然”。

（三）现象是整全存在质能体现

“在现象构成的景致中，有‘成对连接现象’与‘意向性侵犯’存在着。我受到这些景致的包围，而我却相信包围着它们，而且我看到一个现象在空间中被勾划出来，它唤醒并召唤着我特有的身体的可能性，似乎关系到我的姿势或行为。”① 胡塞尔在《笛卡尔沉思》中如是描述。

现象对于世界而言（同时也是对于生活于世界中的人而言），到底意味着什么？如果有如此的自然事情存在着，它对于我们人类并不构成有目的的行动，并没有想要怎样的意思，它像是飘在另一层意义上的事情，我们能知觉到它的存在就像是知觉着我们身体中出现的事情一样，此时没有目的、也没有意思又在另一种更基本的时间性意义上决定了我们与事物之间的连接，此时我们又将如何去看待现象？

形式与内容一旦去掉表面直接思考的东西，不是没有了，而是一下又出现了另一种奇迹，仿佛有一个“同心圆”在它们之上起伏变化地运作着看不见而又发生着的事情，使它们总是在“自己的身体中生长着同一个身体”运动有这样一种可能存在吗？

如果我理解世界只能依据空间事实的运动来进行，比如我看到外界的事物时，我根据事物在周围环境的位置高下与空间深度比例来判断事物是如何存在的，是什么样的事物，由此而说出它们是什么，这可能吗？是什么促成了我们看到事物“是什么”的能力？如果仅仅有空间构成关系，那么最终还是没有给出事物是什么的经验存在语言与构成理由，然而我们又实实在在地看到了那个事物而不只是表面形

---

① 参见（法）莫里斯·梅洛－庞蒂著：《哲学赞词》，杨大春译，北京：商务印书馆2003年版，第57页。

式，我们肯定相信有比表象多出的东西，我们在做事中一直坚持有“同一个”东西存在着而不是假象。没有它，我们根本就不能确信自己到底做了什么，一如一个农民确信他在种地，在收成粮食一样，从来就不会怀疑自己做的一切，这又是为什么？

因为总有一种变化着的交流在我们周围，就像农民种地一样，把一种可以回到身体中的见证有效经验与真实可靠告诉了我们，因为我们做事总有做事中的一种立定的事实发生，它不会出现那一个而不是这一个的情况，虽然全部的事实都在变，但这变化本身又好像一个同心圆运动，总在那儿说着它就是同一个东西的言语，也在说着它自己道路中的事情，因为没有一物完全消失，总在共同的事情中成就着一种历史，而在这个历史中我们仿佛又看到了事物存在着的影子。也正是这样一种确实让我们确信着做事中的一贯不变性，它没有落在空间的表面，而是落在了空间环境的里面，这又说明了什么？

如果有现象的“成对连接现象”与“意向性侵犯”总是存在着，那么事情本身就已经超出了空间表面，此时我们要去找那总是侵犯意向而又不在意向可以预料怎样发生的事情，那么它就已经上升到了另一个层次，因为意向如果只是一种主体性的运动的话，那么意向就意识不到落在空间里面的事情，它已经不属于大脑可以思考的事情，而是做着、尝试着、经验着、修正调整着、经营关怀着、维护测度着、堪舆着、共同规整着的事情，就像是身体内部平衡调节发生的事情那样，不在我们预料中又在我们关怀中。

可见，时光存在的具身完整运动把全部的关系凝结为一体，成为全部关系存在着的关系直接经验运用与意义熔造运动本身。不是关系决定事实，而是事实在活动中才产生了关系存在的意义。这是我们在场合实际经验运动中切身感受到的，感受力在感受着事物作用的同时，也在感受着自身存在运动的有效，也在运动有效中感受着行动知觉的完整性，并塑造着行动经验知觉的意义。

当事物在环境中发生作用的时候，我们往往以这样一种方式来描述这一作用：事物之间的作用是广泛联系中的作用，此一事物与他事物的作用并不是孤立存在着的，而是与其他更多的事物联系在一起，从而构成了更加广泛的联系，事物间的作用是这广泛联系中的一部分；同时联系又是变化、发展的，当构成事物广泛联系的条件变化了，事物间的作用也发生了变化。当我们这样想象事物与环境时，是否又发现那联系变化本身是从哪里来的呢？辩证法在辩证语言运用中如何证明自身存在与合法？如何成就想象的辩证经验空间可能？当我们以某种空间符号、词汇与本体知识有效性言说、描述经验时，在经验引入到我们视野的描述中已经暗含了构造行为逻辑，描述失去了直接经验中的强度、深度，失去了感受力同步存在的知觉生成与意义尝试，失去了在场行动时间对于知觉的运用规整以及知觉在场的意义能动聚意与领会，失去了从感受力运用到知觉力生成的同步发生以及连续调节变化产生的对称均衡生成机制，失去了处身经验的具身知觉完整运动交换本身，描述的空间秩序失去了“成对连接现象”与“意向性侵犯”的在场直接经验有效呈现，失去了处身情态变化调节动势与对称均衡，没有了一句话说出时的那种经验的真实感动与内外平衡性，事物环境存在的品质化特征被构造性行为的经验描述转化出来，成为了一种表象变化着的“事实”，此时辩证法如果不是落在空间里面，那么就没有实际经验交互作用中进行着的有效描述。环境空间之内存在着知觉经验运动源始构成性，知觉既在知觉着环境也在塑造着自身。

现象浮现在那儿并没有告诉我们什么意思，只是生成在环境活动中的存在体现，它不说“我在干什么”，没有意向，只有道路和命运。

因为当事物与我们发生作用、交流时，它是在整全环境存在历史并与我们发生连续作用的，这是作用存在的基本前提，只有它才贡献了经验存在的强度、深度与可塑变化，作用的时空效能才产生出来，而这一时空效能又是在环境中被先天塑造着的，它不是构造性“事实”，而是环境处身变化的非—构造性存在。此时特征内化为我们在实际经验中运用支撑变化的均衡对称相关性，包含着具身熔造的深度、强度经验，这是经验存在着的具身行动稳定可靠性筑造，也是环境事实共在支撑“品质”的体现，事实深嵌于环境渗透背景运动之中，随着对称均衡调节的整全变化而展开，产生了特征质能与环境作用的内外一体运动关联性与组织多样性，如此，我们就能经验到一种运动存在的绵延性质。绵延在做着一项基本的工作，它把整全存在的环境特征内聚为自身存在的自然综合力量，不是我们在空间广延中看到的外在空间连接的网络状作用关联，而是全部，它关联以环境整全存在的运用特征联动与均衡支撑与嵌合有效产生了事物内在于环境的直接经验拓扑效力，产生了内外一致、浑然一体的地质生成运动。

没有具身性运动环绕在空间事物周围，一切事物存在着自身历史，一切事情仅仅想象为物理学事件将是不可想象的，因为不可理喻的空间悬浮在虚无之上，他不知道自己从哪儿来，也不知道到哪儿去，他甚至不知道存在这回事，但他又好好地活着，这就是荒谬。

不是环境空间一下就进入到我们的知觉经验理解中，而是环境整体活动的历史生成性要求着空间之内的对称均衡知觉塑造，所连接的理解有效性才产生出来。如果环境生成了连接本身，那么连接性必然是在环境自身历史中酿造着的，有汇聚发生，有共在处身经验生成，而我们在涉身经验中正是发现了经验有自身存在的可塑性与运用均衡性，比如我们的身体行动力塑造，比如场域默切运动性经验，它可以把不同的事物聚合为一个整全存在经验运用与转换、生成运动。这就是创造事物环境存在品质（质能运用综合）的基本运动，连接在这里就不再是构造性连接，而是整全存在历史的境域处身运动，是事物特征在环境支撑有效运用中凝聚以及进行着的质能交错配置变化结晶，是事物环境性的存在体现。

事物从绵延中走来，在混沌一体中实现着与他物的连接稳定可靠，这是自我聚合生成而又创造着处身支撑均衡稳定的运动。而产生这一作用效力的正是事物贡献的经验可塑性与整全环境拓扑支撑有效。每一物都有环境行动质感、质能，而这质感运用的基本事实又不是在对象行为中存在，而是在环境直接经验中被先行塑造、感应着的，是同步发生的行动可靠，又是协同变化的经验存在。这是在完整处身运动中产生的异质经验对偶交换与支撑运用，对偶直接在共在支撑嵌合运动与品质结合性中产生了一种非意向性经验，嫁接了“无法想象”的、“有物混成”的经验深度、强度时间性意义，它使混沌走向事物自我存在的稳定可靠与运动均衡机制生成，只要事物是运动着的，是差异中的事物，那么环境就可以产生出从混沌松弛到支撑坚实可靠的共在运动拓扑性，这是环境处身的普遍经验事实。

连接在绵延中产生，绵延的对称均衡变化性又决定着连接的环境存在稳定可靠，在时间注入于事物特征结体、分形运用质能中，产生了空间内嵌活性，这是对象行为看不见的具身完整场域有效性，它的地质效力正是发生在特征运用的交错配置中，如此连接就是一种汇聚环境力量、生成自身存在品质的悬动性存在。在这里，我们就可以切身感受到一种直接经验的整全效应与深度变化，即连接运动本身是被环境包裹着、塑造着，有了环境存在的均衡效应，才有了一定的连接，而随着均衡生成的变化，连接性也在改变中。在削铅笔的时候，如果削的角度与用力不均匀就可能造成铅笔内部断裂，断裂似乎看不见，但又发生了。这就是一种功能在整全存在运用中产生的整体变化可能，并一定是直接切断，我们又可以从中感受到有一种声音是从事物内部发出，产生了断裂发生的事实测度与认定意义。

正是因为连接是悬动时空性（关系在关系完整存在的活动场中塑造着自身全部事实与历史，它是一个出离了对象性视阈的、可经验的独立生成运动）与熔铸性运动，才有了“成对连接现象”，悬动者把环境整全存在的运动品质汇聚生成着，它因此产生了均衡运动的可塑变化性与连贯性，产生了连接把环境作用贡献出来。每一次变易都能依据变易整全存在的环境效应产生出均衡动势中的默切响应，在这里，整体共在的拓扑支撑性为每一次变易创造了牵一发动全身而又互动响应、勾连的内化环境，现象在这默切生成的品质聚合中产生了它的成对连接效应，它周延、环流、循环往复而不外溢。而“意向性侵犯”也在此成为了必然，因为没有直向网状的连接必然，而是整全存在均衡。当我们投身于实存经验发生时，一种触动与反身触动的效应就产生出来，意向在这里总是被修正着，事物发展的方向并不在我们网络性理解中，整全存在的效应在每一次作用之下发展了自身存在行动有效规整性与自组织调节约束，整全功能配置与交换修改了外在直观指向，在事物环境存在的深度经验中产生着共在支撑完整约束力，它以品质生成的效力反身制动着作用的有效性与支撑变化。此时，如果我们只注意到我们作为观众可想象到的经验，那么就不一定能看到在场运动员的默切生成行动质感的强度与深度变化，我们可能已经忘记了每一个运动员都是在训练中成长出来的事实，身材高大、外表强壮的运动员不能做到的，并不一定代表其他运动员就做不到，有时大出于我们所料。因为在这里行动水平不仅是个体的，而是整体配合产生出来的完整品质，整全存在质能综合素质产生了判定一个运动是否能有效行动的内部事实认定意义，它发展了外在观察看不见的完整性作用而溢出于表象连接判断之外。

因此，对于事物运动性的完整描述并不在对象形式中，而是在运动更为基本的存在意义上，有了经验运动存在的环境支撑性，才有了运动产生的可能，而运动的基本规定力量又是在支撑稳定状态的生成与给出中，它不是空间连续性，因为空间连续点的运动之所以存在，是张力熔铸的环境处身品质与大范围拓扑性，正是这个拓扑性意义才产生了行动均衡稳定可靠奠基，才有了空间运动连续的可能。因此，没有运动不保持着交互作用对称均衡的，而有了交互作用，贯串始终的运动有效就有了运动过程的沉积效应。每一连续点都充实着张力运用过程中支撑的能势，动能总在时间过程中转化着整全存在能势性，不表现为外在作用与阻力，而是共在支撑应合力渗透着的完整存在经验，并在历史中生成着它的稳定性与功能交换，每一个物理学概念都统一于完整存在功能交换中，并产生出它的时空性完整理解有效。由此空间连续点并不是均质的，而是在环境存在中产生的异质力量相互作用，并调节生长着质能性存在，在支撑运动开、承、转、合中发生着不同的整全环境质能效力与姿态变化。

事物存在着它并不仅仅是一个整体大于局部的事实，它还是一种完美的未完成的中和质能，具有“和实生物”自身构成和环境聚合运动能势，这是“道生之，德畜之，物形之，势成之”的时间性能量，体现在每一物都有一种身体姿态变化与身位转换的环境与言语的交换意义，事物品质结晶中的形是贡献于运势、成势经验的嵌合生成能量，是只在我的身体行动寓居于环境活动中，并能在综合完整经验调节变化中协同变形才能感受到的地质拓扑事实经验，而现象存在着的理解也只在这一立定居有的活动中才源始地生成了可理解的坚实可靠与存在见证意义，不是我们要怎样理解，而是只有见证着的事实才达致了存在根本性的事实与理解有效。

科学为什么看不到这一事实，因为科学没有运动性本身的理解，因为运动性不是在人为操作中产生出来的事实，不是意识主体在自身体验中想象的各种运动，而是意识想象不到的一种能力性时空有效组织意义，它给出的不是直向的抓住某个体验和经验，而是已经在协同变化的测度协调综合意义上根本改变了意识方式，它不被抓到，不在外部想象中被认识，只在做出的存在内部事实中显示自身，意识中的谈论已经无效，历史在完整活动中呈现自身。

运动作用是在时间生成中自发调节着的，有相互作用的渗透、融入，还有环境生长综合运用以及他物的塑造，这是在环境整全存在中的相辅相生运动，环境整全质量以事物构成自身的拓扑稳定同步协调效应呈现出来，这是空间分布与环境处身运动的聚合统一，它构成了我们在环境生存中对于事物的品质存在运用区分与综合行动，构成为我们直接在行动中把握事物的运动感受性与肌体自然反应力，不需要意识记忆与指令，直接在运动质感唤起中行动与作用，从质感经验构成的大范围拓扑效应中把握事物整体，把事物的特征、进行状态、运动性连接，即回放了事物在环境场中整全均衡生成、调节运动，并以当下整全质能觉知综合有效进行着直接行动运用。它可以是只要一看树的一面就知道另一面的大致情况；也可以是听到风声与空气震动的细微反应，就知道背后袭来的是重物，还是轻质的物体；它还可以是触摸掂量不同的物件，就能说出它的产地、可塑性与自然品质；等等。这是通过源始支撑的肌体行动塑造而生长出来的对于事物拓扑运动性的直接把握，没有纯粹结构事实，只有运动与事物支撑运用合为一体的均衡稳定构成与绵延生成状态，它超出于一种结构语言，而以环境暗示的完整存在意义与言语活动交流的动感事实告诉了我们事物的境况，因此它不是空间图式性的，而是回到了事物完整存在中，以事物环境存在运动性创造了肌体适存运用性直觉，是环境品质与个体同步协调的知觉力。如果没有环境这一完整具身适存运动与境域意义，那么就不会有直接行动质感经验，因为单纯空间运动并不能给出事物存在的可靠运用与内在嵌合默切性，这是质感多出于空间性质规定的质能综合，即行动化知觉。吉布森将其命名为“不变性直接知觉”①。胡塞尔也曾经深入地讨论过那种被“景致包围”的意向性问题，但他在意向性的构成方面最终没有走到适存意义的运动理解上，没有把一种现象空间直觉产生出的“非思”意义贯彻到完整经验的历史觉知意识中，进而发展出共同体生活世界的生态理性。梅洛-庞蒂在《哲学赞词》中正是基于“意向性侵犯”与“成对连接现象”的前理解事实而给现象学定下存在的基调；“假如现象学尚没有涉及到我们的存在观念和我们的哲学，在触及哲学难题时，我们将处在引发了现象学的各种同样的困难面前。在某一意义是，现象学要么就是一切，要么什么都不是。”②“必须让我们认识到任何构成意识都不会知道的东西：我属于一个‘被预先构成’的世界。”③

正因为经验运动性是建立在行动均衡调节基础上的，没有均衡调节的稳定平衡确立，就没有经验运动的发生与持续存在，而均衡性又已经是一个深度存在的行动质感连接与生成事实，它超出了形式结构的规定，以环境开放经验完整为事实存在奠基，在能势性的自我构筑中成就着运动本身，而能势性又是整全拓扑支撑运动产生出品质放射力量，它大于、更基本于形式同构。所以经验运动性才是最基本的存在，并由此决定着我们对于有效显示的基本理解不再是对象意向规定，而是共在处身的非命题性呈现，即运动特征的经验拓扑性运用，它产生了比形式构造更充分、可靠、完整的直接经验运动理解。体现在以下几个方面：①成为运用中的显示特征与行动运用不分离。特征由运动均衡形成，并在均衡中转化着、交换着，特征在运动有效的具身化、

---

① “不变性直接知觉”（国家重点基础研究发展计划）——“图象理解的认知基础和计算理论”，课题编号：G1998030503，课题负责人：陈霖，http：//www.973.gov.cn/2008-6-15。

② 参见（法）莫里斯·梅洛-庞蒂著：《哲学赞词》，杨大春译，北京：商务印书馆2003年版，第58页。

③ 参见（法）莫里斯·梅洛-庞蒂著：《哲学赞词》，杨大春译，北京：商务印书馆2003年版，第58页。

栖居性深度嵌合组织中沉淀着特征的地质成像，生成着时空质能创构机制。②特征呈现行动间际发生，是能势存在和完整体现。特征与整全存在的融合运动关联着，是深度存在的整全效应在物中的显示，具有大范围拓扑性与整体质量同步协调变化。③特征是游戏处身运用产生出来的，体现为行动直接经验与具身受用的质感、直觉、通感、玄见力的发现等等，先于认知而存在。特征在开放行动经验中是整全运动性的熔铸，因而无法进行单纯结构分解，它在结体、分形组织运用与地质沉淀中高出于认知形式活动，而认知形式智力表现又不过是运动地质成像的形式嵌套与平面化。④特征的感知与运用是运动性质能的集中，是特征间相互见证着的整全存在有效性，特征栖居于整全存在中，在运动均衡生成中涌现，因此每一个特征都寓意着整体拓扑支撑运动的深度层次与作用效应，特征空间分布被解读为整体拓扑运动的生成态势，是特征集中的运动综合呈现，而整体又是独立循环与内在熔铸调节生成的统一，因此可见特征又聚焦着内里存在的综合品质，比如我们可以从苹果表面感知经验到它的芬香性、爽脆度等等，这里有质能综合效应。⑤场景特征被处身境遇化，体现出场域存在的处身情态，是感受与行动、情态能势与场景的相互融合，它赋予了场景游戏张力质能穿透性，特征是在场游戏选择与被选择、主动与被动的运动交合成果，涵括着运动能势生成、功能交换以及内在熔铸的均衡调节性，因此现象寓于运动性之中，是特征的结体、分形运动连续协调性与能势蕴涵性在环境中的能呈，而不是表象静态的形式组合、构建，它在行动的生成中才成为可看、可听、可触的内视运用与凝聚。

二、化　境[1]

（一）内视性

环境给予人的意义是什么？不是直接形式思想，不是人类行为的

① 化境：即居于环境完整活动的经验具身运动。在“纯粹活动性”中有环境共造意义，是事物存在着的自然品质熔铸与场域完整经验交换，在场域处身支撑结体、分形有效运用中形成了运动具身性。

实践意义，不是感性经验到理性逻辑推断，更不是透过现象看本质的辩证法，而是人类行动行止立定的内在法度，是环境在那儿探问着人类："你要用怎样的礼仪与文明来实现真实存在的对话和诚信?"没有行动品质的合度与知行礼仪，就没有对待返回到自身存在中的对话实在产生出来，因为环境是一个随处发生、随处回环，可大可小、可深可浅，无处不在又杳无痕迹的具身熔造存在历史，是环境给予人类化境存在的"定海神针"——无极旋动的"太极"，而世界则是此一"太极"中化开的对话交换视界。环境是一个古老生命帝国的记忆场，在那儿储存的是每一个生命回到自身生命记忆中的无处不在的见证力量。我们现代人已经不会有效运用环境了，当我们把环境仅仅当成一种记忆表象的知识进行活动的时候，我们实质上刚好是在这一记忆生命的表面上滑行；当我们在我们所从事的活动中把我们知道的知识与经验通过一种所谓的规律进行连接与操作的时候，此时我们正在做的恰恰是丢失了一种规律活着的实践艺术能力与表面连接之下的真实性的见证活动；当我们在文字中想要找到自己，想要反映现实的时候，我们真正在做着的只是它的反面——遗忘，因为那无处不在的、杳无痕迹的现实已经在文字张开环境对称循环运动消失中不见了。文字在见证着我们，一如环境在见证着我们，这见证本身只是化入于其中而产生的时间奇迹，一个农民在关心种植活动中看到了环境正在向他走来，他随便抓起身边的一把泥土也能闻到生命中流淌着的真实，根本无须到处失魂落魄地找来找去，文字何时不是在张开着灿烂的笑脸?何时不是在向我们走来?

没有人知道当他只关心"种子"种植情况的时候，他也同时关心了自己以及活着的全部。当欧洲文化的风暴吹遍全球的时候，仿佛一夜之间人们都忘记了在环境中种植一棵时间之树。

这是化境无处不在的力量，它在每一具体活动中存在，但它又不在表面事实中，它是环境在没有声息的、看不见的背景下，是敞开你身体周流循环气息活动的时间秘密。

因为环境活动时间经营有效性存在着，因为经验的环境具身性存在着，它产生了任何一个人类活动经验超出于表面滑动的空间内里知觉意义，产生了经验叠置、空间交换功能生成的活动性意义，产生了在经验自身聚拢中环境历史记忆的无声渗透与共在生命见证的意义。没有化境，就没有环境有效行动与理解。更进一步，化境又是创造理解源始存在的基础，是一切连接都存在着的时间—空间完整经验性与循环性，否则就没有连接时空呈现。因此，化境既是存在见证，又是存在着的行动开端。一切从化境中产生出来，一切又复归于化境中存在，生命才开始了行动与理解。这里没有系统构造性分解与还原，只有在化境熔造、结晶完整运动中的非—构造性事实，我们根本无法在抛弃时间性之后来谈论事实存在，因为我们根本不能否认我们的一切行动本身是在环境可靠的建立中才产生出来的这一基本处境事实，而行动的理解又是与我们具身存在环境熔铸缘在发生与处身运用生长机制分不开的，是物我共在一体的运动性本身，它先天存在着，又是后天生成着的知觉力综合运用。如果我们一旦从构造性行为开始追溯源始性，那么就在行为方式中否决了连接存在本身的运动性、历史性，否决了连接空间有效的时间熔造基础，空间存在的时间过程卷曲、折叠、耦合、突生以及时间活动的空间拓扑稳定质量与支撑有效结体被取消，连接本身也不存在，只是无源头的虚构，它造成了活动本身的不能维持与空的循环想象。

时间是从空间里处唤回来的历史记忆，不在自我意识想象中，全部古人留下的记忆与环境生存道路已然在那里，没有他们，又何来自我意识想象的言语，何来主体描述、体验的形式？

时间经久不息地站立在浑然一体运动场深处，它是处身及物的运动经验着的自在时间，时间的不可分裂、不可摧毁性质在这一体存在经验中产生出来，它是自然生物的人在行动中享有的时间知觉意识，是不再有幻灭感的经验行动内部统一时间与存在可靠，在这个时间中，现代物理学的时间以及离开了共同－觉知运动言说的时间不再具有根本的说服力。

那种想要另外确定一个时间的标准做法，仅仅是玩了一个把戏。我们总是以为我们控制、抓住了时间，但正是当我们想要抓住它时，时间已经不见了。时间的活动性与经营性只在非意向驻留运动中产生出来，它是觉知对称均衡运动性的在先行动，一旦我们违背这一环境处境运动有效，时间生成就不存在，它就变成了一个叔本华式的“钟摆”，在那儿等着我们进入它的圈套。一端是无止境的奋斗、追求成功，不理会过程，只有为目标而奋斗、拼搏的精神，只有压抑着自我欲望的期待与煎熬，但那一切并非全部事实，生命在享受不到过程的充实中枯萎。等待我们的是日夜操劳后的疲塌、心力交悴，以及成功后的癫疯与自以为是，是我们想要通过慰劳意义而无度放纵，但享乐、消费后留下的又只有空虚、一无所有，瘟疫症状在另一端等着我们。这又并非完全虚构，因为在这里，时间存在的意义已经被驱赶出场了，我们得到的只是时间逃脱时留下的一件漂亮的外衣。

时间被驱赶出场，既在于表象知觉丧失了时间在场的意义，又在于人类丧失了自身存在活动的直接经验意识与可靠，这双重丧失互为因果地推动了内部存在的异化，它发生在观察与体验过程中我们已经遗忘的时间存在并有效的身体行动意义，失去了身体在场的见证与有效凝聚，失去了面对事物时同时唤起环境支撑完整性的凝视眼光，纯粹的精神空想与心理作用把我们带到了经验抽象的境地。在外化过程中，我们的目光在发生着不为人知的分化，就像是表象把事物内部特征运动有效全部驱赶出来置换为外在性一样，人把内部的视听效果也全部交给了直勾勾盯着对象的眼光。然而，当一坨金子浮到水面上时，金子说它征服了水的运动，殊不知它已经变成了一个空心，什么也不是，连石头的沉重都不如，又何来征服?

事物活动性中有人，有人的存在时间生成之意义，我们遗忘的正是这个。没有身体行动调节平衡运用与行动经验凝聚，时间就在我们身边消失，生命在丧失了自身存在熔铸中也把进入事物内部观象的能力丢失，因为没有了深入事物经验的时间在场与见证有效，没有了意义充实的活动性本身，看到的等于没有看到。

事物的存在竟是如此的玄妙，我的时间竟然深藏在事物的里层，在我的举手投足之间事物在收结着我的时间，没有它，就没有我。

时间的秘密就是具身存在的秘密，事物完整知觉中既有我的存在见证与支撑，又有我的时间存在品质熔铸。当我听到事物内部时间节奏的时候，一个共同－知觉的环境事实在我的行动中建立起来，它是“知止而后有定，定而后能静，静而后能安，安而后能虑，虑而后能得”。① 的行动艺术创造，此时时间就能在我的身体行动中驻留。当我被外在的压力驱赶的时候，时间的魂魄早已四散开来，我只是一小片、一小段的零零碎碎地得到了时间，此时我经验到的就什么也不是。

时间的完整性总在我的行动实施与事物存在之间转化、生成着，它要求着一种对称平衡的补偿，要求一种观物呈象的沉淀有效运用，要求一种我的时间实现与事物存在的同步协调质量变化运动，如此才有我的真实可感经验与充实，才有我的行动在环境中被具身塑造的实践有效证明与存在体现，也有时间凝结在活动中的生命成就。因此，有快就有慢、有收就有放、有倒就有立、有凸就有凹、有引诱就有严肃的付出，时间本身就是一个活动质量，它是纵深渗透的时间存在熔铸机制，而不是空间均质流动的物理时间，一切物理学时间只属于主体意识环境存在的遗忘机制。

时间存在的意义在于经验积淀驻留，时间既是运动、流逝，更是运动、流逝中的驻留、生成，它是无中生有与有中化无的存在转化，时间的存在机制深藏在空间地质构成运动中，我们根本不能抛开拓扑支撑可靠运动来谈论时间。它通过对称交换的自身意识调节发现着当下存在的行动可能，而当下存在可能又是在整全存在意义尝试中酝酿出活动自身意识的延展，它要把对称交换的当下存在意识拓展为具身调节中的延承存在意识，并塑造出环境存在的对称交换能势均衡运动，从而把时间实现为整全存在变化中的时间，把存在可能拓展为存在支撑域变化、调节多样稳定性中的具身存在能势运动，如此存在可能才转化为具身存在运动调节与潜能给出中的行动有效，如此时间在存在具身性中才是没有溢出的时间，它沉淀在行动意义生成中，并随着具身调节运用力的整全能势生成而凝聚、结晶，时间因此而收结在运用生成行动品质沉着与发现中。它体现出存在与时间是一种潜在的深入与意义创造，人给不出在先的时间规定，人只能在经验沉积中感受到

① 出自《大学》。

存在的变化意义与过程有效结晶，这是无外在形式规定的高度具体有效，是只有在拓扑支撑与地质生成运动完整出现的，才产生出时间的存在价值与意义，它是在行动中体现出来行动运用的一贯性。现代物理学没有活动意识，没有活动积淀的意义，也就根本没有时间存在的根据。活动意识在多样稳定性创造中生成着，它属于纯粹活动性（即身体与事物共处的运动变化性）给出状态，分离出主体意识注意而在身体无意识行动中蕴涵并产生效力。因此，我们只能通过活动有效本身发现它、丰富它、呈现它、驻留它，而不能在意识意向中规定它的物理性，它相当于视性在视肌调节变化中的存在历史唤醒，相当于视性在过程中对于存在真实性的拓扑运动沉积，相当于全部的环境与人类祖先站立在历史创造的语言交流中央，为我的行动奠基了我能存在的全部坚实可靠，视力看不到视性自身这一运动变化与全部意义，也就规定不了自身存在变化动力性，视性存在只在具身运动响应与意义尝试均衡变化中垂曳生成着，它是地质生成本身的事实与真实，放眼随处一撇，经验中无不活着环境历史的影子。

正因为事物中涵括着虚无的品质，涵括着空间中不可分割的运动地质生成完整意义，它规定了任何一个经验行动都只在经验存在自身意识中，行动是为了实现在事物中存在，行动也只在事物驻留于环境完整存在活动中才产生了行动本身的全部意义，它通过事物共在的多样稳定铸造而生成着行动自身存在的经验有效性，它通过行动在事物共处塑造中而成就了事物向人走来的内部融合交换与视阈经验生成深度调节组织的意义，当行动把环境存在的运动实现出来的时候，行动也就把行动存在的意识呈现、唤醒出来了，时间在存在中盛开了意义花朵，要漫天飞舞，种下了命运的种子。在这里就可以看到，活动生成已经超出了任何形式封闭运动，即使是无限的形式嵌套也套不住活动生成本身。现代科学遗忘的正是环境的本性自然，这遗忘就发生在科学在发明中抛弃了发现的发生运动，用事后解释的形式用有效性与技术实证性替代了事物整全存在运动，由此远离了意义生成活动的发生场。在形式普遍性之中推广发明、实现效用，把事物存在的运动观念化、符号化、技术实证化。没有了事物内在翻卷的历史，在观念运动产生的那一刻起就已经死去。从伽利略构想世界数学化，从牛顿的《自然哲学原理》中想象上帝推动宇宙开始，世界翻转过来了，人成为了自然的立法者，历史在大脑构想的隐喻中悄然隐退，人得到了一个实实在在、密不透风的广延世界，又失去了万物存在初生的婴儿，它在广延性背后的绝对虚无中被上帝死死地看守着。可见，想要靠现代科学与观念构造来拯救这个沉沦世界，死鱼都会翻身。“行到水穷处，坐看云起时”，世界本来是这个样子的。

世界已经提供了人类活动通向“事情本身”① 的通路，因为世界创造了万物，必定同时也给出了万物存在的可能，只是这条道路在我们脚下又已经不被我们看不见了。这不仅仅是一种遮蔽，还包含着我们已经丧失的环境适存能力，看不见不是视力而是视性存在的问题，因为看不见不一定是被遮住了，视而不见也是看不见，而视而不见包括着视的意义存在的颠覆、可视内容倒置转移、视性存在运动的绝缘，这是视性的异化，是非处身化的结果，它标识着我们正在或者说已经失去了在人类环境活动中“化境”的存在能力，失去了人类事务与环境世界的历史交换运动意识。人在自身失重、失真中丧失了内在于世界的家园，就像我们在干着家务事时周身不自在，像被鬼驱使着那样，这身心的不安在恍惚之间已经把我们的神志拉到了外面想象的虚幻世界中，而看不到当下。

外表的遮蔽可以通过技术解决，但感觉本身有问题就不是技术所能做到的。所有的发生在感受经验中，而感受经验的接受又来自感官功能运用的经验有效性，当感官功能处于用尽废退时，当感官功能只成为一种单纯接收器的反应而不再是感受运用的调节器，不再是环境适存的自我修复、生长的自然器官的时候，这一情形就发生了。

事实正是如此，当我们在面对现象时，我们总是一开始就以为现象已经在我们对象性的掌握之中，而没有进一步追问如此的自以为是是否已经妥当。我们一直以为“思维与存在同一”，人在先验形式中就

① “事情本身”出自胡塞尔提出的“面向事情本身”这个现象学原则。“事情”，德语原文为 sache，也可以译为“实事”、“东西”、“事物”等。

拥有了统摄事物的能力。但是如果人是自然的生物的人，是环境与人类共同体的世界，是环境在那儿给予的存在同一只能是具身同一运动——一种同一个事物、同一个环境总在成其自身中如身体般生长的历史具身性。那么这一先验形式运动就并不是人掌握事物的基本活动能力，人还可以在无意识运动中把握事物，如同儿童学习走路，通过行动感受生成行动能力，又如自然生命适应环境，通过身体调节实现出行动环境具身同一。

当我们涉身于环境运动时就会发现：先验形式与事物环境存在运动并不相对称，它恰恰缺失了时间在场的完整性，在形式同构中先天地丢失了事物存在发生运动。也就是说，源始发生运动在先验形式那里最多只是一种异质同构的理解行为，它与事物存在的实际发生运动是不对称的、失重的，没有了事物存在过程的有效运用与调节运动，没有了完整存在默会作用对形式的完整规整意义，这是视阈对象行为取缔了活动内视性造成的。先验形式运动在对象观察中一开始就放弃、隔绝了处身运动的时间性意义，由此造成对于运动的理解只是对象性观察的“事实”，而不是整全存在事实。没有行动稳定可靠支撑与活动完整性又何来有效地运动呢？何来感受运动本身的适应、调节与把握？如果有一种运动要求状态的变化调节以及作用在过程中发生，并相形嵌入与结体运用延承，有感受状态的自身调整与整全适应分形、交错配置变化，对象性观察就把握不到这一整全事态。事物和人总在变，不是几何性质的量到质的变，而是活着的变，一开始就在对称均衡变化中以黄金般的稳定品质作为交换，一步到位并随形变身。这就相当于我们在看台上看网球比赛，想象其中发生的事情，然而没有在场性的我们根本就不能掌握其中的实际发生，哪怕是场地中一点凸凹不平都可能使球的方向发生偏离，它要求人调动的不仅仅是一种外在观察性联想，还包括硬度、温度、湿度等环境全面变化的调节反应，包括在场对手状态变化的应付能力，包括在活动中建立的行动品质与信心，等等，这些都直接影响了运动球感和对抗中的灵活性，仅仅依靠一种表象知觉不可能把行动有效实现出来。

内视是相对于外在视性来说的，它不同于外在视性之处在于它既是知觉者，又是被知觉者，当视性在运用自身处身经验时，就会产生这一行动与塑造共时同步协调效应，产生出一种共同-知觉运动，仿佛物也在知觉着我们。然而这又是物的环境可塑变化与均衡调节产生出来的作用与反作用是一种内时空嵌合生成运动，是共在支撑平衡对于行动姿态、力度的调整与修正，它确保作用持续发生而又相互包容，此时作用与反作用已经不再是单纯空间效应，而是动态的时间维持与“共同-知觉”① 调节，它产生了一种在场协同深入性知觉运用，只有在此能势均衡调节下的具身运动才有作用与反作用的完整呈现。视性在感知着被视者，视性又在同时响应着被视者的环境变化，在感知经验的同时也回到身体行动运用中，成为受用与调节性经验。

因此，只有在活动中建立了化境行动的可靠性，才生成出把握事物存在的基本能力，这又不仅仅是认知的需要，而是拷问着人的自身行动存在，拷问着共同体的命运发生。化境是这样的一种实践见出功夫，它通过往复所以的循环行动不断对活动中的事物进行覆盖，在覆盖中感受经验，调节行动处身，在覆盖中达成行动与事物的融合。覆盖总在涂抹、修正中，覆盖又在覆盖中沉积、生成着行动均衡与稳定可靠，为进一步运用创造积累着行动能势，不断走向深度行动蕴涵与质能综合觉知把握。化境就是通过这源始的覆盖运动产生出来的时间生成效应。它像绘画的造型着色，层层覆盖显示色彩自身的运动效应与经验调节，色彩在时间运作中渗透着、融汇着，每一次覆盖产生一次整体的存在基调与沉着性，而不断地覆盖又改变、融入着基调的运用，产生相互印衬、补充以及渗透的变化性，而造型正是在纸质、笔力、色彩运用之间生长出来的质能综合语言传达，每一次覆盖总留下痕迹，有游戏整全存在的内在活力产生的可能，而不断地覆盖又以共融与变化塑造的态势改变着一切，因而游戏的痕迹被掩映、修改、抹去，整体的形象在覆盖中成为不可见又可见的隐忍变化，这忍而不发的变化总是存在着，它是一次次覆盖的综合，同时又成为了更新的可

---

① 参见（法）莫里斯·梅洛-庞蒂著：《哲学赞词》，杨大春译，北京：商务印书馆2003版，第156页。

塑性支撑，它总在那儿参与着创造与被创造，色彩的表现力形成于每一次覆盖，又改变于下一次的伸展与绵延，绘画就是这样通过覆盖运动本身的整全活动而产生出绘画行动存在本身，因此是活的，涵括了时间品质，涵括了率意纯真的环境自然气息。形象在色彩造型的隐忍、可塑变化中自我成就着，独立而完整。而经验运动性又渗透在运动适应的可塑调节性之中，隐而不显，它直接转化为适存能力与运动存在的质量，没有了经验活动因素直接被组合、构造，而是以受用变化有效与同步协调整全变化质量熔铸着时间发生，这是境域存在化运动。存在化运动在行动内在于活动互动与完整交换、品质塑造中，不是外在形式规定着行动，而是形式是在行动立定于所从事的经验活动中产生出来的“极”的时间性形式——一种能实能虚的、具有自身拓扑运动风格的呼吸调节变化与经验协同组织有效性。当行动把经验共存运动运行的循环贯通实施出来的时候，活动完整变化的自我“气韵”（即我的行动呼吸紧张与活动完整节奏、韵律的协同一致）也就实现了，而此时就发生了一个从局部到整体的地质拓扑同时性意义，即没有了局部与整体的外部空间视阈的各种关系认定意义，局部、整体及其环境同时到场产生了一种超越外部时间的能力质性的直接传递，仿佛是在一个自然果实中既看到了历史变化的影子，又看到了果实在环境中的地质状况，同时还看到了果实局部与整体的协同变化特征捆绑效应。这正是活动生成的地质拓扑与环境历史产生了一种生成循环无极现象，特征传接在一种能力性生成事实奠基上再次被确认，获得具有品质化运动的遗传效应，这是因为有一种汇聚运动与具身综合调节艺术的“似离则合”的运动让活动与环境在相持相存中越走越近，没有了单纯量的积累到质的飞跃想象，量是融合中的质量，整全运动内在性在过程中改变着它，没有此一地与彼一地相同的质量，一个活着的过程完整运动熔铸、修正、规整着内在实存，产生了活动与环境相互响应、渗透与更新着的历史生命与意义刷新。可见，事物的环境存在决定着事物成其自身的全部实存功能与动力性，也生长着环境运动生态适应觉知力与调节变化，而生态调节性正是共在具身运动产生出来的场域品质交换均衡效力，是所有的主体不成为主体，而是在具身融合中共同存在的命运塑造与意义结晶，而且这个意义又是根本的，我能在不同的环境存在中感同身受地感知着事物，也正是这一处身内部运动造就了“我能”的全部，并奠定了“我能”的成长道路。在我感受事物之前，我已经有了感受事物的环境适存力与觉知运用，我才能有效地进行环境运动。当我要感受事物的真实存在时，就必然要将环境作用的协同效应在我的觉知运动调节中唤醒出来，否则我又怎么知道事物存在在哪儿，它的运动状态是如何的呢？如果我自身都没有一个在环境中的行动稳定可靠，我又如何能把握事物呢？事物如何运动、承纳，又如何可能不偏离出我的视野与预计，“推己及人”又如何产生出来？这里根本就不存在一种外部想象与构建，只有“我能”在“我能”生成的内部存在环境性同时复活，我才能看到一个整全存在的事实。这是内视性的触发，它又在具身运用中调节变化着，并指向一种运动存在与生成本身。外在对象性的“看”并没有将那个看的主体与环境进行身体行动交换、融合，它不过是源始内视性的生成机制的形式操作化，不是根本存在的看，也不是什么先验存在有效，它已经抛弃了运动存在与生成本身，又何来存在的合法依据？

视性有一种在持续承受中变换的感受与关照，成为自动、自在的运动。我轻轻地承受着，而承受持续融入着我行动的身体与感受，承受是没有裂缝的按摩，如轻柔的风吹入树林，如盐化于水中渗透着感觉，承受因此将处身感受化为暗中运作的愉悦与刺激，轻快而灵动，它让我的目光内敛，仿佛一堵看不见的墙压向目光，目光失去了直向目标，目光在离散中神游于经验完整存在，松弛、自由、流淌而又自我克制约束，我被轻柔的抚摸，游离出我的主体心智，周身毛孔开张，浸淫于共属一体的游戏之中，此时有一种活的流溢感充盈在共属一体的交换中，有一种灵动幽深的光晕环绕在游动世界，它是承受按摩、异质交流产生的功能与能量释放，景象在身体承纳中进行着环抱、酝酿，感受不断被唤起着感受受用着持续浸入的源动力，如一眼泉饮之不尽。感受在后退着、承让着的同时把感受的源始有机力量——行动质能激活，在这感受承让中，肉身之目光涌出，它浸漫在景象感受融合的内部活性交换中，是轻灵而丰富的、循环而生长的、弥漫而流溢的。这也是儿童时代的目光，每一朵花都放射着纤细、异样的光芒，异常地吸引住灵魂，成年后只有偶尔神秘莫测的交汇才灵光一现，在体内涌动出一种春天般的活力感觉。原来，内视性穿过了观念、理念的缝隙，留下了目光绵绵的意味，它在那儿无处不在地述说着存在的故事。

（二）居有

居有就是化势成境，在环境空间中居有存在与时间。

化势成境是培养感受力自我生成的过程，是将行动与环境活动相互调节、修正而产生运动协同一致的知觉过程，是走向环境完整融合、建立共在交换、创造运势生成行动力的过程，它不是知识行为的构建，而是环境差异结体、分形运用有效的熔造活动，是综合质能觉知力的实践艺术创造，在起伏变化的经验随附运动之间，仿佛降临了一只看不见的肉身之手，它在完整地实现着过程具身熔铸，培养着完整的生存境界。

在现代知识体系中没有化势成境这个“概念”，因为知识行为本身不是厚德载物的品质化行动，它在主体意识行为中构造世界观念，恰恰丢失了构成经验完整活动性的感受力熔铸，丢失了行动存在的知觉运用生成意义世界，假想了一个只有主体意识以及主体意识间交流的世界视阈，这是意识自身运动方式不变、同构的、而与世界潜在生成运动不对称的意向操作行为经验，是与知觉环境运用完整有效活动意义的时间性、能指性（经验融合的强度与深度）的不对称的知识行为构造，知觉运用的具身化与环境品质塑造已经不存在。

存在只在环境生成中存在，它是生命意义与环境生成完整性的共同酿造，是厚德载物。厚德载物说的是一种寓居活动本身，它之所以能做到这一点，就在于它在事实经验过程中不是进行什么经验观察的思想设计，不是为寻找从局部到整体的形式归类与构建事实，不是为建立外在连接、产生规律发现而活动着，它只在一种行动能力与活动共同生成的事实统一中才开始了体用不二的知行合一的艺术实践，并产生一种不出离于环境性的化境居有言说与生存，这正是超越于形式分割对象行为的大地实存活动，全然不可感觉的沉积深处是“地质构成”的净化生态能量。居有分享着存在，即栖居于存在中而成为存在着的运动，而居有又化开了生命行动存在之维。它在居有筑造的内聚性中生成着世界共处行动的对称，它寓于世界中而把世界转化为具身拥有，在化境存在深度经验中激活了历史沉积的地质层，环境运动同步协同性在此产生。

人可以依据环境整全运动变化的行动态势来把握事物，学习生存，这也是最初的人类活动产生的环境生物约束发现，是在主体意识经验之前，由人类行动具身存在与环境处身化生出环境同步均衡运动，在这里，把握事物的经验行动同事物的环境存在是一体关联着的，也正是这一在运动中把握环境事物的活动艺术，产生了经验能力转换的完整性，产生了外在形式看不见的经验凝结，化势成境的环境生存活动，经验在源始存在的默会空间中被激活。

经验在汇聚生成中覆盖、叠加、转换，进行着结体运用、聚散分合与品质生成，创造出与内在于行动生成一致的环境同步质量变化，此时事物的呈现就是在时间同步生长的整全质量调谐中，以嵌合着环境行动力一道生成着质能整合效应，特征在深度经验运用中不断唤起着环境具身的变化多样形态与运动潜能发现，实现着生态品质的结合效力。空间聚合的内应变化性以及沉着的深度层次性为我们提供了把握事物的源知觉，它创造了一种凸凹痕迹潜隐在表象之下，在这里我们对于事物的区分并不需要外在形式区分，它更像一首音乐运动那样自我区分与融合，事物在环境存在中不断涌现，而涌现中的事实性又随即与环境运动融为一体。每一次上升都是之前支撑域运动整全综合力的提升，它以交换功能创造的能势运动体现出来，而每一次上升又达致了一个整全综合新的境界，事物总在环境整全存在拓扑支撑运动中实现着自身游戏性，一首无声的音乐生长出来，在那里和谐整体的行为就是覆盖，覆盖中的变化、拉伸、深入与拓展，拓展中的穿透、交叉、回环、周延，内在应力的整合性、塑身性在拓扑稳定态势中默切生长着、垂曳着，因此我们总能在看到事物时，也同时呈现了环境整体质量。这是不同于形式构成物理学的另一种整全均衡质量发生学，是环境存在的净化运动与绵延力量。物理学不在整全经验行动运用中产生，不成为运动性把握，因为其把握不到一种行动生成与转换性，物理学就没有整全实存运动的内在性描述，只是世界图景式的想象逻辑而已。然而，居有又在不同于主—客观运动的人类自然生存基本活动中先行发生了，它是内在于环境整全质量的生物约束规整运动，道路在内在于环境行动中生成出来，它有以下几个方面的体现：

1. 它先于主—客观运动而存在着，一切行动在此基础上展开。没有居于环境中的活动，就没有我们关于事物的全部知识，只有人先行存在于世了，言说与思想才得以产生。在世具身性构成了一切发生、发现与行动的整全存在支撑与有效。因此，居有是化境存在的自我塑造，先于外在形式并构成了我们全部行动原始存在信仰。一切行动发出之所以可能，并被我信以为真，构成为我的言说、论证与思考之基础，甚至于能对某些行为本身产生怀疑、质疑，就在于我已经先行拥有了不被怀疑的完整行动信仰。“我能”有效地行动就在于我相信我自身存在的真实，我现在坐在这里书写，我站在那里与人对话、争论，我相信我具有他物不可替代、置换的真实性，因为我存在着，所以才有了一切据以实施的行动意义产生，否则一切都是空话，也没有实施的必要。而当我相信我真实存在了，环境周遭的真实又随我的自身存在信仰一道浮现，并见证着“我能”的行动，我能站在那儿，环境存在着，我能坐着书写，椅子、房屋、环境在我的周围，“我能”存在着也同时唤醒了一切“我能”行动的相关物的共同存在，它在我的及物运动中鲜活地存在着，无时无刻不被我的行动所证明，无处不在地支撑着我的行动，因为我居有了事物，它是一个场的牵连效应，是身临其境的真实。

2. 居有以根性的力量发出着自己的声音。因为居有已经不再是外在行动与思考，它存活于一切存在着的行动中，因此它有自身存在内部的声音。不需要高声宣讲，不需要布道，一切真实在那言说的行动力显示中已经传达，这是真诚质感的力量，它让所有谎言露出原形，产生出“真实的谎言”的力量。因为居有在那儿以无声然而又无比真实的存在显现着自己，这里没有内外之分，而是一种源始舞蹈，源出与回流同时、同步进行着，说出的话就是泼出的水，自己把自己钉在了那里，它把一个行动的具身品质同时给出，话的延展要能收回这个存在的身体，否则就言而无信。而只有言说行动之身在场，言说才能周延、环流，进而把真实托起，此时我们就看到舞蹈非同于表演的源始意义，它不招摇，不放纵，不出口伤人，也不一味地指责别人，因为它相信它在舞蹈，它在实现着自身存在，舞是灵魂出窍的舞，舞是自然远出而又及物存在回到身体中的舞，舞浑圆、厚重地存在着，舞含纳、灵动地飞舞着，它向着存在而召唤着生命行动的复苏，因此它把一切舞蹈的动作都蕴涵在身体平衡运用之中了，它创造了一种存在极致，仿如花中艳丽的身影飞动，仿佛一切自然活力的放射，晶莹透亮而又无迹可寻。因为居有把人的品质塑造出来，扎根在肉身之中了，它浓缩、回放了历史。只要他一出现在镜头中，瞬间就可以让我们相信他就是那个环境中的人，自然角色让他浮显了真身，即使他化了妆，脱了一层皮，还是无法从根本抹去他的历史，这是整全存在的均衡品质塑造。

3. 居有生成着内在连接的肌体性，它把周遭世界做成了一个生活存在的共同体，居有在那儿无处不在地说着无声的言语："没—有—离—开"。这是居有给予言说以及行动的内在聚合性，是存在的底基、托盘。如果事实真的像我们想象的那样，一切可以从头开始、全盘推倒，那么这想象本身就是虚织，它（想象）以为换掉了房屋中的一切家私、用物，甚至把全部视阈之内的物件根本抹去，就可以创造一个全新的历史与生命，但是，此时已经有一个声音在回话了，（这声音）在说："那么我们的想象又从哪里开始呢？"想象不在原来场景整全存在视性调节中产生，并有着源始存在的基本约束性与背景色调，想象又如何唱出自己的歌？想象此时才真正发现"情景交融"的意义，这是一个共同体的存在，而情景交融又已经构筑、包裹了全部想象的动力存在，我们能想象，可想象无不从此所出。能离开我们的存在地质构成完整风格与具身性吗？换句话说，我们能不要我们以前的那个人吗？我们真的能把全部自然生态质量、土地以及全部的生活质地从根本上抹去吗？我们能要求没有玩过艺术体操的人去做水上舞蹈吗？我们能从明天开始让大家都改说“morning”，而不是见面就问“吃饭了没有”这样“平庸”的问候吗？因为有一个共在均衡熔铸先于主体构造逻辑而先天存在了，不仅仅是存在者、物件，而且是共同体的精神与气质、共在生态源始性无法瞬间被成构造出来，也无法用他物去替代，它已经不再是单纯场景记忆，而是存在本身火热的记忆，它塑造了一切连接之所以连接着的全部历史，连接在这儿首先不再是一个外在对象的视阈，而是整全存在行动感受力与觉知性的品质筑造，此时我们是在我们存在的内部享用着“我能”的无处不在的“情景交融”性。当你明天改说“morning”的时候，看看吧，大家全傻了眼，以为你吃错了药，觉得你这个人怪怪的，而生存距离就在这无意识之间产生出来，因为你用一个可能异样于自身存在的行动传达了有可能并不是“早上好”的讯息。这就是人与环境的内在生存约束对应，在环境中的每一个行动都已经化入环境过程有效转换与意具身感应经验之中了，即使是一丝细微的变化也会在环境活动境域中产生出知觉经验的涟漪。

当事物在一种“转识成智”的先验形式运动中成为了本体性知识构成及其意义的时候，人类生活的“家庭事务”与化境存在的转换运动已经被隔绝、丧失，这是从经验覆盖的质造运动生成中，从存有环境整全塑造“基质”的时间绵延性中抽空了共属一体的均衡熔融，抹去了高度具体的行动一般内在调节机制，抛弃了行动转换质能综合有效，看不到自己样态变化的内部时空延展与行动可塑性，外在形式反身主宰、规定一切的人为操作力量，这就是荒谬形式推定产生的存在荒谬，历史生成在这里断流。我们不是在人类生活“家庭事务”的浑然一体与在场运动中谈论生活与事物，不是在经验覆盖的自然节奏与自我调适运动中感同身受地承担着事务，不是站在大地，站在此一境域的生成循环运动中论道、说事，我们是在空间构造的纯观念、理念中创想着世界，在形式操作中谈论着理论中的现实，然而，我们又根本看不到“事情本身”，看不到化境生成人类生活美好的动力源泉，看不到存在活的事务性与历史生成可能，此时生态循环与环境品质的内在转换性、生活世界的意义存在与功能发明创造不复存在。诚如我们在心理学中不断研究心理结构、心理意识的变化而没有心理质量的绵延基础与见证，没有沉积的“无色”基质与无意识“冰山”一样，诚如我们在主体意识行为中看不到生活氛围、品质酿造，看不到生活实存与大地生殖，看不到传统生命无意识存在的巨大动力与内在活力、价值一样，诚如我们在哲学理论中空想着世界图景而没有时间、历史见证，没有了哲学本然思想的超拔力、灵动性，没有了临绝腾空的生命境界与化势成境均衡识度一样，我们已经丧失了可思想的存在运动，有如孩童在现代语法中永远学不会说话，我们也丧失了人与环境共造生成行动力。

再回到诗与文学的存在意义与话题，我们就会发现，写作中也有一种源始经验渊源运动，而写作中的写作历史感出现的那一刻，并不是你反映了现实，也不是你说出了历史，你只做了一件事，把自己实实在在地绑在写作上，让身体与写作同呼吸、共沉浮。这不是指你已经知道了要写的事情，你已经在与故事共命运，而是你只知道一句话，一句你不得不说出的话，由此你一直站在这一句话中的世界告诉你的一切。历史感就是那一句话中涌现出来的道路，这不是在说诗，这是用身体行动去开启一种文字经验自然生长性，在文字生长运动与写作中的事情有效结合时，历史以那一句话中内部空间组织有效展开了言说，这是一种奇迹，全部要写的和你已经知道的都只处于重新聚合组织开始的时刻，你把已经写下的和将要说出的交给了反复重写、调整的境地，实质上你还是只处于开始的地方，只有不断的开始，没有其他。此时就有一种神奇效果，写把写下的和将要写下的进行了能力生成的“化工”，写的行动开启了文承风格的历史风神，写作就是被写着的在不断用它的存在行动意义尝试敲击、碰撞古老历史生命记忆，让躁动着的字面意思（主体意向）在浑然不觉之间尘埃落定，历史以宁静晕眩悄然降临。

当我的行动环绕着事物展开时，这里就有行动立定的节奏存在着。他物的运行节奏与我的行动节奏之间存在着一种耦合牵连，这是我的行动在让度、承纳中开出的被动接受与主动迎取行动转换。当我的行动力加身于事物运动共在支撑与配置、可塑变化时，一种行动承纳、让渡的可能与平衡稳定态势在此生成着，所有的连接有效建立在这行动运用可靠与稳定多样基础之上，此时行动平衡稳定的艺术就为我在整全环境行动中开拓了一个共在行动之安静状态，它立定有如月光皎照着大地，万物一片沉寂，事物的静穆、沉厚、浑圆在光华洗去铅尘、空潭映月的浩然无声中降临，它创造了一种言说存在的内在分量与诚信，我在此行动中依靠共在运动的支撑域生成着我的行动可靠，事物也同时涌现、见证着我的行动，它使我的行动具有无处不在的说服力。这是动静不二的内在静力的创造，有一种瞬间的可靠性产生出来，这是行动具身的跳转融合，人与物的距离一下子进入了“似离则合”的内部境界，字面的意思与运动质感经验分隔距离消失了。

而当我的行动在环境中进行时，我与事物之间的耦合又总是在环境整全存在均衡运动中转换着的，而环境整全均衡性又是一个深度存在的聚合、熔铸运动，我与环境事物之间的紧密配合与耦合是在环境整全运动均衡建立与深入中形成与变化着的，环境内在经营默切交换与功能配置、生成变化产生着行动在整全动势存在之中的开、承、转、合性，这里也有一种定然，是让度中的无执而成就出环境运动品质，它在肉身环境行动的相生相克中把整全节奏、韵律产生出来，这是如一而自动分殊的气韵生动与内在回环、响应。韵律有如山谷中回荡的山歌，山歌的声音开启了此一环境的原始风貌与质地呈现，山歌贴着山谷在回荡，在声音运用的自然伸展中渗延传播与内在贯串，那高高低低的咏唱像是在同山谷诸物的对话，静静地绵延起伏着。此时，歌声穿透了环境事物，承载着山谷的回响，消失在无限幽远的空旷鸣响中，我们能够感到山歌的延展，同时又收卷着自身存在的能量，它把自身托起在群山回荡之间，万象腾踔而缄默无声。这是言说行动的声像创造的源始自在，是具身行动有如猎豹在旷野中的奔腾，每一点为它而设立，每一姿态、力度、速度的运用为它的环境所在而见证，世界倒伏于奔腾之足下，在身体能量放射中绵延。物理世界的连接在连接运动内部时间中伸展，行动与存在不可分地、循环往复地更新着。

在这里我们就能看到，居有本身就是一种受用触摸的过程运动，它产生的不是对象性的经验描述，而是寓于环境中的共同一觉知塑造。而描述事物的秘密既是语言存在的秘密，又是事物时间存在中观物呈象的秘密，是这两个秘密汇合在一个行动作用交汇点上，在寻找着语言经验涌出对事物存在的契合与居有的时空运动。语言要用它的活力光芒透视那事物的内在之声，把世界存在的宣言在文字世界中体现出来。

也正是居于环境的言说行动在深度嵌合中创造了言说的语境与展开，它是一种非凡的读写行动。这行动来自于文字读写质能化境的存在，来自于文字历史潜能的启动与创造。一艘承载着事物声像熔造而成的语势、语境之船，正航行在环境存在的大海深处，在那儿，生命的活力之浪激起着天光海色滟滟的微波荡漾，文字之舟在收结着时间之鱼，这是盛着满满的存在光亮之鱼，全部的鱼活泼跃动着，奏起了大海的音乐。

这是居于时间中的化境存在之道，它产生了历史深处的实践艺术与言说风格，产生了命运性知识的存在力量。

生存着的人无法控制未来的命运，但在大海中行游生活的人又虔诚地信赖着命运，这里不存在什么科学的世界观，因为在这里自然生存的人不可能紧贴着技术力量、科学预报而生活，因为纯粹的技术力量与科学观测并没有像一滴水珠那样深深地溶合在大海的深处。太平洋彼岸蝴蝶的振翼翻飞也有可能掀起万里之外的风暴，它在内部深沉的力量中，在一个更宽泛、而又更一体深入的相互牵引、旋动之中，每一事物又像是天际中的"星云"，"星云"寓居在环宇苍茫深处，随动响应，随形变身，共同酝酿了宇宙的风暴。自然生活的人先天知道这一点，人栖息在自身存在命运中，在命运中守持、经营着命运，塑造着自身与命运的一体连接，在维持命运连接中迎候着命运降临，信命就是信天、信地、信生命自身，只有当人化为大海深处的一滴水，人才能在这整全存在的世界中拥有了世界，也才有了内部存在的对话能力。这对话是听不见的，它化人于环境整全具身运动之中，是把全部的生存行动与环境世界熔铸为一体的行动运用，看天出行，看海栖身，看鱼燕飞动而追踪，看海浪、风潮变化而纷自沓来，这对话是那出海的老人一眼望见大海深处深不可测的阴云，在胸中顷刻沉积的不安，但说不出原因，是海啸要来了吗？没有什么可以证实这空气中的不安，只有大海知道，游动的鱼儿知道，飞翔的水鸟知道，肉身深处的冥动之声知道，没有一种知识系统可以实证，它多出于系统本身，是具身运用适存与生存创想力。因此，如果有一种知识存在着，那么它就是这样的一种游向大海深处的知识。当他越往大海深入游去的时候，它所面临的是越来越繁复多样的变化，不仅于此，这繁复多样的变化本身又是在往深处游去时引起的，是环境整全存在运用产生的共属一体调节变化，是牵一发而动全身的，因而这复杂变化在肉身栖息于环境变化中，承担并生成了这一运用变化性，并在深入于变化之中不断生长着，这变化又不仅仅是空间场景性的，而是世界内部无限多样的变化在时间中产生的运动变化效力，环境每一个移动中都牵引出潮起潮落般的涌动，宇宙史前的光走过千千万万年而来到了地球，全部变化的历史在环境沉积中复活。通往大海深处的运动就是这跨越无限时空的整全存在运动，全部行动的知识瞬间穿过了时空隔绝的视阈之墙而聚焦在历史内部流金的岁月中，此时科学技术也无用了，经验汇聚着全部历史，钻入了“存在”的心，经验在自身运用、沉积中生出了空间时间曲线，一个内部结晶着的整体，在那儿，只有一个时间老人拥有了全部凝聚着的世界具身性知识，而它又是一团幽冥的存在，是内部响动着炸裂开来的玄动之声与微影绰绰，这正是在世存在命运性知识。这已经不是逻辑运算的问题，不是技术变化掌控的事实，不是外在观察的知识汇集、整理，而是前逻辑的更为基本的运动整全存在性，即人与环境一体存在的默切生成历史行动，它先于全部本体、系统知识而存在，从环境事物有名开始，从环境世界有人生存开始，从人在自然生存中学习掌握生存行动开始，这具身调节运用知识就已经存在了，没有它，人的在世生存行动就还没有开始。

这是在时间中潜藏着的内部存在知识，它在广延的空间内里开出了时间结晶之花。由此就决定着这样一种处境：在纯粹空间逻辑中的运动怎么也调不准行动的步伐，计算的行动“测不准”运动本身，解释理论解释不了微粒在面板上超常性落点，时间的计数错乱了存在自身，“猫死了，同时又活着”。

可见没有化境就感受不到这共属一体的变化与存在，因为这相辅相成的共同体只在生活世界中。每一次行动都在自身行动稳定质量中，全部的运动及物在稳定质量中启导出了行动的深度与广阔弧度；每一次言说在倾听着言说内部存在的响动之声，它在言说自身存在的行动探试、反馈、修正中推进着自身，在及物的深度中回应着时间存在的共鸣。

是化境行动力的处身运用生成了经验的聚合调节自组织运动，是时间居中之道的环境运动创造了跨越外在形式判断的行动综合力，这是整全存在的对称均衡行动艺术，它踩在了历史脉动的鼓点上。先有经验运用的具身涵括与行动均衡调节力，才有了“能在”的行动，因为行动造型是在环境综合质能对称蕴涵中产生出来的，变动不居的世界开出的是非命题化的处身运动。它要求着一种内部存在行动的实践功夫与力道，要求着居于环境整全存在中生存行动的深入性、旷远性与变异适存力，要求着肉身行动对于环境存在深度改变中的生物约束与规整协同，这是行动深入于幽深的世界中在视阈之墙的里面发出的行动声像聚合性，是行动整全存在质量稳定运用开出的节奏、韵律、身姿、力度与速度的变化，是环境以境域整全存在运用力于肉身而产生的互动支撑与深入交换行动，是行动在自身内在照观中见出的此在完整意义，时间居有了存在自由与品质沉淀，时间质量与时空容承、载重运用协同无间地增长着，历史生命以它熔铸事物的品质结合力与共同觉知有效实施着整全存在不可分的意义，没有一个运动有效不是在整全存在环境质量可靠性中产生出来的，没有一个行动不是在世界中的行动。我们能看到的已经逻辑在先地在整全存在中给出了，能通达的已经在先验性地在潜能创造的环境适存中产生了，能说出的也只在这先于任何形式理解之前的形势消息中，它聚焦着命运，产生着共同体精神，这是一个先于形式构造的历史发生时刻，时间的旋动超越了空间操作，在叠加、消弭、幻化空间中产生了环境存在内部生成步伐，一切言说在时间居中之道中获得了自身存在依据，一切言说意识又在时间品格塑造中化境存在，以自身稳定筑造着言说行动的基础，在生成的均衡调节运动中飞出于空间制约的形式伴羁，在行动存在的深处唤醒着视性隔离的时间意识，一种在地平线上旋动生长的行动力在临绝汇通处发出了历史的力量，正是“山重水复疑无路，柳暗花明又一村”①。

三、观　照②

（一）知觉从哪里来？

我在高空悬缆上行走，我要从此岸到达彼岸，然而此岸与彼岸的行动趋达又没有在实验室中论证的可能，此时世界存在着，不是我的外在视阈看到、组建出来的世界，而是在具体行动中所要实施的环境运动。简单地说，我要用身体承受一切变化从而训练出高空行走的能力。它包括我在行走中运用身体与竹竿的平衡运动调节，包括风向、风力作用的经验感受与合理运用，包括对脚下踩着的缆绳斜度与用力调节以及对行走速度的把握，还包括让内在紧张的呼吸趋于平缓、镇定的行动状态调整，这里只有塑身行动的运动警觉与调节，只有感应变化的潜能与行动实施功夫，只有身体灵动变化与环境的协同一致。尽管下面的景色多么诱人，但我的心是空泛的，注意力是集中的，并围绕着我的活动来展开和运用，我不会因景色的诱惑以及高空场景的恐惧转移我的注意，我必须要把视性调节到具身行动上来，此时心的“空”与“色”的实存无转换可能，它创造了我的身体让度中的含纳与运用可能，此时风景不是不存在，而是以整全环境交换与活动交融的运动有效暗示力加诸于我的行动，视肌的运用在神游于当下环境活动的一体性中圆成着及物的实质，即环境存在的意义已经瞬间收敛于行动塑造中，全部的注意只在注意能够把环境视野融合为我的当下行

① 参见陆游：《游山西村》。

② 观照：是在完整经验上存在着的实践艺术。一方面活动本身是建立在完整经验有效关怀、维护之上的，另一方面活动又是在自身存在完整意义交换与熔铸中变化着。在被动知觉到能在知觉的相互转换之间生成为“共同－知觉”的经验运动性，正是这一动感自在成就了观照活动，它是具身行动蕴涵的意象物观照。

动有效性中，并充分调动起我的行动综合潜能才有意义，不是我看到什么，而是我所见、所听、所察必须要在我的完整行动中被我的行动要求所调整、选择，必然要在我的行动知觉中成为一体融合而又平衡调节着的当下运动性知觉，才成为了我要看到的、运用着的事实，看不再具有表象宽泛的性质，而是一种意义集中与运动有效选择，即看是在我的行动中跟随我的行动需要而运用、调整着的看。而我能不能走到彼岸既是当前环境存在运用的可能，更是我所具备的行动潜能的考验。这是一个综合行动力的潜能运用，是人与环境体用不二的实践艺术，环境作用化于肉身平衡运用与力道生成，整全存在的综合运用能势给出着当下行动有效的判断以及行动运用中的实践想象力。这里的想象并没有意识构造，只是身体意识到的、在运用中唤醒着的综合行动运用实践力，它以具身效应产生出行动变化策略与灵动性综合想象，身姿的调整转换在情势当前显示中瞬间把全部动作要求给出并一步到位，因此想象也是一种同步快速反应与综合行动运用中，是建立在完整实践功夫之上的行动尝试，而此时想象中的记忆就不再是表象，而是铭刻于身体中的触动力，是全部行动潜能综合运用唤醒着的动感形象，它是汇聚在行动发生中的拓扑知觉与完整运动“心像”，它的圆通性不可取代，它四面放射、勾连而又圆成，遥相呼应而又平衡稳定。此时我的行动信仰着什么，我能信仰什么？这根本不是我的主体意志说了算，而是在场发生的全部熔铸力告之的、一个我在行动中必然要依靠、要信仰着的具身存在世界。

为什么身体行走在悬缆上的感受、知觉运用与主体观察事物的经验感觉不同，而且在作出行动反应的本性上也不同？因为前者是身体直接调节反应，在含纳着直接经验的环境具身运用有效中发出着行动，后者是行为意识推断，建立在经验观察的意识行为归纳基础上。这里就有一个被遮蔽的事实——知觉形成的动感自在运动。

知觉从哪里来？为什么总有同一个自我或他物能被我知觉到？为什么我总能知觉着，即使是睡着了也还有知觉在活动？

中国古人认为人、事物、环境、世界都在自身存在道路中，而自身存在又是在环境参与着的“和实生物”境域运动中产生出来的，它给予了事物一种走向环境同时就是回到自身存在的完整运动，这是自我能力延展与生成风格的整合意义，它不可见而又环绕在周围，“道”说的就是环境参与着的同一具身运动，说的就是世界存在着、这一存在运动不是空间表象的，还有一种更基本的自我能力维持、修复、规整意义，是空间在运动时间性中的具身同一完整。在这里，中国古人给出的是一种协同于环境运动而生成的知觉聚合环境意义凝视的眼光，一种能看与环境活动经验熔铸功夫关联着的玄鉴力。那么，对于世界存在的意识来说，是否存在着对应于这一普遍存在意识的独特眼光，就像看玉石那样的品鉴力？为什么宇宙有95%的能量不被计算到？为什么大地环境生态现象总在物理学视野之外？这就是因为世界存在的运动是地质生成，它在形式分割意义之外以环境总体地质分布呈现，又以地质拓扑的对称性运动熔造着环境生殖的能力，知觉是从这一世界基本运动中产生出来的，又是这一构成能力运动的生动体现，它在环境活动中把自己化在了世界中的同时，也把环境包裹在一种能力运用生成中。即使是你睡着了，这一先天给予的自我生成同一运动还环绕在身体中，成为你对应着环境的基本知觉，而不会发生错乱。

这不是一个假设，这是我们和环境世界总在行动中存在着的确定存在，没有这一事实被信仰并能被我们在行动中反复证实，以及支撑了我们的每一次行动，那么我们将不可能展开行动。因为没有具身同一知觉，没有知觉同一完整的地质拓扑构成，就没有知觉在时间中的连贯一致与完整存在意义，知觉不到一秒钟的时间就变成了不是它当初认同的那一个，知觉只是机械反应，没有聚合完整形象的存在意识。

正是世界地质生成运动捍卫了这一个、那一个以及知觉不变性本身。世界如果不给予一种生长同时又保持其同一对称具身延展运动知觉，世界本身不在这一自我生成道路中，那么一切都是分裂的，也将是不可想象的。全部的环境事物特征朝着同一个环境风格生长，而同一个环境又在全体事物共同成就中自我生成变化着，事物在纷繁多样的差异之间达成着一种共同的命运连接，并同时给予了自身完整存在的时间性，多么奇妙，这正是知觉生成的环境空间默会一致。

同一个自我，既是一种知觉到的意识，又是知觉着的事实本身，同时还是知觉具身存在的信仰真实，那么此时这同一个自我是什么？它是在同一个自我中飞动着的、抓不住而又牵引聚合着的特征，一旦你要抓住它，它就瞬间变成了一种表象，但生动性特征已经被抹掉了，你得到的只是一个占有性事实，而你又在占有中永远看不到、理解不了放射着的青春活力在哪里，因为它是同一个自我存在着而与环境对称交换着的生动。

因为性质是事物在纯粹姿态中显示的当下对称于环境活动的具身分形特征及其与事物环境活动的地质拓扑构成，每一特征、性状显现都是与事物完整存在品质以及环境具体活动性分不开的，也就是说，性质只能在事物完整存在的环境语言这一充实性运动中来说，没有离开了环境完整活动意义之外的事物性质显现这一回事。找不到特征充实显现的活动性，又何来显现？原本“概念”越上升，一般就越充实着丰富多样的品质，但在现实的知识体系中却恰恰相反。这就是人类行为操作意识取缔了人类环境活动参与而造成的知觉充实运动不在场。

实际上，在人的日常行动以及看的经验中都存在着一种运动调节综合知觉，因为没有一种运动性调节，就产生不出环境行动力的变化转换，也不存在不同环境下经验运用调节的对称唤醒能力，知觉的环境意义也不存在。这是一种行动力直接生成的拓扑知觉，是行动作为环境活动中的亲和力①存在而产生的环境具身物化组织运用，它是物化知觉，又是肌体性知觉，是环境把它的活动性通过身体无意识调节响应而生成为运动感的直接运用知觉，又是身体行动在环境整全活动均衡变化中产生了行动运用品质聚焦与默契机制生成。没有这一环境

① 亲和力：是人类思想的直接动力所在，在海德格尔那里是缘发构成，在歌德那里是亲和力熔铸运动，在中国古代思想中是神思“自得”、“化工”，是独化神机缘情，等等，这是一种只在具身行动的实践艺术中才显现的“工艺”熔凝，是不可人为而得的，也不在主体意识中存在的时间现象。亲和力不是大脑思考的产物，而是脑的感受潜能运用脑环境的深沉平衡智慧结晶，是产生伟大艺术的直接劳动成果，世界也只有此一肉身证成的、屡试不爽的灵魂真实标准牢不可破。

与身体之间的行动有效转换，就不存在人的知觉，因为全部知觉首先是建立在行动意义上的，是为行动存在而存在着的，而行动存在得以成立的前提就是环境处身，要达致环境处身就首先要有行动运用的转换机制与调节变化能力，在运动综合实践意义上，它又已经超越了任何一种现行的知觉理解，它是源知觉。它给予了将要看以及看什么的意义，这是在地质生成效应中直接经验、辨识、运用环境运动关联与理解世界的质能综合，是环境存在的体现，它产生了一种具身化宇宙视界，即有限无边的活动肌能运用与转换以及同一个世界的时间性统一。没有它，就不能运用“看”这一行动本身，而看必然在先有了一种看的行动力与调节性，才有了“看”的意义与可看性。

在这里需要直接指出的是，拓扑性经验可以不依据对象性经验和场景表象记忆而产生出来，它在主体空间意识之外，通过主体意识注意看不见的身体运动姿态协同变化而产生在场行动运用综合规整效力，它在行动存在的切身经验聚合能效中已经产生了与主体对象性经验根本不同的理解。在环境活动中存在着在行动稳定可靠中直接建立环境经验运用结体、分形运动性经验，存在着身体行动与环境整全存在的直接交换性，身体在运用经验时可以依据一种介质或肢体运动而产生经验物流具身性①交换，这一物流性经验存在着的源始基础就是世界具身，也就是说万物和人能够完整存在是世界创造开出了具身存在可能。世界不提供在世完整存在可靠性，就没有一物存在，具身存在给出了时间运动完整性。这一完整性就体现在经验的化机熔凝地质生成运动中，它可以通过身体行动具身调节发展出一种环境事物经验特征在“我能”身体运动适存中的时间秩序，并在这一秩序深度经验运用中产生经验特征地质拓扑效应——一种特征组织连属有效与结

① 正是环境世界具身性使知觉先行隐含了身体存在的意义，知觉之所以成为人理解事物的有效途径，就在于知觉已经把自身隐含的身体存在意义赋予了被知觉的事物，它不是意识设定的结构，而是身体动作协变产生的环境具身组织空间理解有效性，这是一种身体行动具身调节力与环境世界共在活动先行给予的动觉完整对称平衡与自我调节修正意义，是深度经验内嵌的时间能指空间规整布局，而动觉则是环境具身活动的交换成果与连续质造运动。

体、分形转换功能配置，一种超出于结构功能与对象性经验的空间行动化配置与对称运用具身转化协同，一种在经验可靠的环境深度运用中生成经验品质熔铸效应。

这是对空间暗示性语言（即环境活动组织有效连续性与转换功能）的直接经验来获得的运动性知觉，而空间暗示性语言又是身体行动寓于环境默会生成中被行动蕴涵着的，由于行动关注的焦点与动作辅助协调身体状态之间是同步发生与协同跟进的，这就造成了关注焦点运动与支撑域结体、分形具身运用相互之间的阴阳性，人不可能注意了外部环境运动又同时注意到身体自身调整变化（即内视运用）。它要求环境活动的运动综合素质，先有了环境活动结体与分形运用具身综合调节力，才有了能力施展的存在可能。而这一运动品质又不在表象知觉中，也不在主体意识中，它是一种在行动中发展起来的、离开了主体行为的动感自在，是全部知觉存在着的行动调节机制，这不是人要去发展什么知觉，而环境本身必然要在生存完整意义上发展这一环境活动生存知觉，也是因生存要应付各种情况而必然在适存在先运动中生长出具身运用与环境活动完整对称知觉。此时眼睛被分派了另外的任务，不是为了眼前看到的，而是为了忘却，以便重新组织回到同一个背景中的同一个“故事”上面，在一次次浮现中的事情朝向着一个叠置转换拓扑运动空间，而此时事物呈现并没有直接说出什么，而是在呈现的空间性中暗示、承担了全部活动深度意蕴发出的无声言语力量。

因为有环境活动就有在环境性中发展起来的运动综合，而运动综合又是一种适存具身性，是行动经验选择并在拓扑支撑完整测度、堪舆意义上的活化运用有效，它体现了环境行动有效理解只是一种“我能”的结体、分形具身支撑运用综合平衡运动，是行动之身体姿态变化运用生成的环境运动蕴涵机制，动感自在就是这一没有主体意识行为参与的处身经验协同融合、贯通、塑造与结晶，它以活动整全存在均衡调节性与及物对称运用有效实施着行动意义尝试，呈现出动觉经验的地质交流形势，即一种经验与环境相持相依、共造生成的双向可塑交换与熔铸拓展运动，知觉是物物相持相用默会性积淀生成出来的品质化、运动综合质能有效，是物化生成产生出来的行动蕴涵环境具身，是全部行动感受及其直接经验运用有效熔凝为地质拓扑性的行动化调节组织意义，在感觉经验的环境处身运用中生长着一种先行存在的悬动生命，它结晶着事实，交换着行动意义，发明着动觉实施同步延承基础，并在环境支撑与塑造中奠基了知觉运动化境生成的内在机制与行动力。全部感受力汇聚熔造于这环境整全存在稳定质量运动拓扑的承接与开启中，全部感受力又在肉身行动中成就着行动综合质能觉知，这是知觉存在与生存学习的动力性过程与品质化，是源始生存的拓扑支撑运动性创造，它在行动内置于环境存在的时空生成效应中先天拥有了这一及物运动有效。环境活动性又生成于动觉行止的自我调控学习与适存汇意，没有意向性，只是通过感受运用具身化而发展出来的视听经验垂曳运动汇意机制，是在大脑“镜像神经元”中产生的完整活动均衡驾驭水平与潜沉聚焦运动品质能呈，它融汇化入环境交互作用形势变化中，在动势栖居状态上参与了环境自身构成，成为了环境一体生成运动。

一旦我们否认、看不到有这一知觉存在，我们就从此封闭了知觉的环境性意义，从根本上抹去了人类活动与环境的生存支撑意义，人活在世上而不知道活着是从哪里来的，不知道环境在那儿不是你想怎么样就怎么样的，它是生命存在的命运决定性力量，是整体活着的贡献于每一个生命以及千秋万代生存的源始力量。

一种完整存在的无意识活动产生的活感性流通，产生的行动互文和通感效应，是知觉存在的源始基础。如果环境不存在一种空间行动化配置，不存在特征结体、分形连续和声的运动，不同时存在着我们的身体对称协同的感应，那么我们又如何能感受到环境生态，我们又如何能够协同参与到完整活动中？

动感自在产生于生存行动环境处身与支撑运用，动感自在又在环境整全存在行动中经验觉察着一种自我生成的悬动生命与其完整性，这是一种不依据外部表象形式的内部调整有效，是行动在经验综合质能唤醒中的形势运成，行动准确性、视野变化选择以及行动灵敏性、行动知觉学习与验证综合都在事实内化结晶与及物运用对称调节完整性之中，它处在一个具身容承与放射状态，在具身容承内置于环境存在交互作用中自我生成着行动机制与整全意义自组织调节，并产生出环境适存源始潜沉动力与潜能拓展实践艺术。它从根本上改变了看的实质，体现在：

1. 不同的环境处身产生不同的行动觉知调节、选择意义分配与生成转换综合效力。生存行动首先生长了行动处身效用，这效用直接贡献于行动具身，形成肉身存活于环境中的生存行动品质，人在先天具身功能运用、生长中选择着生存行动的知觉意义，具身运用与生长就是化境存在获得环境整全质感经验及其运用性，栖居在环境变化动势存在中发展人的生存能力与生命需要。在这里，需要也是一种行动的对称事实，是在直接经验中的生存行动发展起来的行动交换蕴涵，而不是字面意义的理解，因为不是我们需要什么，而是环境活动给予着什么，我们能想象什么、能得到什么，它是交换在先才出现的事实，也是环境塑造着的事实。因此全部知觉是具身行动生成出来的环境与身体共同熔造的意义世界，是活动交换的自然成就与经验运用品质的结晶，这个意义世界涵括着整全质感经验综合，产生出行动选择与环境作用对称均衡有效，选择又是在不同环境性中发展出来的生存能势与化境运用尝试，是在环境生态性中自我放射产生的环境品质聚焦可能，这是完整形势与活动有效的质感经验综合，包含着基于不同环境性的视肌调节觉知运用以及肉身功能选择配置变化，这是知觉动感自在的能势体现，它在具身行动取势尝试中进行着不同经验的结体与分形运用。比如吃苹果时，行动觉知综合把注意聚焦在苹果质感的酸、甜、爽脆性上，注意选择着颜色成熟状况、表皮厚度、类型、凸起颗粒质感，并产生了内部品质同步涌现联动变化，在切身感受的适存性上把特征具身化，吃的行动调动品尝综合经验，同时又连接了味觉与口腔运动，把生命状态同吃的完整活动性与品质聚焦连接、沟通。但是当一个苹果迎面打来时，行动觉知又引起了不同的经验质感综合，注意力此时是在估计着苹果的坚实质量，并与痛感连接，注意力选择了苹果在环境形成中的质感力度、速度以及重物带风声的环境均衡运动感受调节性，同时调动了听觉收缩变化与细微分辨力，视肌调整到空间大动作的运动效应辨识性与痛觉机制上，闪现出瞬间把握事物撞击质感的能力，这是一只苹果而不是石头，局部颜色形状与运动质量把物体进行着环境同步刚性联动综合。而当身体悬走在缆绳上时，苹果从眼前飞过又传达给身体不同的信息，注意力在窥度着苹果飞动之神态的同时也在分辨着环境气流的变化，从苹果飞过的受阻情况中获取着缆绳行走的平衡调节形势，并贡献于身体行走稳定精微觉知，每一个变化暗示着场域可能发生的平衡效力，肌体平衡感的运用在同步综合着环境变化。可见，知觉是与行动环境联系着的，在环境行动运用中实施着不同的处身意义选择与质能综合，这又是共同体生存行动熔铸的具身性知觉，它独立于主体意识，进行着功能交换配置的具身综合与生存实践发现，在这里，世界不外在于人，世界是生存行动的动力源泉与肉身存在充实，是生命意义的行动实践成就。

2. 环境给予人的首先是时间能指性经验，全部意义实存不是以空间形式出现，而是在环境中存在生成出来的事实发现，事实在那儿合着全部环境一体见证意义，合着此一环境质地生成知觉有效，它是“以物观物”的运动成就。

“以物观物”就是以物的源始处身运动性，即设身处地的环境生存活动切身经验，在物的完整活动环境性中生成物的知觉意识，这是一种不同于表象知觉的环境对称均衡潜沉运用经验，它要求在观察物时，首先要做到在“毋意、毋必、毋因、毋我”中直接由行动着的身体来唤醒存在意义，只有如此我们才能经验到一种不在主体意识中的事物行动有效意义与切身关联。

表象性知觉一开始就把这一知觉存在的生成有效前提抹去了，它在能指经验形式中直接指物，但它又不知道这一能指形式只是在环境生存活动对称有效中才产生出来的，没有一个能指形式独立于环境而成为天下同一形式，这样的事实不存在。美国的苹果不同于中国某地产的苹果，环境质地是构成此苹果存在的源泉事实与生动真实经验基础。而经验能指时间性又是知觉存在的具身有效奠基，也就是说，只有环境具体经验中的知觉形式有效，它是知觉在环境中生成自身活动组织有效的具身形式，是环境全部事实参与中的经验时间性生成成果，是质感结晶事实，在这一形式中同时放射着环境协同配置变化的源始经验印迹力量与时间整合作用效力，它在环境中存在着，有我在参与中的协同意义，并同时引发了我的身体对称活动感应，此时形式是环境对象的形式，还是我的身体中的活动感应形式？没有可以分离出来的形式存在着。当你回过头来看它时，它已经隐匿在你看的目光中。

因为此时的形式不是物理学的，而是在环境整合意义与身体姿态选择运用之间发生的事情，它奠基在默会运动拓扑支撑之上，没有局部分割的意义。环境活动在环境生成效果中产生出来，而环境生成效果又是共同参与的事实成就，有物就有天地混成的共同参与效果出现，而我们又根本超不出没有物存在的想象，这是其一。其二，环境活动引起事物特征在动态变化中的能势性意义（相当于身体姿态与身位运用的意义），这又是外在视阈看不到的空间行动转承整合风格与品质聚合效应，是质能中和知觉直接在完整存在的环境意义上产生和被运用，我能看到物理学看不到的东西。这是在环境活动经验深入磨合中产生的一物与他物及其周围环境完整对称均衡在场性，如果在环境中没有这一效果产生并被经验到，那么事物就只是漂浮在环境之上的物理学运动，那么事物也不会给予我们可经验的稳定可靠、支撑性以及建立在有效支撑意义上的真实存在完整经验，这里已然发生了什么？发生了外在观察不到的效应，这是环境地质构成空间之内的物化交换运动——空间叠置、空间叠置循环整合、整合在完整活动意义上的支撑域转换以及在这一转换效果中的空间性交互贯串、渗透。这一效应不被外在观察看到，就在于外在观察没有设身处地运动，因而发展不出一种在场行动综合的拓扑测度与堪舆默会运动，没有具身运用的化势成境凝视眼光。而它又开拓了活动转化着的脉动呼吸完整空间，生成了在这一脉动效果中的动感直接运用以及在参与中的身体行动平行知觉默会意义，此时身体行动就在这一平行知觉能势运用生成中直接进行了玄鉴实践功夫的运动，并在这一功夫运用中生长着一种聚合环境动态特征的质能中和规整与选择，此时身体又在环境活动中产生了双重效果，它既是参与被造者，同时又是被造中的垂曳无声渗透力量，是同其他事物一样站在了整合动态发生意义中的共同一知觉事情。而时间在此又是什么？时间只是共同发生中变动不居的无形组织作用与身体行动选择中产生出来的运动汇意机制完整效果，我们说不出它的时间形式，因为此时的形式是每一活动中的事物放射着的与我的身体行动选择关联着的能指具身质能意义，它既是一个整体，又是一个在身体行动选择中自身变化着的质感真实意义在场，它产生了不同行动运用中不同的特征捆绑意义与具身调节，时间化在了身体行动组织、选择的形式有效中，是不可见而又发生着的活动完整聚合风格，是只能在活动具体中呈现出来的坚实可靠拓扑效应与“化工”能量，它又在自我生成中产生着一种具身有效的漂浮能指运动，因此就没有了表达的固定形式，只有呈现。我们的祖先很早就发现了这一物理学没有解开的秘密——“日月叠璧以垂丽天之象，山川焕绮以铺理地之形”，这是文字，还是环境？没有区分得开的形式，只要它以合着环境的声音气息与意象整合的姿态出现，就已经无处不在地呈现了环境。

环境中的物并非像物理学所理解的那样是一种机械反应之物，在环境活动的完整时间历程（循环往复）中，自然物是意义存在之物，它有完整活动参与中的运动品质效应，即一种境域性调整、修正力量，这是万物差异的力量在场域运动中产生的异质交换与存在支撑具身均衡统一。也即是说，交换不是同一性交换，而是每一物完整存在中的默会运动异质嵌合、共在支撑的交换，交换发生的同时，也是存在支撑有效变化调整的时候，是事物完整存在产生规整效力的时候，在这里，就存在着一种完整活动的调整变化张力，存在着运动一开始就不在形式无限分割中的环境事物共同存在，并创造着自然积淀的完整活动“地平线”，这是一种运动品的质活性力量，是经验在直接经验活动中呈现的场域性效力——一种运动中结体、分形运用而又在对称均衡变化中衡动着运动有效的调节力。它产生了存在意义，这是知觉意义调整运动，单纯的机械物只有一种不断重复的反应，不会对一个反复的作用产生意义反应，但知觉就不同，它在反复作用中会产生对反复作用本身的意义规整，会对反复动作作出意义判断和调节，这恰恰是场域活动性对每一个反复动作作出的运动品质交换完整支撑意义，是环境地质沉积产生的均衡调整与自组织运动。意义在境域品质化运动中产生出来，这也正是知觉产生的环境动力与调节性。具身行动涵括着全部经验运用，它又在经验不断运用中塑造着基本运用力与融合调节变化，也在经验变化回应中修正、调整着品质触动感受，产生一种内视性，这是动觉质能综合，它在寻找整全环境活动特征与运动品质结合的稳合状态，也在发展一种环境适存调节变化力，这稳合状态又是通过行动具身化尝试产生的内在感应的统一，是身体含纳运动经验通过交换而结晶生成的一个完整存在意义世界，它把经验在运动性聚合基础上做成了一个悬放状态，而悬放状态又能在被知觉者特征的回收、响应变化中进行着整全经验具身运动腾挪，即用具身的意义规整均衡变化性对称于整全特征嵌合弥深效果，在异质交换发生与具身存在均衡支撑有效之间进行着空间非连续性转换。行动运用有效选择、辨识力在这动势栖居变化深入中逐步被培养出来，这是一种运动品质具身性产生的自组织运动与整全特征深度运用，腾挪变换着具身姿态，进而创造出姿态与特征结体对应的高度具体性和默切变化对称，它产生了一种“无量”同步对位配置，即出离意识主体行为的非同一性悬放熔成，一种似离则合的随附呼应运动，“无量”是肉身行动让度、含着经验生成的共同体支撑性成就，它存在于经验具身化的对称性转换与均衡生成运动中，是肉身自然品质的先天塑造。物性正是在具身运用中开启出来的整全能势存在规定与地质生成贯通，对于意识行为而言，由于没有对称转换的均衡能势生成运动，也就把握不到事物存在性质的整全性意义，而事物整全性意义又是一个运动存在品质，它与特征运用形成姿态应合变化的深度存在稳合调节，运动性聚合生成了特征存在的能势综合，有一个拓扑支撑的内部深入结体组织运用与特征的高度具体品质熔造性产生出来，这是嵌合弥深产生的内聚的坚实品质与灵动，视肌调整在经验具身化中生长着这一拓扑支撑品质聚焦能力，视觉不再是外在无质感的表象运动，而是内在收放的悬动垂曳状态，当它把注意调效到具身行动能势状态时，它在具身悬放状态中观物，意义从悬放状态的能势性吸收、沉淀中产生出来，物性在经验品质聚合能势效应中生成着，是整全运动品质的协同联动效果与放射，没有分割表象特征，没有结构组建性质，只有能势生成中的整全性与高度具体性，它是差异整全变化品质的质量生成，全部感受性源出于这能势聚焦的存在维度，全部感觉又在能势具身运动中有效组织着、选择着、变异生成着。此时注意在观物的运动时，经验运用的行动能势性牵引着观物的感受机制，它看到的不是画面似动性，而是能势运动创造的拓扑支撑循环收敛域、品质聚焦域。

3. 环境具身结体运用与转换又产生了内在互文的生态约束与觉知运用综合完整。正因为没有一个声音不是环境存在中的声音，也没有一个存在的事实不是环境中共造生成的事实，由此决定着一切存在的可能只是在环境内部循环结晶运动中产生出来，不是画面、空间设计的结构事实与可能，而是在具体环境经验中意义生成与转换的可能，是时空生态具身运动理解中存在的可能，在高度具体运动中有化境居中之道，它产生了空间嵌合、组织有效，是时间质量绵延生成的行动机制，而又在存在深度经验中运用调节变化着，它创化了空间具身与意义蕴涵的地质成像，这是一种熔造聚合存在的环境品质可能，是全部内容在具身运用事实沉淀中的运动性可能，它是超意识结构的内部事实熔成、结晶化，是事实在不可见的行动蕴涵造型运动中实现意义转换与命名的“生才”之道，是默会生成生物约束效应本身。

现代科学事实与实证性没有意义存在有效机制与转换，它在形式操作的一贯性上已经断送了实践艺术综合质能，由此将全部事实抽掉了存在的核心，即环境结体、分形作用与存在支撑具身有效统一，由此造成存在可能与意向构造的断裂，符号化运动永远也产生不出语词意义，全部的计算机也说不出一个自然事实，判断不了这是一张板凳还是一张床。

作为一种生命生物性环境适存运动，它也是一个环境物化运动，是栖居在环境中的肉身行动艺术平衡调节运动，它的演化方向是环境运用品质化，即在物物相用的运动中学会适应环境，发展生命动力性。这是最基本的环境存在运动，正如我们在一般的自然生存活动与艺术创造中所经验到的那样，生物行动既具有环境生态约束性，即每一个行动创造都是在环境整全稳定质量所贡献出来的综合调节运动可能之中的运动，生物行动离不开环境生态运用质能综合调节性，如手的运用离不开身体调节平衡与意义转换一样，同时，生物行动又能在环境行动中充分调动具身调节能势有效，发展出一种不断跟进环境变化并深入调节运用的环境动力性，把环境内在生命化、意义结晶化，从而创造出环境与生命相辅相成、相生相克的包裹、连绵内质，它既不在生命体一方，也不在环境一方，而是在二者之间共造出的“共同体”，这“共同体”包裹、承续着源始生存境域，具有了一种“理念”式的获得性遗传，这就是生态文明的动力核心。因此，有一种环境整全存在生活世界意义在“共同体”的地质支撑有效储备中，这是一种行动蕴涵，它产生了生存行动内在风格与道路。它决定着行动艺术根本不同于行为方式运动之外就在于：它是过程—涵容性的。在行动过程中不断容承着一种肉身塑造平衡调节能力。它是对称—功能转换运用性的。随着栖居能势的变化与容承运用水平提高，对称交流变化了，同时又创造出新的功能交换运动与整全运用水平。它是生成—调节自组织多样性的。功能转换的变化又带动了能力生成，进而推动自组织调节运动的水平、层次与结合多样发展。它是具身——物化生成动力性的。包裹着的环境内质生命运动促动着生物体行动，而生物体行动又进一步推进着默切生成运动，在运动中更新换代、层层推进，不断创造着具身物化能势性、环境境域性。境域又是一种内在调节机制，具有在整全行动稳定性中自身引示、调节以及准确性、平衡力增进的功效，具有生成新的行动力的巨大潜能与觉知运用艺术。正是因为有环境生物适存运动存在着，它才产生了一种肉身行动知觉，这知觉是获得性知觉，是先天存在中的存在领会运动，而不是通常理解的先验形式，人在行动中获得事物表象的同时，也拥有了行动运用的内化调节觉知意识与均衡意义转换，而且意义关联首先是通过这一内化调节觉知意识产生出来的，是一种获得性质感、通感与品质凝聚，没有外在形式嵌套性质，没有形式语法，正是这一内化调节觉知意识实现了质能综合觉知的内环境统一，即特征的空间行动取势结体、分形与具身平衡调节在场运用融合，以及特征的时间视性同步发生与具身在场运用的意义延承统一。这是身体间的直接运用交流，单纯的意识表象运动看不到这一内环境视听性肌能的塑造、调节变化意义与作用，也看不到知觉运动的绵延基质。

4. 动感自在是玄然不变的觉知运用行动风格，它生成了具身运动特有的意义组织有效，在身体行动含纳环境活动完整风格中产生着平行对称，形成了环境运势变化的连续行动力与共同参与的组织结合拓扑基础。

意义出现的层面不在表象性知识构建中，意义是一个先天完整的未知世界，它在我的身体被环境世界创生中，在我的生存行动参与到环境世界中，已经先行降临了一个历史道路的具身有效风格，而这一风格存在着又是环境活动共同历史的完整交换自然成果，它给予了我的行动源始存在的可靠性与熔铸的地质拓扑运动。世界先天承纳着我，世界又在我的行动参与中给予了我共同行动的场域意义，这一场域意义不是纯粹空间的意义嵌套，而是具身有效在完整历史生成中的意义蕴涵行动风格启承与完整运动品质激活、刷新以及对称交换的生命自然成就。

这是在一种肌体性运动中特有的生命现象，它产生了意义只在意义环境完整处身的具身有效性中才成为了意义活着的运用与直接呈现，这是意义尝试运用大范围拓扑优先性，这一层面恰恰是环境活动历史先天完整的生活源始，它给予了组织有效风格及其承启的完整动力知觉，具身性正是在这一具身意义未知而又存在着尝试中的环境身体运势回响及其测度运用效应而推动了命运降临。

声音，它是被我的耳朵听到的声音，而不是纯粹空间震动；颜色，它是被我的眼睛所看到的颜色，而不是什么微粒波动。这是因为我一开始就处身在环境世界中，而环境世界对我的身体感受来说并不是什么物理学的性质，它是给予我意义的世界，没有一物在我的眼中、耳中不是充满着意义的实在，因为世界在生成我的肉身的时候已经给了我完整具身的知觉意义，这就是大地一万只耳朵、一万双眼睛为我而存在的奇迹。我从来就没有看到、听到过纯粹物理学的无完整质感意义的事情。

世界具身产生了我的环境具身运动，而我的环境具身运动又在环境活动中不断汇聚着环境完整知觉意义，这是我的身体行动力直接结晶环境作用具身意义的生活历史性。当我能听到一个声音时，它已经在我的具身熔铸意义辨认中，如果我当下还不能指认它是什么声音（比如羌笛、广东音乐），那么不是说这一声音不存在，而是我的意义世界还没有与它产生具身性风格融合，那是一个我的具身运动需要去调节组织的环境意义世界，是我的身体行动力需要去学习、适应进而学会能看、能听的环境具身会意塑造过程。

没有声音的存在意义被领会到，听到了也等于没听到，此时你用一个主体意识的想象去讨论声音的时间经验就是无效、无意义的，因为人类只在有意义出现的活动中才谈论时间，此时时间本身绝不会是物理学中的空耗，而是结合着事情的意义而产生的时间存在着的意义，时间的形式恰恰来自于意义具身熔铸的完整风格。当我们在看台上观看比赛时，你说："时间过得真慢。"这到底跟比赛本身的意义与运动员切身感觉到的时间有什么关系？如果你没有在其中参与着，你就没有获得那个活动的意义，也就是说你根本没有在其中存在着，你又如何能谈论那个没有存在过的时间经验？此时我们反倒要问："世间真的有那个没有时间经验的想象时间流吗？""光的速度好快"——这到底是你在看台上自己感觉到的光的存在状态，还是参与着的经验本身说出来的意思（光在环境中存在的经验）？没有行动支撑与经验着的意义出现，我们也在谈论时间，是谁给了我们谈论它的词语、意义与描述方式？谁又有决定存在着的事实本身的权利？如果存在着的经验与时间意义都在你的物理学计算掌握中，那么还要运动员之间的经验组织、配合意义与运动节奏学习干什么？

耳朵在能听到意义时呆在了那里，眼睛在能看到意味时留念往复于意味深长的世界，即使是表面没有颜色的中国水墨山水画我们也看得津津有味，还看出了里面变化万千的色彩。这是为什么？

世界原本就在我们身体里，它是意义具身熔铸的历史，因此，当我能听到一个有意义的声音时，这一声音产生的背景全部活着，瞬间唤醒了我对这一声音的运动会意。

当一个乐音响起的时候，它是在耳朵稳定质量与意义结晶运用中吸收、承纳这一乐音。从这个意义上讲，没有全新的乐音，每一个新的乐音只是在能听的能势状态中沉着的具身风格运动，是具身行动蕴涵的组织发明与意义刷新，因此它能听到一种“内容”上的新，而又在质能综合觉知有效中涵括了这一存在可能与具身意义认同，有一种质能交换发明与存在意义转换产生出来，耳朵听到的是一种环境质地和谐的声音。此时第二个乐音发出，它又已经处在了一种存在可能的悬放状态中，把第二个乐音追加到第一个乐音之上，一种内视听的效力开始发挥作用，产生了乐音环境运动纵向完整叠加效果，这个效果是无主体性的动感自在同步渗透效果，它能够听到两个音加在一起的内时间音乐效应。耳朵被自身能听而感动着，因心静而听出了被动感受的生动之音，这是一种心灵屹然不动而感受到的声音透入体内无声循环与跌荡起伏运动，这一效果正是主体意识感受不到的，而只有生命唤起了一种行动在场的质感经验，才将乐音进行了运用意义转换。因此，这里已经没有了两个、三个乐音追加的同一性物理学事件，意义在不断生成中，而音乐则是激活了环境运动内部质能中和风格的生动循环能量。

具身运用聚焦着环境事物的行动能势，在行动能势中一并给出了一种意义的原始生存风景，这风景是肉身行动环境存在内化运动实践见出的视听性本领，它直接在行动处身含纳的具身能势中见出了事物环境生态。这生态的意义在对象观察中看不到，因为生态运动恰恰产生于地质沉淀，它在拓扑效应中汇聚运动能量，非对象微分切割。这是一种质感、通感真实，觉知力已经经过了环境行动运用结晶与生存内化取势，有一种行动运用综合效应与整全存在意义发现，它通过直接行动在场唤醒那行动品质的熔铸状态与运用可靠，而先行一步把握了意义发生的存在有效暗示力、穿透性。它不是在读事物形式功能与意义，而是在读先行存在的环境处身整全行动，在肉身行动存在的稳定可靠性中读事物运动内化于环境之中的在场效应与行动运用可能，因此它在环境运动均衡状态中具身把握着事物在场经验，这正是环境物像之间运动聚集而产生的知觉行动完整意义，正是这一环境品质熔铸状态给出了肉身在环境中把握能见到、能听到的全部事物的对称运动及物性拓扑支撑运用力，可以在事物意识意向认定之前先行把握到事物环境运动整全效应，不一定知道它具体是什么，但可以知道这个它的环境存在动势，可以知道它对于当前肉身存在的生存意义有效性，以及转换之可能，这是在不见物是什么时，先行发现的环境形势，具有视听及物的行动规整效力，它给予了行动调节、修正、防御机制的运动机会与条件，这是一种行动知觉力，它可以先行预感发生，比如房间里的物件少了、位置变化了、氛围不同了，但一时又不知道到底发生了什么。视听性运用已经把环境与肉身融合为一体，有一种环境场的均衡觉知产生出来，并铭刻于肉身之中。它之所以是一种地质效果，就是因为在这一体融合状态中存在着身体与环境双向互动随附机制，它像两个筛子一样在筛漏着，这是环境物化调节效力，是行动运用化境推动与能势生成变异的效力，两个筛子在弥深嵌合运动中伸张、开合、收紧、夯实，产生了有如肉身与手的内在互文性，两个筛子又在均衡运动场中把环境结晶净化与物化生成效力筛出来，成就着事物与环境总在一种相辅相成中产生出这一相辅相成运动效力——一种只在时间中才产生的内时空循环组织运动与对称均衡（这是稳定可靠的地质拓扑性含义，即一种行动化时空与意行动感①效应），并成就着存在的生生不息运动。

拓扑运用优先不是人为确立起来的事实，而是环境世界存在着，这存在着的事实才是言说与行动实践的真实基础，而存在着的事实是只在完整对称均衡运动中才显现自身的完整存在风格与“逻辑”，这一逻辑就是具身行动内在熔铸与共同命运指引。当现代知识体系在一

① 意行动感：一种超意向性的环境行动生成联动性，这是环境活动中培养出来的境域对称适势动向与默会，它通过完整行动交换而在活动相互塑造中产生经验潜沉地质效应，它是完美存在的声音气息——既是韵律、节奏，又是环境特征骤然汇聚。它也是意象转换在腾挪之间突入于画面的视觉晕眩——在言说平衡调节中随物赋形的组织变化生成着情景交融触发式爆发力，它是意行的，即在活动经验潜沉默会中生成直接行动力，而这一行动力又已经把环境活动化机熔凝，产生了特征结体、分形亲和力运用与品质聚焦，并同时激活了均衡变化中意象纷呈变换的整合跳转与完整画面拉动，因而也是动感十足的。

种物理学表象事实中构建自身的时候，它已经抛弃了事实存在的基础，不能运用风格内部生成“逻辑”，一种没有厚度的经验性质产生了零度经验无感性的荒谬起点，由此把它带到了一个虚无主义盛行的现代社会与无历史的后现代。

没有意义运用的拓扑优先，人类活动就在自以为是中遗忘了环境与历史的在场意义，他看不出“质料”的立意并不在主体意向性中，而是环境共在活动产生了行动支撑拓扑可靠，在拓扑可靠性中才生成了存在着的立意完整组织风格。当它把活动收敛于主体性时，他已经听不到大地的声音，也没有心灵的感动，他认为这一切不过是一种浪漫的虚情，它根本不知道历史有如一万匹奔腾的骏马已然掠过大地。在水中央升起了命运的帷幕，大地震颤的时刻就要降临，此时你到哪里去找也找不到保护伞。

（二）具身存在直观

有一种看是在被看的感受经验运动中决定着的能看性，这又是确定看的知觉构成是否真实的前提与基础，对象性的看在主体感受环境经验的时候正是丢失了“我在看”与被看到的经验之间的协同支撑意义，这就相当于一个人在走路时，他可以直接朝着他要去的那个方向走，但这又并不能说明他如此地走所建立的一种自我目标运动就已经代表了全部事实构成，实质上在他走的过程中，他已经将走的目标与过程中有效的环境经验协同支撑意义在无意识中进行了连续调整与修正，此时我们就能看到，实际的看是一种与“我能”联系着的完整支撑域的共现构成与转换运动，而并不存在对象性的看的事实本身。

正是这一能看的完整活动事实决定了我们在环境空间中所说的意义到底是怎样被经验着的，决定着感觉存在空间性质的认定与分化。感觉并不是我们现在感觉的那样一目了然，感觉在日常生活中存在着我们不知其所以然的一面。在婴幼儿时期，这一感觉在自然形成着和被运用着，在幼年以后，感觉意义完整性就开始出现分化。然而又只有感觉在感觉能在的具身运动中的感觉才是感觉存在本身，这一点正是我们已经在现在感觉的习惯运用中丢失和遗忘了的。

能看性、能感觉性不是我们已然知道和正在思想理解着的事实经验，它已经从意识主体状态中被分化出去了，所以我们总是谈论不到它，在意识状态中也经验不到它。所以当我们要谈论某个事实存在时，不是我们主体想当然感觉到的那样，而是我们首先必须要问我们的感觉是否已经存在、到位以及在如何地被运用着，没有这一感觉存在运动自身的证明与确定，我们就还不能谈论经验事实本身。但这一能感觉性又不在经验感觉表面，而在感觉运用自身运动性充实中。

只有拓扑性经验才是存在性经验，又因为拓扑性经验是存在性经验，它才产生了先于其他知觉的物化交流具身性知觉，由此决定了观物取象感觉运用的实质。因为存在性经验是一个共变的事实，即我能经验感受到运动共同成就的有效性，能够产生身体行动存在感。这不是依靠单方面的变化产生出来的，它需要一种共同见证的生成事实，需要一种能够证明身体行动在场的意义存在与参与有效而意义存在的必要性恰恰是共同塑造的共在支撑与身体可塑运用具身化秩序，这一经验存在本身具有决定性意义，它决定了记忆可保持的构成性、组织生成以及时间作用的有效性。一旦掌握不到一种运动共变事实经验，那么行动掌控存在的意义有效与必要性就已经消失了，记忆就不再能够保持持续生成的组织有效，存在性事实也失去了组织说明共变秩序的内化机制，即持续性运动与支撑协同变化统一的完整存在记忆深度不变性——一种共变经验的深度参与构成性与构成经验组织有效层次功能的变化均衡性统一；一种在构成性深度经验运用中生成着的拓扑知觉与行动有效时间性统一；一种环境空间宇宙意识生成与潜能创造的具身统一——这是拓扑知觉运用实践风格的不变性。全部记忆回想的真实性只在想象中是共变运动的，是意义存在的拓扑知觉与内化秩序组织有效，是环境整全存在具身直觉力本身。它根本不是在回想一个场景的记忆，而是直接在场景之下直觉到共变秩序，把每一个回想的经验嵌入到经验存在的完整环境性当中，即在环境空间暗示性语言中发现经验事实。它说明着这样一个事实：只有在拓扑性知觉运用有效中才可能谈论一种真实存在的空间现象学。

因此，现象学的直观就是“现象着”的直观，即“以物观物”

(以物化运动自身成象而观物)。“现象着”就是无主体性优先、也无事物的先验形式想象而在活动中存在着的现象具身经验构成，这是与环境世界生成一体融合的先行条件，是现象在完整活动中能够进行对称均衡交换，并产生“观物取象”品质聚焦与言说行事传达的行动有效奠基；这是在现象存在着的感性运动完整中对于经验的“非现象性”澄清，它不是主体意识的“搁置”、“还原”操作①，主体在悬置经验自然态度时，也同时确立了主体优先性，这是与共变事实在共同-知觉的构成运动中的空间直觉形成相违背的，它失去了在自然态度中有一种超越新本性立场的环境渊源意象力，它涵括在环境共造运动中，促成着行动自然选择，失去了看到的经验与背景的共同参与性，失去了看到的经验与背景协同联动组织与转换的时间性意义，因而从根本上丢失了可知觉理解经验的全部空间内部组织秩序与能指性经验本身。这又是无主体性开放经验深度运用拓扑知性力自身成就，它在共变经验具身有效一贯组织实践风格中，以大范围拓扑不变性澄清着非现象着的外在性经验，在设身处地活动中不断生成着现象直观运用机制和经验物化运动觉知意识，它是具身存在运动的经验测度、堪舆直观有效从现象存在的原始意义上来说，人不是解释着的动物，也不是对象性看的理解运动，而是生存环境要求着的能看、能形运动(也即能知觉运动造型)。

① 人类是一种极容易失去内视性观照的生物，当他用主体意识状态去经验、观察事物时，他就是在用一个不存在的对象性视阈的经验、理解物。在这里，他已经遗忘了视阈存在的处身性，即没有一个与环境截然分离开来的主体意识状态，我能感觉、经验事物是因为我的当下存在已经在环境一体稳定、可靠状态中，是先于结构的默会物化整全觉知有效给予了我的可直接经验性，而这又是一个整全存在均衡调节与深度运用循环贯通的地质熔造实事，它的存在就构成了这样一种内在规整性：物化知觉内视性是生成经验理解有效的奠基性完整统一事实，是自然语言在环境中产生聚意功能与前理解有效之基础，因此不存在主体意识对于“自然态度”的“搁置”、“还原”这一人为操作性，只有在“自然态度”中的重新唤起物化知觉运用以及在自然语言中领会环境存在，这一种语言直接经验去理解而产生的有效性才成为可能。

现象学是直观、玄鉴①的现象学，但不是主体意识“本质直观”②的现象学；现象学是描述形象存在的科学，但不是外在直接描述的科学。这里有一个基本的分界，就是事物是以怎么的源始存在与人发生了关系？只有在运用—塑造的运动中人才经验到了完整的源始存在经验，事物在更一般的行动意义上把现象存在的意识拉到了非一构造性活动中，那是直观对于直观存在着的体认活动，是从事物的环境存在中产生行动亲和力，即在直观中用身体姿态变化调节力去比附、致意环境事物而生成的共在活动意义与组织有效，并形成为我的在场行动有效的觉知意识，这是直观运动有效的行动艺术调节机制唤醒，是具身调节行动致意产生出它的组织连属连续运用与变化“和声”的行动有效，是此一连结存在着而不在主体性那里，也不在对象物那里，只在我与事物之间由于活动本身才产生出来的经验共造成就——它体现在连结的知觉意识而不再是外在性的，是内在熔铸通感经验（结晶事实）直接运用，以及在直接运用中对于整全调节功能的结体组织与分形的大范围空间行动转换、配置与深入再造，是直观对于直观存在运动的事实熔铸与运用知觉意识，现象也正是在这一具身存在筑造活动中才开显了现象存在运动的觉知、理解机制，它是“未完成—完整自在”统一体，是开放经验存在而又独立完整运动着的行动综合（中和）质能体现。在这里直观不再是有效行为方式，而是行动艺术生命的活动完整与存在发现。

工具、构造、逻辑、形式、本质等属于制造—操作—实证系列，是假定了一个理念一贯真理形式的意识想象运动，是主体意识自我想

---

① 玄鉴：产生于具身行动实践调节艺术，它与感物兴怀的回忆关联，此回忆不是反思性的，而是去思行动化，是深层的默会。它改变了外观时间秩序，把短促的时间变长，使细节生动地慢回放，又收缩、整合着单调时间间隔，让场景特征汇聚；同时，感怀回忆还在酝酿着默会行动同步时效，把外观时间秩序提前到当下发生，为动觉行动蕴涵创造结体、分形的场域契合涌现有效，由此也生出了观物之心象。感怀兴物之所以有效就在于它调动了物化知觉的环境活动具身情景感受运用。

② 参见倪梁康：《胡塞尔现象学概念通释》北京：生活·读书·新知三联书店1999年版。

象的世界可能①，而且当我们一说到“本质直观”时，就已经把目光视野限定在主体性活动想要窥见事物内在秘密的欲望上，然而，这一欲望本身产生了主体对于物化存在的剥夺，寻找活动先天被寻找意向行为支使，它逃脱不出主体意向行为限定的方式，但又找不到自身存在活动性，它找到的是没有那个寻找者存在的形式一贯经验，这就是“本质”一旦认定为有它的形式一贯性而产生的虚无性生活。其实，世间根本就不存在单纯形式，只有内容存在着的“势”（一种环境活动中物化品质行动蕴涵的当下呈现），因为空间存在的意义已经被运动整合组织化、结晶化，成为了内容显现自身运动有效集中体现，人直接经验到的是内容变化中的拓扑能势性状，是物化运动感受经验本身，“形”在这里呈现的不是意向形式，而是空间地质拓扑运动组织调节风格中呈现的“灵动放射虚形”，是物的在场活动能势，是物的结体与分形运用产生的潜在行动力与支撑有效蕴涵，是产生行事有效与意义尝试的活动性呈现出，是共存的经验世界完整的交换，这是一个运用－熔铸－复观见证着的世界。此“形”是对称于环境活动完整，是环境形势当前化的“分形”，此“形”又是“我能”与环境交互作用而在切身经验中酝酿生成的“观物取象”运势机制与经验聚合完整的潜沉运动具象能力，是在环境潜沉活动中生成的随物赋形结体呈现与深度运用能指有效，这是场域活动完整的内部组织调节循环更新的表现，是空间排序位置在地质生成时间性、能指性中的嵌合弥深行动调节机制的规整，是结体、分形运用又在活动完整中熔铸、转换为场域具身组织调节机制和意义“无量”交换的整全效力。此

① 在这个意义上，任何方式行为的证明或穷尽证明，最后所证明到的只是行为方式运动本身在先验形式想象中所划定的“生活形式”，但不是生活实际经验中生成出来的内容存在着的运动性“形式”。也就是说，证明行为最终没有证明存在着的生活本身及其生活内在于自身存在的“形式”——一种生活实践艺术熔造的时间性、能指性自身成就，一种存在着的空间—宇宙比外在“生活形式”更真实、更坚实可靠的品质构成。观念证明在自身虚设的存在中最后只能遭遇自我破产，因为逻辑与实践统一的前提是先验形式之外的感觉经验生成事实，只有它才告诉了我们是怎样的逻辑与实践统一性——一种实践艺术中在生活中处生生不息运动着、自成完整规整着，它创造着寓居于生活中的发生运动全部交换有效与事实本身。

时“形”不在外在世界中，而是能指经验对称于环境完整变化的经验具身运动时间性能量，它在活动完整自我调节运用中有一个“象”，它是事物环境存在的“原始时间性构成心象”，是空间排序在环境整全变化调节交错配置熔造中产生的具身品质地的完整效果，事物在空间位置之下有活动内隐“时间曲线”生成以及环境活动调节机制完整运势“时机”意义，在事物环境存在完整活动中有“博之不得”、“似离则合”的“微”①，这是“形”在环境场中生长着的整全变化调节特征以及其与环境对称匹配的共现意义，又是特征质能捆绑在事物具身调节运动中汇意生成的“意象”与“意境”的统一体，这是一种在具身行动艺术调节变化中的结晶物，是不可对象化的生动而又实存发生着的“心灵虚象”②，在感性经验时间中有可感性，是事物存在着而又能产生一种环境不可分离运动的聚合有效性本身，它是“我能”在环境活动实践艺术中生长的“见乃谓之象，形乃谓之器”③ 的玄鉴功夫与自然成就。在这里，对于事物的认定已经超出于制造、构造行为方式，它在行动处身的源始意义上否定了外在形式统觉的可能，只有一种在场均衡对称有效调节运动本身，只有一种在场运动拓扑构成的环境行事一贯风格，这是在环境行事有效中发展出来的，是身体间共在交流的运势生成不变性，是事物与环境呈现连续运动、不可分离的质能综合有效。在人物浑然一体的塑造运动中不再有

---

① 孔颖达疏云：“象，言物体尚微也。”内视性知觉意识是通过一种“知微度渐”的身心平衡调节运用产生出来的感受力熔成状态，此时心的存在处于环境经验开放、浸透入神状态中，它能够把环境暗示有效转化为平衡调节反应和深度实施运用选择，从而达致与肌体习得性动作的吻合，而只有此一完整知觉运用与观“微”的能力才产生了与环境融合并对称匹配的直接行动力。

② “心灵虚象”实则是一种知觉环境活动的地质成象，而地质成象又具有“几象”的性质。它可以在同一个具身能力形成风格中产生内空间“建筑形式”的转换、调节组织以及结体生成功能配置变化，从而具有居于环境的肌体性知觉造型力与具身宇宙脉动空间有效性。“几象”没有固定形式，而是在变化的形式中把全部现实形象进行了具身能力生成风格化的统一，因此，“几象”即“大象”，是成象的完整调节组织运动品质本身。故有谓“大象无形”。

③ 参见《易传》。

寻找的形式，只有在被动承受中产生的具身感受处境性，它又在主动运势、成势经验中聚焦着运动品质，在随附垂曳沉淀中给出着行动变化的调节运用力，它在找融合着、承纳着环境作用的感受力，并不断化入支撑有效与调节变化运用中，它又在找这感受力运用调节变化中一种直接经验聚合完整的拓扑稳定可靠性，再把感受力沉淀的具身效力协同运用与环境场活动有效的均衡生成变化结合起来，产生出行动蕴涵的对称能在知觉运用与环境品质协同熔铸，在这里已经没有主体意向性经验，只有物化经验经验着、运用着的可能，只有动感自在的充实活动本身。当行动本身失去主体意向时，世界并不是一无所有，而是重新开始了经验化、存在化、生活化可能，这重新的“存在化”将共属一体的行动浮显出来，在走向深度经验存在活动中有一种地质生成的具身潜能在缘发构成着。它是寻找活动走向强迫自动发生的无为性产生出来的自然放松，是再也不想找，再也不想被一切外在欲望所驱赶，弃绝了一切主体行为追求而发现的动力，只要肉身在那儿活动着、存在着就有存在发生的可能；它是肉身环境品质的行动放射与持续，是一个人总要做事，总要运动，总要在生命原始冲动中发现。原来身体就是这么一回事，原来身体并不为我的意向目的而存在着，它只是它自己的生命存在与内在要求。存在化正是身体化境运用生活化而生长的具身效应，全部的观物活动在倾听着远方传来的声音中酝酿发生着，物之象渐渐化入于那无声渗透行动之声的垂曳变化中。我来到了一个鲜活的世界，这哪里仅仅是象？这明明就是我的心在跳动，我的心在事物中化出了一个变化万千的世界，它是如此地荡漾着、生动自然。

具身存在感觉根本就不在对象物那里，而是在环境存在完整活动时间性之中，这一基本的感觉已经被我们现代人抛弃了，我们根本就在还没有产生直观有效的物意识中谈论物，这是对“事情本身”的背叛。物意识是在行事的活动中酝酿、生成有效拓扑聚象着的意识，又是在身体完整存在中直观、直觉到的事实，是生活场的空间—宇宙具身发现，不管你用什么方式说出了物的整体，没有感觉存在的事实经验运动，就不存在物在完整存在意识中，而你说出的又不过是主体意识先验的设定，而不是事实存在本身。计算机没有物意识，不能识别物，即使收集了全部表象记忆知识，也不能生成物意识，因为这里已经有物化经验直接运用有效与运动品质聚焦，有动觉质能综合，它产生了空间行动化组织贯穿与切身经验特征捆绑效应，这是只有生物活动才具有的一体融合行动蕴涵与具身觉知完整。

存在之象是无形聚神之大象，它在变换的环境世界中随运势时机而运动，又在幻化万变中随形转换、升腾着。唯有环境语言给予了这一传神、凝结想象的空间。

具身存在直观是一种在生存有效性中见出事物存在的活动，这里的事物意义是源始存在并运动生成着，因此，当具身存在直观见出某物意义时，首先是某物存在，然后才在存在中见出生存活动意义有效，它与环境时间性背景转换与活动选择分不开，此时行动主体启动了处身于环境活动中特有的空间暗示语言蕴涵机制和运动性品质，它在这一完整空间暗示语言的运动风格质能综合中直接直觉了物的存在。“这是”一张椅子，当我能坐上去的时候，环境给予了我这一行动存在有效与支撑意义，但同时意义又是与“这个”一体融合着的，它不是形式构造意义，而是行动在场唤起的亲和性认定，因而意义有效又在行动经验环境有效中开放性地存在着，并通过环境处身进行转换，“这把椅子现在是一个道具，我在表演，在演绎一出戏剧。”此时椅子的“这个”存在又转化为戏剧存在的汇意机制运动，构成为戏剧整全境域中的存在之物。因此，作为存在着的某物（椅子或道具），其意义有效是环境见证性与综合具身性的，直观某物正是肉身立定于环境存在中对于某物活动存在的发现。某物存在于环境一体酝酿发生中，我在返回于环境周流循环运动中唤醒了直观中的物性本身，它是环境塑造之物、历史存在之物、意义转换生成之物、物我一体运用支撑之物。这是物在生活世界中生成的整全存在品质体现，它意蕴丰富、变动不居、真实可靠而又循环往复。也只有这样一种直观才在事物源始意义上发现了物，而这一发现又是在生活世界伦常性的深度经验酝酿发生中产生出来的，直观在此不是直观他形式性的存在，而是在对直观存在实践中发现物的存在，进而产生物我一体的具身行动与意义认知，有效性本身在环境运用结体、分形筑造的整全存在功能发明与交换配置中产生出来，没有方式性独断，只有存在见证给出意义本身，因此直观也直观了自身存在行动有效与品质熔铸，是肉身行动品质塑造中存在着的直观。它没有拘泥于物，但又在圆通触及着物；它没有主体之我见，但又能在及物运动中有所见，而且见出者见出了自身存在以及实行中的一般意义。这实行中的一般意义不再是外在形式，也不是对象内容，而是我与物的存在全部；它具有了那非凡的一般性，因为它已经触摸到了存在内部的地质生成运动源始性，一种熔造中的具身存在圆成之“道”的运动，

因为每一空间充实着不同的行动蕴涵，这不同，由环境活动拓扑支撑运动综合产生出来，因而决定了内部结晶均衡构成是时空具身质能综合的能势蕴涵，而不是实在性、广泛性的形式。此一时空性是“形式”与“内容”总在相互钳制、支撑、收卷与转换中，像两把紧紧钳住、收紧的夹子把对方吞食在自身存在中的运动，它产生出存在的历史与生成意义，这是事物存在同环境进行的有效交换，意义不是在空间结构规定力量中产生出来的，恰恰相反，意义是在行动自在交换中自我存在品质熔铸生成的发现，是空间与时间行动化的充实与刷新，因此“直观”只是在不同的环境处身中，由不同的环境默切行动有效性创造出来的异质整全存在直观性，也就是说，每一个在不同历史与环境生长中的人，所看到、理解到的事物在觉知综合质能上就是不同的，同一事物与不同生活的人，产生了不同的知觉异质直观性，不同的人对同一事物赋予的具身意义与感受运用也是根本不同的。因而世上就不存在同一直观形式、类型的决定意义，每一个不同生活的人在同一事物中看到、觉知到的意义是异质性的、时空行动性的，内容仅仅是在生活场域中共在行动发生的具身意义交换与直接经验默切性，而不具有在生活场域之外的形式抽象普遍性。

在这里，时间与空间存在着一种互为内里规定的均衡对称变化性质，空间是时间默切组织循环有效变化中的时间—空间性，时间又是空间内在结晶有效与功能发明变化中的空间—时间质量，这是运动场域的均衡对称变化产生的“能”在与“所在”完整知觉，是环境经

验运用的同步协调生成性知觉，它已经超出了技术性分析范围，而属于综合素质均衡运用与价值生成、转换，由此也决定了它只能在内部事实结晶构成与觉知运用中才存在着的真实可靠，决定了符号性科学只在文字言说生成的自组织完整运动中才被统一起来的基础性事实，因此所谓的“世界观”只在文字语言的自组织质能觉知运动性之中才呈现出它的拓扑支撑可靠与环境意义，它说明着这样一个事实：语言是世界存在的解释行动，是世界能言说与能思想的生物约束有效与意义转换、生成。

时间在环境地质生成的内部声像世界中进行着多重转换与综合。在伦常的生活世界里，时间在生活空间活动中被经验到，它具有循环往复的性质。生命最初从这个循环的生活空间中学习行走、积累器物知识，生长身体行动力与言语交流能力，时间在流逝着，同时时间又在行动力生长中驻留着，这是伦常生活的循环稳定质量生成的叠加强化时空效应。在这个过程中，行动有效性不断增强着事物经验的发现以及运用的技艺，经验开始向细部深度与广度拓张，身体在运动中不断培养着平衡，控制物、觉知物的能力，时间以注入空间经验内在关联与调节平衡动力性而存在，随着事物经验深度、广度行动有效运用与觉知意识生成，事物整全环境性、内在调节性运动开始出现，此时身体行动中就发展了一种深度经验环境处身运用力，时间循环在经验具身熔铸中回流、周延、沉积，进而产生了内在关联的聚合、结晶，一种质造的内部游戏均衡对称生成把时间转变为贯穿、通透的螺旋上升运动，片断性、局部性经验开始获得了空间布局与生成流转的时间性意义，这个意义同自然生态的环境地质具有内潜对称协同，它是生命力嵌入于环境运动中的身体行动调节准备，是身体与器物接触、运用、觉知的共同支撑处身建立。此时器物以环境存在品质与稳定可靠把自然生态质量的形势传达，生命在学习伦常生活环境经验中，开始把经验质地与生态环境内在均衡调节运用联系起来，时间开始向自然生态循环运动地质层渗延。地质层的时间是一个绵延的时间，它把伦常生活的螺旋上升进行着整全存在品质均衡有效转换与分配，在历史生成内在脉动性中修正着伦常生活的时间节奏，一种“冲淡”后表象般的回复与节奏制动之韵在此产生出来。韵是一种铭刻记忆与行动的方式，它有内在转换调节机制，它承载着表象之下的整全觉知运用，它产生于实存运动又在承载事物深层结晶空广性中开、承、转、合，牵引着表象特征在均衡游戏场中的响应、贯穿、渗透与融合，仿佛是一串串珠玉在五光十色的连绵基质中不断编织着自身的运动。时间在结晶着历史生成的器具性，它以生生不息的运动创造性地律动着地质层绵延的运动本身。

在环境活动中，时间存在着这一时刻，它嵌入、渗透于空间中并幻化着空间，空间存在着这一位置，它充实、包卷着时间，进而生成着时间质量。这是动静不二、体用不二的时空存在，是被动经验创生出的时间性、能指性具身行动运用经验，在具身稳定质量熔铸运动中存在着“止、定、静、安、虑、得”的行动艺术规整与时空运动调节品质生成，这是动极中的静，又是静极中的动，动和静在具身均衡运用中成就着我们生活中业已遗忘了的环境生态运动。

因此，我们基于什么样的眼光看世界，看现实生活？我们怎样才能有效地描述传达事物？这不是作为主体的人说了算，而是存在说了算，存在总在自身创造着整全存在意义与内在行动品质，这是一种命运知识，本体知识与理论运作帮不了我们，外在结构运动也筑造不了这命运一体性，命运的知识不是文本理论运作产物，它没有目的，没有可以看得见的构造，也没有无边的滑动，存在是具身行动运用的环境内部创化，事物的完整经验只在语言拓扑知觉唤醒中呈现，没有语言的运动性经验构成，就没有经验完整传达的机制。因此就文本而言，只有在文字存在着的运动中，才有了具身行动熔铸产生出品质活化文本的可能，进而才能传接每一个文字的历史命运相关性，承担再造历史生命的源动力，因此，文本只在活着的文本世界中才呈现了一个真实可靠的世界。

那么，是什么触发、生成了文本存在的内质生命？又是什么使作者拥有了成诵历史命运的声音？是存在命运本身，是持存于命运的忠诚，是人的行动一言九鼎的信誉——如果此时你不信仰文字在完整语言运动中有它的历史与道路，你不相信文字会是活着的，那么你最好不要用文字书写，直接用符号更有看得见的确定性，也更能清楚地“说明”问题。然而，文字就是这样挺立着的，在人类语言产生的那一刻开始，人类语言能够与环境具有一种在完整先天性，具有了在环境中存在而又组织调节着自身，并能把这一组织调节完整风格如风一般充盈在环境中，因此生成了一种具身的言说力，产生了具身运动绵延的同一个肉身的命运力量①——只要它一出现，它就不仅能在环境完整历史规整运动中大势一般地说，而且还能在具体环境中以自身整合着的质感力量直接将环境内在运动时空体现出来，让具体中的物有了现实性与变化风格统一着的活性理解力，真实可靠而又自然完整。这就是文字在语言中如自然物在环境中存在的潜在力量，是历史存在着的自身理由与证明。在那望穿双眼而迎候着、经营着的命运之墙中视性开始了飘雪、生花，大地逶迤多姿的情景骤然醒来，我们贯穿了历史本身。没有主体意志存在着，只有一个在文字世界中伫立着的人，他在化字、炼字，在唤醒文字书写的大地书法艺术灵魂，因为存在只在存在中，它是扎根的运动。漫天飞雪、万物逶迤的奇景是内部视肌调节适存运动见出的行动结晶，是深度存在酝酿开出的千年文明玄动生命与澡雪精神，它在命运等候中，在反复试身行动中，激活着整全存在的内在品质活力、气动性，在率意纯真行动偶然中又带着劳作必然降临的气血火花，一种眩晕的光芒，一种刺痛神经的紧张、急迫，一种骤然的爆发力、穿透性来到了世界，我们生成了一种立起的行动力，拥有了一种居于时间中的行动觉知，产生了一种时间跨越出空间形式羁绊的内在呼吸，一种行动节奏之下的整全存在潜动变化之韵渐渐浮出了水面，这是整全存在锻造生成的具身行动力与功能转换，是行动能势产生的直入境域深层的内力运成见出性，一种内向性

---

① 西方普遍就无法理解“太初有言”，如果有言不是活着的言说，那么就根本说不上有言，有言即是让你具有说的能力，它在自我生成着存在的历史，因此，赋予描述本身以完整行动力，才是在世界中真实存在的事情。然而，在语言分析哲学中没有运动性的语言意义，在现代科学中没有同一个世界具身的更新力量与命运意识，在诗学、艺术理论中没有高屋建瓴的品质玄鉴论道，全部思想性还只是附着在空间表面的形式构想，没有完整历史与传统活着的动力，言说与实践风格缺乏统一，又如何能体现“太初有言”？

活出的灵魂仪式创造着思想存在的精微素质与旷远性，它深入于历史沉积地质层内部，把那连绵起伏的本真力量点燃。这是潜沉运动本身创造的时空行动化奇迹，意义正是这时空行动结晶的具身品质活现，文字嫁接在环境完整活动中，以活着的运势时机与具身存在使生命现身。

在文字表面之下有一条心性存在的河流在一直流淌着，不是对象性活动看不到它，它就不存在，而是它存在着是因为有普遍的历史效果被感应并给予着行动支撑，有人心的力量在运用存在着、生长着，有大地完整运动在证明着，也在共同酝酿着，因此有超出于主体意识理解的事实基础部分。它无处不在地体现出语言现象的自在观感，这自在观感告诉了我们语言处身之境遇，这自在观也一并呈现了语言真实有效的全部意义，它总在那儿存在着，看到了语言，看到了人，也看到了世界。现象与人、与语言正是这处身运动动势嵌合的有效发生，这是共同－知觉发生场中产生的深度场域共时聚合，人与事物、人与人能够产生正常交流，正是这一深度存在的共时震荡支撑熔铸产生的具身效应，它传达了我们拥有同一个世界的存在信念，我们才能够在不同空间位置产生协同觉知经验行动交流。它之所以是共时震荡的，就在于当一个作用还没有发生时，它已经在这个作用出现的行动有效默会性之中了，这是现象存在之间的深度同步致意，是现象自在的可塑性运动在时间酝酿中产生的超光速并置同步有效与意义结晶，因为它只是泰然任之的现象，因而它就能在共在处身的塑造综合中产生出两个动势存在，它们独立自在而又融合一体并共时发生效应，它是两个动势自在在共处中产生的地质深度嵌合效应，是处身调节中自我震荡与他物震荡双峰叠加的现象同步①，有一种在稳定质量中深度嵌合环境存在暗示的共同觉知，在主体意识运动发生之前，它已经存

① 这是一种行动具身化的叠韵机制生成现象。当行动把场域活动特征连动与交错配置变化进行了具身对称交换运用时，它就已经把一种环境场特征分布的时间变化呼应、转换秩序同步内化为具身调节行动蕴涵，并在此基础上产生出“同一个世界”的特征开承转合的内在呼应承接与复叠着韵律动感。

在在那儿了，这就是时空行动化与存在的不可定义性质，是高度具体中的行动一般，正是它的存在才产生了能见的全部真实运动，现象如一面镜子照到了我的自在，也呈现了世界的自在，那是我们心灵中的完整的明亮世界。

时间在大地之上旋转，覆盖着层层的土壤；在土壤地质运动有无之间，玄动的神力双峰迭起，筛出了晶莹夺目的“黄金”。从此以后，这块土地上有了生命存在的音乐之魂。在那粒粒结晶着的土壤里蕴藏着肉身的光芒。

第二章　澄怀体道　玄德畅神
（品质存在现象学）

适存在先的地质拓扑运动是产生意义实存的源始基础。我们的现代性思想只是一种没有时间存在意识的行为方式思考，缺失了时间（实践过程）激活和生成存在的化机熔凝默会运动，缺失了在环境完整活动实践艺术中给出行动调节变化，缺失了在地质生成经营有效中的思想运动实在性与灵动均衡性，这说明人类已经失去了一种在空间形式运动之下的活动完整对称性，一种反身制衡空间形式操作的环境具身规整运动，一种时空一体存在而又相互钳制、相互酝酿生成的行动境界与自由度，一种人类思想创造自身存在意义的源始资源。

在理解环境行动意义上，东西方之间有一道深深的鸿沟。世界本身是“知—识”的，还是“知—行”的、“知—道”的？这是两种根本不同的行动信仰与实践风格，在中国古代思想中不存在纯粹的知识行为，也就是说，中国古人不认为有知识行为这一回事，中国古人是在场域完整运动经验上运物、成物并知觉着物、言说着物一体融合行动思想的，所以一开始就否决了一种对于世界局部构建的行为方式化。

知也是行。知是行着（运动着）的知，行是奠基着知的完整的行，而不是知中的行为方式、逻辑，因为在知的实践品格中有道，一种行动之发出必然是在行动所造的环境处身完整运动中——在行动之所蓄的身体能呈蕴涵中，在行动之所是的环境对称均衡变化中——才产生了行动所在的熔造之知，它多出于行为逻辑，所以作为行事中的用与知已经包含了非一构造的实践信仰与“活感性”经验运用，它直接在多出于单纯知识行为的动力场中进行经验运势、成思与道说。道就是完整行事中的存在“逻辑”，它在运动性中自身成就着，这就是“道”与“逻各斯”① 在现代意义上的根本分裂。

何以有这一分裂性存在呢？因为中国古人坚信环境世界是具身有效的，万物有非人为推动的自然环境生态运动与品质化，全部的现象只有转换为地质呈象，在环境存在深处才产生了物我一体活动有效与均衡对称交换连接，而不是纯粹空间性的。我们的现代理性思维及其世界本体知识没有一种在意识活动之下的对这一活动维持完整有效的时间性对称，更加没有发展出一种环境世界完整交换的地质生成运动，没有生长出在灵魂深处对自然世界的关怀，正是在这一点上产生了世界经验知觉与运用的实践风格的变化，我们的先贤把人类实践活动深深地驻留在活动过程的完整感受与运用筑造中，不再有一个纯粹空间意识的意义产生出来，也不会有表象连接的意向行为本身。

经验之知中包含着行事有效的潜能，包含着知一行的运动有效性，正是在这个意义上知不再仅仅是知，而是“知感”性的，是行动化的（如文字经验运用的意兴、筋骨），多出于意向行为——知可以在知感性中自身运动化、实践风格化，进而创造出世界行动风格的另一种对根本存在的理解，即实践艺术理解。这就是品质存在现象学。

现象首先是品质存在运动中经验着的现象，只有在品质存在的运动中我们才在源始经验基础上发现了现象，才产生了具有存在说服力的现象学，也只有在地质生成的环境意义分布与转换调节觉知意识中，才有“提得起”的立意、微言大义与意义真实，并贯彻着现象学回到事情本身的彻底性。如果知中不包含着多出于纯粹知识行为的

---

① 该词源于希腊语 Legein，意为“说”。后来“逻各斯”有了“理性”、“理念”、“谈话”、“判断”、“概念”、“定义”、“根据”、“关系”和“词”等多种含义。由于含义丰富，难以把握，时常陷入混乱之中。对此海德格尔说：“在柏拉图和亚里士多德那里，λονοξ 这个概念具有多重含义。而且，在每种方式中，这些含义相互抗争，没有一个基本含义在积极地主导它们。事实上，这只是假象。只要我们的阐释不能就其本来内涵适当把握 λονοξ 的基本含义，这种假象就会持续下去。”

行事运用性、运动性，不包含着一种知的直接经验生成转换有效与行动化，不包含着在意识意向之下的另一种活动潜在动力时间效应，那么世界就不存在纯粹活动性的生存之道——一种只在整全存在活动中信仰着这一过程完整，并活动着、生活着的自然成就。进一步地说，也不会有一切生命现象以及自然连接产生出来，除非意向性行为在一切自然生命那里已经出现，除非环境世界与意向性行为是同构的，而在这同一结构中又能超出于结构功能并进行自我生成，这本身就是悖论。

那种静态观察与实证的知识，那种意识主体行为的构造运动并不能成就事物存在的命运，它在形式操作规定意义上隔离了事物存在的绵延性质——一种特征在绵延身体中的组织具身呈现，一种特征在身体在场行动中运用凝结并时机化给出的灵动自由与共在运势有效——从而把事物环境存在的结体、分形运用与共时发生连续从环境生态循环中抽离出来，空间的活动意义被手段化、工具化、符号化。人类为了形式操作的便利与技术扩张、积累，为了满足无尽生产、消费的欲望，在主体意识行为中消除了直接经验运用深处的空间辽阔与事物的浩瀚，用一个空无所有的镜面反映世界，人类思想资源的衰变、枯竭正是发生在人类自然品质塑造消失的地方，发生在世界生态与人类语言生活性被工具理性取缔的地方，发生在地球的自然历史被全球化、科技化统摄的那一刻，苍茫的大地上汇聚着世界被颠覆的命运。

“一花一世界，一沙一天国。君掌盛无边，刹那含永劫。”①

一、意　　蕴

当我们追问“山是什么”的时候，如果从生物需要来看，比如一只小鸟、一头大象等等，它们并不理会你说的什么概念，对于它们来说，山就是它们生活在其中，是不断返回到环境活动中的经验与行动，是直接经验生存，也是产生生存活动意义与需要的地方。山是总

① 出自英国诗人威廉·布莱克（William Blake），宗白华译。

能发现生存真实性的宝藏，是能不断给予生命的环境支持，它激发出无限丰富生活性，从那里开始，又不断返回到那里，在一次次行动中引发出比概念多得多的生存经验世界，是不可定义的，又不限于字面理解，并在一次次超出与惊奇中发现着、运用着、生长着、建立着、依靠着的世界。

现象学提出“回到事情本身”，这句话包含了两个基本信念：一是人可以通过行动回到事情本身，二是人可以通过语言沟通事情本身。然而当我们要回到事情本身时，我们又有没有想到行动者如何才能有效地经验和言说事情本身？行动者在怎样的状态下才可以实施这一交流行动？这是发生在追问之前隐匿在活动存在之中的事情。如果有一种运动性的存在根本就无法通过直接占用的方式来拥有，如果自然现象是现象存在的质能综合体现，是有历史的行动效应，那么没有行动者的经验存在唤醒与环境整全适应觉知意识，就不存在当下行动展开和将要实施的“回到事情本身”的切身经验运动，也就无从谈起“回到事情本身”。它告诉了我们这样一个事实：事情本身是“踏破铁鞋无觅处，得来全不费工夫！”蓦然回首，我们就在事情中。因此，面对事情本身首先就是在经验活动中唤醒事实存在，在肉身行动中产生出经验含纳、承载的包容性，并熔铸着身体行动觉知潜能，如此，事实存在才能被知感到、被行动所呈现出来。而当我们要去说出这一事情本身时，言说又已经具有了一种自身推动的行事动力，我们可以说出一种内在融入的有效行动，可以说出全部具体行动熔成的事实存在高度，也可以把言说的运动质感与存在活力和盘托出，因此，只有我们在事情本身中才能“回到事情本身”而产生行动、产生言说，但这一点对于主体意识构造与视阈融合诠释活动来说，又是怎么也做不到的。就像一个理论家与李小龙进行截拳道对话一样，他怎么也无法想象一个人能够在如此短的时间内，在如此直接的情势急促中做出那么多、那么难的前后呼应、贯穿一致的截击动作，也经验不到在如此近身搏击的一瞬间具体行动到底创造了什么，因为这是“无法之法”的行动艺术于理解前发生，只在具体经历的实践者那里可以直接唤醒出来，并在此时此刻与肉身潜能的发挥连贯一体、相形取势、同步转换中爆发。这是一种时空压缩后迸发的行动内在魔力，行动者在时间推进中把事实特征的全部铸造力与嵌入取势空间运动性涌现出来，在过程实施中实现了形式操作无法达到的高度融合与超前动作，对方的攻击还没有开始，然而从对方移动完整状态的全部暗示经验特征中就已经抢先一步知道了、实施了强有力的针对攻击。这正是环境内在交融的存在真实，行动的内在活力可以在那儿直接被感受到，它是活的全体呈现，有肌质、能量、温度。

事情本身深藏在已经存在的活动与言说中，是一个整全存在包裹、熔造着的运动性中和事实，它不在意识行为方式运动中，因为它不是意识中的事情，而是在运作中走向事情存在的环境，在环境活动中产生一种“似离则合”的相及相随运动。

因此重要的是经过完整存在活动，让意义在活动尝试拓扑运动中生成，呈现事情本身的完整性，而不是对意识反思分析。当主体意识在意识意向时空中进行连接性分析、体验、反思搜索时，连接性的熔铸状态已经不存在了，意识主体在这里已经占据了一个“存在性虚拟位置”，这是一个意识想象空间，但没有连接存在着的经验能指性与时间性对称，没有直接经验感知性综合运用，无论主体怎样把意识在时间中延伸，都达不到超出于空间操作性的整全时空发生想象，隔绝在这里的是天然存在着的①。因为在意识主体选择要进行发生性分析与经验回放时，已经在空间运动手段化中产生了在场综合经验存在活动性的“盲视”，这是对象性活动体验在对象拥有的方式中对于感受性运用无主体性经验知性力综合的取缔，没有在场对称均衡经验运用有效，也就没有结体、分形运动有效与特征并置交错的共时结晶产

① 因为当意识反思体验指向对象事物时，在主体意识状态中产生了一种对象性视阈，而此一视阈是与环境不可分的整全活动直接经验有效，因而不存在反思意向物，也就是说，此时对象所呈现的状态有一种同步在场作用，它产生了内视性效力，是意向行为无法直观和有效处置的，而这又是同步聚合时间性产生的事物可直接经验性以及行动运用有效，是环境物能呈的源始基础以及物化知觉综合调节运动性，没有它的存在，我们就根本经验不到环境物本身，因为在意向行为中只有一种意向性经验均质体验，而不存在默会运动的凸凹质感及其变化。

生出来，它从主体意识当下选择开始就丧失了经验交感性，即那种在行动见出中提升与酝酿事实发生的可能，那种经验存在当下运动着的环境一体对称均衡知感，它从主体意识的方式中消除了一种“我能”运动，它在看对象时，无法看到自己应该怎样地运用看这一运动性存在本身。因为运动性超出于任何一方收敛行为，它来自于存在中的呼应与同步变化拥有，在场的时间磨合效应不可否决，共在支撑经验运动不可否决，而运动性本身又涵括着空间运动视觉质能综合变异、调整，有运动状态在环境结体与支撑阈塑造、更新中的知觉行动能势性，有特征质能综合空间多样取势的熔成运筹以及环境交换过程的垂曳运动均衡生成聚焦，有知性力在感受性积淀与运用中感知综合产生的内缩暗示空间行动具象，这一切又已经超出于形式嵌套，意识主体一旦想要赋予经验本身以意向性描述时，场域质能整全运动品质塑造与拓扑支撑有效瞬间就消失了，意向性在这里以存在虚拟化的方式取缔了时空整全均衡调节运动，特征结体运用均衡连动变化支撑、特征分形完整意义实现品质聚焦与内视空间调节运用消失了，主体意识在这里产生出形式构成静态思维的基本困境。这里涉及的是如何被造的行动生命艺术，它是非意向所指的，它首先产生的是经验纵深性觉知调整以及“意向反抗”的运动性修正，而被造、熔铸这一基本运动又是整全运动品质在场的分有，它在进行意向分析之前已经蕴涵在整全存在之中了，它是一个“理一分殊”地质拓扑沉积的完整性，一旦它要说出质能整全存在的话，它就必然不再是主体意向性的，而是时间驻留式的动感自在，即在存在中说存在，这是一种浸透境域式运动，运动之规定在充实性之中，充实性又来自于反复运用中的生成、改变与塑造、发明，不是经验存在的空间想象，而是经验自行其是境域地质时空性融合，是整全质能存在综合行动对称。它没有主体意向，又超主体意向而在运动完整性中说明着自身，它不可分割，不可以进行单纯形式构造。一方面它去往哪里，没有可以在主体意向中显示的方向，只有在整全运动性熔铸经验化成中再次回溯到深度地质构成，它只呈现自身，而在自身存在的完整性中又不能直接分出一个意向方向，它是先有怎么样的活动才产生出是什么的理解有效，没有一个可以跳出质能蕴涵存在时空性之外的空间独立意识。另一方面存在的意识此时是在质能蕴涵深度经验中被包裹着的，意识在那里只意识到自身存在的运动质感圆融性，这是一个默会性生成的氤氲世界，是行动逗留在场域中的结体、分形支撑运用与功能交换聚散分合调整，它意识不到意向自身的形式与边界，因为此时只有“理一分殊”的完整行动艺术，只有在整体活动中的经验运用内在行动化时空有效，它是超出于对象性的地质沉积奠基，生成运动，是存在在存在中的积厚延拓，而没有了单纯意向性，这是行动在环境经验具身化中的内隐机制生成、驻留，是看不见的活动生命行走，它在整全具身效应的自动调节与知性完整组织有效中运动着，它又在地质深处浸蔓着、修正着。也就是说，意识被纵深运动的内在呈现所吸收而没有显示出空间操作意向性，内空间被全部行动运用生成的暗示体块意义与暗示空间组织的知觉运用时间性经验所包裹，行动的空间路线在自身存在拓扑运动之下的活动连属组织秩序。

在现代观察事实构成的知识体系中漏失了事实发生的同步性①。而正是有了同步性，知的存在才是知感性的，知才要求一种经验运用的理解对称与协同综合，才存在着这一蕴涵性的知在直接经验中的行动尝试的必要，也才有了知的完整实践艺术意义，否则人类就没有知这回事，全部的知是在“我能”中被奠基和转化为现实的，而现代性知识在根基处抹杀、消除了事实存在本身。同步性产生了一种无法在对象行为中直观到的感受性深度实践潜能，也正是它才生成了前理解事实，即在感受力熔造的时间性、能指性对称运用与物化知觉意识中对事实存在的认定。它不再是条件构成式的解读或外在解释，而是同步事实发生奠定了时间变化之基础以及事实存在的完整根据。同步是事实在场并运动生成着的场域效应，是经验事实存在着的共在交

① 同步性：是建立在对称交换基础上的连接内化组织均衡，是事物特征呈现与环境相匹配的物化稳定可靠与具身变化有效，是在环境运动中既能保持自身完整，又能在可塑变化中与环境结体、分形的共时默契运动，它是一个在交换完整性中生成的环境活动潜沉地质效应，是现象空间成对连接有效的时间性对称，即同一世界活动完整具身的时间性对称。

感，我们源始地生存在世界已经存在的共造事实中，连接才成为了我们能看到、能直接经验感受到的连接，然而如此的连接就不是构建行为，否则不会有历史与存在着的事实，也不会有成为连接的知感性本身，甚至于我们连感受性也没有产生出来。因为没有同步性就没有产生时间一致的行动知觉，感受行动就没有对称平衡，行动就会发生错乱。因此，不是我们要依照某个先验形式去框定事实理解，而是事实存在在那儿推动并生成为我们对于事实的共在发现与运用有效。

现代性知识抹去了经验同步事实，从而切断了经验源始流，它在一种假想的事实状态——理想实验状态中构造事实，把关于事实的知识想象成由共时性与历时性组合变式的成果，牺牲了同步发生运动本身，然而同步发生又是共时在历时中包容、制衡的运动，是完整经验积厚中的激活、连接，生成运动是环境空间源始渊源性的发现，它在动觉形成的基础上根本改变了结构性思想，这是建立在对称均衡基础上的行动实施普遍有效，它产生于事实存在的在场感受运动，又在行动运用感受活动中生成、积淀着事实存在完整性，在这里事实存在不是我们通常理解的客观概率，而是共属一体结体、分形运用事实，是变异中的特征捆绑与品质熔铸事实，有并置、耦合、分形，有交错配置、结体运用以及深度经验中的共同意义生成，事实已经从共同体运用中自然生成出来了，它化在历史中，又包容着现在，以事物环境存在运动品质呈现出来，以历史的本来面目现身。

同步性运动产生的是同感经验，而同感经验又不是意向性事实，而是出离于意向性的行动支撑域整合事实，是共同交换的特征聚合功能发明，它产生了一种在自身行动蕴涵中见而必有的能看聚意，这是同时唤醒了“我能”身体存在意识，而在活动对称均衡有效的姿态变化同步致意中共现的完整支撑对应与联动意义，它在具身整合意义上超出了意向直向操作，并在共在事实默会构成基础上成为了一种漂浮能指经验，没有了意向返回到它的连续性，此时的空间已经在地质沉淀源始风格中与意向性产生了质性断裂。

意义发生的源始基础在同感经验生成运动中，因为有同步默会运动产生了场域运动均衡，而同感又是运动均衡生成出来的异质交流共同知觉，它是共在处身的功能交换发明，是一切经验成为人类可感知的、可谈论的、可运用的知识的前身。而同感经验又是处身存在的运动成果，如果全部对象都是一个个存在着的主体的话，那么也就没有了主体意识的先后、主被动之分，意识主体优先性让位于具身适应运动本身。这是一个时刻，一个共同唤起的时刻，是存在活动性给予的发生性运动时刻；这是一个位置，是经验存在在经验共在发生场域中产生行动时空有效的拓扑运动与潜沉知觉运用的位置。没有这一时空性，世界已经存在了却就是不可想象与理解的。因此，环境力量并不是一开始就由主体意识决定了的，而环境本身一直存在着，它先行引发了环境作用对活动个体的规定意义。

任何一个环境作用存在着都不会像主体意识想象的那么抽象、单纯，作用与作用存在的环境不可分，空间中的运动有效是在时间完整经验中建立起来的，而且空间中的作用又是在时间完整经验中被规整着的，这是一个化机熔凝的意义，是空间作用放置于时间完整经验的环境均衡生成意义中所产生的互渗、能指行动意义有效。在这里，一种感受性沉淀状态的环境调节作用与知性力生成产生了意义有效尝试，而感受性又在环境稳定可靠维持与经验完整平衡运用的时机化、协同性回复运动中得到意义有效的深度、强度经验与能指运用规整，这是环境具身有效的经验作用时间性对称，每一个环境活动作用都是在行动处身建立的具身可靠中才产生了作用存在的对称交换以及实践艺术深度潜能知感综合。这是建立在知性完整拓扑有效性与调节机制基础上的意义发现，是感受性上升到知性完整运动规整的行动有效，它在深度、强度经验回音中有一种意义能指与所指的叠置增强与物化效果，有一种具身运用有效的生殖形势被感动与验证，这是作用在完整知性力中的运动性实现与综合，此时对于作用有效的认定机制已经不是主体意识意向理解，也不是外在形式功能断定与推导，而是在完整经验运用中生成的知性力，是在这知性力中的“漂浮能指”意义深度认定现实。这又是在运用调节与完整拓扑经验生成中产生出来的坚实可靠品质与意义熔铸中和质能，它给出的意义判断不是物理学的性质与逻辑，而是拓扑有效支撑运用中的意义生成判断，是行动中的运动综合品质，它也不是封闭的形式、指令状态，而是知感质能综合在完整活动形势中的意义深度经验与命运关联，是回溯历史经验生成的心智成熟与平衡性。

主体意识意识不到作用存在的根本意义，它把一种表象性的物理形式规定当成是环境中的直接反应，用一种外在于环境地质运动的因果关系取代了环境整全质能中和理解。然而，一种作用存在的当前表现有它的全部过去以及共时性能——因为作用产生于经验结合的完整存在命运力量中，比如：给出一个动作是在已经存在的完整经验中进行着的被动感受能指意义有效时机尝试，同时也是意义尝试活动中对于反身作用的变化调节与意义规整选择，而反身作用又是一个在环境同步变化与功能配置中的中和衡量，它给出的是完整存在表现与运势生成，而不再是物理结构事实。

因此，经验存在的意义不在现实生活方式空间中，它是我们存在的共同世界，是经验能指性运动创造的世界现实时间性。

现代意识丢失的正是肉身行动经验的自觉生成意识，它导致了本体知识系统把连接仅仅理解成一种外在形式构成关系，没有真正看到物化过程中物物相用、相生相克整全生态形势场以及品质结合运动，没有感受力的完整运用对于知性力的生成以及在知性力的意义规整、坚实品质的形成中对于意义的激活与交换发明。然而，物化过程又产生了主体意识之先的存在，并先行决定了作用存在的整全环境深度经验历史，是超出于字面符号与数量函数关系的，比如：作用力与反作用力就不是一种因果链接的关系①，而是在整全环境存在中互动栖居的熔铸运动。首先，先于意识行为理解的环境均衡稳定运动创造了当下

① 因果链接就是对象化行为产生出来的主体意识对经验在场性的离异，它发生在表象知觉的统觉习惯对于环境特征分布时间质能蕴涵的空间去势与结构统摄，它把动觉进行了主体性构建，没有了动感自在的同步时间稳合与完整运用交换均衡对称，丢失了在场连动机制（比如超距作用）与质能综合蕴涵（比如空间叠置与消弭的动觉具身调节运用效力），时间被空间均质化，没有了经验同步发生连续性，即现象成对连接与转换的运动延承；没有了环境特征分布结体运用机制，即结体连动功能聚焦与转换交错配置能势变化，经验的综合质能运动有效被空间操作取缔。

作用力与反作用力存在的基础，环境均衡稳定质量的物化生态约束决定了这一交互作用运动的全部存在可能。其次，作用力与反作用力又不过是环境共在栖居运动产生的相互支撑运动场的均衡运动分布而已，它在整全环境包裹与塑造并存的状态中不可分离地存在着，有能量的生成与放射，有超出于空间洞、孔隐喻的时间曲线，有环境整全运动积淀的地质变化与分布调整。最后，作用力与反作用力是环境整全运动具身存在的一个内部结晶与贯串活动，它是环境整全运动周延、环流、多层次交叉而又相互维护、支撑着的内部生成事实，这内部生成事实只在物化运动的生物行动觉知意识中被理解与发现，不为外在形式理解所动摇。“横看成岭侧成峰，远近高低各不同。不识庐山真面目，只缘身在此山中。”① 在这里，没有视性固定形式存在着，只有视性在生存实践存活并不断生长着的取势运用垂曳生成性，这毋宁说是事情本身生成着、存在着的环境一体宇宙精神，毋宁说是生态潜在运用理性。

环境存在的经验是行动化知觉创意空间经验——空间连接的呈现是能指与所指时间性对称的运动造型，有呈现中的内隐机制支撑；空间连接的变化是能指经验深度、强度时间性引起的所指经验时空组织与配置集中表现，以及此一变化产生的质能中和知觉造型意义规整与空间地质拓扑运动，此时，能指创造着所指理解深度，所指又包裹在能指完整生成之中。

有一种效果如风中的树，玉树临风。它在意义有无之间实施着寂静的转换，它在召唤着远处清新的风的时候，诞生了“风中建筑风格”②,这正是重要运动“漂浮指的原道时空世界”。

因为有一种行动存在肉身性，既不在（不针对）对象那里，也不在主体意识那里，甚至不是实体性存在，它是因关爱、期待而自然

① （宋）苏轼:《题西林壁 》。

② 风中建筑风格：或称风水、气象地质构成风格，这是从中国传统建筑引入的命名，它指内空间测度、堪舆天地生活实践意义，是知觉先行构成自身环境活动空间意识稳定可靠与物化交换开放能指经验的大范围拓扑效应，它在共同体中形成协同一致的经验交流运用有效性。正是知觉这一意义运用拓扑优先与具身完整产生了直接行动经验的“天命”性质，也由此决定了言说的道说风格。

选择的行动状态趋向，又是在行动实施中才展示出来的运动品质与生动经验，诚如我们“爱科学”，它不是针对一个对象，对象也规定不了这一兴趣本身，它也不一定有主体意识目的，甚至于这种兴趣也并不能确保行动者达到某个目标、成就，但这又并不影响人有这种活动的爱好，这实际上是人类以及一切自然生命在纯粹活动性中对于共同生存经验的源始冲动，因为在那儿有中国古人所说的生道、蓄德、成物的共同体意义，它是在对象行为之外的环境活动意义与成就——一种环境生存物化状态，一种行动化品质结晶空间。只不过现代科学已经在行为方式中用人工产品与技术成就取代了自然生命活动，它把行动同实施行动存在的时间性经验成就分离开来，不再有自然品质塑造的意义，只有所谓的科学精神——一种宗教般的献身。

但是，为什么生命有一种原始冲动，它总是保持着对周围环境世界持续不断的好奇？为什么单单我们想着人类有这一无限的好奇，把它说成是人类认知的无限运动，说成是探究真理的无限精神，而不去看看认知的对面——世界本身，不去问问世界它为我们准备了什么、为我们提供了怎样的好奇？

当我们以一种习惯了的行为方式探究这个世界的时候，我们没有看到甚至已经放弃了世界的另一面——“风中建筑风格”的潜沉运动。如果世界并不在知识行为中，而是产生知识行为的根本，又是多出于知识行为的世界经验“风中建筑风格”运用，那么此时的好奇又意味着什么？意味着好奇只是世界存在本身的动力，不是因为我们好奇而认识了世界，而是世界好奇般地变换着它的意义“风姿”，我们才产生了这好奇本身存在的“建筑风格”。它说明现代科学并不是人的存在基本途径。唤起世界存在的内在风景，生成内在风景的无限变化意义与交换发明才是筑造世界家园之根本，它已经不再是单纯的认知行为，即不仅仅是人事，而是另类的独特行动，是时间存在的身体行动与蕴涵，没有什么技术力量可以取代这“风中建筑”的人类实践艺术风格，因为此时我们是在下“天下同一盘棋”，我们是在世界内在意义建筑中筑造着栖息的家园，而人的存在意义又犹如世界风景创造的垂临，我们存活于这周遭色泽斑驳、流溢光彩的世界中，这就是生态意蕴，是我们存在的大地气象。而生态又并不是科学所谈论的，因为生态没有科学方式的“筹划外衣”。正因于此，下着“天下同一盘棋”的人就在棋的运行中存在着另一种活法，另一种根本不同的行动风格——行动在行动存在的塑造中生成着行动意义世界，产生着行动之道，行动因此把它的根扎在了世界内部风景中，把它的意义驻留在了世界的风中。

在我和世界之间存在着什么？当我以空间先验形式看世界时，世界是先验形式构造物的世界；当我以经验时间性的能指意义有效运动风格感受这个世界的时候，世界是变换着意义身姿与深不可测的“同一个世界”，是在塑造着“我能”同时又在改变着对称连接意义能指性的物化生成世界，是连接层次的多样、功能配置变换、运用聚合有效、贯穿联动水平与完整造型坚实可靠不断增值着的意义拓扑知性理解世界。此时我和世界仿佛是在太极推拿“揉面团”，我在“揉面团”，面团也在揉我，我原本就在这“揉面团”的世界中，当世界“熟”了，我也“熟”透了，没有了彼此，而我们之间就不再是“对立”，是行动知觉中共同成就着的全部在世性意义，同时这一意义又包裹、塑造着我们世界的共同身体与行动品质，它使意义本身成为了共同身体生长着的源始基质，意义深达于物化交换的生态世界中，它在时间性中收结着临绝汇通之道的生命，含着“风中建筑”的肉身性风格，产生了圆通自在的纯粹活动性意义。

行动存在的肉身性产生了行动与环境共造的意义世界，由此又生长了一个“爱的共同体”，① 这个共同体并非建立在现实关系上，也不针对任何现实对象，它不是人为行动的构造，而是感受力的沉积生成的物化知觉完整世界，这个世界对事物的判断是建立在知觉运用汇聚意义、生成事物价值感的偏好上的，而价值感又是在知觉具象力创生的知性秩序中，是知性秩序在地质拓扑源始基础上锻造、凝结出来的活动生命与运动品质，它在活动相互渗透中改变了世界，有了共存

① 参见倪梁康：《胡塞尔现象学概念通释》德英文概念索引，“爱的共同体 Liebesgemeinschaft”，北京：生活·读书·新知三联书店，第278页。

经营与命运相依的意义，有了存在的理由与环境生态。

正因为有“爱的共同体”① 存在着，它才产生了意义熔铸的环境生态具身化时空——整体在局部运动中聚焦，局部在整体地质生成中规整；而连接的能指时间性与拓扑空间运动又在交互运用转换着，由此产生了环境生态的地质生成运动，全部的意义实存在这地质生成运动中被实现着、规定着。

所以，“回到事情本身”在中国古人那里绝不是一个现代人所能理解的认知过程、主体间交流活动，也不是“移情”，而是澄怀体道，进入事情存在的源始环境活动场、实施天人合一的实践艺术，“感物”、“体物”联类不穷，营心构象。这不仅是审美境界，更是人类行动存在的物化生存品质交流与理解力产生的意义世界。

在这里，理解力不是认知行为，而是物化交流，而物化交流又是化入“灵府”的忘我冥化，是积心处物的肉身感受与运用，不再有主体意识对象物的外在性，这一点恰恰是用身体去承受、自然生成行动适存力、进行物化交流有效的先决条件，因为存在着一种感受力“化工”运动，这“化工”是在消除了外在视听与行为判断意义后，通过具身运动而直达感受力汇合产生的环境经验活动时间性圆成通达与意义实现，也就是说人类活动的意义是通过环境适存交换运动产生出来的，而实现生存的可靠性与认知完整必然要回到环境地质拓扑运动中，通过具身化行动造成环境一致。因为没有回到生命环境适存在先的活动，没有唤起行动存在的物我一体源始存在世界，就不会有生命在环境世界中的时间性经验与历史成为具身的感动，而生命原始地

① “爱的共同体”是一个奇幻绝妙的生态现象，它是外在对象性直观看不到的拓扑运动脉动空间，它产生了一个环中情态的“坎陷”，内部组织调节意义熔铸只朝着环境完整运动风格生成它的生活世界，这是意义运用拓扑优先以及具身活动对称于环境地质生成均衡性造成的，它在自身环境存在熔造中生产风格化聚形知觉，但此时的“形式”是包卷着“形式”有效赋形力的熔成风格，是赋形力的“形式”，即能指时间性与具身运动性，而不是形式在结构运作中的形式自身实在化运动，也正是这一开放“形式”、“半区间”时间性效力产生了品质化运动与结构实在化运动的不同，爱即能容，能造与被造，因为爱就是一个先天拓扑开放时间有效姿态与意义。它的逻辑无处不在地说明着：因为有了爱，所以有了道，由此有了世界的视界。

存在于这生物适存世界中，这是创化之先降临的生命完整存在命运，人先天生存于这一物化环境中，因此只有回到生命自我时间成就中才产生了“回到事情本身”的源始视性视界。

而此时理解力是在经验生成世界中酝酿出来的，是直接经验缘构发生的物事交换意义。意义是完整经验交换的产物，意义又是在物事交换世界中产生了可经验性行动，是经验活动存在的完整维持、生成机制，它离开了对象物而又在环境整全活动中成为可经验、体会的行动有效性，这行动有效性在物我一体运动中、在环境活动场中为自身存在创造了一个从物的经验行动上升到拓扑经验融合、铸造的物流、物化交换世界，物不再是对象性经验规定，而是行动经验物流交换生成的地质世界意义规整，在其中发生了感受力在物化境域（物流交流地质效应）中生成知性力的运动机制，这是理解力产生的知性运用生物约束，因为知性力受制于生物完整活动时间循环，受制于行动有效环境物化生态，还受制于生命环境存在地质沉积效果，而理解力恰恰又是在知性力生成中对于物事交流的活动具身理解，是知性力直接立起来的意义世界，它不是理性抽象，而是知性力时间成就，是知性力在怎样的行动具身有效中创生的经验行动蕴涵与地质拓扑运用，因此在环境活动中唯有行动经验物化交流产生的知性力才是意义品质结合与境界升腾的“共同体精神”力量。由此我们就可以经验到如下情形：大海深处的“集体力量”掀起了腾空飞跃的浪花，它是平凡中的奇迹，又是奇迹中的平凡存在，结晶着、驻留着的时间质量在深度经验与意义生成中，把过去、现在、未来连接为一体，又熔铸在整全存在中，在那儿，事物存在的历史正是经验积淀创造的事物存在深度，历史倒伏于事物结晶运动中，在深度经验开启时不断涌现出来。

事物的连接性并不是空间局部的事实，而是整全存在运动有效性。它像细胞存活于肌体中一样，表面上看事物只与它周围的环境有直接意义，但内里深入经验来看，事物又恰恰是存活于整全存在的环境循环运动中，没有时间、空间间隔性，无论多遥远的空间、多久远的历史，总是相关着的，关联性在处身支撑中生长、放射，在时间蔓延中渗透、拓展。环境性在事物处身运动变化中产生出来，环境性又随着处身运动变化创造着事物共在均衡调节与具身潜能，在物物相持相用中产生了整全存在的结晶、熔铸运动，也正是这一结体、分形运用机制生成与结晶，连接的行动相关与稳定可靠才在环境整体背景力量中产生，事物的运动关联才在环境存在具身的质能综合运用中被直接经验到。因此，连接不是一个存在的隐喻来规定事实的经验与理解，连接在完整存在中是事物环境栖居运动的有效尝试与生成，是经验自成的发现与运用聚焦，连接因而是在事物完整存在的历史中不断被激活与发现着的，是在经验深度熔造与具身觉知中崛起的行动蕴涵机制。在这里，所有的连接都不具有静态空间意义，每一事物变化以同步切身经验的共同感应与引示内置于行动有效之中，是具身创构的先天内潜运用与沉积，它超越了单纯空间理解，就其拓扑支撑性来讲已经是更基础的运动，就其变化的复杂性与默切生成性来说，在地质效应综合中又已经超越了单纯空间结构功能，赋予了事物完整存在动力性。

连接的时空性为事物自身存在结晶运动所吸收，生成为行动艺术的全适性塑造，生成为行动对事物经验的渗透与质能综合觉知把握，它在肉身行动的肌体内环境中体现出坚实稳定可靠与灵动性的统一，这是事物环境质地与功能创造，也是事物与环境嵌合生成产生的看不见的能势存在，连接充实性因此在肉身行动经验承受的紧密张弛、磨合收卷运动中有了深度经验存在的可能。有行动内潜聚合地质运用与结晶有效，有行动栖居的化境存在与环境整全调节动力生成，它把空间运动进行着共同－觉知运用的地质综合，在同感经验的内部结晶运用中创生着行动一致与连绵充实效力，产生出行动被造的质能蕴涵，这是一个均衡调节机能的生成过程，行动蕴涵既是行动深度聚合的存在体现，又是化境充实运动当下支撑域与整全运动性给出状态，充实在这里把事物存在塑造为收敛具身性运动与潜质生长，既是整全行动品质塑造与稳定生成，又是在这一内向性支撑域与运动性生长中进行着的实存发生，它在自身行动性锻造中创造着深度经验垂曳性，而正是垂曳性给予了经验沉淀中的化机融合可能，一种激发着的潜在综合转化能力，随着稳定性增强，随着行动整全存在深度经验积淀，开始出现品质结合与转换的精进，均衡运动的拓扑支撑紧密性与运用有效性在增长，它又创造了整全存在质造功能的生长运用，如此一种新的可能以偶然的陌生经验出现，实质上这又是在稳定性之中由内潜能势创造的新的综合经验可能，是环境地质深度存在，激发产生了存在运势变化，而当这一偶然的陌生经验在行动反复中成为可以捕捉到的行动契机，并在运用尝试中产生出它的意义与作用时，一种新的功能创造发明就这样产生了，这是环境整全运动的内向性超越，它通过事物环境品质熔铸而产生了背景内在蕴涵的浮现与具身品质聚焦发现，创造了行动蕴涵变化与环境深层运动的协同效应。垂曳性产生着存在完整运动实施机制，把事物环境存在的内在卷曲的深度时空性与行动化潜能创造出来，见证着历史，这是压缩、收紧、沉积而沉着的地质层效应，表面上看表象的沉着与形式结构没有什么区别，但从直接行动经验的具身觉知来看，表象深含意蕴，它像一首音乐的旋律变化，而沉着本身则是物与环境交互作用地质循环运动的体现，它经过了覆盖运动的时间浸透，产生了深度空间中的变化调节与运用气动性，空间特征分布从涡流时间质量变化、转换，再到驻留的具身结晶产生出地质熔成拓扑呈现与意义发现，变化以回复自身的循环整全性为下一次运动奠定着行动支撑与交换、绵延的基础，有如身体生长的阶段性与跃升性运动。时空的变化产生了内在增值与高度复杂的机制生成，空间在叠加、卷曲、消弭，在整全综合中成为了不可形式想象的纵横、张弛性，我们只能在运用生成的具身性中来谈论这个时间与空间。在这里，表象没有形式结构的作用，它体现的是内在沉着的历史，内部嵌合着对称均衡运动的涨落起伏与地质沉积，它把言说放置在环境整全存在运动均衡调节与事物自身品质熔铸基础上进行着言说性运用创造，这是一种纳入了共在交互作用深度经验的整全效应，也就是说，我们看不到经验深度中的全部蕴涵，那是环境事实在场与不在场的全部综合，它启动了语言言说的内环境综合运用与熔铸力，这就是意蕴。

对称均衡运动的涨落有如潮汐般在存在深处发起，它是当下运动与地质消涨、抑制的共同体现，在涨落之间运动实现着运动沉积的回访与交互作用修正、拓张，在内部产生出相互勾连的相关性与悬动应合，有一种运动与运动反复、回涨的张弛弹性嵌入，有拉扯、牵引中自动浮显的内在特征捆绑与气动性，有整全具身在地质深处产生的制动平衡，这是支撑域覆盖运动产生的自我更新与转换调节，运动覆盖在均衡运用中又生成着嵌合深入的精微性与广远性，高度具体的经验创造着化境存在的整全行动蕴涵，如此每一次行动在地质生成的具身效应中发出，镌刻着内在张力融合的行动觉知记忆，在涌现中生成，在生成中涌现，把行动变成了共造栖居实施着的艺术生成运动，复活着世界创造的实践艺术灵魂。

蕴涵以空间特征并置关联运动有效与环境生成变化的地质成像呈现了事物质性，如此它把特征进行着一种质造的凝聚，在拓扑性中显示着空间时间特征化以及时间质量分布的活化功能交换与均衡圆通，又以场域气动旋转、浸透的效应筑造着特征功能交换与生成整全品质。特征在整全均衡调节中是一个品质放射气动性存在，特征又在整全性中暗示着，把功能配置变化具身效应放大，整全运动生成化把特征进行着具身浓缩、结晶，如此特征在整全存在中以粗砺、凸起的质感，率意纯贞的痕迹创造着自身活化生成的坚实可靠。此时，质能综合觉知在品尝事物内部的气韵，内在视听性在这里发生着活色生香的质地酿造，它看出了鲜活品质，听到了生动质地之声，那是画中的音乐之声，也是诗中的无穷韵味。正是有了这内在行动生成之道，言说才创造了自身存在的言说肌理与爆发力，才成功地实施了言说生成转换。

意蕴是自然劳作发出的存在呼声与召唤，它响应着万物存在的生成力量，唤醒着生命存在自身，在潜入于事物内部交感运动中，一种穿透事物幽冥的目光在行动及物的视肌调节运动性中感应了历史的内在生命，看到了事物深不可测的神秘与浩瀚，听到了事物交互作用内在包裹迸出的珠玑之声，那是行动回到自身存在之中的响动，是事实本身连绵起伏、汇聚发生、生成流变的此情此景感动，我们要聆听的正是这细雨里远山的呼唤，是回到母体的温存。

二、意　境

天下起了雨，淅淅沥沥，世界在蒙蒙细雨中。此时，远山打开一道窗口，一条晶莹的河流在眼前流淌而过。哦，那不是远山怀抱中流淌着的河流吗？

河是怎样醒来的？河又是在怎样的机缘中降临而伟大地复活的？

不信仰环境世界，是人类信仰危机的深刻根源，人们只在做着一种本体知识和主体意识合谋的网络连接与空间表面滑动，没有人用自己的身体行动思考空间内里的事情，没有人用身体自然品质称衡与内在完整活力直接去呼应环境，把散落在环境周围的意义世界召唤出来，没有人在做走向环境就是走向自身的既是信仰着的，又是循环往复生长着的事实运动，那环境世界内在的河流正在一天天地干枯，它是人心的背向断流而发生的事实存在危机。

中国古人相信一切行动实践是行走在自身存在的自然身体中，身体行动塑造了身体存在具身性，而身体行动又回到了这一具身日益积厚的存在事实当中，多么奇妙而又真实。人行走在整全存在海绵般的、富有弹性而又脉然跳跃着的具身存在中，画深藏着诗意，诗意蕴涵着音乐，音乐又寓于行动呼吸、节奏中，每一行动（书写的、韵唱的、肢体的）都创造着自身存在的情景交融，它独立完整而又交互融入，共同生成着共同体的意义世界。我们的先人就是这样率意地画着、书写着、吟诵着、生活着，一个意味深长的世界从大地上升腾起来，含着生命纯真，含着大地复生的希望。

"西山有时渺然隔云汉外，有时苍然堕几席前，不关风雨晴晦也！"① 这句话生动地描绘了我们先人对世界存在的信仰，它是一个充满生存意义活动的不可分割的生活世界，正是有了这意义存在的环境活动生活性、生态熔铸性，才有了文字意蕴生成的可能，才有了诗

① 龚定庵在北京对戴醇士说："西山有时渺然隔云汉外，有时苍然堕几席前，不关风雨晴晦也！"西山的忽远忽近，不是物理学上的远近，乃是心中意境的远近。

情画意的传统生活世界。

从中国文化起源的殷、商、周，到先秦第一轴心时代觉醒，人与世界的内在活动筑造天、地、人循环往复的运动就成为了中国思想的基质，天人合一、道法自然的源始存在生命活动与信仰，塑造了中国古典思想辽阔起伏的壮丽景象。人不仅仅是世界组成的一份子，还是世界创造完整活动存在本身，世界生成了人，人也因此加入到世界生成运动中，蕴涵着世界创造的内在冲动与潜能。这共同创生的运动把思想主、客观二分性排斥在外，在活动存在的内在交融、生成运动中运用着世界动力机制，创造着具身行动潜能，感天动地，响应发生，默切生成着意义世界，人与世界内向生成化、具身存在化了。

信仰自身存在着，信仰世界也存在着，但就是不相信、不信任环境、社会人群中有我存在的先天可靠与生命意义，有先于主体意识而存在的决定着我的信仰是否存在，也同时决定着我的信仰是否有无穷生成能量与精神高度的亲和力动力世界—视界，这是现实社会信仰的普遍危机与断裂之根源。这一信仰的断裂从根本上把人的世界同环境及其历史断然分开了，同时也分开了世界—视界，一如我们的诗人在谈论诗是什么、诗人的角色是什么的时候，一种潜意识的转换就已经把一个人是否有信仰无穷力量以及怎样的信仰着世界，在话题之间表露无遗，因为有些人事只是表象，而内里的实质则是天事和天命，根本没有再先去谈论的必要，而且即使要谈，也只是在存在着的事情中谈，这是一种感觉经验着的谈，而不存在人为界定，天让它自命名。所以根本就不存在诗是什么的争论，只有做，它像一个人的成长那样，何时是它自身？诗人的角色又是什么？它是“无”，无者巫也，天命神圣的那一刻站立起来的人。

当我们遗忘了有一种角色是只有你专注去做，在做中实现着的，而一旦你要主体意识以为它是什么时，这一“无”就已经不存在了，此时你意识到的角色根本就不是它本身，这就是世界存在的信仰天命之无形大象，没有一个人事操作可以说出它，世界—视界赫然屹立在大地中央，它是亲和力的无限生成世界，已然同主体意识结构分开成为了“两个世界”——一个在心中活着，一个在主体意识中只有僵死形象的世界。

这是先天存在信仰，不存在形式论证，只有综合行动涵括与无处不在的亲在、亲历性，就像一个屹立在大地上从事着劳作的农民，他所信仰的已经涵括在观天地气象与农事耕作经验中，他所从事的活动在具身响应与经验沉积中唤醒出来，天、地、人实施着存在对话，而信仰就是这对话完整性的正在发生、已经发生以及未来生长的道路，它无不自然，又无所不在地变化、生长着。

这整全存在信仰的确立与实践同外在对象性观察的逻辑、规律所进行的活动相比较，又有一个根本的不同，它是行动化理的存在。不是我们外在观察的规律与关联性所进行的形式归纳、创意，而是我们在谈论此一场域运动时，必须已经是共在处身于此一场域中的伙伴、运动员，如此才能开始参与谈论，而谈论的内容不再是外在对象性的形式理由，而是行动据理合一的造境，理由在整全运动中不可分地存在着。

因为没有任何依据可以证明你与万物有同构性经验与印象，世间万物都是姿态各异、变化万千的，怎么可能突然降临一个外在同一形式的理解与经验运动呢？如果万物与人并不存在外在同一形式的经验运动与理解，仅仅是人的主体之间才异化出这一传达方式，那么，人类就不可能用这一方式去沟通世界。事实上，外在同一形式运动又并不是人的最基本理解与经验活动，因为人也是万物存在之中的自然事实，共在处身经验才是最基本的运动，而共在处身经验是非一构造性经验，是栖居对称均衡运动经验，外在同一形式的理解与知觉经验之所以会产生出来，恰恰就在于主体优先性剥夺、封闭了处身经验生成。也就是说，外在同一形式经验理解是不存在的，只有同一个地球、同一个环境下共同生活的世界，这是一种交感经验，没有外在形式同构的意义，而外在形式同构又恰恰产生于一种视觉表象形式对于视觉动感具身同感经验的取缔，也即是说，在同感经验的经验组织运用有效知觉中有一种时间秩序，它是连续协同一致的完整造型运动形式，是动感自在的聚合生成，形式内嵌于形式被造的完整行动风格中，这是共同生活的历史生成道路，它在共在默切的和谐运动中，通过行动场域均衡调节运用进行着沟通，尽管感受不同、理解不同，但并不影响行动具身拥有中的和谐一致，每一事物都在共同发生中选择着自身存在的能势经验与环境意义，而每一事物又在共在栖居支撑运动中贡献了共同生活的品质熔铸和谐一致，这就是境域存在的意义，它在共在栖居运动的地质沉淀之下规定了不同经验、融合与多样，又在共同拥有的环境地质生态运动中享有着同一个世界的天人合一前定和谐，这是前定和谐聚神存在的历史统一，世界是一个巨大的肉身，把不同的事物聚合在自身存在历史当中。

因为“同感”并不存在感受同构知觉形式，而是共同存在的化机熔凝契合，是共同身体性的创造。当两个不同的感受身体在谈论同一个事物时，只有在感受能指性经验中产生了时间性的协同一致，即有了共在默会的致意与呼应，“同感”才在动觉运动规整性中产生，此时尽管感受在每一点上不同，感受的每一空间经验不同，但共同身体又生成了时间统一“形式”，感受的知觉运用组织有效与功能匹配在空间的完整拓扑性中进行着比附一致运用，彷佛是一个具身的灵魂附身在谈论的经验中，我们在共同参与的活动创意中生长了身体间共在垂曳知觉，意义在一个共同熔造的“共鸣”身体中得到了完整认同。同感经验是什么？当两个人分别站在一根平衡木的两端上下摆动的时候，此时同一个支撑点的完整活动意义就已经把同感告诉了我们，它是共同关心的事情，也是超出于任何一方主体性的共同建立完整行动平衡事实，而同感正是在有这一完整活动事实存在着，在有一个可以共同感知的意义熔铸动感平衡具身效应中成为了我们谈论中共同比附的运动性经验，每一句话都为产生一种共同平衡运动有效而说，每一次说出也同时产生了共同平衡感应的同步作用，产生了在这一存活事实基础上的认同，此时，这一在我们之间活动着的事实是我的切身体验环境事实，还是他人的环境事实？没有一个可以分得开的形式，它已经是在我们身体中拥有的共同经验形式，化在了环境语言中。

在这里我们就可以发现，为什么生活失去了昔日的色彩，在现实生活的各个层面我们都遭遇到深层的空洞与乏味？为什么诗歌、艺术没有了曾经的辉煌，我们全方位失去了过去魅力的领地，深陷于消解的深渊？因为我们根本还没有全面进入共同体生活世界，没有“风中建筑”的语言风格，没有环境与传统承续的具身性，没有在艺术语言构成中的深层动力资源与信仰。诚然，写作是通过一定的文字材料与方式构成的话语行事有效相对世界，没有一个写作可以成为绝对的标准而凌驾于其他写作方式之上，但是，写作作为生活意味的生成，写作在进行中所凝聚的意义，写作在语言环境中所呈现的运动性、生态性价值，写作在深层历史中所开启的肉身性、物化知觉记忆则是一个相对中的绝对存在事实，没有什么可以替代这一生命存在可靠本身。一如生活无论怎样总要活出生活的味道才算生活本身的意思与活法一样，写作对得起自己就只有写作本身所能给予的以及与作者付出努力相对称的时间性价值，在这里写作就不是一种制造，而是创造写作存在的“我能”具身积淀，创造写作内在于自身存在的深度现实，要做到这一点，写作就必然要像身体行动那样把写作转换为对于过去全部潜能的拥有和集中和洽运用，就必须是在历史活力中把这一活性能量进行直接物化转化，从而产生结晶体的巨大爆发力与生成性。可见，没有环境历史的信仰与直接激活，就没有我们写作以及一切艺术存在的必要，就没有作为一种人类行动性实践的知识，如此人类就不可能同环境、同历史发生基本连接。现代性把一切人类经验制造化、知识结构化，它使我们从行动力存在的根基处丧失了深度现实，丧失了作为行动存在本身的判断，因此我们根本就没有在真实存在的思想中，我们一直在把人类生活世界的魅力视忽，把环境生态的地质拓扑运动以及与此运动有效相匹配的历史性独特经验知觉与运用风格抛弃。

当人类活动不再把活动本身做成环境中存在的事实有效，而是以人类意念、以主体意志控制左右着活动存在的深度经验综合觉知意识，以我们想象的先验知识运动做着以为是环境存在的反映而实则是大地旷野中的摆设，是与环境历史根本无关的，更是反向于自然运动的，可以说历史已经终结，进一步地说，中国哲学、艺术、绘画、诗歌、文学已经全部消亡了。因为我们所从事的根本与环境质地、与历史厚道无关的事情，我们所思想评说的根本是与环境承续性、历史性断裂现象，在古人看来就是不可理喻的；因为在环境中存在，不是“我想”而是“我能”，是无声言语化结而成的自然，是环境实践艺术能指经验时间性运动结晶，它带着大地寂静的风声，已然像一颗在环境中存活的树，在那儿风姿招展了。我们已经遗忘了一种人类性、在世性活动通过一种介质有效运用与传递把人类身体行动同环境相连；像在自然中从事活动，通过思想及身体运用而把人类身体做成一个在环境中结晶着环境性的“我能”具身，把环境物化语言在身体姿态的塑造中生成为大地行动品质与无声致意的思想灵魂。没有这一切，我们休要说恢复传统或产生新传统等等。

为什么生活如此丰富多样，没有一个人想法完全相同，但我们又确定无疑地相信拥有同一个世界？胡塞尔把这一“生活世界不变的风格”说成是“具体的普遍性”与“可直觉性宇宙”的相容，这是“超出了我的视界范围”的“兴趣的生活”的总体视界，它通过“感觉的——肉体的，以及动觉运动力”相互沟通，而成为了“我们当中的一员”，它是“非主题性”的“生活——视界‘世界’”的在先存在。① 原来，在环境表象之下深藏的是“藏用”中发现的“我能”活生生的经验世界，这个世界并不是环境之外的另一个，而是环境本身就是以事物存在支撑有效运用出现在我们生活之中，是我们生活于当中通过经营、逗留而做事存在的世界，是事物总是环境结体、分形运用中的事物，总在支撑处身运动中生成着的共在世界，环境在变，这变化并不是表面网络式的连接变化，也不是思维辩证法的运动，而是沉潜中的圆成通达，通达中的组织有效结晶。天际星球运行得那么的圆，是因为在它的活动中已经有了一个时间存在之圆一直在那儿圆成地圆的运动本身，它是一个运动汇意机制，有行动组织有效的动觉质能规整性存在着，它在主题性知觉经验与字面意义产生之前就已经逻辑在先地存在了，正因为它的存在与意义生成，才第一次奠定了生活世界共同交流的源始基础与同一个世界理解有效。

---

① 参见：《生活世界与人类实存的历史性（中）》（奥）路德维希·兰德格里伯著，霍桂桓/译，中国现象学网。

运动汇意机制①是事物环境存在运用生成质能熔铸与行动有机组织综合，比如书法艺术有视写性汇意机制，而文字语言艺术有读写性汇意机制。这是创化在先的环境活动，人源始处身于这个意义世界中，因为不是物的表象形式与本体知识规定了物的意义存在，而是事物环境存在的活动性产生了经营有效地质拓扑运动，进而生成了历史命名物的意识，构成了物的源始经验运动，看不到一种支撑有效的身体比附知觉与运用意义，就看不到意义存在的活力源泉，它是超越于外在经验抽象的环境语言完整存在运动，现代科学在丢失了环境物化奠基的人类生存活动时，也一并丢失了生活世界的意义实存。没有环境本身的运动汇意机制就没有意义容承，也就不会有事物完整存在本身，人就无法去经验、知觉物，也没有人的自然生存完整性，这是世界给予了一切经验存在的同一个世界理解在先性事实，只有它存在在那儿了才有了可谈论、可经验的事实存在可靠。而运动汇意机制又是时空行动化、具身化的存在机制，是生活化活动生成的行动质量增值以及趣味生动的环境认同，并在此源始基础上创造出行动入神贯注、直接促发物的经验活力，创造共同体意义世界的发现，此时人是在用肉身凝聚的生命力与行动化直接经验着事物的存在，产生了活生生的生存经验，而且在人世共在经营中人与物又已经不再是客观不变的，而是相互渗透着、结晶着的运动本身，比如人能够在一块石头石质形式功能之外塑造出另一个不同于一般石头的意义生命充实——艺术作品，正是人物共在运动汇意机制存在着才产生了这一创造性行动可能，而这一可能的运动性沉着与体现又反身证明了同一个世界的具身

① 运动汇意机制是共在环境生态运动组织功能，它不在对象性活动中被观察到，这是人类活动环境处身存在决定了的观察视界的时间性半区间效应，因为身体行动的环境存在可靠性是建立在默会运动生成的拓扑运动性之中的，它产生了一种拓扑运用优先的视性对称均衡组织调节运动，身体行动最先直觉到的是这一“极”的大范围拓扑效应，这是建立身体行动完整的环境存在先天决定意义，没有它就没有行动连续支撑与转换有效，而在此一状态中知觉直接经验到的就是一种共同变异的环境整全性，即牵一发而动全身的完整功能配置气动感应，一种生态效力在主体的完整身体动态对称运用于环境动态感受力生成中产生出来。一旦结构把视性感应结构实在化，即在主体意识对象形式中去看，这一生态效应就消失在视阈中。

行动有效，它是人与石材在触动性汇意机制运用中产生出来的动觉质能综合充实呈现。可见，现象存在的构成性逻辑不是主体意识意向性的，而是人与物环境活动的运动汇意机制创造，是经验构成自身存在历史的环境活动意象力体现，这是感性具身的经验运成，是动感自在生成的意义熔铸质能有效。物存在在那儿放射了运动品质活力，这是物物相持相用产生的生态运动。因为世界有运动，就有了环境运动的汇意机制，由此才生成了物的活力精神。一直以来，西方智识总是停滞于一种"心理事实"的明见性上，殊不知心理存在的构成"逻辑"并不在心理体验的表象事实构造中，"内知觉"的有效性只存在于身心具身运动汇意机制中，因为它不是记忆表象，而是"内知觉"要成为意义生成的存在知觉，要能真实地知觉到它（内知觉）的存在品质，即直接经验行动力与拓扑检构成，而不仅仅是一种画面组合，否则我们怎么可以说那是直觉性的知觉，那是在我们身体直接经验中经验到的知觉呢？没有具体的甜、酸、苦、辣与活色生香，以及切身之痛，我们又怎么能叫它是"内知觉"呢？知觉之所以是知觉的，就是因为它是切身经验的，是行动生长着的，而明见性的存在基础就是这可知觉的、直接直觉到的存在。不幸的是，"心理事实"的明见性并没有产生出知觉经验事实，因而没有了运动汇意机制，物的生态充实性与环境存在成为了一个视而不见的技术科学悲剧。

运动汇意机制在我第一眼看世界时就已经存在，而当主体想要仔细看清它，想要努力去抓住它时，它又不见了。心在此时已经根本变异而人又浑然不知。因为环境空间中的现象在绵延变化着，这变化有完整存在深意，它根本不在外在对象观察与主体意识构建中存在，它只在身体行动参与中建立了对称平行的运用有效之后，才看到了那个深层意义，这是有如农民看天种地所看到的生存行动本身的存在意义，只有此时世界存在着，一旦离开这个深意谈世界，世界只是一个"机心"看到的是无存在可言的假象。当你不信仰有这个世界时，你最多能想象天外还有一个上帝的天堂，但那根本就不是存在着的信仰，真实存在的信仰只在心活着的时候，看到的这个世界深处是永远和万物在一起的“天堂”。

只有环境运动汇意机制才产生了事实存在的逻辑，这又是怎样的逻辑？是我的身体在环境活动中垂曳运动着而产生的环境性与行动支撑意义，是我的身体行动姿态调节变化深层意蕴对称于环境空间丰富多样的能势特征而直接生成的行动运用变化调节力与聚合组织联动功能，它凸显了这样一种历史性意义：环境先天为我而存在，又后天为我的生存而时刻准备着，它是我的行动存在的源始活动场，而历史正是在主体的活动参与中不断涌现出来的共在事实与生生不息道路，没有一个逻辑超出于这生成着的事实之外。

运动汇意机制没有纯粹字面意义与确定性，在知觉经验中只有品质熔铸运动，没有纯粹结构连接有效，知觉是具身的、环境交融的、质感渗透蔓延的，知觉又是在肉身直接经验行动中运用而存在着的，因此，我们不能说我们的眼睛看到了一种表象画图就是知觉到的事实。没有成为可身体直接经验的，并能证明是在行动中拥有和在场的，那么我们就不能说它存在着。实际上我们有时又总是处于眼睛看到了，而实质上根本不能经验到事实本身的处境中。比如在比赛时那种场外的视觉想象，有时就是在我们根本不熟悉这一运动，而又在主观意向运动前提下产生出来的不存在的事实。因为没有切身运用，眼睛看到、大脑想象到的并没有构成事实环境处身运动，不能成为一种知觉意行经验行动有效——包括运用切身转换，包括具身存在感，包括环境运动均衡调节——就没有事实存在的基础，而只有物化运动时间性、能指性才实践了事实存在本身。正因为知觉在源始存在的意义上，只是具身运用的直接身体行动有效质感经验，由此决定了知觉的存在机制不是主体意识构造，而是共在发生的运动汇意机制与品质生成，是经验的熔造。

正是环境的运动汇意机制才产生了知觉的存在性与知觉的行动理解、运用，由此决定了事物存在的理解是在环境运动生成物我一体规整性中调节统一着的，并在场运用证明着的，没有单纯的主体意识先验构造，只有构成性在环境一体存在中由支撑有效的对称均衡变化给出的质能运用生成，只有在场运动均衡唤醒与不断实施生成的行动直接觉知交流“不变的风格”，它是非主题性的，是先于主体意识而存在着的知觉先天构成机制与动感自在，是体用不二熔造的存在事实拓扑支撑运动与经验环境品质化，因此，我们要“面对事情本身”，首先就必须脱离单纯的物理学事件，把事情本身投身到它的自然存在环境历史中，在生活世界的完整事实熔造运动中才发现了事物自身存在的“逻辑”，这又是一个在场运动与直接觉知生成的境域一体性，是综合质能创造的均衡存在意境。在这里我们就可以看到，意是运动汇意机制生成的境域中的具身存在汇意，境是意义创生有效的、源远流长与储备完整的先天容承之身体。原来，“范畴”有一种“对形式的质料决定（material determination of form）原则”①，因为此一“范畴”是事物环境存在的运动性创造，是形式与质料统一着的历史生命。因此，直观是在运动汇意机制生成中直观到的意义存在完整，它像一支垂曳运动着的笔，在绘事画意运动有效中汇聚、沉积，而运动有效本身又创生着知性理解力，于是笔芯在那儿欢快地流淌着、驻留着，一个幡然醒来的世界把环境世界和知性理解力复活。

那么，环境对于生命的源始生存活动又具有怎样的意义呢？

首先，它是情景交融的，是“心实”——运动品质的生成过程。

这是心性熔铸的沉淀效应，情受制于环境存在之动势，情也是环境作用引发出来的肉身感受性存在的情致，这情致是心身环境存在的愉悦与畅快，是川流往来于景致中的生动活力，它有质能存在的厚势，不是单纯心理内容，而是具身质感熔成，是情存活于环境事物中的交响，这是境域化中的情。人类情感的运用、结合又具有“结构外倾”与“地质内化”两种，前者是心理—意向反应相互促动、映射式的同一运作，是先验结构同化吸收与组织，后者是心性—无持化境功能沉淀，是感受性地质熔铸。地质熔铸有一个时间过程，是将场景无声化入无意识本体行动中，而在身体行动完整酝酿中产生的自然动力，它直接产生了心力运用环境质量对于行动造型的内潜渗透力，

① 参见斯蒂文·加尔特·克洛维尔著：《让逻辑重获哲学意义（1912—1916）》，朱松峰译，中国知网学术论坛，2009—10。

改变了外在客观运动的意识偶然性，环境运动“概率”不再是数理统计事实，而是动觉运用生成的心之所往，因为在行动有效实践艺术中，“偶然”不再被看成是外在于行动的对象性空间概率统计效果，而是在环境运动汇意机制中的同步协调运用暗示，是涵括在行动蕴涵有效尝试中的化机熔凝机会，是经验存在的行动运势与命运，在直接经验事实熔造中，事物品质构成的特征综合效力已经深深地贯串于生命行动中。在这里心灵运用通过储备物我一体的环境运动质能综合，有效地实施着心性结晶、凝练，因此它是一个内心沉积生成的“心实”，这个“心实”没有结构，而是在无执的时间酝酿中通过内在运动机制调节而自然生长的心境与自然品质，它拥有了回忆的大部分资源，是一种“热记忆”，即带有境域生存情调的回忆情景，这里已经有记忆内质化的综合效应，它通过感受性的肌能整合与均衡运用，把场景空间特征进行获得性动觉运用再造，把空间场景转化为觉知质能综合，外在空间场景以“地质”熔成行动效果直接呈现了特征在环境运动中取势变化与对称均衡拓扑稳定状态，外在特征布局以运动性的支撑作用与连动程序被转化为时间沉积的均衡作用综合运用，秩序被运动生成整合调节化，特征被功能交换质地化、气动化、具身化了，由此，一个运动稳定的结合性与内在空间运用转换机制被产生出来，它贡献于人格品质形成，贡献于肉身行动化境存在的感受性运动与拓扑质能觉知把握，贡献于生命内在能量的激活与生存境界的融合，贡献于观天地之象而对存在行动力的把握。它又处于回忆有机综合而浑然不知其起源时间的沉淀状态中，语言的大部分习得在这过程中完成，早期记忆的大部分质料在这综合潜能中实现出来，它熔造了一个自然质性的人，而每一个“热记忆”中的心象又是浑圆的，充满着生存情调的灵动意味，活生生地显现在内心世界中，成为了我们“明察”事物的可直觉性依据，因此，当我们在“直观”现象的时候，“直观”效应不是通过范式运动产生出来的，而是心灵时空取势运用在环境历史场沉潜中发现的汇意机制运动，它瞬间唤起了现象环境存在的综合熔铸效应，不需要大脑想象，直接在行动感受回溯中就确定无疑地把握了事物的“心实”效应与转换命名功能，把现象内在完整运动关联在质感运用中并全部复活，在综合理解力中一一说出现象的特征与时空秩序。在这里我们就看到，心灵的真实是情景交融中的读出状态，景引发情的自动，情随心的感受性唤起而触动景的明察观照，景因此显示出此景与环境一体的动势，情又在这景致质感运势的川流中自由运动着、环绕着，浸透于景的内在深层能量放射中，如此，一个大地交响印象焕发出来，其中回旋着的能量直入地心，回味无穷。“无边落木萧萧下，不尽长江滚滚来。”①

这里的情致是一个内化的景象，是人与环境物化生成的，它体现出生存在世关怀的内在归依情调，这情调没有结构，但又具有招魂的质地，因为它是环境内化的质能统一性，是个体行动在这环境场中身感同受、酝酿发生而深深浸透、经验到的螺旋向心力，是向心力沉淀下来的记忆质地与存在感，它充满着周身自在的内在平静与愉悦感，随附着前生来世般恍然熟悉的味道，这本身就有一种肉身吸附效应，像鱼儿离不开水的感觉。它产生的是身体整全存在与环境的对称均衡融合，以及内在行动灵敏性与视性调节生态平衡效力，有内化中的自然呼吸节奏与韵律。当词语在这生存境域内在响动之音中降临的时候，词语的存在秩序就不是字面读出的内容，而是词语之下运动质地在环境呼吸感应中唤起的文字活动场的自在气息，“言外之意”的环境运动内潜深入能量，即动觉完整质能意动、行动蕴涵，与文字运动姿态变化产生了同步协调的内化响合，一个梦牵魂绕的声色情感世界在字面之外，又在文字直接经验蕴涵之下潜动着。这正是字的此情此景创造了一个身体存在，见证了生存于此间的生命情怀。而情的自在又来自于天地之心的运动，只有心的内视听效应在环境一体融合中打开了往返于整全存在的心力承受、运用之阀，这无意识之阀才在心力涵括的经验凝聚中产生出开放动势的自我调节与内隐潜能。阀是一个自我保护的安全防御机制，又是生存考验的平衡运用生长极致，当心力不再是环境响应的运动与生存适应塑造时，阀就关闭了直接经验具身结体运用与塑造功能，没有了身体性觉知意识，此时心力就在习惯

① 出自（唐）杜甫:《登高》。

势力中滑动，产生出主体自我情感结构与心理成像，这是一种镜像，失去了动感自在的环境整全存在调节力与成像的时空存在，在主体意识想象中把情感基质与内在运动性丢失，用了一个结构封闭效应来阐释所见、所闻、所感，心失去了人格品质存在之分量，失去了词语源出环境存在之根以及言外之意的文字质感真实。

其次，意境又是一个气动声像的世界，是“生实”——环境生态生成的过程。

环境是生存活动生态场，而生态是在处身造境的感受力运用中产生出来的生存氛围与拓扑质地。

张空间之动势，植时间之土壤，它通过心的活力培养出来，随着心在沉潜的内殖时空中掀动起气动生命之浪时，心又更加地虚怀若谷、坚实硬朗了。气动之下回响着生命天地同步的时空运动，是那巨大的身体在调节着我们的行动。

这是环境场域特征几率涌动的聚合与均衡气动把握的对称准备，是嵌合于整全环境活动性以及产生运动汇意机制无意识存在能势的准备，是进入活动内部节奏生成一体运动张势变化与交错配置、转换力的准备，是在自身行动经验覆盖中产生修正、调节以及垂曳视听性的准备，是自身稳定状态及其变化质量对于处身情景融合的准备，他准备着，受动着，迎取着，因此而主动着、运用着、综合着，双向塑造着、选择发生着。在活动场产生着一个运动无极，进行着动静转化，这是支撑域结体、交错配置，是连续性在层次之间的跳转、腾挪、贯穿交叉，是循环周延之间的转换，是阴阳平衡、虚实相生的运动，活动性超出了对象性视阈，直接在均衡调节中产生了入神状态的场域整全具身熔铸实践统一性。

光被共在支撑玄动之域所吸收，把事物质地收卷、包容，一直伸延到背景无限深处，在那里，气韵有如一片环绕的奔涌托起着整全存在身体。因为环境世界内部不仅存在光和影，还有“气”，“气”是无极运动生成现象，是默会运动造就的灵动状态与物化效果。正是活动性本身凝结、生成了事物在光影交织中的气动存在，它是品质化运动活的能量，是场域特征聚合、保持的默切运动生成，这是生活世界万物存在之动势，活生生的炽热气息充溢在环境氤氲中。环境场的有无相生、虚实转化活动创造了生活世界蕴涵品质与意义，“无字处皆其意”、“无画处皆成妙境”就是这体用不二、动静归一的意境生动体现，是行动中心力运用的静力涵括①自然成就。在这里，我们就看到了肉身行动的真实存在效力，直接经验行动在均衡调节结体运用动势存在中耦合弥深地潜沉，传承开合地变化着身姿，产生出体势化境的质造力与经营时空生态，意义在身体间交流中体用转换、有无相生，进而把环境功能综合质造的气动性唤起，创造出大地气象的运成功夫与品质放射，在天际人世交汇往来之间深察着宇宙细微的响动——“大地山河微有影，九天风露浩无声。”②

没有同一个世界具身性，就没有生态气动，没有身体行动立定的化境事实，也就感应不到环境气动灵韵。这里就有行动静力的涵括、吸收，外在速度、力量以及环境姿态在身体运沉的静力涵括中调节变化着无极运动的致意机制③，产生出气动品质运用的地质综合能势与命运力量的交汇发生，它确保了默切生成能量不外溢，确保了身体行动运用与外在经验的对称均衡交流。要实现肉身行动对环境经验的整

① 静力涵括是与拓扑知觉运动有效关联着的心力贯注运动，在运动中掌握一种连贯一致不变性，正是依据着行动具身调节的完整性与对称均衡性而发展出来的动静性、体用性“极”的转换，人能够在静中知觉到一种极动地质成像，也能够把一种动的过程完整组织调节性转化为静中的空间排序传达，就在于心力运用拓扑知觉具身规整有效产生出来的运动一致风格。

② （元）杨载：《景阳宫望月》。

③ 致意机制：是产生世界意义的共在连续运动地质效应，是事物存在着的时间神秘凝结力量，是万物在相持相依运动中酝酿出来的相生相克同步变化与连续支撑有效，是同一个世界看不见的无限复杂而又在时间历程中化生着的循环多样、完整均衡对称交换地质风景呈现。环境事物之间总是存在着这一“超距作用”，它并不在意识行为方式理解中出现，而是在运动中，只要有运动存在，哪怕是一瞬间，就已经有了同一个世界的共现性质，这是运动本身存在着所蕴涵的共在行动品质，是运动只要在空间中产生就已经把时间连续有效奠基同时给出的在场性，因此我们永远也不可能谈论宇宙起源，因为没有运动，一切还不被感知，而一旦有运动，完整世界就已经存在了，它同时给出了环境连续有效同步变化，有了事物相互致意的风格与地质生成汇意经验，如此我们才可能在意义的世界中谈论世界，所以“太初有言”、“太初有道”。

合与协调一致，要创造环境整体运动在肉身行动中的整体环流、周延与放射，并在不断深入沉潜中进行时空拓展、吸收，唯有在行动中不断塑造出肉身行动与环境交互作用的共在稳定可靠，把环境特征直接做成悬放的气动品质熔融状态，在体势变化中创生质感运成结合性与具身综合行动艺术，行动才与环境达成了一种拓扑支撑运用与均衡调节的统一，此时环境收缩于肉身行动能势存在中，进而创造出化境运动的直接身体间的交流与天人合一艺术，如此环境存在才成为了一个身体含纳着的蕴涵存在时空性。除了源始生存的直接具身化交流之外，就不再有哪一个主体意识功能可以把意志力渗入这空间圆成的时间序列中，产生出意义生成的运动有效，“乾坤成列，而易立乎其中矣。”① “八卦成列，象在其中矣。”② 唯有身体环境生存运动在“地质”成像中把环境极动转化为质性张力运用的内在平衡把握以及质造的能量回旋、沉积状态，进而达致体用不二的身体与世界存在统一，现象的汇意机制与统握力才产生出来。在这里，我们就看到了“地质”成像与现实存在的一种对称性转换，“地质”成像在具身内环境的均衡把握中直接涵括着外部经验吸收的有效运用可能，这个有效性是通过一种“地质”内环境的具身放射与吸收运动不断去试探外部经验的整全活动场而产生出来的对话契合，肉身行动与外部经验在对话契机与共在致意呼应中反复磨合，产生出一种共在的行动资源和意义凝聚状态，这是身体对外部世界的体认明察，是共同体默切生成的意义含蕴，身体也只有潜沉到这一深藏不露的拓扑支撑运动与大范围觉知性中，才在行动能势综合中把握了实存运动垂曳本身，事物存在的“原始形象”，即极动与极静的浑然统一才被创造出来，“极天下之赜者存乎卦，鼓天下之动者存乎辞；化而裁之存乎变，推而行之存乎通，神而明之存乎其人。默而成之，不言而信，存乎德行。”③

---

① 参见《易经·系辞》（上）第十二章。
② 参见《易经·系辞》（下）：八卦成列。
③ 参见《易经·系辞》（上）第十二章。

“生实”是地质拓扑运动的调节平衡状态，是平衡运动生长性本身，它说明人为驾驭隐喻没有用，即使你已经觉察了那隐喻的存在，但隐喻又在文字结晶的内部运动中漂浮不定，它不会给你直接用它的机会，每一个隐喻把它的命运嵌入在人事整全存在状态中，运势而在，逆势身退。当你在直接驾驭词语形式运动走向它时，它已经在被驾驭的非法之用中不再是存在本身，你以为你还在控制、挖掘着那个整全存在的隐喻，但此时它又已经在动感自在中收敛、封闭到主体这一方时消失了。因为没有一种活力可以在手中被紧紧抓着，只有活力的舞蹈自然存在着。我们是在隐喻出神入化的姿态中来到了隐喻的身边，它让我们随形而舞动，字是我们存在的重量，是吹入隐喻中的活化之风，字之存在是语势、语境的运动汇意机制弥深之效力，是无形化的行动艺术产生的具身默会，字的说出不是去抓那个无踪无影的隐喻，因为那是一个字的存在之魂，是行动舞蹈的一次奉献、赞礼与致意，是环绕着舞蹈的气息，因此字的用是没有直接囊括占有的用，是久久不能忘怀的记忆的萦绕，是添加声色美好地夸张（其实是文字内部经验知感运沉的环境气动推动了文字的跃动），而夸张之所以美好，是文字行动之韵的有限放大与形势先行，是舞之动的声色并叠绮丽，因此，我在高度旋动、活力放射之舞韵魂魄中“与之浮沉”，“合神变乎天机”，行神如空，气势成虹。于是，待到字如春雨般降落到那山色空濛的世界之时，一条文字恒久历新的河在群山之间缓缓而过。

所以，言说只是言说行动性的体现，只有言说成为了言说存在的人事物化之说，做成了生活话语身体间质能交流活动，我们才在生存经营世界中发现了意境，又在意境锻造成为语言品质结晶运动中成就了人之说、历史存在之说。因此当我们要说一个事时，决不会是在主体意识上说，而是将说本身置于行事中去开辟成事促言的善道之说①，它是身体间的姿势嵌合、结体意义尝试与默切致意的说，是明心见性实践艺术之说。

最后，环境又蕴涵着高古平庸的境界，是历史生命崛起的古意发现。

有一种伟大、极致的平庸，就是古意。它实在是太平庸了，平庸到有如草芥，把自己全部隐身化在环境中。但它不是平均的平庸，而是无有的平庸，平庸之中承载着伟大的生命，平庸之中成就着自然的命运，一种旷世悠远的神奇诞生了。只有极致的平庸才实现了化骨的抒情与实存渊源的融合，因为它让物成为了物，除了物还是物。比如说文字、石头、草木最后都极度净化为自身，不再有其他的可以被利诱的口实，不再有自身之外的阴影，它就是环境，就是自在的表现。它完全隐身于环境辽阔的土壤中，古意就是这生活于其间千年磨损不变的诚实，是深藏于地下屹然不倒的历史，因为它既存在又不存在。当它被人们无意识地用，沉积在生活当中不被觉察，它就是那生活本身。它是沉潜于大地之下的坚实可靠，隐然在大脑皮层中掀起那皱折的波浪，在前额叶的视野缔造中生成着永恒的动力。愉悦地展示轻灵的意义身姿，自然地蕴藏千里飞动之势，残破着有如古钟般弘沉，斑驳着涵括历史命运的力量。"空潭泻春，古镜照神。"在那不动声色的净化中，一种凉意，透骨般舒畅的凉意，让周身自在起来，心渐渐地沉静、稳定。

古意之所以产生出来，就在于它不断返回历史存在当中，在历史整全存在中创造着自己，因此它充满着悠悠大地情怀，它不陈旧，也

---

① 事促言之善道：就是言说对言说自身存在负责。一句话被说出，并不仅仅意味着一个空间构建事实，言说在空间之内产生着时间意义，言说在成为自身存在的历史。这是言说非同一般的看不见的拓扑构成运动，它在期待着时间沉积的具身完整，或者说它在要求着言说作为人类语言的世界现象的"成其自身"生存庄严，正因为人类语言具有环境事物一般的时间生成完善性质，具有运动中实施"原道时空"默会空间的生成绵延性，并能驻留言说存在与时间，以及见证生命的意义，所以言说必然不是公共空间的平等、谈判事实，而是历史生动体现的善道行动。一个文本是否完整，就在于它是否实现了拓扑知觉直接性与完整性（内在活感性流通、互文质地）。

不腐败，它是一种没有外表修饰的神话，创造着传统古老的生命。这正是化境存在在地质深处结晶着的涌动，是环境中垂曳的身体在同步调谐运动中产生的意义奇迹。如果说情之深处是一种心实，气之动处是生实，那么古意则是那悠然覆盖着背景坚实的灵魂可靠。它使一个词在发出之时，不仅有了渊源，而且有了神造般的灵魂，因为正是历史内在的古老音乐唤醒了致意的神韵。

我们现代人已经不会在主体意识之外进行思想了，因而我们看不到历史，我们总在意识中区分、辨认着历史，赋予历史现实意识状态的种种含义、教训，殊不知历史本身就是思想，是真正深沉坚实的思想存在本身。历史在我们意识意志缔造的脚下，像个球，滚来滚去，什么都不是。内心深处对历史的蔑视，使生命显得无足轻重，我们出卖着自己的灵魂，在不知不觉中已经变得两手空空。

因为没有返回历史整全存在本身的读写活动，只是外在对历史进行的意识切割、评价与解构，历史失去了时间存在的分量，恍然间好像古人和这片土地之下潜藏的只有愚昧、无知，好像一代代人没有思想过，只有我们最清醒、最聪明，这就是主体意识的妄念。历史本身就有大智慧，它不被主体意识觉察，它不是人造的，却千秋万代地活着，由“活着”本身滋养出来的生命可靠，因为无用才成为了最富于价值的用，历史在外表沉闷之下创造了深入潜动的历史生命与思想意义存在本身。它在伦常生活无有之间已经传达了一个文明本身的核心动力。那是肉身间的活神化气，是无由般感动的灵魂存在。没有它，我们无论怎样缔造现代意识，还是两手空空。

历史是生命存在的黄金品质与实在分量，根本无视于主体意识的批评，因为它已经无用了，让你看都看不到它的影子，它是历史生命的直接经验与汇意机制生成。当你批评它时，你正在用古老的文字，但它没有说话，是你的妄念与意识判定遮蔽了它的存在，因此你在用它时又在出卖它，最后出卖了你自己的灵魂，这就是存在于意识主体之中的深层悖论。因为此时形式判断并不能创造身体间的质能综合，而形式运动又在地质层之上被支撑着，是全体自然与人类的可靠给予了言说，因此你永远地处于内在分裂中。

历史是在用着历史质感经验中产生的生命存在意识，它不是我们依据它的形式、样态而思，而是存在于它之中的创思、生思，是在大海深处知识结晶中化养着的读写性。这读写本身就是漫游、深入潜沉，没有目的，完全无用、放弃了有用而成就着的用。当你真正无用时，你又有用了，因为有了文字存在，就有了历史。

“枯藤老树昏鸦，小桥流水人家，古道西风瘦马，夕阳西下，断肠人在天涯。”① 古意在地质深处直接构成了言说，是古老流淌的声音把这一个个词从天外衔来，无不自然地汇聚到一起，是古老的血液在大地之下循环着，让词语找到了存在的居所。它断肠，当人悠然地发现它在那儿昭昭然晃动的时候，它已经把肠腹绞断，夺走了你的魂魄，一种无由的感动经久不息。因为古意创造了人的前世来生，每一个灵魂在地质层涌动的大树之下枝繁叶茂地盛开，不再有人死去。

没有一个形式、线条有此神力，也没有一个普遍的观念可以横亘在大地上千年不息，只有古意修正、创生着一切，在无声渗透之间线条已经变形、拉直、绷紧，在悄然吹动之间观念的样态已经走样，地质深层效应给它装上了一根定海神针，旋动着，飞走着，后退着，隐去着，是流溢生动本身把无限广阔的存在与永恒变化的历史在深处融为一体，只留下无影无踪的源始运动，恍惚间奏起了缄默之声，全部形象瞬间又活动起来。

这就是内在于历史的神力，在那儿它一点点地内在启明、照亮着，在那儿，发出缄默的音乐，因为笔力的书写产生了笔心，立起在书写中，是文字之间晃动着的内力发生产生了笔意，也是心与气把文字潜动历史动力熔铸，此时不需要解释，也没有理论，你已经觉悟。文字的游走把你带到了知识结晶深处，字的外表脱落露出了神韵，你一下子就有了如雷贯耳、醍醐灌顶般的醒悟，因为那古老的灵魂在那儿述说着千年不变的故事，我们有了历史之魂。

---

① 出自（元）马致远：《天净沙·秋思》。

三、品质生成

（一）思得

在古老的东方，人们发现有一种速度可以超过光，光打到某处反弹回来还是光，但那智慧的力量打到那里瞬间就开出了一朵花，这是创造的速度、创造的奇迹，它没有量度。

他们相信，无论是西风压倒东风，还是东风压倒西风都不重要，更重要的是发展出一种没有量度的超速度，因为空间中的连结呈现并不在一种构造的知识逻辑中，而是完整活动的行动有效自身的存在实践性，不是我们要赋予环境世界以什么意义，而是在环境活动中那个共同生存的世界本身已经给予了我们怎样的意义经验与行动有效。东方人一开始就跨出了这飞跃性的一步，他们要思的是那个瞬间开出花朵的指引。天边投来一束光线，黑屋子一下子亮堂了。

雨“谁沉冥到/那无边的‘深’，将热爱着/这最生动的‘生’”。①

这又是怎样的思想？

我们通常是在大脑中汲取、收集、组织知识，但知识跑得比人快，人永远也不能掌握全部的知识。一旦有人要用这百科全书式的知识来写一本书，那将是多么浩繁的工程，仿佛一个思想的小虫子在那无边无际的管道、网络中跑来跑去，没日没夜地在连通着，即使连通了，全部连通了（这几乎不可能），但灯还是没有亮起来，知识的网管依然躺在哪儿，一动不动。这是一本书吗？一本能思想的书吗？它自身都一动不动，我们又怎样可能看到它的全体？它的背景，它的时间，它的历史，它的能思想的活动潜能，它对世界的整全存在觉知与行动力根本就还没有呈现出来，我们又怎么可能说它呈现了世界？这书除了给人带来沉重，带来机械的压力之外，还会有其他吗？仿佛人人拥有了这知识的体系就已经来到了世界，其实不然，在这知识体系中能给

① 出自德国诗人荷尔德林（Hoerdelin）。

你的只是铁壁森严的教条，即使你弄通了，唯一的本领就是复制，不再有其他。但你失去的更多，你已经被它的框架套住了，那种瞬间结晶、穿透事相的速度与灵动，那种发现事情真相的综合力没有了。因为这思想方式本身就是有问题的，当它在告诉你世界网络框架的时候，它已经把自己隐身化了，虚无化了，你根本就无法知道它是站在世界哪一处说出来的这些知识，而它根本就没有自己的时间与历史，它是一个自我虚构的上帝，万物在这一网络中静止不动了，历史终结了。

然而，有一种超光速的思想，它不在外边，就在内里。当你把思想本身做成一个活体，一个能自身吸收，又能放射，产生行动反应与响应塑造的时候，这思想的生命力与奇迹就产生了。思想有了自身存在的运动，那么它的能力就是光的运动也赶不上的，因为它不仅能在光的相对时空中穿梭，更主要的是它能把光进行怎样的有效吸收、凝聚与运用，让它生出光的直线运动所不能达致的能量聚合、旋转与生成境界，让它来照亮光所不能直达的地方。它不是大思想，而是深远性思想，是生命远出的思想。它的大就在于它的小与深，它的远就在于它的动中静与静中动的转换生成；当它把自己当作大海中的一滴水时，它就是大海；当它把自己比作天空飞翔的小鸟的时候，它就拥有了天空。如此，即使所谓的智者也并不比一棵地上生长的小草知道得多。

中国人一早就知道有这种思想，所以才会有思想本身的生动描述——想是生象为想，心从相，而相又是目力所达之木，宋代戴侗说："相，度才也。工师用木，必相视其长短、曲直、阴阳、刚柔之所宜也。相之取义始于此会意。"① 这是人事见闻而通达的觉悟，重在生象，而不是测量、计算，因此有"格物致知"的经验截击和清空之道，它要求"毋意、毋必、毋因、毋我"②，放弃一切先验形式的主

① 参见苏文帅：《中国传统哲学视野下想、思、虑的义理辨析》，艺术中国（ARTX. cn），2009—10。

② 参见苏文帅：《中国传统哲学视野下想、思、虑的义理辨析》，艺术中国（ARTX. cn），2009—10。

体活动，直接在物物交汇发生中生成事物“原始形象”，这象是心实、生实之象，虚实转换、阴阳调谐，充盈着变易之数与义理的统一。它是在场品质交换而发现的事物环境事实综合。这综合因让度、持存而具身，因积淀而化境合一，它在沉思、寻想、牵肠挂肚的念叨、召唤，在无限回味的冥冥世界中复活，这是返身而诚，察己通智，是旷世情怀的追思，它因得人之功而和合、晶莹剔透，日久天长。思是心从“囟”，囟为“元神之府”，元神是大地周流循环的源始极致，充满着一片祥和宁静，肉身因经验行动而传承了这一自然生态调理的脉动，《说文解字》中说：“从心囟声。囟顶门骨空，自囟至心，如丝相贯不绝。容也。从心囟书。凡思之属皆从思，睿也。”①《周子通书》又说：“不思则不能通微，不睿则不能无不通，通微生于思，故思者圣功之本。”② 这是内思的成就，而内思则是心力聚神之思，它是通过心实、生实之象的具身行动唤醒而自得的思虑与发现，这是成象之道的通达，是通过相实的精微经验行动唤起而达致的积心处物与慎思远虑，它开启了一种人与物相处的经营之道与汇意机制，因此而能生“三才”。

因此思得即是运势所得，因为事物形之势是物蓄而得、而呈之势，蓄在这里的不是表象记忆，而是感受、沉积，知识的来源与成就在这里发生了根本转变，产生了两种不同的才华与未来道路：一种是凭记忆、表象知识，再加上技术、表演才干形成的活动，它发展了一种意义构造理论，不断把这个世界从地下翻出来，编织成无数个伸展出去的理由与意义结构，意义随着构造的扩大没有增值，而是技术的编织产生的“交际”行为与感觉挥霍，世界浮在表层成为了意义挥霍的对象，世界的具身圆成时间性——一种事物成其自身的环境活动失去意义，现代世界正是被这样一种才干统治着。然而，真正的浩瀚

① 参见苏文帅：《中国传统哲学视野下想、思、虑的义理辨析》，艺术中国（ARTX. cn），2009—10。

② 参见苏文帅：《中国传统哲学视野下想、思、虑的义理辨析》，艺术中国（ARTX. cn），2009—10。

是厚道积物，是另一种非现代性“知识”，这是一种浑而不觉的质性，它的力量于它的朴实无华，它的深在于它的积累劳作，它在做着一种本能的吸收工作，把所有的事情化为一种切身融合的感受与地质积淀，化在了无形的厚度之中，成为未来沉雄的力量转换，这是内在实践艺术生成化，它不是在思维着什么，而是在把外在的知化为具身行动运用有效，没有同化知识结构，只有无形质感的综合简洁与直接性，它甚至说不出原因，原因已经被道路覆盖、抹去，并生长为现实灵动艺术与调节变化，生成为宽厚地道的品质，然而这种“知识”又被现代世界埋没了。

其实，对于人类文明而言，根本就不存在物质文明与精神文明之分，人类走到今天这样一种意识形态区分的地步，又恰恰是文明的坠落，看不到人类自然环境生存的风水流转与历史潜力聚焦，当石头化成玉的时候就开始含烟生辉了。

高贵的品质并非物质财富的推动，真正的贫乏来自于生态动力平衡的消失，来自于自然之道所生的行动品质与生活世界源始意义创造被外在的意识行为遮蔽、腐蚀，人类共同体的具身潜能与历史一并消失了。然而，伟大的文明像照耀天际的星辉，宁静、庄严而夺目，它是古典意义上的静穆伟大，如金花般散发着优雅的芬芳。自然磅礴的诗性与大地一道复活了，那群山耸立、大江东流、万象蒸腾的境界，把文明的伟大生殖力与内在光辉烘托出来，文明拥有了无所不在的力量。这是一种综合实力，但这综合实力又不是现代意识构造的那种全球化耀武扬威与一夜暴富的铜臭，是大地的威仪与自然的胸怀，是天人合一的伟大艺术。因为天象、地理、历史在环宇之内全部汇聚、复活，见证参与了这一人类辉煌的时刻，文明生命的时间永驻于历史长河中。“清水出芙蓉，天然去雕饰。”① 那质朴健动的力量与天然品质活力如九天星河的旋动，一泻千里，浩浩然、醇醇然。

思想的和谐绝非因外在结构严整，思想和谐是思想与环境他者的活动历史完整一致，是环境语言的运动性具身，是“我能”的环境

① （唐）李白《经乱离后天恩流夜郎忆旧游书怀赠江夏韦太守良宰》。

均衡对称，在思想和谐事实中物质与精神已然实施了转换与功能发明，生成了物化运动品质，它是“风中建筑风格”的开承转合，是思想姿态变化通过文字地质分布而产生的时间性空间位置与意义增值，在整全行动配合中有一只看不见的肉身之手把环境语言进行着知觉质能中和调节与意义规整，产生了完整配合中的时空能指经验实践艺术与意义有效发现，此时思想是一阵风，在意义有无转换之间无声地嵌入环境生态历史，改变着深度现实，这就是思想具身运动的先天综合想象力①。先天综合想象力不是外在形式可能的想象力，而是品质综合运用想象力，归根结底，是一种环境语言的中和知性力构成。这一想象力是处身行动与环境结合产生出来的具有运动汇意的先天综合品质聚焦力，即一种动觉自我调整、生成的运动时空性，这是视听性垂曳的地质效果，这一想象力并不直接产生于外在形式判断，而是借助于文字环境物化效果以及具身运动的连贯一致知觉展开着的整全存在形势测度想象与命运聚焦，奠定这一想象力真实有效基础的既是境域整全存在综合潜能，即环境语言有机组织调节力，它又是身体具身给出的对于环境运势机遇的行动结合有效测度与运用，这一行动机制的当下给出与准确有效性又与行动处身的环境承受与容纳的均衡质能运用潜力关联着，它把每一个行动的能势创造进行着境域化综合，并在质能综合有效的平衡运用基础上进行行动意义尝试，而可能性与准确性就在境域化综合质量中，是综合质量稳定生成中同时具备的环境运用运动性品格玄鉴与活动力对称中和有效认定，“我能做成这件事吗?”“我有此能力吗?”这是在经验转化成行动完整组织调节的运动性想象，综合素质中的运用潜能给出一种经营有效结合的生态形势

① 先天综合想象力并不指向一种结构或结论，恰恰相反，它指向自身存在内在化的亲和力吸收、融通过程，它要呈现的是在路上以及在路上产生的物化知觉规整运动——一种协同性的整全实存意义交换在沉积、吸收、熔铸、聚焦中的运用一种塑造与循环，一种改变中自我生成的具身觉知行动实践风格，一种人与环境活动相融合的“能指”活力空间，一种用于关照心灵与世界栖居交换的现实理想对称性，一种想象力奠基于生成自身地质运动之上的高度集中玄鉴与品质呈现——这就是“道”的呈现，是人类理解力的自身创造艺术。

综合行动力，包括当下处境的行动结合稳定质量感受力，包括在当下行动实现中能势驱动力深度运用变化的内在调节与承受水平自控力，还包括在行动品质塑造中境域均衡内潜运动韵律、节奏变奏视听调谐综合与行动创意想象。

先天综合想象力是一种区别于先验形式想象的环境情势中和想象力，它让我们首先想到的是鱼儿同水的运动生态构成，环境在此的意义是一个与身体行动力相对称的完整活动意义，环境一开始就在身体行动力匹配的深度层次上构成了身体活动的环境性，即一种具身有效体现。此时环境是一种身体行动在深度潜力生长中的体与用的共在统一与完整视阈生物约束，是在行动中产生的行动力组织调节有效在内视性中的动静合一。

一种具身运用想象力不在外在形式构建与想象中，而在身体直接行动中先天具有而又后天生成着的具身熔铸拓扑运动性，它的想象性基础是环境语言，是环境空间暗示着的语言质性又是语言构成自身的质造力。它能在运动中运用经验聚合平衡调节性，并在调节生成着的内部循环有效中产生沉积中的地质测度、堪舆玄鉴功夫，它能直接看到（含蕴）一种深度经验运用中的完整组织活动潜能，生成经验特征在选择中的聚焦质能，超出了外在统觉想象。这是身体的完美运动生成“形式”与环境经验进行着的同一个世界的知觉垂曳运动，由此生成了寓居于环境历史中的完整行动风格，因此，这是一种与经验拓扑一体结合着的运动重申机制运用想象力，没有了可以分割的看得见的外在形式。有了这一运动着的具身有效性无形风格，那么人能在行动中习得完整行动运用经验，并能将这一经验与环境有效结合起来，产生共同体的经验事实以及历史存在的判断。

这是具身行动品质综合调节力创造的一种能势存在想象，全部想象的真实可靠建立在具身品质立定中，是气动运行的品质聚焦掘进潜能给出的意义创生能势综合力，这综合力创意又始终在环境整全运动性回应中，并给出着直接经验运用形势变化调节，它的支撑性运用在综合质量稳定生成中又不断转化着具身融合的运动力，一个内在具身调节变化中的运动秩序总在收结着秩序内化组织整合效力，行动姿态变化与连接在内环境变化调节中涌现出来，秩序是内卷的调节变化运动性呈现，连接是在时间中涌现出来的具身行动生成可能，是活动场贡献的交错配置深度潜能本身，行动品质与境域存在对称、平衡运用着、共在生成着，因此，这一想象力是生产性想象力，是想象力的活化运用，它确保了每一个想象的运动可能具有内在响合的见证历史与整全存在质量，确证着每一个想象的创意具有整全循环生长的内在品质与真实运用有效。这是生活行动化创造的潜沉综合运用力与爆发性。

先天综合想象力产生于“涤除玄览”的功夫。它是行动力完整激活环境蕴涵而产生“穷幽之鉴”、“应会”之神，没有异质同构的说法，因为这一想象力既不产生于主体一方，也不完全在客体，而是二者交合混成、并行不悖的动感自在。这里环境协同运动有效是结体在结体运用中生成的身姿变化默会运动品质结合弥深效应，是地质声像修正创造的同步协调性，它是一个整全存在变势中时空行动化的共生现象，在质地融合中直接产生了非一构造具身实施的在场有效。由于环境作用对于经验观察产生了前观察的整全存在处身性要求，即任何一个观察都是在环境存在均衡稳定场域游戏中的观察，没有游戏的对称均衡交换，就没有观察真实性所包含的“观物取象”取势功能，也就没有真实存在的悬动变化调节运用，观察就丢失了整合熔造感受经验的内在依据与功能，如此观察经验就没有一种真实存在的运动性知觉。而这一运动性知觉又可以把感觉进行有效选择，整合为浑然一体的有机生态关联与行动质地融合，并且可以熔造一种知觉化境存在的容承器具，在对称交换与功能匹配中创造能势生成，进而达致在均衡稳定塑造中并深入环境内部，产生环境特征运动意化的协同机制，并在协同运动一致基础上运用具身整合经验生成出心意聚像的能力，观物因此而成为了在动力生成中“内照交映”、“应会”默切的神知玄鉴，成为了见出事物存在深度的内向超越。

在这里，动感自在包含着人与事物的时空化成、交互作用意义，包含着观察存在着的共在默切生成，正因为有了默切生成的均衡可靠，人才具备了切实观察的可能。全部观察能够成立并有效都是建立在行动默切性基础上的，没有默切性，就没有人与事物的真实接触，外在观察的表象性只是在抛弃、遗忘了默会运动奠基与感性经验汇意综合功能后的人为操作想象，只是一种没有存在质感真实的主体虚构，是人按照一种工具操作意图在事物中进行的人为裁剪、缝合设计构图。然而，动感自在又在化境融合中创生着汇意机制与交换发明，它从特征融合、互动的整全运用时空性中产生了内聚爆发的能量，在地质层的深度效应中修正着外在形式，把命运同环境生态运势一体连接起来了。

因此，真实的观察只是设身处地的观察，如此观察就是一种先天综合想象力的切身存在运动，这切身存在运动是在经验运用地质沉着中产生的内向玄照，它遵循着在场发生的内在运用规整性，在经验整全存在环境时间沉淀中生长出行动应会切机与适应，这是阴阳转换、有无相生中的嵌合熔成之道，主体想象不到，只有化境存在的行动具身可以在行动直接唤醒中迅疾发明整合有效组织功能，它有具身性想象的产生与实践功能，在先天生成的肉身行动潜能，即具身涵括的时空张力潜能与整全存在变化调节力中充分有效地实施行动艺术，给予了观察一个运动存在的动力生成基础与实践融合的创造可能，而这可能性又在想象力产生的那一刹那间“以手运心”、意行潜动，把行动运用回应的栖居效果产生出来。这是玄鉴通达、“照应”在内部唤醒中直接产生出节奏、韵律的响合之声。率意纯真的行动把一种悬动对应的神知默会性瞬间化于承纳融合，人事运成的经验不仅耦合连绵，而且在深度运用中共现了神韵，这神韵是姿态变化调节与张力适度运用产生的化渡存在，是直接生成出品质交换的均衡气动韵律，内部交相呼应生成了动觉的运势生命，即一种均衡能量放射，它周延、环流产生出动感包裹着自身存在的通透圆满。

因此先天综合想象力是一种质能综合觉知力运用，也就是说这一想象力并非空间形式的，本质上讲是质地性的创意能力，它具有推动想象力实现的动力性。先天综合想象力之先天性指的就是这样一种天然、可塑而变动不居的想象力，它先天具身而又后天可造，是肌体性构成，即锻造、熔铸融合有效。人可以将生命驻留在事物运动旋转沉积经验中，而超出了任意空间滑动以及时间空间间隔，人类活动艺术秉承了天地造物这一天性，把自然生命生长、沉淀的肌体潜能——一种品质自然化的质能行动力——直接倾注于活动质材中，在那里，人拥有了一双上帝的造物之手，不断赋予了质材复活的自然生动力量。这一过程实质就是先天综合想象力的运动性实现，它是在质造中不断夯实收紧与放射、吐纳的运动，觉知力栖息在行动过程中不断运用与锻造运动张力质性，觉知事物形象过程又与行动塑造一致关联，也即是说形象是通过时间沉积、渗透的作用而在质感创造中直接把握到的具身运动风格汇意造型，它在更具完整运动性的精确意义上，在更具动感实存感受性上"以形写神"实现着事物形象的把握，人的行动觉知力在生成变化，事物的形象也在动势状态中变化着，而行动变化与事物形象又相互栖居、共造生成着，体现出环境适存的生态运动，即相辅相成、互动生长，这是行动内在于自身存在的运生潜能。

先天综合想象力因为具备了在质能综合性中直接运用经验的能力，因而我们就看到了一种奇观，当人在从事艺术活动时有一种创造神奇的力量，化平常为异常，化陈旧为生命，它可以在行动过程中直接创造出只在肉身有机运动中存在的自组织调节生长运动，它把一个个质材拿来，又直接把它们嵌合到"地质"运动中，地质生成的内在气韵有如上帝吹了一口气，事物瞬间活动起来了，质材不再是表象僵死、机械的质材，质材融入整合存在性运动之中了，这是一种张力质能运用的嵌入、渗透之力，他在手中把玩着质材，质材出现了人物两用的生态气象，如此的趁手灵动，如此的充满活力，一种汇意晕眩奏然唤起，有如马良神笔，龙腾虎跃，平地而起。

因此，不是主体的人要去揭示、反映现实，不是文学要去表达社会生活中人们的意愿，介入意识形态政治等。没有主体的人和事存在着，也没有一种纯粹的表达、表现方式真实地体现了现实历史的完整。思想不属于主体性活动，思想只是自然的事情。

思想说到底就是环境语言存在运动。让环境语言活着并产生不断生成着的完整生态运动，在生态品质结晶熔铸中思想才能给这个日益分裂的世界带来生态平衡的活力，进而融合于环境完整历史道路。

环境语言存在是在完整存在中做着完整生态经营的事情，它是原始思维，更是超出于个体、主体意识行为的自然法度与礼仪学习，是完整交换活动进入、参与仪式，它是环境历史无意识活动自然生长的散落在周围世界的特征风格组织有效，是超客观的人类历史与自然相互渗透完整性，人类思想只能从这一高出于个体、主体的自然语言历史开始，从完整的人类事务已经存在的意义活动语言有效开始，此时就不是你在想，是历史生态的完整运动性在想，每一个想都只有化在完整存在中，即重新学习把眼前看到的、大脑中想象的进行历史风格复活的完整组织、再造，重新塑造出思想存在的言说风格运动性品质与活的用法后，才开始了真实地思想。

因为世界的复活已经远远超越于任何意识形态的人为操作想象，存在的命运已经无法再承受任何无完整性思想的肌体分裂，传统社会的消失，乡村土地的荒凉，人与人、人与自然的源始生态恶化，社会内部的完整平衡组织与礼仪法度的丧生，已经在一次次人为运动以及现代资本运作中，在纯粹意识结构操作主张中深陷绝境，历史生命荡然无存。

中国古代就有“惜墨如金”的说法，这是文字书写运动锻石成金的活化效果，是环境语言先天综合想象力的自然成就。字可以收缩、聚拢产生一种简捷、凝聚的晶体性与质造力，这是非形式的聚神造型艺术运用，是人类源始行动思想创造力。在这里，对行动艺术做到了非同一般的恰到好处，这个恰到好处就在造型的整全运动过程中，在悬动之力运成的牵一发而动全身中，不多也不少，不早也不迟，不慢也不快，不偏也不倚地把那个质材送到了它的归宿，平添了造型生动之力，这是具身空间、时间、质地的创作之力，此时文字就产生出一种“丝质般的效果”，仿佛我们能够直接在文字经验中切身感受到一种只有由急速转为慢行时的嗞嗞声动，这不是文字比喻，而是文字还魂般的存在与质地效应，在文字整全状态的内部编织与力道生成中文字复活了，它加强、增进、贯注、生长，每一个字、词、句都像是神造之物，立如古松，动如脱兔，无法有法，行云流水，酣畅淋漓。

先天综合想象力是体用不二的经验综合运用与共生能力，是行动与思想的同步发生与均衡生成统一，感性既是亲知行动的奠基，又包含着缘起的动力与“天机”，亲知行动与感性生成融合为一体，熔造出行动中思想的器具，思想通过行动回到具身存在之中，创造出感性思想的行动艺术。这是“格物致知”达成的“知行合一”，器具整全性机制处于生产、自组织、自命名状态，中国古典思想将此说成是“神思”的“浑然天成”，含着“天籁”之音。“圣人以神运化，与天地同巧。寓物赋形，随意以得。盖自远造中，笔驱造化，发于毫端。万物各得全其生理，是随所遇而见。”① 这正是人类生活与世界内在言语交通的缘起发生与至真至切境界，它开启了经验创造自身思义的无限动力源泉，天、地、人三才和合，时间筑造着思之圣功。

“感于物而兴”是天人交感，经营物事而化成天下的宇宙精神，它包含着中国古代传统巫术的深刻灵魂与归化自然的生命伦理，人化自然，自然化人在万物博动的生存智慧中体现出来。具体来说，就是情景交融、气韵的运动，思想与行动的兴起、缘起在触物、遇物、会物中而生，伺机而发，可神交而不可求，这里暗蕴着触物运成的天机，心之所往的倾注在具身行动唤醒中产生了自然品质聚焦与功能发明，它确实有一种偶然降临的际汇与眩晕，这种偶然绝不是在思维中所说的辩证法，而是在场发生的整全功能配置耦合、突生与能势汇聚，时间在这里具有了命运发生的力量，这是在运动均衡性建立中因整全功能参与而产生的默切生成，肉身在让度、承纳中寻找着感物之气动性，情是寄物、生物、化物的前提，而气动发生则是寄情于景的兴怀，是神思运成契合，凝视、牵挂与念叨在随物而感的身心调节与视肌适应中，景的触发在生存遭遇与情之深长的暗合巧撮中，这是情化于物之运成的相实与神聚，而不是情感的外发、冲动，是生气远出的经营与守成，情是专注力的体现，用情是深化于物事伫立之生动，情渗于景，景呼应情，物我交融，达致神遇般的交响，在内在义理的生成运动中把艺术创造的源始动力发现。

因此，它又是内在互文行动，是环境事物与肉身行动共存，并通

① 参见宗炳：《画山水序》，（375—443），载《历代论画名著汇编》。

过相互碰撞、磨合而产生的互动栖居性、支撑性。随着行动栖居支撑的实现，意义又以事物行动力与品质塑造相结合的运动效果把自身创造出来，在不断夯实交合的张弛有力运动中浮现新鲜事物与意义，它传动环境事物与历史的内在生命原力，每一个事物都把自身存在的内在活力奉献出来了，并在新的事物与意义创造中推动着自身道路的实现，达致环境的内在融合与平衡。因此，它不需要单纯的想与看，也不需要外在的谈论赋予其意义，只要肉身直接行动的有效性创造，这一内在互文效应在自然行动运用发生中产生，成为我们明察事物现象的存在依据。这是在行动中人格品质的复活而创造的意义居有与分享，它把事物存在的意义做成了一个在行动中实现出来的浑然一体状态，意义是一种变易、简易与不易的活性力量，是价值实现的过程，是生命的凝聚与放大。

内在互文性之所以可能就在于直接经验行动打开了事物源始活动场域共同体的意义世界，事物不再是外在视阈中所看到的孤立存在，而是在源始境域中共造的共同体运动，每一事物都在这共同体中与环境保持着肌体性关系，这一肌体性关系之所以存在，就在于环境完整活动本身造就了一种在活动中存在具有的构成环境稳定可靠的意义，都具有在深度经验行动中经验构成的能力与经验在环境中情势变化的意义对称统一性，每一个经验成为了在行动力堪舆、测度中的“我能”环境活动有效意义，它在能力“地质生成”演化运动中流变着、自由组织着，在共造的生成事实中切身响应与交流着内在互文具身完整经验，即具有了被感知经验与能感知构成的双重意义，以及感知与被感知的历史交流完整意义，这是物物相用中生长出来的深度嵌合、交换具身体现，是共在改变中的直接体认，是行动经验与生成的肉身存在蕴涵，而所有的自然事物都具有这一基本作用的可靠性。这是自然事物简单、质朴行动力创造出来的生成可能，是通过品质交换产生出来的行动自由度与内在灵动机制。从表面上看，一个物的存在就是它自己，但从内里深入地看，每一个物的经验细节都包含在年轮般的意蕴中，而意蕴是交换的发明，是触动而兴的机制生成，推陈出新在这品质能量与行动潜能的储备中创想出来，德之蓄涵蕴着道的生成，所得在不断积淀中招魂般地把神形兼备的力量、节奏、身姿调整聚拢，整全存在的具身品质逐渐显示出来，它在修正中，在牵引中、在阴阳交合的动力生成中越来越清晰、越来越坚实、稳定，一种生态机制的调理运动创造着自身的化境存在，它以自身存在的显现呈放着环境塑造力。人有想象力正是由于这一存在机制的创造，这是具身行动道路的实践艺术。

给想象力注入运动品质，这是想象力找到现实支撑运动，想象力成为环境一体参与着、被造着进而能够拥有着环境内部变换调节组织运用风格，以及生成完整知性力测度、堪舆功夫，并在这一功夫中推动灵动经验行动极限，产生运势动力兴起的既在自身有效规整度衡中，又在完整活性能力发挥中，超越形式统觉理解限度的运动整合组织调节机制与大范围拓扑直觉力——存在先决条件与“现量”直观基础。在这里我们可以看到，想象力可以做成一种运动着的具身行动呼吸、放射空间，运动结晶着的想象力还在生成着自身存在变化机制，并在自身成就中想象力生产着一种能力完整生长的当下直观历史的运动基础，想象力因此拥有了在完整协同变形风格中的活性超越能量，它直接在大范围行动化空间质能中和运用中组织调节着在统觉表象中没有的“风格化形式”，而这一“风格化形式”又是只在完整活动交换中才产生出来的看不见的运动品质与内嵌组织肌体性，它由地质拓扑生成，它已经在全部符号运动之下为符号意义连接及其存在规整奠定了源始肌体组织肉身，这恰恰是环境语言中完整运动物化交换的潜能，是“范畴”超越外在形式归纳的环境整体活力与运动性体现，历史在这一直观中瞬间弥合肉身、活力放射，没有一个现代科学的人为操作可以达致这一历史生命能量的直观与测度。它产生了对于现实世界的另类说法——现实并不是我们眼前对象所看到的，现实深藏在完整现实历史的内部活力中，全部的现实在那儿活着，唯有实践功夫的具身经验创造深达了那至胜境界，它是环境世界活泼跳跃着的风景，是我们先天拥有的完整语言。

此时我们看到了什么？大地风神中的物，它是灵动自然生长着的品质结晶，它在完整语言风格中致意着大地，呼号着环境存在的声音

——一种动觉完整动势的语言，一种内耳的肌体活力知觉“听到”的。“大象”则以那无形之能量先行激活了运动调节完整行止度衡本身，形象是合着背景变幻莫测的“风中建筑风格”一道垂临的存在“肉身”——一种环境诗性具身行动语言中的聚散分合之风物——简洁明快、灵动自然、随形变换、无形无影。

（二）大地书法艺术①

公元前若干年，一个希腊人和一个中国人一起看山。

他们看到了两种不同意义的“山”（在不同的唤起途径中产生的不同视阈组织意义与认同）。

希腊人说：“山就是眼前呈现给我的明朗、清晰的轮廓与形象。”

中国人说：“山是在我的目光留念中起伏变化的山。”一个阴晦幽冥的山在中国人的眼睛世界中，混沌的雨在不停地下着。

山是什么？那个中国人谦逊地说：“我不知道山到底是什么，我们所说的山是在山中直接唤起的经验，它产生了我说它的词语，这又不过是一个假名，假以名而指的那个心目中存在着的山，而山又总是往返出入于我们的生活经验中，言不尽意。”

希腊人说：“山总是存在在那儿，我们可以不断认识、了解它，因为世界从来就是一个和谐圆满的世界，充满着理性秩序，有如音乐美的比例、尺度。山在我们认识、理解中。”

“人不能两次踏进同一条河流。”②

---

① 大地书法艺术：是建立大地行动直接性、朴素性的实践品格奠基，是言说与思想必须回到同一个世界环境均衡对称基础上的内在行事有效规整与生物约束，是大地政制实践艺术风格行动完整与容承的运动综合要求，是地质生成运动潜在理性运用的生态律令与命运力量。这是一种有限中的无限可能，是行动实施在自身存在熔凝时间性对称与行动蕴涵所能给出的能势性、稳定性中的圆成通达事情本身的运动性可能，是要求着每一个环境中的行动必然是环境完整运动有效中的行动，必然是环境中存在着的内部潜沉运动与物化品质更新的可能，而不再是没有环境特征质地具身运动与品质聚焦的表象连接、空间形式可能。唯有大地书法艺术，一种澄怀体道的行动，才实践着人与万物同在、与大地血脉相连的亲和力熔造，才实践着人是什么的世界承诺。

② 出自古希腊哲学家赫拉克利特的一句名言。

而山中存在着这样的河流吗？

正当古希腊人以充满人类惊异的眼睛与理性智慧看世界的时候，那个中国人却走向山的悠悠情怀，去寻找那山中连绵起伏的“河流”。从此以后，这两个人渐行渐远。

从此以后，人类出现了两种文明品质——阳光的、理性的、强健的、征服的，与它对应着的是月光的、体认的、阴柔的、心灵的。然而，直到今天他们的后人还是没有搞清楚，当他们的祖先在看山时，到底看到了什么？

中国古人在面对世界时总是那么战战兢兢、谨小慎微，不敢越雷池半步。他那谦逊、隐忍的品质甚至在他的后人那里也不被理解、认同，怎么会是如此地柔顺、忍耐、沉闷，没有一点阳光般的强横气质与征服压倒的信心。那么，他到底看到了什么？

他看到了太阳背后的月亮。他说：“不只是我在看事物，事物也在那儿一直盯着我。有一个阳光背后的影子在牵引着我。哦，当事物出现在我的眼帘时，有如月光映照的世界，它是一轮月亮挂在我的眼眶中，它的阴晴圆缺、风雨晦涩总让我牵肠挂肚，它总以不同的环境交融触动着我的眼睛起伏变化，我看到的世界不是一个，而是一个之中的多个不断涌现出来。”原来，这个东方人看到了在直视目光之外的东西，看到了这些存在于我们周围的事情给予我们生活的意义，看到了它的深和它的长与常。此时，意义并不是人类意识的赋义，而是肉身行动与世界交融中呈现的事物生态性，它自动出现又内在融合变化、生成着，因此，看不再是环境之外的看，而是用生命去凝视，充满着意味深长的感动。如此，你可以使生活过得越来越糟糕，世界对你来说毫无意义，你也可以生活得越来越快乐，世界存在并不外在于你，在世界存在变化中有生成着的思想体认和生命愉悦，它对生命存在而言既是真实对应着的，又是发现与生长着的。意义并不由人的主体性来认定，意义在自然生活的生命存在真实性转化中，凝聚为活生生的生命自然品质，这个品质以活着的生命证明了世界生态运动。正是这个东方人看到了这一晦涩不明的实质状态，看到了一种生存行动中非占有性的活动意义，他才返回到内心世界中，在那儿修养生息，修炼一种书法艺术的包容、悬身、玄览均衡运动，为生存充实运动创造条件。

从此，东方人和西方人走向了不同的宇宙认知世界。

说到宇宙精神，古希腊与古代中国都认为宇宙充满着和谐的运动，但宇宙精神到底是什么呢？他们之间又有不同的行动意志与表达。我们的先人坚定地认为：唯有实践行动艺术生命才是宇宙精神。古希腊文明则经历了一个演变过程，最后产生出以观念、技术科学、本体知识为基础的西方哲学、科学宇宙观。这内里的深刻变化又好比包心菜和大白菜的不同，最初两种菜都像是从一个菜心开始的，但是长啊长，包心菜像是在把自己翻卷过来不断地往里长，内外平衡吸收、放射地长，长出了自己的“年轮般”的色卷坚实可靠；而大白菜则刚好相反，它把自己从里面翻出来不断往外长，不断拉伸、拔出往空间弥漫，长到最后大白菜就像是整个倒过来长的包心菜，一个越长越实的包心菜和一个松泡泡的大白菜就这样长出来了。一切从最初润育的变化开始到最后，简直就成了一种颠覆、反动，谁颠覆了谁？

不知又经过了多少漫长的隔绝与风雨，这两个文明在前定的历史命运面前又奇异般地会面了。正当“现实的人类社会”在向左、向右的狂潮席卷全球而摇摆不定的时候，古老的文明给世界带来了这样一个“历史转折的绝对重大的问题”，它在问（也在自身深思、慎思）：“世界有向左、向右的时候吗？天下有同一本物理学这样的书吗？”墨渍中浸透的芳香在世界深处回荡。

身体与经验究竟形成了怎样的一种关系？身体在经验活动中究竟有没有参与一种测度、勘验？当我拿着铁锤钉东西的时候，身体在整个过程中是否发挥着作用，身体在场又意味着什么？如果身体只是像一台机器执行指令那样，那么身体与外界经验就不会发生任何有意义的活动，并产生出“我能”的知觉理解力，而“我能”本身就构成了一个奇迹般的身体现象学。此时，当我回到每一个具体的活动中时，我就会切实地感受到身体在活动中所给予的变化，手拿铁锤钉东西，身体给予的是一种准确到位的行动与协同性感觉，给予的是完整活动深度经验运动造型力与具身的和洽知觉，给予的是反身作用在被动感应中的选择、尝试意义与完整行动组织化秩序，它不是一个表象图示，而是全部现象仿佛“退缩”于时间凝结的晶体中的对称均衡构成，而“我能”则赋予了现象一种无处不在的“化工”体现，它把现象经验的“风声”有如树的垂曳寂静转换而产生出无极旋动的熔铸效果，产生出现象寓于环境运动性中的协同变化——一种动觉运用产生的身体与经验“体用不二”比附致意与栖居生成具身有效。此时，身体就在活动中产生了经验内化的行动堪舆与肌体运动性组织，并赋予了行动关注以身体垂曳感受力调节、修正的无意识作用，赋予了现象在身体行动内观运用中含纳、聚焦的具身性，也产生出一种“书法性”的构成与觉知理解——现象在结体、分形变化连续性中的协同运动以及这一运动完整时间性生成的圆成知觉“大象”——全部现象在这地质声像世界中被塑造为一个不可见而又实存发生着的对称均衡完整动觉呈现，此时“我能”并不是在单纯地看着现象，它是在内视性中致意着现象，在身体感受性中比附、掂量着现象存在的分量，在这一活动性的无量转换中，它把现象实施了“飘浮能指”经验的时机化与知觉具身运用，而“形式”则是结晶体内潜对称聚合知觉有效时空组织，是调节变化着的均衡品质生成体现。

人类思想中如果没有一种对“看”的源始经验意义探索，没有在看中产生富有成效的历史经验理解力与知觉意识，没有把看同“我能”的经验生成连接，进而在不断崛起的“我能”经验生成中直接产生一种物化交流有效，并化入环境、化入历史，我们将面对的根本困境就是：我们将永远不可能产生视阈融合，因为环境和历史在此根本就不是一种认知性事实，而是行动实施中的弥合，它不会让我们在外在视阈性中拥有它的真实可靠，因为它是生成性本身。没有环境作为业已存在的觉知意识与生活实践风格的在先认同，没有历史本身就是业已生成着的环境事实行动化空间组织、构成，没有这一在我们存在中逻辑在先的、倒置于现代认知形式的经验发现与“看”的源始直觉，没有历史成为我们生命存在的无声感动与灵魂轮回，我们就根本还没有能看、能言说的经验与资本，“风中建筑风格”的能指时间性运动是环境历史先天具身的游戏风格，当你还不会下这“天下同一盘棋”的时候，你又怎么可以说你已经在棋中了呢？

在知识存在的中央不是知与识，而是知识成为“无”的行动转化。只有把全部的知识转换为一种可以自由谈论的运动言语性，一种下“天下同一盘棋”的具身运动风格，这一历史的运动才真正浮现出来，这一人类思想有效才真正产生。

这是在先要否定一切主体先验形式而重新开始的时刻，这是要我们重新领教什么是诚信品质与真实的时刻，因为环境与历史不会留下任何外在的破绽让你看到它的真身，它已经源始地在看的眼睛中植入了看的行动品质与灵魂的命运成就力量。因为它只在你的肉身生命实践中拥有而不在你的大脑中，因为没有吃过梨子，就不知道它的味道，已经吃过了梨子，不在切身经验中描述它而只是外在表象地描述，还是没有有效地说出它。

存在不是意识思想的问题，存在恰恰是构成存在有效的“在其中”的身体行动警觉，是去做着存在的行动以后，才能说出在存在中存在的事情。而只有在身体活动才会产生存在感，并通过身体存在着的运动而确立了存在，此时确立就是在世界协变的动中确立一种能看的静，在身体响应环境变化中生长一种具身调节作用，确立是在确立自身的运动一贯，在确立存在着的运动完整变化中的活性组织，确立一种看不见而又发生着的能指经验时间性与它的缄默言语。

西方观念化的运动丢失的恰恰是这样一种宇宙精神，即历史存在意识与命运知识。它把经验有效使用与存在意义界定直接置换为意识自识运动，也就是说一个在场运动员在行动上不再保持一种运动整全存在的觉知意识，而是成为了一个外在观察者，在协同性直接经验之外行动、做事。意识活动存在的时空性丢失了，语言与思想运动的语词结晶力量被空置，思想与语言双重外化，那隐然源远流长的河流从此在意识自识眼光中消失了，随之升起的是上帝般存在的真理与先验形式。

这是一种整合存在协同性的根本丧失，从此以后人们的眼睛、话语中再也看不到“长河”。对环境历史地看不是一种谁都可以一下拥有的知觉，而是运动性中的触及以及在触及中的更有效塑造与吸收，没有透彻看完的时候，只有不断地学习、潜心运用中的能看，这是人类看的知性经验组织有效与中和理解力，是“以手运心”汇意机制生成与环境历史实践风格。在这里，看的意义由看的能力生成的深度同步事实与协同变化完整知觉给出，因而不再具有外部对象中所呈现的时间先后关系，而是有如书法艺术中那样，每一个字都在存在感知场中共同地召唤着全体字的到场见证意义。全体的事物在身体源始经验空间性中只是中和平衡运动具身性内嵌的共在生成事实，是身体的具身性与环境知觉完整构成对称垂曳对流融合的运动态势，事物在这一空间内部生成调节编织中以深度质造的语言风格构成浮现出来。

书法性是知性力行动读写状态，这是由非一构造性活动与过程运动有效决定了的，书法性效果在行动读写状态将要达致的质能综合效力中产生出来，在整全存在熔铸深度运用有效与均衡动势中产生出来，唯有书法悬身既在整全存在运动有效中，又在自身塑造中才产生了化境存在融合的可能，唯有书法性活动承启了人类环境知觉身体经验，人才真正产生了环境历史理解力与物化交换活动，这就是为什么要把我们熟悉的当做陌生的，要把他者陌生的当做自己的根本原因，它始终强调一种与身体动作触及、编织经验协同一致的能看的知觉。由此可见，环境适存是在书法性运动中进行着的，又是这一大地书法艺术性质①创造中被感受、理解着的，只有这一整全实践艺术的一贯风格（集体无意识原型）才产生了贯彻现象存在的理解运动与事实发现。

---

① “任何世间被给予性就是在某个视阈样式（Wie）中的被给予性，而视阈中则蕴含着进一步的视阈，最终，任何世间之物都带有世界视阈，而且只有以此方式才能作为世间之物被意识到。”（VI，267）正如欧根－芬克所强调的那样，对胡塞尔而言，世界问题变成了“超越论主体性的本质问题。世界最终对此主体性有效，而且在形成普遍的统觉统一性的世界信仰的生活中，世界连同其存在意义处于持续的发生中”（芬克，120）。“现象学的真正课题……既非世界，也非与之对置的超越论的主体性，而是世界在超越论主体性之构造中的生成”。（芬克，139）参见汉斯－赫尔姆特·纲德：《生活世界现象学——胡塞尔与海德格尔》。

它体现在：每一个书法字在被书写出来的时候，它并不能同时证明自身已经存在了，它的存在证明在它所处身的环境世界中，而只有环境世界共在的历史给予了它的存在的协同一致聚意风格，即在同一个活着的圆满世界中，都贡献出了自身品质存在与行动有效，生成为一个可以直接经验、感受的运动汇意气动场，产生了共在栖息的命运一体性，全部环境特征才在相互成就、相互支撑活现，如此我们才能有一种在世完整感与知性理解力，才会有意义自我实现的切身感动，字也才在自身存在的环境历史风格中发展了它的活动力。这里存在着行动运用有效的完整实践艺术与时间性规整意义，当第一个字书写出来的时候，它就是在那儿自我呼唤着意义的存在，它要走向自我成就的道路而在那儿召唤着，因此第二个字并不是在意识主体我思状态中产生的，它是应命运的召唤而出现的在世力量，或者说是在世命运的先天环境对称意义使之降临，这是时间同步的环境力量。此时第一个字与第二个字又不存在意义高下之分，从时间性的共同成就上来说，只存在共现齐一的意义世界，因此第二个字是在共处意义感动中出现的相互证明意义活化，是召唤致意的声像运动造就了第二个字的降临，又是共在行动生命体生长了拓扑意义衔接，每一个字既独立实存又在能指时间性中产生了同感经验的化生性活力与品质结合关联，它产生了只在源始生态场域中的“和实生物”动感效应，这是字看不见的前世与来身的世界。这是自身存在在行动有效意义规整中的平衡运动，是共在行动在全部质料世界中时刻准备嵌入并要求存活的运动尝试。而第三个字的出现也同样是在前两个字构成的一体命运中应势降临，此时它们在做着怎样的努力？这恰恰是在行动有效完整性中生成行动有效的拓扑运动经验，是看不见的命运力量在成就着率性纯真的灵力闪现，它在共在行动生命体内界定、不断界定着自身存在，在每一次降临的完整变易形势中测度经验并塑造着自己，是在完整变易中生成着共在汇意机制与进一步行动拓展的支撑域，而连接只是一种共同体的酝酿与结晶效果。这是拓扑运动在地质拓扑有效生成中、在深度经验熔造中平地而生的意义界定净化效力，也在走向环境完整在世运动中不断创造、完善着那个时间性、能指性的存在可能，此时就有同一个世界的命运力量在历史深处把这运动中的运动生成带到它的意义家园。当完整在完整自身运动有效中出现时，一种共在均衡的力量总在那儿等待，并无时不在地给予了圆通自成的机会，这是完整调节运动在修正自身中给出的环境循环无缝连结，是世界本身让它的创造性事实存活于自身中的力量结晶，全部的字在趋达这一共同成就中站立起来了，它以活着的意义身姿与完整性，在世界活化之风中荡漾、摇曳，向天地间发出了“神不灭”的致意。此时我们就可以看到，书法如行云流水般走过空间中由纸、笔、墨构成的世界，它没有停留，它在旋动无极的风格中植入了完美而又未完成的空间组织聚合风格，在漂浮能指时间性中平地而生架起了意义存在的“风”中楼阁，在那儿协同变化垂曳致意着大地风神的历史传动，全部特征在质料世界中通过拓扑运用的完整调节、修正，并通过运动汇意机制时间性对称于内在圆成、贯串环境循环，产生了特征品质聚焦效应，产生了全部质料超出于意识行为判断的活体知性力以及世界存在的生动体现。此时世界历史正活在这书法运动的地质生成的中央，如水中明月般皎然灵动。

存在因此是存在着的身体行动具身有效意义编织，是存在着的行动在环境协变中创造动静合一、体用不二的实践艺术。主体行为不能达致存在完整事实的联想，乃是在于来自主体底层的活生生的经验并不在主体行为的能力知觉中，这是环境背景与人的身体间有如鱼和水之间的完整具身对称交换运动，是知行性、知感性能力综合生成，当每一个事实经验被主体意识知觉到时，它已经瞬间被分割于混沌完整垂曳运动之外，而不再具有背景与身体间的完整对称均衡物化交换运动事实有效，这是能力生成的完整环境语言与行为构建的结构运作的根本不同。

正因为运用有效与环境整全态势不可分，拓扑运用与运用生成的完整稳定不可分，而且从知觉产生的源始运动来看，先有处身运动具身可靠，才有连接有效，意义是在知性完整运动有效交流与生成中产生出来的具身适存性和功能发明，它不是结构，而是环境内部组织风格语言——一种触发性中和质能融合态势，一种环境连贯一体趋向，一种非实非虚的行动有效机制。这是有如机械线条只能画出平面物、空间结构物，而手却能够画出一种形状在运动中的平衡调节关系，能够画出具体质地拓扑运动效果的知性力的根本区别，这是绘画语言对于绘画性的感性规定，没有单纯结构意义。也就是说，事物当下的呈现并没有发出意向结构指令，而是连接有效仅仅意味着事物在环境整全存在运动中的均衡变化状态，意味着这一均衡变化状态还蕴涵着环境整全存在嵌合弥深运动可靠完整调节机制，意味着事物呈现的颜色、形状变化不是一个物理学事件，而是具身运动结晶事实，是在环境活动完整性中调节机制产生的时间性、能指性对称，意味着环境活动调节机制给出的是一种不断走向具身坚实可靠与均衡变化有效相统一的拓扑性语言，是环境语言不断创造着自身存在运动理解有效的知性完整。

语言是人类动觉的身体，它既是指艺术活动中的语言，也是指现实生活中的语言，更是指生活世界历史具身运动语言。它是知觉运用着的，又是在言说行事中经验感受力塑造与实践生成着的世界环境意义。因为就人类理解有效而言，已经越出了现行语言学、符号学以及现代艺术理解理论，它是一种倒置的运行交通奠基，即全部的理解有效首先奠基于一种熔铸性综合有效运动，这是语言在言说中直接给予的成事促言具身直觉。它改变了目前人类理解自下而上的连通、解释运行，同样是在语言内的运作与意义理解，但又已经不再是局部分隔式的平面化运行连接，而是语言具身实践艺术的积淀与生产，并在一种具身性的意义生成机制上进行综合艺术理解，它指向的理解维度是语言地质生成运动，即在文字作为原始“质料”参与到文本语义风格构成的动力性积淀与生产中产生一种意义存在理解，把文字意义从符号性中解放出来，在文字置入一种艺术行动有效能势性中，即在无的本性中发现语言及人类理解综合潜能。文字不再是存在于某一给定层次的文字，而是具身运动中的意义存在本身，它无外在形式意义规定，而是同行动艺术一道存活着的流动生命中，是具身完整地质运动中的意义给出当前化，有如我们为了说明身体完整协调运行而发明了一套说明文字与意义载体一样，它只是内在调节运动性本身，它只存活于动感自在的综合质能有效性与地质传承中，而不再具有外在形式规定与解释学本体意义。这是源出于一种行事有效活动本身给出的语言及其人类交换理解，也只有在此一“空无性”的实践艺术中，我们才能重新建立经验运动“灵界经验”理解层，这是灵虚集积与悬放发射的成于物而又超然于物的生命运动，是生活世界的意义蕴涵机制，它产生了一种意义存在及其运用有效的根本理解性，即在动觉生成完整独立基础上实施着同一个世界的经验地质生成运动理解与环境经验深度交换，并不具有符号对应所指对象的意义。

如果没有语言而只有符号，那么人类行动就只是机械的；但是没有语言也不会有符号，因为唯有动觉的存在才产生了知觉连接与连接着的知觉意识。语言超出于符号，就在于语言具有特征差异协同运用以及悬放状态的语势、语境汇聚均衡生成功能，这已经超出了符号化的主体意向想象力，而是肉身行动的内潜品质发掘。首先，语言这一存在效力产生于言语活动无意识运用，这是身体活动性的本能融合。当一个经验以能经验的行动有效出场时，它就已经超出了经验的形式内容规定，它是活动经验性的，而不是意向性，它给出的是动觉冲击力与及物性，而不是字面意思联想，在言语活动中言说的运用正是带有这一强烈的经验性质，传达着言说者的感受以及影响着接受者的处境，正是这一活动感受的经验存在产生了行动在环境中的无意识深度经验与共造融合意义可能，给出了行动化于言说环境中的时间磨合弥深运动之维。其次，言说经验本身促动的又是内潜品质的可塑性，是身体间的直接运动有效。话语的力量在这里是以行动品质结合被提请出场，它是一个经验分量的词、质感的词，在言说活动经验场中存在着无量度衡调整与聚合变化，是言说在引示行动与回应运动中出场的一个语势、语境响应综合，它有捕获话语的经验同步效力与深化运动协同调节的可能。当我们说出一句话，不仅是内容，还有话语活动本身的可感性，它在语调、语势、节奏、韵律变化中有行动风格，这一行动风格构成了合着内容一体存在的言说体现运动，并展示出它的整全经验运动特征质能，此时这一行动化特征运用就产生了活动同步、复叠配置可能，以及话语场的整全时间化效力。这整全时间化效力又不是单纯内容形式贯串一致，而是真实存在的经验活动时间，是话语一旦被说出，就产生了行动绵延性，前一句与后一句，以及全部已经说出的与将要说出的之间有了互动支撑的意义，也有了内在互文效力，它体现出一种直觉效力，即说出的话在意蕴深度变化中同时在筑造着完整可靠性、坚实性以及言说品质信誉。它在说出话语世界中进行着自动酝酿、沟通，进行着行动均衡可靠的尝试，进行着质感真实的放射，这是话语行动特征的多维交错配置、贯串综合效力，是话语经验促动肉身行动具身响应而产生的品质凝聚，它直接唤起了动觉垂曳性，在吸收自组织运动以及具身调节放射中产生出在意向内容之下的话语经验场气动综合，这前后贯串正是在话语行动风格中运用词语特征质能产生出来的书法式汇意，每一个语词不仅在一句话中产生同步差异循环，而且又以句子差异整体运动性参与到全部话语活动层次变化中，形成了一个多出于形式内容总和的意蕴深度综合，产生出一种谈话的实践艺术。最后，正是语言进入到话语活动场中才产生了命名的质能，也才产生了语言存在的筑造。因为没有语言自身存在的完整体现，就不会有语言命名活动产生出来，而外在形式化正是丢失了言说出场的不可分的经验完整性，进而丢失了特征质能汇意机制，丢失了动觉经验本身，形式归纳成为了没有动力运动的纯操作行为。然而，命名又是一种运动综合，是机制生成的经验存在发现，它在语言运动有效完整性中直接进行了大范围拓扑知觉运用，产生了特征品质意蕴无量的综合，从而使命名后的词语多出于操作定义的蕴涵，是一个完整而又开放的质感词语。因此，外在形式概括只是一个符号操作事实，而不是语言存在事实。

这是一种环境活动内在紧张、收卷的经验行动化，它与身体行动具身调节对称运用中产生了一种相互紧夹的动势，一种熔铸性运动本身的气动品质放射，它要求自然感应中的身体行动的稳定性与具身能势塑造，从而生成行动肌体运用调节力，把环境境域能量激发出来，产生直接在完整环境性中生发行动引示的功能。而生发直接行动有效，这是一种整全存在倒置的“逻辑”，它在产生行动稳定生成状态与知觉组织有效中直达了行动运用完整有效，全部运用沉积状态瞬间激活并反向于逻辑运算，直接给出了整全存在运用性与行动力，知性力的集中效果在意义协同运动中产生出来。

因此，意义协同不是一个结构功能连接的概念，而是知性力生成自身连续行动支撑可靠以及意义聚散分合同步响应具身规整的地质生成运动，它是在时机化行动中确立行动有效的内部空间位置与意义分布，又是在整全变异中界定、度衡行动经验能指运动拓扑的边际，在时间性中产生出界定的时间品质——一种空间暗示的同步和声在简洁明快意义对称风格中的生命震颤效应。它使界定本身具有了不定的动感、质地，因为此时的界定是紧紧围绕着时间性圆成通达的拓扑运用以及在积心处物中生成的往复能指性经验调节力与运动深入可靠的度衡，是涵括着内部空间蕴涵有效与整全调节变化协同运动的渗透性品质，此时一种深沉激情的内在光芒在颤动的边际溢出，产生出失而复得的“言外之意”。

在知性力运动支撑域转承开合调节之间产生了具身经验的时间性与协同变化，它在意义有效的结晶运动中释放能量，同时又将此能量反馈，回到意义规整能指性中，进而产生出能指性深度经验运用有效与空间运动时间连贯一致调节性，产生出意义暗示机制与内视空间平衡运动，此时意义有效结晶还没有结束，它还要将这同步运动的时间曲线进一步塑造，吸收到自身内部具身性中产生圆成的拓扑效应，此时它就在处身场域的变化中不断界定、度衡自身的能指性，学习在内部空间的转换之间把时间曲线进行有效组织，即在开承转合之间产生出一种隐卷收放的弹性与隐忍之中的回声沉积，而在这既是隐卷收放沉积，又是同步完整合奏变化之间有一种无量交换的天平效应产生出来了，它是一种时间性成就，它在纵深性与广阔弧度之间创造了一个具身腾空状态，一种清空的运动性把时间在界定、度衡的深处化为纯粹的空间宇宙意识，界定的时间运动以尘埃落定的坚实完整状态宣告世界化为无物的明镜，只有历史横绝于天空，有如闪电。

“胡塞尔在其最后的时光中说过，我们已经忘记了传统的某些来源。正因为我们在许多方面都受益于传统，我们也就无法公正地看待属于它的东西。”①

实践，实践积淀，实践积淀返身，全部特征在环境整全活动中具有了行动艺术返身存在的意义，这是在动作随物赋形运用中自然成就的动作返身经验性，即保持动作连续完整的共在运动调节度衡与悬放运势行动力，这是一种经验完整运用的自然境界，它发展了特征具身活动的行动蕴涵以及协同连动变化的亲和力，特征因此具有了“我能”存在的生动知感性与具身调节通感品质。可见“我能”是在身体在场唤醒中产生的行动意义，而这一行动意义又同时涵括了与他者结体、分形开承转合连续运动有效的完整运用事实，“我能”首先是我与在场者在活动中相互包裹、塑造着的共现，而“我能”又不过是这一场域活动转换运用中的共在道路化成。绵延，绵延具身再绵延，绵延中的绵延就是绵延广阔的生命存在，它实践、生长、绵延、回家，回到了更深处的家，更高远的家，回到了万物一体存在的家，在这里，整体不在别处，整体正是在行动存在的里面，存在着就是一个绵延中绵延着的整体。因此，如果没有生命环境适存的支撑性运动，没有地质生成具身性运动，那么人就看不到一种存在全域，因为人在这里已经把环境稳定可靠运动本身取缔了，一种形式悬空的效应必然产生幻觉，并被这一幻觉包围，在表象知觉中人封闭了经验深度渗透的直接生成可能，只有空间操作形式。然而，没有时间知觉效应，就没有那种在经验运用中越用越好，越来越适应于经验自在的运动本身，就没有那种身体行动在场排叠有序、疏密有致、随机垂曳，穿其宽处、插其虚处，相让补空的运动有效产生出来。一句话，在丧失了行动艺术均衡效力，丧失了处身稳定可靠运动性本身以及缺失了直接经验具身运用知觉后，也必然造成人的智力龟缩、主宾倒置，造成人对一种环境知觉存在的根本取缔，进而发展出在行动适存觉知之外的形式一统天下的虚构，人在违背自然生存的内在良知、良能中越走越离奇，越来越生出太多的错觉。

---

① 参见（法）莫里斯·梅洛－庞蒂著：《哲学赞词》，杨大春译，北京：商务印书馆2003年版，第141页。

没有思想内在于自身存在运动，特征与风格完整协同一致，你说你在思考现实，言说历史，根本就不可能存在全域性的认知使人把意识意向运动当成了一种根本智力，人在此时就已经沉睡在黑暗中①。

当人类思想不平衡的时候，世界就变得越来越费解，因为直接行动经验的特征在品质蕴涵的平衡整全性缺失中隐匿起来了，因为外在形式思想已经丧失了特征运用有效的时间性，丧失了世界同步发生与结晶运动内在调节力，丧失了气动声像运用的书法艺术灵魂，我们并没有在事物存在对称行动中思物，我们的思想同时在形式封闭运动中，在语言质能运动丧失中变得越来越狭隘，思想存在汇意机制的失落产生的后果就是人看不到自己，也看不到世界，思想的黑暗产生了世界的颠覆与无效，世界变得越来越乏味，只剩下一个直白的声音、貌似真理的声音。

要思想就要先有做思想存在着的行动，才有在存在着的思想运动中谈论思想的事情本身。否则，就不会有任何真实的思想。

思想是肉身存在与能势创造的瑜伽术，是瑜伽与信仰瑜伽的合一，它通过语言沟通肉身与世界，语言不是工具，而是返本归源的途径与化境创造，思想寓于语言存在之中。微妙的身体是脉动、气流的能量贯注、熔造中心，是存在灵魂的载体，身体与灵魂合二为一，思想的瑜伽在语言圆成中通达存在，提生命之气，虑万象于正本清源。澄怀体道，在静定中体验自然回归的宁静，通过忘我的精神运动达致功德圆满、浑然天成。

因此，思想就是“做事”，不是单纯的思维活动，“做事”的思想与意识思维活动不同，就在于思想艺术在行动中塑造着自身，不仅仅在于思维想象，而是想象存在着的觉知经验创造，它在存在筑造中感知、怀想，在做的直接经验中发现、运用存在，而做的直接经验就

① 正如胡塞尔在《形式与先验的逻辑》中所阐明的那样，“整个单个的和共同体的日常生活都与境遇在类型上的同类性相关，由是，进入境遇中的正常的每个人当然都拥有属于他的普遍的境遇视阈。人们可以后发地解释这种视阈，但是，这种构造性的视阈意向性——一般日常生活的周遭世界通过这种视阈意向性就是经验世界——总是先于反思性的解释。”（XVII，207）

是活化语言，用语言的感性力量熔铸思想品质，在语言的内部环境经验知觉中创构思想存在的地基，它不再是思维构造，而是语言生成，在语言生成中把思想品质呈现。

如此做事的思想就是心灵复活的体操，它在语言直接经验中通神，这是一种看不见的“神思”，在语言行动唤起的知觉与被知觉状态中，在全神贯注中产生一种内在沟通的自然灵动性与融合力，而此时，作为直接经验存在的语言也在环境内部交换运动中变化、调节着，产生行动对称均衡能势，内在的玄动觉知性在变异生成着，它把语言环境存在的整全运动繁复多样地呈现，进而创造出经验沉着的视听与消弭融合，我们在语言中看到了、听到了内部特征并行转换涌现的活动声音与形象，这是整全运用特征捆绑的呈现，是知道、闻道与被告之，如此语言让我们说出了存在的思想。

我们能知道、闻道就在于控制、驾驭感官，在自然放松的呼吸节奏中学习运用身体行动力，培养一种忘我的平常心，让身体直接去感受，在行动运用中存在并舒展，创造出准确清晰的语言经验，创造出精微运动能势可靠，如此才能在语言能在构成中产生运动着的思想，这是用身体的内在环境响应去触摸、碰撞语言而产生的品质交换运动，有一种经验直接熔铸的均衡力产生出来，在语言生成中我们发现着世界，在品质交换中我们融合、见证着思想，语言成就着世界，也成就着人的生命，天人合一艺术运动开启了生命存在的发现。

因此，思想重要的意义是它的历史生命质感传递运动，这是一种通过倾注、凝练而生成着的人类内在于世界之中的默会行动觉知，它有先天综合承传的功能，没有一个科技、符号知识可以有此直接经验传达性，它是一个具身化的器具，是一个可以闻道、告之世界内在环境知识的时间巨人，不同实践功夫、经验理解水平的人都可以直接从文字结晶中读到先人们积累的环境生存实践成就，这是一本变化万千的地质之书，不同的文字融合生成不同的语言内在质地与思想行动蕴涵，这质地就是人类生存实践功夫创造的大地形势消息，特征质能聚合的行动传递性直接唤醒着觉知，因而文能化人、化物。化人即是通过文字读写把经验质感倾注到文字中，而读写本身就是文字质感特征的有效组织与凝练，人在读写中不断运用着经验触摸的行动能势，把经验变化的细微感动与深入运动性贯注于读写平衡运用之中，一种整全环境存在的动势响应复活了，这是行动能势创造的经验切身体会，也是读写实践质能的行动运用体现。读写在化字的同时也化人，一是读写行动作为一种人类实践质能，它在唤醒着人的文字运用质能综合觉知，这是思想品质的行动艺术创造，它通过文字质感经验不断掘起语境、语势交互作用而唤醒着人在文字中贴地听音的内在视听性，磨砺着人的精微思想品质与内在觉知调节肌能，培养着人的具身行动平衡创造力，心性、心力、注意，呼吸、积气、柔韧、舒展性被训练出来，人通过静定立身而通达完整存在，它使精神更加圆满、自在、平衡，感官运用更加充实有力。二是读写行动在唤醒着历史的真实蕴涵，它把先人们积累、凝练的文字具身创造复活了。一代代地经验默会知识覆盖在文字运用能势中，一代代的文字记载活动又在文字具身觉知的唤醒中结晶、生成着，每一次活动在生命倾注于文字经验读写性中都在浓缩着历史记忆，每一个字蕴涵着先人生存实践的能势运用与体察万物内在品质的光辉，它是一种质地，在覆盖的地质层中涌动，后来的人通过格物致知，通过读写实践，在思想高度集中的渗透运用中把全部内含的特征瞬间聚拢，一种新的特征捆绑展布运动创造出来，它是人类生活的世界功能、价值的创造与转换，地质层把历史沉着的玄动生命涌现出来，这就是文字的感动，是文字的内在文明力量。

可见，书法艺术的修炼是在身体承纳中创造结晶性运动基础，学习玄览并窥见地质层渗透“化工”的能力。它要听身体行动与环境运用双向溶入的内部响动声音，要透视这个双向塑造共同一觉知影像生成的变异性，这里已经没有了单纯物理构造，只有色空虚实转换运动。是行动艺术的内在生命力创造了地质生成知识的有效性、具身性，是生命运动的人格品质力量见证了环境存在的真实。这是心灵的体操，它是学习玄鉴应力的写生、写意，培养心力含纳、承接的功能，为神知默会行动创造内向运用、生成条件，这是一种内在于环境通达的必要行动潜能修为，人只有在大地行动中创造出一种本性自然的均衡存在行动力，才能真实地看到事情本身。这是应声会物、举重若轻、收放自如的心力运用能力，张物之骨气，伸飞动之特征，化运力于无声、无痕，成竹在胸，挥洒自如，把动感自在的内部精神创发出来。心灵的体操就是化入会声于环境之中，生成那变换通幽的行动感应力，这是聚合感觉经验，生长感知默会运动张力，承容感受具身运用与调节变化综合熔造的能力，它有大地行动的基本训练与要求，比如静定容承的能力，柔顺伸展的能力，呼吸与力量、节奏调节一致的能力，以及在行动技艺的创造能力，等等。如此在中国绘画写生中，就有区别于西方写生技艺的训练，而是结合着中国的纸、笔、墨之质能性存在的综合运用，是培养而产生的中国艺术游戏精神，写生写的是飞动之色，是在具体的中国绘画质材汇意机制中对称转换的一种质能觉知特征聚合，是在中国绘画的江河中游动而产生了心灵通幽之能力，全部写生的实质在质材源始质能觉知语言中生长出来，是大地的书法艺术。而这一觉知语言又是由中国绘画实践艺术生成的气韵生动凝聚而成，气韵连结着全部绘事空间意义生成、转换与线条拓扑运用暗示行动具身效果，直接在身体中被经验感知，气韵证明了生态聚合运动综合素质，又给予了艺术语言游走的能力，它回归于传统，在吸收新的体验成就中创造着整合创新的能力与活化秩序，中国艺术精神的沉雄力之深是我们现代人根本无法想象的，因为它充盈着超然于物外的宇宙精神。

试想，如果一粒沙石只是它的结构、成分，我们看不到它有什么不同。

如果一只山鹰只是它的细胞、器官、功能，我们感受不到飞翔时身体的呼吸。

如果一个人只是黑人、白人、黄种人，东方人、西方人，只是生命系统、文化系统、社会系统，我们不知道他是山里人、海边人，大地上生活的人，天底下的一个人。

如果一只狐狸露出了尾巴，我们只是“透过现象看本质”，只会在大脑中转换着各种想法，在主体间、本体知识网络中把看到的调整为我们所说的好与坏、真与假，不断地实验、解剖、实证、修正、定义、嵌套、对位，而没有狐狸露出尾巴这一事实本身，它是无数个动作中的一个，是我们才使它露出了尾巴，同时也是我们的尾巴。

如果世界是我们所认同的同一个世界，是我们在做事中专注实施着的，只会不断去想到，做到的、有一个更好结果怀想着、信任着的世界，是有无限可能但又只在我们的能力中才实现着的，根本不存在任何幻想、奇迹出现在能力之外而能被我们有效运用的有限中的无限，是只有我们不断去实施、酝酿、调整而走向更加成熟、精进的运用着的、经营着的、关怀着的、发现着的世界，是只在行动中才能成就的，只在行动力生长中才能涵括与理解的，而不再有一个在行动感知运用有效之外的世界。

那么，此时同一个世界到底意味着什么？

主体与万物都在一个世界中，只有一个世界，我还能说出一种定义、区分而不考虑到我在定义、区分它时，它也在我的内部掌握着我的命运，不考虑当我在实施一个界定行动时、在进行言说思想时，我也同时把自己放置到那一条掌握着我们命运的船上，此时我是在这共同命运的生命体内去深度经验，界定我的行动与思想有效，进而成就出一种拓扑运动的共同体稳定，还是在主体意识操作中，使它在我们之中更加远离着我们？

在我对事物进行的一种外在形式思考与主体间交往中，在公正中立的目光中科学地、客观地解构着一粒沙、一只翅膀、一条小小的尾巴，把它放在一览无余的直光照射之下，在大庭广众的世界学术舞台上大谈世界之可能时，而不觉得这可能也正在瞅着我，就像我在运动场上那样，当我说出我可以不需要我们在一起的运动感觉也能怎样时，那种游戏瞬间就已经玩完了的、把我排除在同一个世界之外的眼睛不也同样在盯着我吗？我还能有沙石闪烁，山鹰乘风飞翔，狐狸摆动尾巴向大地招呼、致意的美好感动吗？

天外不再有天，水外不再有鱼的世界。

心是一个意义化入、熔成的具身器具，是肉身行动无声创化世界存在的灵魂。在那儿，万象叠起了流金岁月的灵光复照，此时再次聆听那自然的声音！

“空山不见人，但闻人语响。

返景入深林，复照青苔上。”①

山还是那山，水还是那水，仿佛一切未曾改变，仿佛一切又已经改变。

① 参见（唐）王维：《鹿柴》。

第三章　幽赞神明　叠翠流金（文字巫术）

作为一种现象学的语言现象，即语言成为“现象着”的事物以及语言与环境世界的匹配，并没有得到应有的关怀，这是导致人类思想矛盾、悖论的深刻根源，也是人类失去自然言说有效性与完整意义的根本原因，“失语”和语言多样性消失是人类失去知觉环境世界能力以及人类走向与环境世界对立、冲突、毁灭的开始，并在全球化过程中通过一种非物化符号运动与技术交流得到普遍实施，产生出人类命运的终结，世界从此关闭了存在的大门。

让文字承担环境活动特征文承结晶的在世言说，这不是理性形式在演绎、归纳中所能实现的知性力完整，也不是现象“本质直观”科学描述所能实现的活动经验有效吸收与对称均衡言说意义能呈。如果文字不直接参与到人类言说经验完整活动中，并对“日常语言”行事特征进行意义综合实践艺术锻造；如果文字在成为意义载体的同时，没有文字自呼，没有文字在言说汇意机制中的行动有效与意义生成，没有成为化生在环境世界中的物化生动力量；如果人类语言、文字仅仅是现代主流思想的操作性系统与理论符号，仅仅是在所谓的科学性中进行着的主体思想与言说，仅仅是形式同构中进行着的观察描述、本体知识制造与映射现实活动；那么我们就没有实现环境世界意义综合，也没有一个言说与思想担当得起环境生态活力与品质交流熔铸的完整对称有效性，也就在根本上不存在人类言说与思想已经体现了世界经验完整意义这一说法。因为在环境活动的异质经验交流与意义有效综合中，只存在“我能”对于活动完整呈现的暗示有效与拓扑构成，只存在“我能”在环境活动中有效吸收了全部行事特征，并在能呈行动蕴涵中把环境作用在我的具象表达中实施出来这一唯一有效途径，只存在适存在先的完整拓扑运动就是生活世界意义生成的境域化一般运动这一生态理性运动，这是世界存在着的人类处境基本事实，而没有对于这一基本事实的时间性、能指性完整经验活动与意识，没有实施着的经验完整综合与文字意义特征有效熔造，只说明人类言说与思想还处于心智残缺的状态。

人类语言正处在普遍用尽废退的危机中，这是语言失去历史根源漂浮在环境世界之上而成为一种纯粹意向空间运动产生出来的。当语言不再是一种人类环境世界的自然现象，不再是自然运动生成着的现象，不再成为一种完整运用着的行动觉知语言与交换对称平衡，语言就已经失去了环境存在的意义，失去了根植于环境生活的品质交换与言说厚道，语言成为了没有生态意义的自生自灭之物——一种表象世界的人类意志虚幻制造，它是现代知识体系工具逻辑的被动制造者，也是摧毁这一“帝国大厦”意义符号的最后终结者，它将同这个非世界性的“人工世界”一道消失在世界存在的地平线上。

一、文字招魂术

有一种生活世界中的生命存在意义的完整性是看不见的，它在历史的天空中降临而散落于周遭世界，需要招魂。“空潭映月，含烟生辉。”这是中文文字构成自身灵魂存在的神话与现实。一池碧水如何有那勃然的生机？在那幽深的微波荡漾中，它仿佛含着一块苍翠的玉，当无声的世界悄然降临的时候，皓月当空，而此时潭水已经紫烟氤氲，散放着一片神奇的辉光。潭的碧绿生烟不是水分子作为一种构造方式的存在，而是水作为一种对象质料已经在空无的境界中虚化，水与人在共在天色的世界中通过把环境世界的质料进行源始生存活动的协同转换，人就已经把自己的魂留在了物化境域内部，让周身的毛孔、肌肤深深地吸附着自然的气息，此时，万物深沉的灵动效果就产生出来。

万物有灵，这不仅仅是一种生存信仰，而且是历史发生，是生态世界存在的体现，当事物把自身的存在安置在时间长河中时，世界就已经给予了它一个安身立命的去处，产生了在世界内部生成运动中自成通达的节奏与拓扑性。万物有灵是一个完整经验知觉在先的意义发现与灵界经验生态性、肉身性的命名，是天地万物交感、渗透生成环境历史动力与活动具身品质凝结，是人类思想自然天成的命运力量。没有一个真实存在的思想不是在“道法自然”中实现着的，没有一个文学艺术生命不是在历史天命中成就出来的，那种想要通过人为结构产生出来的文学，还没有诞生就已经死亡，因为我们还没有进入到文字化生活力的思想直觉世界，没有让文字来启动、激活我们的言说与思想。

世间有无灵魂？灵魂是在我们心中，还是在世界中？

当呼唤风的声音穿过了风，风就在那垂曳起伏的声音中活现，这是风的应答，还是呼唤着的声音自身在回荡？这是我的灵魂在呼喊，还是世界存在还魂归来？

不相信有灵魂，灵魂就不在；一旦相信有灵魂而又做着有灵魂的事情，灵魂就在我们的世界中证明着它自己，这是世界的神奇。

如果文字有自身存在的魂，那就不是你说了算，而是要让文字的魂显现。文字的魂就是文字物化生成通达自我圆成的天地之心，是我们早已遗忘了的文字精神。现代语言哲学没有达致这一高度，因为它没有意识到：语言治疗、意义研究以及精神分析技术都不过是文字巫术招魂的内在生命，是文字历史的自然成就。这恰恰是文字在天地间游走时的时间性对称产生的经验存在圆通性——一种意义熔凝的地质生成运动把人类带到了集体无意识生态世界与交流平衡的境界，一种超出于语言工具意义之外的祝盟、赞幽活动（即言说行动有效的拓扑规整意义）产生了人类心灵言说感应与世界的熔融。如果我们没有由衷地对文字活力的赞叹与身怀感激，没有在文字愉悦中唤醒的对文字灵魂世界的思念与神往，没有文字在受难时的痛苦感觉，那么我们就还没有配得上使用这一文字。没有它活着的神力和灵魂唤醒，就没有世界在文字中向我们走来的时候。

一旦中文文字合着它的环境历史特征与聚意风格在这个大地上消失，历史与文明记忆就将从此毁灭，没有从头开始的时候，只有永无葬身之地的荒野，连草都不生，更没有水。

没有中文文字自身存在的魂，就没有存活于这一环境历史中的

"石化"经验，更没有能承载这一地质生成命运力量的语言深层"语法"，更不会产生同感经验的具身言说风格与灵魂质地。

文字的魂就是我们思想生命之魂。

灵魂是我们背靠的大山与河流，是我们孤单落魄的时候想要寻找、倾诉的地方，是生命感到活着的感动而值得为此生活的意义活动本身，是我们能够从此源源不断建立信心与生长无畏能量的思念家园。当你问一个现代人灵魂在哪儿，他可能给你指着心说，在这里；当你问一个西方人灵魂是什么，他可能会对你说灵魂就是诚实的品质，是对着上帝要说出的话；当你问我们的祖先灵魂在哪里，他们会说，灵魂在山川河流中，在一代代人的历史中流淌着，它是我们的身体和世界的身体循环流着的血液。灵魂只是自然的事情，这又是我们已经丢失了的，因为在自然中、在历史中都跳动着同一个心灵，这是一颗涌动不息的生命源泉的呼吸与跳动之魂，我们不知道怎样与它对话，这就发生在我们思想的深处，发生在思想没有能力再回到那个世界中，因为没有了中文文字活着的见证。

我们的魂是祖先与天地万物合二为一的魂，是文字巫术起源与召唤天地运势生成人伦世界的魂，我们的魂是一个诗性国度历史道路自然成就的魂，是在文字活着时告诉着我们的事情。这一点从我们远古时代的占星术、天文历法以及《易经》八卦原始思维中就可以看到，它不是什么农业社会的象征，而是自然起源的人类在环境生存活动中产生的协同于世界的宇宙精神，是身体力行感应环境世界创造的地质生成运动与天地精神，没有这一浩气长存的招魂致意与生化品质，人存活于世就是空无、虚有，人存活于世也将无立足之地。

灵魂是召唤出来的，灵魂是活在我们的世界中看不见的肉身与生命。它在大地之下旋动，在历史深处绵延，而文字正是我们与灵魂世界传递着温存的信使，是思想活着、驻留其中的知觉与存在家园，没有文字成就的意思，没有文字建立的意义与生活世界，就没有灵魂存在的一切。

因为不可能从意识主体想象的意义来谈论任何一个"我能"的意义世界，也不可能在文字直接经验的趣味生动之外去找一个文学艺术的根，全部的意义已经化在了文字经验历史传承的运动风格与物化精神中，不再有一个“寻根”与“主义”的意义在文字经验能呈之外，也不再有一个标准能概括文学艺术生命，它是活在我们历史之中的完整生命素质与化于其间的生活世界。文学生命之所以堕落于一种外在理论，就在于意义实存的运动已经消失在一个外化的世界中。而存在只在“风中建筑风格”中飞动传神着，在意义活化之风的吹拂中活着，只有活着的一切，而不再有其他，一切已经化于无形的寂静中，看不见，也抓不住。

正是有了活化之风的世界，才产生了人类活动的历史性，才产生了化境中的无为运动。文字运动是人类连接天地意义生成的生命之魂，没有文字运动就没有意义生产机制与思想品质活力，如果环境存在着一种人类自然生存纯粹活动性，如果这一活动性又在文字运动性中体现出来，那么这一奠基于环境广泛沉潜的活动性意识与言说就已经证明了有一种言说之道的思想存在着，它是更基本的思想。它通过文字动觉姿态与化境有效产生出来，从言说内在于环境世界生活开始，在言说自组织运用调节中嵌入于环境世界，开启生活世界完整对称交换语境与视阈，在复活了环境世界情景交融的生存境域觉知意识中，把日常语言蕴涵着的生活实践潜能，即广泛渗透于生活场景内里折叠的自然交换发生与散点分布进行高度集中，用文字拓扑运动规整性刷新环境语言生态秩序，并在完整调节机制运用生成中净化、界定词语，创造言说深度经验，给予言语能指并予以正名。这是让日常语言以及环境生活的活动肌体完整动觉在机制更新的意义上的复明，而只有此一文字自身复明的行动性思想才是超主体意识、超现代科学观念的人类文明活动，因为它能够在整全活动有效性中循环更新，在机制创意发明中运用言说，又能在运用完整生活场效应中返身制动修正、调整言说，在动觉完整实施的生成效力中窥见运势变化，并生成言说爆发力与品质熔铸、玄鉴功夫，在倾听文字活力和谐交融的回声中把人类思想带入到一个天地传达的境界。

当你用中文文字的切身经验与世界对话，当你能够用活着的意义与环境历史交换，当你可以把这一交换化在了物化基质无声无息的运动中时，一个默然跳动着的呼吸与生命已经伫立在你的眼前。

文字招魂术就是唤起大地活动交感意识的文字动觉身体运成艺术，是灵魂复活的呼唤仪式。这是任何一个纯粹活动性存在着的经营有效与实践艺术风格，叙事学、文体学乃至一切艺术活动都在为进入这一共同体生活世界而准备着、行动着，这是共同体内部活动平衡调节仪式与亲和力生成的实践艺术一贯风格，是集体无意识历史生命深赜魅力。它不仅仅是精神分析权威，每一个环境生存运动发展出来的对称均衡活动艺术都是一套完整交换行事风格与礼仪制度，它是我们熟悉而又神往的文明致意机制与赞叹大地自然品质的风神，是生活实践艺术无极悬动、通幽致远的能力。没有文字招魂仪式的进入，我们就听不到那古老灵魂荡气回肠的声音；没有文字招魂术的运用，文字就不会活在纸质中焕发出燃烧的活力；没有文字招魂的自然成就，我们就看不到大地神圣的威仪。它是心力集中聚神创化的大地神魂，直指天地间运生的时间圆通性，产生了这一韵文成章的活力与生活世界命运启示的力量。

正因为文字招魂是直接经验文字，在时间持存中把文字活力直接种植到文本世界文字流转之间而活出了一个超迈的世界。由此，它让文字精神跃然于纸上，让大地生命气象在文字品质聚焦中呈现出来，此时灵魂在文字活力凝结中就成为了可感、可触摸的事实。这是文字书写去存在的行动，是文字化成文明的实践艺术，它已经不是什么对象研究的学问，也无法进行对象性经验，因为书写在实施时空发生运动、在缔造时空活动性、把文字运动身体（动觉体式）嵌入到文字经验的深度空间中，并延拓着时间质量、创造着文字历史潜动活力与大地生命之时，它已经在招魂，在向天地间活泼的生机致意，在呼应着文字活力的全部特征在文字气动之风中降临，此时，垂曳悠长的目光在随形舞蹈，让文字活化之风吹拂大地，唤起了那文字生殖的神力，它召唤着共同体天地灵魂巫师，在奏响那连绵起伏的神曲时，天地为之动容，一种天地境界的协同运动把创化大地的生命唤醒，世界从此改变。

何以文字有如此的神力？因为文字就是散落在大地与历史中的物

化自然，它只需要聚集起来，就能说出灵魂中的事情。

我们是在实施文字行动音乐言说，是在自然生成言说有效生态地质运动中，是在把言说活动经验进行环境有效化工，进而熔铸成一个言说大地书写的具身行动、行动具身，此时言说在运动性的一贯风格中已经把一切外面展呈同内面收紧、沉积统一起来了，言说在自己的行动身体中延拓，一如奔腾的河水在江海中翻滚自由、奔涌向前，而水的交响创造了河的存在，河的往复所以又生成了水的动势栖居与变化万千，水与河交相辉映，产生了伟大河流精神与个性。

声音的拓扑意象结集是世上最美妙的反应，全部的经验只往一个看不见的空间涌流，灵魂的枝叶颤抖，瞬间组成一朵奇异夺魂的静谧花朵，精神从周围世界腾空而起。

而文学中诗歌的声音则代表着一种人类语言伟大复兴的姿态与自信，代表着这一环境历史不断冲击世界深层组织活动能量的爆发力与创造性，它是再次创生意象结集活力的先导。没有合着气韵的意象组织，就没有环境完整动感的生成世界，声音在此是以环境物化效果，即动觉语言完整动势响应力与酿造活力“单位”先行出现的，这是环境现象的动觉节奏直接体现，是地质熔铸能指经验配对时间性决定着的。

语言的存在就是文字运动音乐，唯有动觉音乐的文字复活才体现了人类言说活动的环境经验完整，才产生了文字内部结晶的力量，这是文字存活于语言完整运觉身体中而进行着意义尝试拓扑运动的行动体现，也是书写行动的音乐性异质混成。但言语活动又不是为了音乐性而成为言语的音乐，而是在动觉自然音乐节律中完整实施言说经验聚集，产生文字运势行动力与激活内部组织调节文学风格的实践。因此，言说是因言说活动完整而自然经验着、成就着的文字音乐动觉运动，又是言说声象的活动性质导引了言说完整经验运动，音乐因而是无意识运用部分，是呼吸节奏的自如收放与环境力量承启，是文字运动与环境生态垂曳融合生成的文字内部运行与综合。当言说的行动音乐响起的时候，天地响应的动势栖居万般旋转、深深回荡，一个流金的岁月奏然醒来，文明复活了万物存在的风尚。

文字能够聚神，就在于文字有一种符号世界中看不见、得不到的活着的具身整合“形式”，以及将这一“形式”在活动着的意义连结中有效结晶的拓扑结构潜动生命。当它这样去做时，一个活着的灵魂世界就在文字知觉垂曳着的致意风声中翩然降临。

因此，歌德说：“题材人人看得见，内容意义经过努力可以把握，而形式对大多数人是一个秘密。”① 其实，意义何止于表面意思，意义根本存活于拓扑知觉完整交换中，这是一种“能形”②，它并不在外在形式思考中，人抓不住这一先天时间性，它是身体行动知觉的内潜聚合、交织形式，是无形变化运动组织有效本身，它只在完整可靠运动中存在着。其一，它是在活动中建立的亲和力稳合状态，是特征能呈蕴涵机制，是活化的变换秩序；其二，它不是结构性的，是活力“单位”的自我发明与转换、生成，是垂曳组织变化与气动性的交换，是行动姿态的转换、融合；其三，它是循环规整性的、内在转承呼应着的地质运动，是倒伏于心灵、肉身之中的内在风景，一旦在场域活动中被唤醒，这整全变化的风景就如活的灵魂在风中摇身变化；其四，它只在存在信仰中才自然运用运动综合质能，并在心灵复活的时候才能发现这一形式的“化工”神妙，如果没有信仰的直接行动，那么就根本不能灵动有效地实施这一“神思”形式的肌体性结合，它恰恰是活着在活着的世界中进行着的对话，是灵魂之间的直接碰撞。

如果说它是一种结构，那一定是结晶中的潜沉，潜沉中的能指后退，后退中的调整产生着大范围拓扑知觉运用，在大范围拓扑知觉运

---

① 参见宗白华：《艺境·中国书法里的美学思想》。

② “能形”：是垂曳取势运用自然成就的“能立之形”，是“远取诸物”、“近取诸身”而在整全均衡态势（一种默会运动实践风格）中生成的具身赋形力，这是生存环境活动直接经验观物取象的能力，是事物间触发的协同化机运动的充实体现，是环境运动汇意机制时间圆成通达立起的意象生成，此形更像是贯穿活动始终无形玄动之能量，成就了事物成其自身的运动。而只有能形才是创造知性理解力的先锋动力，但能形不是从他人那里照搬过来的，首先是观物取象自身实践理解力与运用有效，是灵魂深处深深感动着的存于内而发于外的自由行动力，是深湛精微的综合质能与潜动牵引的飞跃。能形即立言，给出言说在完整均衡变化中的存在理由与调节秩序。

用中又生成着均衡调节知性杠杆的实践功夫，并由此而构成的事实与这一功夫测度、堪舆行动专注的自然成就。没有人为的痕迹，没有对象直观的意向性经验，而是物化知觉的质能中和自成，时间产生了无所不至而又杳无痕迹的效力。

“能形”通过行动有效尝试不断深拓语境内部的暗示空间，不断在空间景深汇意运动转换之间生成整全存在调节、规整机制，共现特征、生长特征、凝聚特征，最终把特征在时间性中实现出来，创造一个具身统一的完整形象，这就是运动造型。其实，这里的“形式”更像是火山爆发，它在自身的创造力中熔铸而成，这是文字招魂术的心法，是文字体与用、身与心气贯一体悟道的方法，是中华大地上书法艺术的灵魂空间，它已经不再是外在形式、结构，而是文字艺术结体生长、运成气脉、活化组织功能与血质融汇的自然圆成，是我们的先贤在观天地气象中创造的，是缘构发生从天而降的意义尝试容承器具。

一种时间性实践艺术“能形”，是知觉形成的自身成熟和活动环境平衡的亲和力是一种生长形势与姿态运用风格，是能形之动力产生于环境深度潜沉完整平衡运动以及在深度经验中对于行动有效的意义结晶，这又是一种品质化运动在自身存在行动化时空中生成的内视性，是产生环境肌体性的有机运动视阈，因此当“能形”把自身扎根于环境运动时，它又在环境存在的内在景深中、在环境历史地质沉积之下不断激活着、凝聚着环境生态与传统生命，在这里，我们就可以看到，能形运动所达、所成就着的视界是一个根本不同于外在形式运动的世界，它是一个亲和力品质结晶化的世界，它已经在外在形式之下以环境内在于自身的质能综合有效与知性力完整运用一贯风格中产生了历史、艺术内在于自身的本性，这就是一种实践艺术根本不同于一般理性形式运动的生态理性。它没有可以分割的结构、内容、思想、行为以及经验的局部构造，整全性是一个融合了全部活动性与历史经验运动品质与文明的风格，是屹立在场的实践艺术综合行动力与环境存在具身证成，它必然存在着并产生效力，这是不可否认的生活世界命运之力量，正是这一点决定了世界基本的交流是特征质感运用具身交流，全部的交流首先是建立在环境整全性运用地基上的交流。这是实践艺术无意识结体、分形运用不变风格的交换有效，是在人的处身性运用中自然拥有的，既出于我的具身经验综合衡度，又统一协同于环境完整均衡的运动性交换，是在存在的当前化中既可以进行以前行动有效沉淀基础上的综合选择、比较，又可以对处身历史及环境意义在动力生成性上进行运动质量统握的交换机制，所有这些又都是在“初始证据”① 被行动化，即被形成为综合运动机制与交换均衡品质中才是可能的，而正是这一处境性质——只是一种运动质量与总体行动蕴涵被直接呈现出来，并被经验着和运用着的——造成了我们谈论它的境况或者说无限时间间距“困难”，在外在世界活动中，在对象性眼光与主体意识操作中，我们根本谈论不到存在着的事情。它成为了我们只在运动有效中无限经验与追踪着的“灵界经验”，在运用中垂曳变化、交换与不断生成发现着的完整深度世界。因此，它是一支笔在笔力所触及、所被造的心中奇迹般地趋达了一个圆通世界。

意义不在外在世界中，意义只是身体响应经验时间存在的风声，它是垂曳运动，是人类身体连接天地熔造的生命红线化出了历史纷呈的彩虹。因为此时人类语言的文字正垂曳运用着世界创化生命的灵力，而唯有垂曳着的运动才产生了天地连结的浑然一体运动，在这浑然一体中垂曳着的文字既是天线，又是容器，更是身体。

垂曳在起伏连绵的完整经验中综合运动着，垂曳又在变动不居的存在中测度、堪舆着自身。它看不到自己，而又感动着自己，呈现着自己。

垂曳运动是事物环境存在完整经验适应塑身与品质化运动的自然反应，没有事物与周围环境互动关联活动场的循环性以及历史生成结晶运动（自然品质化），就没有垂曳运动存在的必要。然而在源始动力发生的意义上说，这又是不可能的，否则世界不存在，没有理解。因此，垂曳运动是一种在作用承受、随附调节支撑变化以及具身姿态

① 参见：（奥）路德维希·兰德格里伯著：《生活世界与人类实存的历史性（下）》，霍桂桓译，中国现象学网，2009—10。

平衡运用之间的作用内嵌修正机制，是既嵌合着环境周围变化调节运动，又嵌入着自身特征质能综合分布均衡的双重效力，这是一个共适局面，凸显出一种在环境处身结体经验运动中特征与事物完整品质结合，凸显出一种存在不可分的意义，没有一个环境自然运动离开了这一时空循环基本经验，每一个作用在场域支撑可靠中交换、发生，每一个作用又响应着共同反应调节变化，进行着贯串、渗透与修正、适应，没有内外之别，即使是环境外部经验，也是在更大的循环体内转化为可以共存的和谐经验，才成为了可交换、发生的交错配置经验，进而进入到环境内部活动中。这是由作用存在的互动循环支撑有效决定着的，是这一行动发生只在自身运动稳定可靠性之中产生效力，同时又要受制于环境互动调节变化过程有效完整经验制衡，因此作用只在一体经验中被验证、吸收、反馈，此时环境外部作用是环境外部支撑域运动发生的事情，因此也是内部共时熔铸存在的事实，是环境循环均衡变化对于外部作用的吸收、转换，这一基本经验存在着是万物品质结晶呈现出来的，也是人类完整经验的发现。

垂曳如水流一般随形而变，垂曳又在水一般的塑型中生长出一个完整活动的身体。它因此而含聚着历史深处人类灵魂风格与大地礼仪。

垂曳运动不是意象相关性运动，而是一体存在熔铸性运动，这熔铸性就发生在同步嵌合差异“共振”状态中，就发生在肉身调节产生的环境场特征质能规整、结体运用整全协同一致中，发生在我的行动在承受环境作用时，由于身姿变化与环境特征分布生成了运动一体具身潜能。它既改变了我的知觉主体状态——外部特征进入到我的身体调节变化中，有了承纳中的聚合生成行动一致潜能（和谐品质聚焦），同时又产生了场能分布拓扑效应，在我的行动特征给出中有了场域新的聚合反应，促动了地质层的支撑互动均衡调节，生成了共在行动新的配置变化整全功能与具身融合时机。此时意向关联性已经在特征质能运用中被整全规整迁移，意向关联也浸透、输入了特征运用新的活力与具身反应，它有效形成了心力品质的组织运动，扩展与深拓着环境新的事实与配置变化，时间在互动栖居过程中改变了任何系统性构建，它是先适存，后产生连动功能的运动。因而没有垂曳运动，就没有经验在空间景深内部的直呈，就只是空间形式之上的、浮不出水面的不变隐喻，不会有切身感动产生出来，形式也只是主体意识自身先验认定的虚构。世界是好或坏，是善还是恶？没有垂曳灵动着的眼睛，无论你怎么说都不存在意义完整运动中的说，也不存在生命真实的说。而当我们能说时，说本身又只追踪那个变换着的运动一贯性，不再去关注僵死的形式。“美刺”的刺是活着的刺，当它刺一下你时，它自己也在痛，在那儿源始地活着一个身体和灵魂。

我能呈现一个行动，是因为我已经在支撑域的嵌合弥深运动中发展了与他物的默切交换，我的行动节奏在他物支撑可靠中产生了共现有效，这是他物的环境运动特征质能给予了我当下具身融合的对称运用，是我与他物此时可以同步给出支撑运动有效，即他物与我的行动在耦合弥深性中产生了空间节奏运动，他物的特征质能成为了我的行动稳定支撑的一部分，同时我又在这稳定支撑基础上同步发展了我的行动特征结体运用，把他物支撑能势转化为我的具身行动质能，共现了我的行动存在内外平衡与可感，此时交感性经验就体现为他物支撑已经不仅仅是支撑，而且是我的行动有效组织成就，它产生了垂曳运动共同空间效力，在结体、分形组织运用协同生成中他物还成就了我的存在全部动力，达到了内外平衡循环与共存，空间节奏化与境域韵律化就是这共同存在的聚合悬动产生出来的动感自在时空有效。也只有这交感共同时空存在着，意义才是可直接经验并生成转换着的，但共同时空又不是意识活动反映性质的公共空间，而是对称运用、阴阳平衡、转换生成着的亲和力缘发生时空。

可见，在世存在的意义是“致虚极，守静笃。万物并作，吾以观复”的运动，没有对象性，没有意向性，万物并作，真如在心并玄览集中。

实际上，当我们在相信一种狭隘的理智运动时，就已经被存在着的熔铸运动所抛弃，就像现代科学沉沦于一种中立客观性一样，这仅仅是主体意识的一个幻觉，事实是：意识是物我一体运动的意识，而不是主体一方的自识状态。我们的先人深深地信仰这一点，正像所有的原始民族信仰万物有灵一样，他们在坚实不移地实践着“万物有情”的交感沟通，“神理共契，政序相参。英华弥缛，万代永耽。”①这正是整全性运用产生的共同体生存意识，它以共同体的情景交融性体现了回到历史中的行动品德，这里的“神理”就是自然之道，是万物自然具有规律，其中并无迷信鬼神的味道。“耽”为喜爱之意，是情之所在。

一种命运共存的血肉之情，这是情深的内在能形品质唤醒着的共同体默会致意，是万物在关爱中产生的活动对称平衡与聚合生成运动，是被动感应在具身熔成中主动知觉、发现与运用着的源始存在命运力量，全部的被动感应经验只在具身熔造的能势栖居整全性直觉经验中才有了运动有效，它既涵括了行动有效的品质信誉力量，又酝酿了运动支撑可靠的绵延地基，时空绵延才第一次在这共在场域中被生生地创造出来。因此，当我在共在经验感应中自然地给出一个动作时，在举手投足之间不需要看，只要那心心相印的默会回到行动体验中，这动作在协同调节运用中就趋于完成，那共同经营着的“咸黑”的部分把我与他者连接起来，就好像有了一个共同的身体，而正是拥有了一个共同的身体，我才确确实实地开始了行动，它是我们的大地与文明。这不是一种情深，那么会是什么？当你不开放心灵的时候，你看到的全部就只是外在结构，而当你把自己深深感动的时候，世界又在你的眼睛中敞开了心灵运用支撑域具身无化的运动，全部的源泉只在一种无“机心”的时刻才产生了关怀着、命运共存着的活力呼吸，这是心的奇迹，唯有生命源始激情的力量才能证明着它。

“四始之至，颂居其极。颂者，容也，所以美盛德而述形容也。昔帝告之世，咸墨为颂，以歌九韶。”② 因生爱而赞神明，祝盟而成诵，成诵而体成。“形式”就这样先天被命名了，响彻着洪范九畴之

---

① 参见刘勰：《文心雕龙注》明诗第七，范文澜注，北京：人民文学出版社 1962 年版，第 68 页。

② 参见刘勰：《文心雕龙注》明诗第七，范文澜注，北京：人民文学出版社 1962 年版，第 156 页。

神韵。

那么，人类为什么又要去追求这乌有之乡的“形式”?

因为这是文明、生命与世界活着、永驻的“形式”，是解决现世沉沦与人类普遍迷思的灵魂“形式”。我们已经深陷于一种思的灵魂与心性被外在形式诱导、迷惑的混浊状态，文明净化力量与万物和谐的运动被导向于物质分解的坠落形式中，这是一种空心化的、去时间质量与生态历史运动的以人类为中心乌托邦状态，是观念意义取代自然品质化运动的宇宙精神寂灭，在物质分解的腐蚀形式中一切财富与意志力量已经走向了自然的反向。

因为此一形式是涵括着大地命运与历史生成的完整生态理性运动，是人类已经遗忘了的环境活动交换平衡调节与生活世界意义发明，是现代科学技术正在摧毁的世界具身活力。没有这一品质熔铸的形式，文明精神的运动知觉与活力就无法显示出来。

在文字中种植人类文明的参天大树，撒播中华文明精神的种子，实施中国人的思想与表达。

每一个环境历史产生了不同的行动风格一贯性，而一贯性又在环境同步协调融合中逐步养成集体无意识生态，这是一种视性运用心法，是内部深入崛起的源始动力，在西方的造型艺术中可以是笔触运用与刀刮痕迹的覆盖、涂抹拓扑无形之画法，在古老中国传统中已经熔造了一种笔墨浸透凝聚的一笔画法，悬动自在的笔触在深赜力道运用中行进，运动的汇意机制在笔画涵括着环境潜沉的综合运用中产生了独特的摄魂游走形式，只有太朴纯一环境潜动的丝竹之声，均衡力道的书法线条飞动产生了一种碑文铭刻式的灵魂和谐，这是中国书法创造的生态理性具身运用与民族语言品质活力高度一体化。

当一种言说思想出于外在情势的变化而横空出世的时候，我们一夜之间都变成了外国人，处在了与外国人学习中文一样的起点上，因为我们失去了承接这一语言文承风格与在此境域中和洽运用这一环境语言的物化知觉，失去了理解这一语言内部运成的完整汇意机制。这一点无须证明，只要看看我们现代的思想、哲学面貌、言说理路以及解释、评价运用的视阈就已经知道是怎么回事了，在灵魂深处、在理解力至深的能力上（一种境域语言源始创造力与知性存在融汇高度），我们根本就没有读懂我们的祖先，这不是现代思想水平的问题，而是源始感受、知觉与亲和力缺失的状态，是思想的意义有效聚合途径的根本改变，我们因此而失去了心灵的家园。它是一个既在外又在内的事实，外在吸引产生了一种方式变更，但言说身体的内在性还在文承质地中没有被根本抹去，中华亲和力的心性还沉积在文字之下的切身感动中，此时就面临着文字理解力的环境地质生成“还原”。这是全部解释有效的自身存在证明与历史塑造，外在方式、语法构造的字面理解不成为基本的理解，只有在文字书法气脉意行生成中真实存在的理解才产生出来，而要把外在方式言说内化为源始绵延的传统生命与环境有效机制，在历史深处召唤出这一民族活生生的精神世界，此时我们就是一个在文字经验运用中的“招魂巫师”，在充分进入到源始灵魂的仪式中去唤醒那文字历史所在的魂魄，“还原”出人类自然精神的天地情怀，这是文字读写艺术生命的唤醒，是对文字气动经验的刷新，是传统生命气脉传接与发扬，此刻不是我们在说，而是让文字本身站出来说才是根本。有了文字音乐书法脉络的汇意机制，我们才能在气动有效凝聚中理解词的生动质地，把言说运动的排叠、结体与天地对应调节综合质能产生出来。因此，在书法艺术的经营、布局与章法中就存在着语言默切生成运动的内在启示力量，它是我们在言说读写运用中的内在法度与集体无意识，是向天地共存道路致意中产生的、进入历史生命无极中心的大地文明礼仪，没有进入这一源始仪式的净身与虚怀虔诚状态，就不可能产生出共同交换的平衡与“齐一”，也就不存在活动中的对称与对话，这是言说支撑域内部转换与意义风格聚集的行止秘密。言说经验在这个机制中敞开着仪式时的景深与拓迭，那神龙摆尾、起伏于大江之上的动势栖居视性垂曳在文字意行促动、言化于境的造神运动中召唤着灵魂进入，复活着这大地一体传扬的世界风景，没有外在逻辑，只有情深在动的深处直接唤起的文字经验内在行动蕴涵涌现，情之极致处就是景深，是生活文字的气动声像跌宕行动体式。文字读写实践艺术在那文字经验的直接运用与全神贯注中产生出涵括文字游走的经纬与镌刻创造力，产生出历史长河的忧患意识与大地呼声。

这是重新学习运用谓词的非一构造性运动，是在“是”中注入生存活力与环境品质熔铸的渊源运动，是张文字之骨气、造文字昂然之风神的，在活化生成整全变化与意义结晶不变行动风格中再现历史。“形式”是品质结晶化运动中的内隐机制，因此不仅仅是意味深长的形式，更是产生意味深长的涵括运动与经验结体、分形运用呈现，它本身是一个动静平衡存在，我们看不到它的景深全部，它在特征熔铸中平行生成着，是只在均衡运用质能涵括中才成为了结晶存在的具身“形式”，这是一种内在书法音乐形式，是气动生命旋转与意象汇聚，在这个内在书法音乐融合运动中，只有一种意行的体式在行动交换中结晶生成着聚合潜动之能，此时我们看到的是境域存在运动，它在心力运用文承中产生了内潜直觉的结合力与协同质量对称，深赜的意境生成着运用有效的规整力量与体式变化具体性，它在生气远出的绵延中看到了一种聚神的飞动，这是在大范围拓扑觉知运用中视性存在维度的调整，看在不变风格中以具身承受的直接经验运用选择着看的汇意景深，意行在均衡气动运用中产生了内在风景并置关联的潜动想象与平衡尝试，在汇意机制中有效实施着一种生态取势，在这里启动的不是形式理性、逻辑的力量，恰恰是心灵存在的背景信仰力量。而信仰的力量又在支撑域脉动嵌合有效中创生、发现着内在承载、熔度性，它通过一种场域协同聚合规整与连续运动的“和声”而见证着生态取势意义，品质结合力与坚实性同融合的存在深度构成为共造生成的事实，这是生命力内在爆发与互渗强度的平行存在逻辑创造，更深的事实则是对于传统生命的感动而在地质深处统一了历史沉默的灵魂，在意行游走与深赜风景气动垂曳对称均衡放射中，产生了观物取象的内在聚合声像形式，飞动的线条凝聚着风格净化的潜动张力与取势变化，拓扑性的文字在意行脉动中创造出现身的姿态以及并置关联品质镌刻功力，大范围拓扑运动性创造了意义生成与雕刻碑诔的意象生命复活，灵魂在召唤仪式中产生了灵魂存在的直接信仰与感动，一切言说的根本存在理由在此产生。

没有这一绵延生成着的整全存在仪式风格在心灵实践运动中被唤

醒出来，我们就听不到文字内部事实地质熔造的声音，就没有一种切身感动的运动之韵，即没有了文字具身运动场域响合动感结合。而没有了气动生命的光与影的生态合成，我们就不能深达文字历史存在的理解熔铸，也无法完整地实现文字生成的逻辑，这又是历史生命存在的具体实施高度与气动支撑有效综合，是言说道路的开启。道说的实质就在于有了整全存在仪式的深度拓扑性，才有了道说的完整有效与均衡，才有了文字共在的理解运动，也才开启了历史传接的内部照亮，因此学习进入绵延生成的仪式是进入历史道路理解的动力基础，在读写艺术与仪式深度运用的相互开启中我们实现着文字生命意象的理解与内部音乐创造。我们在从事着严谨而又激动人心的生态科学，它在集体无意识的文字经验经营中，在时间持存中把言说形式与内容完善地统一起来，不断生成着名与实的深度存在融合，产生了浸透于人心与世界的文字血质与心的语言。

生态理性就是历史积淀潜在生成之理性，也是灵魂召唤之信仰传承理性，这恰恰是意义存在之气动生成地质运动决定了的，它比理性形式在空间内的运动更具活力，更加真实、有效、合理，因为它存在着、直接经验着、平衡调节着，意义总是在地质积淀基础上存在并生成转换着，这是具身行动蕴涵稳定质量与场域深度时空变化构成的对称运动，由此决定了整全存在仪式的内在形式与内容相互涵括，支撑的包卷、折叠、绵延性质，决定了具身行动潜能唤醒中的运用实施一贯性，这一理性并不存在于主、客体对象行为中，也不存在于主体思维活动中，它只存在于化境存在的动感自在中，因此它不是思维运作的产物，而是行动场域的实践具身品质，因此它是读写艺术的思想力，是造型在造型内在时空栖居运动中对于造型力的深入发现与生命力的聚合爆发，一种不断挤压的坚实时空产生出紧紧钳住气动积淀效应与张力运用的完整形式，伟大的静穆含聚着宇宙的风暴，成熟的稳定显现出行动中和实践的力道与功夫，此时“理性”把它的实施逻辑深深渗透在存在完整运动之中了，只有意义筑造的蕴涵具身性在均衡对称运用中创生着能指时间性，这与其说是面向未来的时间运动，还不如说是一种稳定性创造中的回归之道，在成为过去的生命拥有中降临未来命运。此一理性的存在逻辑在过去的历史生命沉淀中，是绵延性质的深度结合与爆发，它产生了过去、现在与未来的转换，我们在具身运用着消逝中的事物而同时生长驻留着内在气动品质，我们在紧紧夹住时光的尾巴把它投入到过去的旋动生命状态中，生成出未来的地质坚实运动与一体聚合经营造型，未来不再是一种可解的形式，而是传统生命的传承与发扬，是过去的感动把灵魂交给了伟大的历史生命，而在化养心灵中望到的浩瀚大海，他不再坚持不可理喻的向前，他将此身此世留给了感动所造就的历史灵魂，我们有了家，我们还要到哪里去？天地之道的循环已经把厚厚的土地与存在分量创造出来了，我们在守持过去的命运中等候着大地复生的希望，这是保守中的内在激进。

拓扑性的词、句与篇章构成了文字组织有效的自身存在“形式”，它是“文字行”内部反复组织调节、整合生发的文字间活力，是命运自然降临中的道路呈现与指引——一种结晶命运与“自性”的心灵直观形式，一种招魂进入的跌宕起伏激情放射时空，一种沉潜在文字运动地质层之下只露出冰山一角的神圣威仪，一种时间传承、生成、永驻的具身灵魂显现。这正是我们的共同体精神世界。

一个人如何才能显得有精神？其实这句话只在一种情况下说出来才有意义，就是这个人本身已经有精神，由此才存在着如何显示，但是精神本身又是人的综合素质中产生出来的自然品质与高贵精神，精神更是超出于人的有限性而深达完整信仰的生命世界。因为有一种现实是现实历史的实践艺术产生的物化精神状态，是在自身环境存在内部获得的圆满动力，它是精微、综合的，更是聚神绵延的，如何配得上给它一个“形式”而刚好把此精神风貌尽显无遗？这恰恰是一种精神运动及物的具身体现与以形赋神，是为了更显精神特征而对精神及物运动的加强——一种在具身性之统一中的具身综合变化形式，一种高度集中而又开放、加强着的特征效果。对于语言而言，就是这一民族语言的具身潜能所能趋达的最深厚、精细状态，也是最庄严、广阔的境地，是人类心智与文明完整的综合实力体现。在我们的文字历史中，为什么古人会给诗歌一种固定形式格律，为什么诗歌语言直接产生于文言而不是口语？除了特定历史事件外，更内在的原因却是以牺牲语言的某一部分可能性而更集中有效地成就另一部分语言潜能的实践选择，这是可以理解的，当一个民族在面对语言道路选择的时候，语言作为一种自然生化的存在所具有的潜能几乎是无限的，每一个语言运动特征所显示的变化都可能成为一种未来方向，而所有的可能与方向又只在语言实践积累到达了怎样的高度与综合实力中才显示出它的相对完整性。他们所面临的就是这样一种语言实践积累初期对于积累高度成熟的方向感与平衡性，我们的古代先贤选择了文言格律诗歌形式，从这里可以切身感受到他们那种高屋建瓴的恢弘精神与心智平衡，用一种能够在积累初期有效实施的文言形式建立人类语言的道说领地，在极具结晶效果的心灵体操"小宇宙"运行中临绝汇通、深测世界，显示人类文明精神的力量，它为语言积累奠定了"形而上者谓之道"的高度潜能，又为"形而下者谓之器"奠定了一种完整形式运动的物化力量。而我们所面临的同样是在积累到达一定高度中的具身综合质能创造之可能，是在没有固定形式可以依凭的对于文明精神高度的创想，这不是我们的不幸，这正是历史命运给予了我们的极具挑战的使命与生命意志显现机会，是大地文明再次创造历史新纪元的辉煌时刻。

古典诗歌与文言对我们来说是否还有意义？这根本就不是一个问题，而是一个人如何把以前习得的固定体操动作有效转换为自由体操行动能力的分内事情，没有这一历史意识，现代诗歌不仅没有高度，也没有历史，所谓新传统就连内在于环境的文字运用完整风格都没有，又何来传统存在的地基？语言完整风格是语言活着的行动力体现，它只在文字含具的物化经验特征运用中，也只有文字，而不是口语能够把环境历史完美凝结、组织表达出来，因此我们必然要激活文字的历史行动潜能，才能实现出承启的语言历史生命，也才在这一更新着的传统中产生了同一个语言活着的崭新语言表达（一种"身体"生长更新运动）。

因此，诗歌只是语言具身能力，而不是意思、哲理，分行也不代表诗，只有语言转化为无形完整运动品质，才在诗的语言环境内部组织活力中冲击、体现了世界完整活化品质“不可言说的部分”。没有诗的具身“天成”，那么人类就根本不再有活的理解力，也没有成就命运的思想性，诗是大地神圣的守护神。

诗（存在）不是说出来的，诗（存在）是做出来的，这正是文学生命运动的根本意义。如何把一个具身的内在精神与文字综合实力从它的运动经验及物的内部创造出来？如何显形人类文明的天地精神信仰与神圣威仪，在当前的文字历史经验积累基础上，给它一个还魂般的身体？如何让每一个中文字都跳跃起来，充满着澡雪精神，而又踏在了坚实积累的地基上？它是散文变身吸收内在形式而不断奠基着诗歌高度精神之可能性的创造，更是诗歌在一种强大精神支撑中创造人类的历史意义，同时也是二者有效结合创造一种积累基础上的再次综合实践选择，它既不是固定形式，也不是完全无形式，而是一种高出于古典诗歌形式视野的体式综合可能，是语言在走到固定形式完美边界处开始崛起的语言身姿凝结效果与艺术潜能的尝试、选择，不再有固化格式的空间炼字运动，而是体操与体操精神显现的物化器具完美结合，是此一民族语言能产生怎样更具精神表现力的语言潜能同它的行动蕴涵致意的结合，是重新堪舆动觉活力聚合“单位”，提取原型建筑拓扑的音乐风格，学习此一环境中自然之草木、大地、山河，显示自身高贵品质的发现，是我们先人创造的人文精神风貌的现代复活，它从天而降，自然还魂，是心灵感怀的实践成果，是大地致意的风声。只有生活中的文字产生了文字行动综合潜能以及在自然历史中达到的精神高度，才真实成就了这一选择之有效。

生活中的文字是生活在文字直接经验中活化着的文字，它是散文漫步在语言长河（包括口语以及文言等）中命运垂临的具身运用成果。此时，散文在堪舆着诗的风水和眼睛，而诗则是这散文升华的龙聚，是散文在时间中练就的火眼金睛，诗歌的内部形式在信仰超绝的动力深处，放射着她那绝地通天的活力品质。

如果说文字在近处的触摸，是似水流溢着的华美、感怀，那么在这感性沉积的行止处则是托起这精彩年华的澡雪精神与风骨，它在流溢芬芳的文字华彩之下盘亘、起伏，在无声连绵的奔流中回荡、积势、升腾，一条从涓涓细流开始，不断汇合着的江河在空间行走的艺术中向我们展呈的恰恰是时间的伟大，是创世的神话，而此时当我们从高处再次眺望这个世界的时候，你看到的绝不仅仅是流水的运动，而是豁然立起的一泻千里的大地恢弘气度。

一种“感性的逻各斯”正是在感性运用的自身沉积中创造着奇迹，没有什么力量可以说服这一奇迹不能产生。只要生命不仅仅沉溺在遗忘与感性欲望中，只要生命在回望自身的时候能够沉静地享有实存感动，只要这实存感动不再把自己仅仅指向一个宣泄的对象，而是我们在其中关照着的世界不确定而又具有无穷神圣的力量，只要我们放弃一种外在逻辑的指向与企图，放弃直接说出以为的理由，不再把世界当成一个靶子，而是只有全部感性经验活着的“能形”完整运动，只有同一个世界在那儿协同创造着、无限变化着而又圆成通达着，奇迹就要发生，而这正是中文字再创神力的时刻。赞曰：

寒岁长风中娉立着风姿绰约的绿影
沧桑的命运酿造了优雅的文明
馥郁的芳香升起在水中央

翩然而下的朗月清风
沉静绚丽惊魂的深赜雷霆

二、内部事实

我们相信凡是我们知道的，都可以讲清楚。但是，当我们在讲的时候，在用言语传达的时候，我们是否又真正清楚讲这个动作的言语性所深藏的全部意义蕴涵？当你以完全工具、手段的方式同你的非常熟悉的朋友讲话，一直保持这一方式不变，那么不久以后，你的朋友关系也就玩完了，你成为了一个非常无趣的人，因为在你的言说之中朋友们听到的全部是意图、手段构成的言说形式经验，而没有了共同感的言语性经验。如果言说没有提供共同感应的言语性，言说在方式行为之下就没有信誉，构不成共同拥有的兴趣世界，只是空间操作、手段，而不是朋友们存在的可能。在这里，想要讲清楚你所知道的（其实你也并不一定知道“讲清楚”在言语性活动中到底意味着什么，尽管那个将要传达的事实是你非常熟悉的）这一言说行为努力，它不仅讲不清楚朋友的共同感，而且这讲的行为本身也是一种无言的伤害，因为当你把一切都分解得一清二楚时，一种食之无味，弃之可惜的虚无骤然环绕着朋友之间那可怜的氛围，人们不禁要发出人生毫无意义的感叹，连朋友之间那一点活动的趣味都没有存在的必要了。我们每天在一起喝茶、聊天，整日在一起相处相交，难道就真的是无聊的事情吗？难道世间除了有目的的活动之外，就不再有其他有意义的事情？包括一种闲谈，就没有存在的理由？如果讲清楚仅仅是一种为了把我们知道的说清楚，那么有没有考虑到言语事实本身又是怎样存在的，难道在言语活动中就没有一种言语能力学习的交流事实存在？难道在环境中存在和言说不是为了一种时间中的意义，意义中的时间性这一更有意义的事情吗？此时知道讲清楚又意味着什么？

风吹过世界，留下的还是风
风从哪儿来？
风在风中说着风中的事情
风又说了什么？
绵绵地
绵绵
风——

完整性存在既是一个永远变化着的事实，也是一个无限多样的完整事实在时间性中的交构、配置变化，它是一个在我们之中生长着的变化性，更是一条在我们之中生长着、同时也在环境之中生长着的共在塑造，而此时言说行为根本就抓不到它，它只在言说不再一味为了某个固定的目的、视阈，而在言说成为一种言说存在活动本身时才在言说活动尝试有效中产生了意义。这一共同体的言说行事经验运动恰恰就不在主体性言说中，而是共同体生生造就的言语境域力量。它从存在着的运动事实本身中改变了我们对环境世界以及言说存在的看法：当主体意识行为在貌似客观中给予意识意向一种超出自己所不能控制、也不能完整有效地使用的人类自然行动权限的时候，它是在对一种完整活动意识与可靠性缺乏自觉有效维持与运行的情况下，以一种与完整活动行动蕴涵凝结有效倒置的空间意向经验行为撕开实存运动本身，这就是意向行为的定性夸张，因为此时一种完整活动的内部对称均衡交换被量化的性质规定所篡改，言说在没有完整言说经验活动有效交换中失去了言说内部的动态张力平衡与生成机制，它在僵直的理性中失去了人类生活的本真，失去了维持共同体发生的潜在生态运动与身体行动的共同感应实践艺术。

为什么会有一种意向行为对完整世界的定性夸张？为什么会有一种主体意识活动对“我能”处身于世界的感知性经验的不同？因为意向行为产生于一个基本的假设前提，即它认为世界存在是一种外在于我们的客观，是一种在这客观性之中的结构关系。然而，结构关系从何而来，它不在人类语言中而是在语言有效之外的一套符号性运作，这可能吗？我们总是以为世界客观的连接已经在我们存在之前就存在了，不以人的意志为转移，但是如果我们的感知性经验只是一种在运动变化之中首先被给予着、被塑造着的经验，那么在我们存在着的活动之外，我们还能说那世界客观连接本身是什么吗？没有我们的活动在场，我们能知道、能言说这客观连接有效吗？如果连接有效本身就只是一个在经验着的事实，只是我们在被造着的过程中才产生着、经验着的事实，那么我们还能说有一个客观连接本身一直不变地在等待着我们去经验它吗？客观连接的经验从来就没有离开过人的在场有效性，不是那个客观经验不存在，而是那客观经验只在人已经存在了才成为了可经验、可言说的，从来就不存在没有历史在场的客观有效。在这里，外在于我们的客观连接想象之所以能产生出来，就是因为我们一开始就假设了世界变化无时间性，即世界客观的运动是在结构关系多样而又不变的前提下被构造的，就像我们想象人是社会关系的总和，而没有了下文——人也是在活动中创造着、变化着的事实，也是在一种共在的运动情势中变化事实的缔造者、享有者。世界在自身存在中内部生成着自己全部的过程有效，它是语言活动性的。

如果我们并不能在形式语言中说出事实存在的全部有效性，一如我们没有在场运动对称有效与汇意，没有把深藏于共处行动之下的那个对称均衡交换产生出来，那么我们又怎么能够证明，此时我们的“讲”是已经凝结了全部存在的有效性的事实传达？反过来说，如果言语都没有给出它自身存在运行有效，没有语言存在着的语境、语势的嵌合生成与能指时间性，那么我们又如何知道此时的“讲”到底意味着什么？可见，我们所知道的基本事实是一个存在事实，即知道的“逻辑”只在运动有效汇意机制中，有环境熔造的整全存在品质见证与默会性历史，而知道的言传又是在言说行动生成历史中，只有开放了言语存在历史内部生成的行动蕴涵与变化调节，我们才能在此时此处深入到事实存在的运动中创造言说的对称均衡有效。那是一个在事实处身的深处产生的理解与言说，已经在表象事实之外整饬了知道的涵义与言语的能在思想。

如果语言事实不存在，那么就不能成为传达事实存在的依据。如果言语是存在着的，有它自身存在生成的历史与言说有效运动性，那么言说传达事实存在的经纬就已经不在言说的外在形式逻辑中，它是“现量”，一种在完整生长着的事实中对称均衡运用、组织的“历史性直观”能力，一个量即是质，完整存在运动、变化的质性生成力只在语言直接经验具身有效行动中存活着的质感真实，不依据人类一般思维形式思考而只在语言经验事实行动转换中运用着的动感完整生成活动，在此它已经不是某种外在标准可以判定的事实，而是语言活着的历史现实生动，以及这一生动性本身要求着的综合运用素质与行动实践艺术直接体现给出了存在着的全部实施有效依据，它在语言直呈的“身体”运动品质中成就着我们言说它的玄鉴意味，以及给出着这一生成事实的全部可靠与意义判断依据。这是由任何一个环境事实寓居于环境完整活动的独立实存产生出来的自然品质运动性，它给予了我们一种事实存在地域性与自身构成行动中经验的“逻辑”，这是由事实成其自身的环境生态聚合拓扑运动风格给出的在其中的判断有效以及意义运用认定，它把环境历史当前化，又把环境运动进行着意义具身“化工”体现，因而不再有一个超出于事实环境实存运动的形式。

事实存在以“现量”的完整能力与整合风格出现，它是超形式的能指时间性运动。只有一种似离则合的运动才产生了共鸣，也只有共鸣在深度嵌合的默切生成中才产生了超出于外在形式的运动性，它在起、承、转、合之间，在跳跃、腾挪、触及支撑有效运用之间产生了运动的内部交换，这已经不再是外在结构功能，而是事实存在的深度“文明”，是物与物、物与环境之间的共造生长与相互致意，是文字内在于言语，言语运用有效涵括着文字存在历史，在行动支撑均衡运动性中分配、并置、贯串而悬动存在着，产生了全部动感自在的交换与文化活动。这是先有了文字事实，即文字自然运用凝聚，先有了文字记载的环境活动性，即文字整全存在的见证与功能交换生成，才产生了在文字运成内部时空中的言说；先有了语言事实完整存在，才有了意义有效逻辑判断的环境历史与环境事实共同存在的证明与意义运用，这是语言存在的自然历史一般理解。此时，言说并不在符号运动与外在规范理解中，结构又恰恰是文字运成历史的内部存在能势，是文字熔铸着人类存在理解有效的行动机制。语言的运用有效从来就没有离开过语言言说的活动存在本身，而言说活动性又是一个在场行事并经验变化着的事实，它产生了语言汇聚自身存在的意义，即文字物化活动。原来文字并不仅仅是一种图画符号，文字是人类言说的完整事实，只要看一看《说文解字》中文字产生的几大功能，就可以深深地领会这一无以言传的神妙——文字是人类言说飞翔的翅膀，言说在语言存在的事实地基上传达了文字超出于意识想象力的功能，它是在世神造之物、还魂之物。符号永远不会消失，而语言会消失，因它是自然之物，人类不再关心它，它就离开了我们。

在这里，我们只看到一种变化全部源出于活动具身的运动。除了具身行动切身经验之外，不再有意义存在的外在权威与标准，切身经验体现了一切意义理解的存在之本。这意义之本正是人类通过文字自身运动性的发现、维持、生长，创造了人类自然生活走向世界内部深处的天桥，它用人类生命的自然心灵换来了人与环境存在的一体运动，仿佛两个天地间的筛子在筛动、契合着，在筛子（自然环境运动与人类画符赋义熔铸运动）运动之间，一种深入相随的身影化入把中文性大地的形象冉冉托起，一颗人类自然磅礴的心灵在中文文字身势荡漾中浮显出来。

只有两个运动独立自在而又共在生成才产生了交换效应，即运动不仅仅是一种秩序改变，不仅仅是结构功能产生的效应，而且是品质、质感交换，是地质生成。然而这又是一种更基本的意义奠基运动，它产生了一种存在的内部交换完整事实，即存在的运动既是循环、周延的自在运动，它完整地自我生成着，同时又是开放经验交流的、非一构造性运动，是未完成的充实与转换运动，它在可塑性与功能交换发明中存在着，在文字直接经验共同世界生活性中产生出来，它也必然在事实直接经验中被体会到。文字是组成语言活力“单位”的渊源性“质料”；语言又在完整存在运动中刷新着文字渊源性“质料”的行动涵义，这是内部事实的共造。如果没有“内部事实”这一沉淀与生成运动蕴涵的话，那么文字就不可能有自身沉淀、生成结晶性，如果只有一一对应或系统符号映射运动，那么我们就经验不到文字内部传达远远多出于符号的感受运动，文字也不存在。然而文字这一整全存在经验有效运动又是存在着的，如文字叠加、对偶效应，文字韵脚产生的双峰值的内部震荡旋律，以及文字之间的相互牵引、并置影响、融合一体的品质聚焦，等等。在文字直接经验与行动赋义之外我们不再有可以理解这一效应的途径，而它又是存在着的，如此就产生了一个极具爆破性的事实——文字的结晶性证明了事实存在的一般运动，即先有内部结晶性事实存在着，才构成了文字源始存在的全部运动可经验性，而且这一经验性又是在语言整全存在性中把握到的生成事实，即那种不同于行为方式从局部到整体的构建运动，它只在言说活动中直接经验了共同一觉知运动，才成为了文字与语言相互见证、生成着的言说有效，才产生了言说意义本身。全部事实不再是一种形式抽象、概括的逻辑，而是在直接经验运用具身有效中自我生成的能看、能感性经验综合的完整实践艺术知觉意义。文字从它诞生的那一刻起，就为“内部事实”运动而存在着，也因为有了“内部事实”的运动存在，才产生了文字的言说交通性，这一点至关重要。因为没有“内部事实”运动存在着，就没有主体的行动驻留与活动可靠，全部外在事实也找不到如何连接的机制，理解也产生不出来。因为一个没有生成机制成为理解的源流，我们最终将被不可理解的运动把全部事实从根基处推翻。

然而“内部事实”并非是从形式意义上来说的，而是从事实存在的源始发生上来说的，因此，这个“内部”不再有一个它之外的存在，它是有限无边的潜沉拓展运动①。语言存在于它的内部运动中，指的就是它的直接经验行动运用意义。它是一个行动场域，有限无边，它把全部存在性事实囊括于这一内部卷曲、沉淀、结晶运动之中，并以这一结晶放射性渗透于环境活动场，产生共在生成运动交换，在这直接经验存在之外不再有有效性事实，也没有这之外的视听性相对于这一内部存在有效而存在着，在这共在变异之外的客观中立视听只是一种没有存在证明与在场经验有效机制的虚构，是真正的虚无。

内部事实不再是知识行为，而是实践功夫完善着的品质、品鉴活动，是立足于环境历史物化运动效果的运动质能综合，在行动中实施，也在行动运用有效中凝聚的高度具体性与交互渗透功能转换、发明。它是共同体内部活动事实，是没有物质、精神之分的而又能在特征结体、分形运用交换与开承转合中进行着的物质、精神转换运动，它以共同体运动综合品质，即行动蕴涵实践艺术风格体现出来，是进

① 这是内部事实无外性：“天地生于自然，万物生于天地。自然者无外，故天地名焉；天地者有内，故万物生焉。当其无外，谁谓异乎？当其有内，谁谓殊乎？地流其燥，天抗其湿。月东出，日西入，随以相从，解而后合，升谓之扬，降谓之阴。在地谓之理，在天谓之文。蒸谓之雨，散谓之风，炎谓之火，凝谓之冰；形谓之石，象谓之星；朔谓之朝，晦谓之冥；通谓之川，回谓之渊；平谓之土，积谓之山。男女同位，山泽通气，雷风不相射，水火不相薄。天地合其德，日月顺其光，自然一体，则万物经其常，入谓之幽，出谓之章，一气盛衰，变化而不伤。是以重阴雷电，非异出也；天地日月，非殊物也。故曰：自其异者视之，则肝胆楚越也；自其同者视之，则万物一体也。”（阮籍：《达庄论》，《阮籍集校注》卷上，陈伯君校注，北京：中华书局 1987 年版，第 138 ~ 139 页。）

入共同体活动的召唤、致意机制与建立活动可靠的礼仪制度，它不是外在形式，而是无意识原型，是信仰着、经营着就存在，不相信、不先行赋予、承受就感受不到的活动性本身，这是心灵存在的事实，它让现代意识活动全部失效，没有一个技术力量可以把握到这一自然物性，即一种行动者存在的亲和力，一种运动品质综合能呈与展布，它在过程有效融合中超出了结构分析。然而，内部事实只有和而不同（《国语》“和实生物，同则不继”），是在行动中运用着、理解着、相互适应、塑造融合着的同一个世界差异着、生成着、自然分合着的运动综合、循环往复事实，是只在内部深处中更能促成事情本身与成熟的设身处地事实，是本着同一个世界共同生活、相互关爱、支撑维持的无外性事实。内部事实根本不可能在全部主体意识中拥有，它是全部矛盾矛盾着而在历史深处酝酿出来的自然生成力量，是一颗心在世界中的无声思念、苦痛、忧愁、牵挂、悲悯而降临的神启感动。

有一种心物互动恒成的境域活动观照事实，是在质料世界中立起的人类活动环境语言垂曳生成有效与亲和力熔铸实践艺术世界，它在唤醒环境语言读写机制的言说行事有效中，奇迹般地复活了环境对象、场景空间与人类行动之间的互动响应，并在有效“氧化”吸收、放射环境资源中建立起了一个质料“内容”生成自有存在的动力，产生出在这一动力“能形”运用中的经验潜沉与意义，进而在感知性运用完整时间性与能指深度的历史融合中，达致人类活动天、地、人平衡运动和谐与“三位一体”畅神通智协同综合视阈。这正是内部事实的有限无边运动产生出来的合着同一个世界共命运、同呼吸的地质生成。

内部事实就是这人类在环境世界中广泛开展着的化境存在运动，它通过人类身体力行的实践活动同环境进行着非同一性形式的身体姿态、动作具身性交换，在创生内时空的行动有效中产生着源始意义存在，这是环境物化普遍缘发构成，是生成运动中的空间暗示与结体、分形运用以及功能交换发明造型艺术的前理解事实。全部的交换在一种物化交流世界中默会运动生成着，它发展了一种看不见的总体视阈运用有效与历史存在脉动。即在我们并未完全知道行动本身的意图时，这共在随附变化的运动就已经开始了，它没有一个在运动中的前后一致不变的结构，它只有共在的时间性成就，是随附变化本身的垂曳性生长的能在凝结与深度经验自成完整，它因此而产生了一种超距作用，没有直接接触，但影响又有如致意行动那般自然，它在行动蕴涵的内部才成为了我们可以见到的随附变化响应事实，事实把自身收藏在它的时间创造着的行动有效“身体”之中了，因此，内部事实又是一个至大无外，至小无内的“现量”事实，有着丰富的层次与交错落涵意义。异质交通正是环境活动开放的这一具身经验行动栖居成就，它在场域运动时空的特征运用连续变化中通过具身行动有效尝试，发现着现象不变性，这是现象变易与“我能”的行动有效嵌合生成的深度经验均衡调节变化，是在“我能”的具身行动对称于环境运动变化形势而生成的共造拓扑时空性，这是环境一体运用产生的“原道”时空，是共同体实践成就着的看不见的地质沉积空间宇宙。事实如果不在环境活动中产生出交互作用的具身行动空间暗示意义以及处身运用的均衡变化支撑有效，那么事物就必将成为了不可理解的，因为没有一个源始事实的理解可以在同构经验中产生出连贯一致的理解有效性。

经验的源始有效理解正是在异质交通、身体间转换的同一个世界具身效应中被发现的，因为现象的变化可以通过环境活动空间暗示以及暗示性空间转换表达出来，而空间暗示与运动转换又暗示着现象的环境存在本身，它产生了一个共同－知觉世界，即我在感受着上面双向运动变化时，也同时处身于经验塑造着我的感受性的无量交换生存境遇中，它给予了我的感受性存在意义以及行动处身共造运用觉知意识，“我能”的行动正是在这环境景深变化中产生了均衡调节深度经验才成为了有效性行动。这是经验知行合一的中和运动成就，此时“我能”的知性力是在行动有效尝试的动觉身体“修饰”与“分节”中产生出来的经验组织连属运动质能综合，“修饰”是我的行动在环境共造中生成的共同行动风格运用、响应约束机制，是每一个行动必然在适时适度地选择环境活动自呼行动有效位置与连属功能中产生的意义行动规整，它是构成完整活动品质结合与意义交换不可分的部分；“分节”是我的行动在不同的经验循环层次与意义有效组织中产生的运动支撑连续性与交换和声时空有效，是每一个行动必然在环境处身场景变化中选择着经验组织连属时空关联，并在同一个世界中又发展出高度具体的融合行动与意义时效性、运用艺术性的相对构成，“分节”是一个经验能指时间性给出的言说运用节度，是言说掘进深度时空的秩序纷呈与完整中和运动造型，而“修饰”与“分节”又在具身行动有效的综合平衡调节中生成着知觉杠杆（一种调节天平的意义），共同-知觉正是在这综合平衡调节运用与栖居可靠反馈循环中沉积的“能形”定型动力，是生成的立身、立言“原道”时空性，它产生了共同体亲和力塑造的普遍文明意识与地质生成气脉观象，在这个“至大无外，谓之大一；至小无内，谓之小一”的视阈中只有内容参与着的运动造型，“修饰”与“分节”就是活动组成本身，并具有物化交流质能综合实践意义的“能形”，除此之外，不再有单纯形式与意义有效分析。

在人类生活的现实境遇中，我们已经深深地陷入不能回到事情本身而在事情本身与意识形态之间不断争执、纠缠不明的状态，但事情本身的环境交互作用与稳定可靠垂曳运动以及环境内部生存行动知觉杠杆并没有立定起来，这是放弃了中文性综合质能实践艺术思想，失去历史潜沉动力与“招魂”的勇气、信心造成的，言说一开始就处于生存观照与存在信仰的严重缺失的状态，如此我们将永远没有生存根基，也不会有完整自然的人类精神独立意识，我们将永远处于跟风的盲目行动与悬浮状态中，从根本上丢失历史命运与传统。

“孰能浊以静之徐清？孰能安以动之徐生？”言说经验不在言说自身存在感应中存活，言说没有那文字运用飞动传神的事实出现，言说不在孤身诀别外在现实中让言说浩气长存般骄傲地站立起来，世界就不再给予言说本身。因为意识形态的操作意义被抛弃，主体的主体意识判断不代表事实存在本身，只有回到语言内部事实生成的对称无极状态中，即把意义言说转化为言说行动有效实践艺术完整“绘事”行动，让“绘事”活动本身成为我们启智的文明力量，具体来说就是在“毋意、毋必、毋因、毋我”的知行合一语言直接经验中产生一个活着的、自然呼吸着的世界，在内部氧化运动有效吸收环境资源中生成大地书法境界，唤起世间观照的“能形”视阈，在“能形”整全视阈运动规整修饰、分节经验运动造型中，产生出与“能形”运动意义相匹配的心灵之物言说与意义有效，才有了言说无法撼动的事实直接认定与活着的信心。

人类整体智性失去了“内部事实”支撑运动这一处境已经太久了，明显的事实就是技术科学在不断打压、排斥一种独立的思想行动艺术创造，大有把全部宇宙吞并于技术科学智性理解、解释活动之势，科学观察事实、科学实证事实、范式运动理解、科学视阈区分有效性等在自身势力扩张中一直遮蔽着“内部事实”，无视事物本身的发生机制，把经验统摄于空间操作而不再有立起在空间之上的交感共在生成经验，不再有物化动感自在经验。没有一个现代争端不出其左右，全部的“缸中之脑”在局部事实外在形式想象中构造着宇宙逻辑，利益的争斗与厮杀在此产生了，而环境世界在这人为运动中已经奄奄一息，动物、植物们纷纷离我们而远去——语言没有了家，人类正行走在失魂落魄、肆意破坏的路上。

语言已经被现实意识言说行为分割成两种本性不同的状态：一是平面化的符号、形式与表象语言，二是共同体内部空间暗示、转换语言。这是同一个世界完整语言在现实生活世界中普遍遭遇的具身分裂，意义表象与意义实存、意义外在形式想象与意义动觉可靠完整处于意识形态言说方式与具身性觉知语言纠缠斗争中，同一个世界知性经验消失在这斗争分裂、消耗不止的状态中，亲和力熔铸成为了外在理性与本体知识判断的牺牲品，或者说形象艺术实践意义只有在社会意识形态给予的一小块人文启蒙精神领地中，才成为了一种外在虚饰的平行物，一种“科学理性”的外表装饰效果。这恰恰是人类心智倒置、失衡产生出来的语言环境生态毁灭，是亲和力失去环境动力资源而又被外在形式规定遮蔽了意义地质生成运动的失魂状态，即一种能指性生成的“能形”运动与拓扑时间对称有效被技术操作所取代，被意识行为人为制造的意义所取代，生命价值失去了存在的土壤，信仰失去了环境物化的活动根基。

“内部事实”启动的是视听机制运动与综合质能言说，是历史存在着的传统生命之道。在事实被环境包裹、不可分离的基本行动力塑造中，我们将看到、感知到的是：事实存在只是在直接经验活动中存在，没有被外在形式分割的意识想象功能。小鸟不会依照你想象、计算的最佳捷途来运动，因为没有一个运动离开过环境存在活动与身体运用潜能的协调，而环境作用又有小鸟当下行动选择与能力统一着的意义，这个意义是身体经验中生成的当下最合适、有效选择，没有单纯形式最佳值，只有身体行动与环境调节中的更好，只有直接经验行动有效的综合运用努力。科学观察事实与知识构建正是违背了事实存在环境活动意义，没有了环境活动完整质量与地质中和可靠，因此丧失了知觉环境的真实有效性，它不可能成为事实存在的“真理性”奠基。

“内部事实”没有绝对形式语法，只有均衡调节机制与行动存在道路，是形式与蕴涵相互嵌入、配置转换而创生着共在活动生成性，这正是艺术“无法之法”区别于存在方式、规则有效的地方，因为创造是一种与事实更加接近的融合生成状态，它不在形式规定的间距意义与功能中。语言为发现“内部事实”及其言语行动运用而存在，因为只有“内部事实”运动才促发了言说的实在意义，“内部事实”结晶是文字存在运动的直接见证有效与环境交换成果。语言没有在“内部事实”中运动，语言就没有言说存在的道，而只有道的生成才确保了言说、理解机制的用尽废退与生长平衡，才保证了人类行动与环境的协调一致，也才产生了真实存在的语言事实。意识逻辑与工具理性没有语言存在事实，只是一个伪现象。

如果说世间有一种事业是采集全部的花粉、酿造结晶，然后把它们炼成蜂蜜，然后再拿这些蜂蜜喂给一种会唱歌的“虫子”，那么这一活动的神奇效果就在于：当虫子吃下蜂蜜后，它唱出了世间最美妙的歌，这是销魂的歌，让万物欣然舞蹈、荡漾，产生一种合成绿叶素的功能，让万物在运动中遥遥相望、相互致意，又有了一种相互感染、渗透。如果不懂得这一秘诀的人，只有当他看到虫子服下蜂蜜唱出了最美妙的歌，才知道这活动的意义。原来，这是一种高级的文字运用艺术，那些虫子把一个个像“碎片”一样的汉字，按照一种秘密的运动规律合生在一起而唱出了美妙的音乐。也只有当我们懂得这些“碎片”结合的秘密经验的时候，才能自己看到、听到汉字中活生生的运动，那是一些有影恍惚的流动，又是有言稀声的音乐，好像世界的全部变化都已经盛在了这些文字当中，有一种招魂般的巫术效应，从那些被合成在一起的影动、声音中，传达出大地远处的消息，仿佛印第安的巫师从烟火缭绕中看到了世界之兆一样，汉字的魂牵连在天地之间。

文字运动是人世交流的绿色行动，它的意义就是合成人类绿叶素，因为作为语言存在的文字并不是符号，而是物化经验，它在交流中承担的不是符号含义，而是合成运动性综合的默会力量，它是行动艺术实践的意义生成者，它可以把语言做成语言中的语言实践艺术，并能在人类集体无意识中传承、保持这一源始行动知觉记忆，从而延伸着人类行动与环境世界的物化融合知觉力。中文文字正是这一中华大地上一棵枝繁叶茂的语言文字生长之树，它栖息在这块土地上为人们合成着大地生机，在文字血质的生长中把自己变成为世间奇异的色彩和飘荡着的大地声音。

三、巫 史 性

有一种事实生机在自身运动中生出明净的眼睛，有一种眺望归来的感觉无声地感动着世界。深沉涤荡着的波光诞生了一个碧波荡漾的生命奇异世界，它是成其自身的视界，又是意义招魂的历史，更是世界万象盛开着的夺目色彩。

一首销魂的音乐，缓缓地、缓缓地流着，从它响起的时候我的心就提了起来，如破晓的光让我抬起了头，向往着庄严生命的声音在它的音乐中让我苏醒。

这悠扬的声音起伏回荡，一往情深地述说着、指引着它自己，而当它在倾注着自己的时候，我的魂又被它深深吸引，随着它沉浮变化，我的心被它刺痛。不知其为何故，不知其为何名，它让我的身体久久地震荡着、浸透着，追忆怀想着、向往着，仿佛我的心在同它一道歌唱。我听到了什么？是它那神情怡然的风度，那起伏变化的一贯步调，那深深抑制着的反复吟唱姿态，那朝向纯净明朗呼唤着的努力方向。我的心感到了我的神往，我被它的灵魂牵引感动着，我被我的感动所感动，我被我有此感动而欣慰、而感怀随想。

它是什么？它是一个整体，一个只是它自己的整体，它并不为我而存在，但它又如此地存在而开放感动着世界，它在倾注着自身存在的事情中成为了霍然跳跃在世界中的共同灵魂与呼吸；它是一个奇迹，它在它响起的时候，它只在它自己的声音中展开，它也只为它已经倾诉的而起承转合运动着、生成着，它并没有同我直接交谈，但在它运动呼吸的活力放射中，深深牵引着、召唤着世界进入，它以自身独特的存在而把我引领到一个随想连绵的世界，我看到了一个怎样的世界？一个风中的视界，一个幻化万变而又真实可靠的世界。

它是“无”，像一阵风，在能感动的时候，它就化为“巫术”般的灵魂附身，在它的姿态、风格运动变化中好像说了什么，但没有说具体的，只是空气一般地运动着，致密而又舒朗，没有抓得住的“所指”，漂浮在风中如歌如泣地绵延着。

又像树叶一样在风中飘落，说明了什么，指出了什么？它什么也没有说，也没有告诉什么意义，只是一个姿态在风中告诉着时间的神话，只是一个风格在流长的历史中说着它往复所以的故事。没有结构，也没有意向，而是身体在自己身体中发生着的事情。

我能说什么？——没有那牵肠挂肚的神魂如风一般，什么也说不出。

我又能怎样地说？——没有听到那召唤而来的无声感动与说出时深深致意的风神，也就没有怎样地说。

当能说的时候，我又说着什么？——不是什么，只是音乐的魂在运动着的生命，只是神魂般存在的随风飘荡着的影子，我能说的就只有这合着运动而存在的动感本身，它只是身体“我能”的说，不为字面意思而存在。

因为它是它自己，因为它在成其自身中才开放了能说的经验，而这一能说的经验又只在一种间接意义上才成为了言说事实有效，而这一自身存在着就是世界存在着的事实又只给出了在它的动感能形中的描述，它是我与它共处中产生出来的环境语言具身运用，如此我只有致意着它的存在才在我们之间生长了一种神魂荡漾着的言说河流。

这是世间奇幻的“结－构”：整体是个别地存在着的整体，个别是整体地存在着的个别，而个别与整体合二为一，没有了外在内容、形式区分，只有一种说不清、道不明的神魂风格在看不见的风中拓扑着我们。

文明的理解从这里开始，因为从来就不存在先于整体的局部，从来就没有无历史的现实存在，只有一种完整存在不可分的肌体事实先行产生了文明理解的道路。

生活就是如此，活着在活着的风中世界中展布着传承的逻辑，这逻辑既是我的，又不属于主体的我，而是我与他者的共同世界，这共同的世界又不仅仅是当下才发生的，而是有一个风神早就存在了才产生了我们共同无声的言语，才把我的魂深深地勾去。这一行动之魂连绵、牵连着环境内里一切无形变化与致意风格，它是礼仪，还是方术？是历史之道，还是巫术招魂？

在妈妈唠唠叨叨、不厌其烦的自言自语中有一个影子牵肠挂肚垂曳在儿子周围，儿子在专心做着自己的事情，心不在焉地应付着，好像没有意识到妈妈在说什么。其实，在这里恐怕说的行动意义更大于表象内容，它表达了什么，好像什么都没有表达出来（儿子可能只听到那轻缓的声音，而没有意识到它的具体内容），但一种活动完整性又已经被经验到，品质在场的内部结晶行动有效就在这里产生了，它直接启蒙了潜意识肉身性，身体力行在这里得到真实体现，因为言说引爆的是感受行动本身，教育在这里承担了复活生命的伟大意义，它是价值的凝聚与切身感动，文字的流动在这里有它灵魂的声音与无形形象，它以自身存在的质感真实在撒播着意义，有如春风吹过大地，小草发芽了。然而，春风与小草发芽又有什么必然的关系？没有什么直接功用可以被看到，春风不过是应时节之召唤在潮润的空气中把一个小小生命唤醒，它在天、地、人、道中启动了常青之法的招魂术，每一个意义是在自然潜入无声降临中产生出意义存在复活，是品质交换互动把意义真实镶嵌在生态循环的巫史招魂术中，没有外在形式真理性，只有行动中的命运来临。妈妈的声音在响起的时候，有如泉涌般浸润着心田，产生了无意识感动，这是无声渗透的环境力量。待到长大后，孩子全部的“种子”豁然醒来，发芽、开花、结果，文字的意行动感促发、凝聚了音乐世界水晶般透明的心灵，时间开出了存在花朵的芬芳艳丽。

因为生活存在着的只是它自己，我既在其中，又在其外，我在存在的“环”中凝聚着我的生命与历史，这又是传统活着的历史。

有一种现实生活的行为方式已经嵌入到我们的大脑意识中，我们成为了这一方式含义的领会解释者而浑然不知，这一切就发生在当我们一开始思考的时候，我们就不自觉地运用了这一行为方式所设定的语言操作与经验领会“逻辑”，发生在那思考本身所带出的“现场”，它已经隐含着领会、解释世界的隐喻、象征，一双全景式自我意识的眼睛以为看到了什么，然而，一提起笔、一开口，那充满灵韵的神圣之物、那历史在全域性中活着的神话已经被剧情不变的隐喻、象征遏制了生命存在的流淌。仿佛世界不会自己讲故事，诗意生成消解在主体意识喧嚣的画面中。

我们以为我们知道现实是什么。

我们以为即使我们当下不知道现实，我们还是能够思考出现实。

然而，那种方式含义性的视阈操作与语言领会—解释的全景式的透视又不过是一个“无知”世界的累赘物。

从“无知”世界那一点、那一刻开始，生活本身展开了它自己的步伐。因为世界属于生存于此间的人和万物，它意味着有一个生活本身经历着的共同体“行动化空间”①，在环境深处创造了我们看与思的本来状态，语言属于这个世界正在发生着的事情，语言属于这个世界发生着的运动不可分割的事实。

---

① “大其心者则能体天下之物，物有未体，则心为有外。世人之心，止于闻见之狭。圣人尽性，不以见闻梏其心，其视天下无一物非我，孟子谓尽心则知性知天以此。天大无外，故有外之心不足以合天心。”（张载：《正蒙·大心篇第七》，《张载集》，北京：中华书局1978年版，第24页。）

一种“行动化空间”先天存在于我们身体中，不是我们从行为方式那儿获得了环境意识，而是环境塑造了我们存在着的状态，我们是被造者，因为被造的逻辑在先决定了生存中的创造，因而处身于世界时间长河让我们一出生就在它的变易之中，不是外在形式，而是质地、自然品质——一种深藏于环境之中的物化塑身变易状态，一种共同创生着的直接经验共同-知觉世界。没有它，世界将是不可想象的，也知觉不到。

我们是在垂曳着的均衡对称运动中言说着世界。我们是在内心深处召唤着它时，被它的灵魂所感动时，才产生了说着的魂。

当一个时间的圆球把我们包卷入完整一体的行动化空间之中时，我们就会发现这行动化空间在创造着它的空间深处行动有效，而行动有效的融会贯穿又产生了行动化空间的生成境界，这生存着的实践艺术境界在生存中不断添加着一个内部天平调节中砝码的“重量”，同时天平本身也在沉积增值着存在的分量，当这个增值又把行动有效生长为一种中和（质能综合觉知），这中和在结晶中放射又深达了行动化空间的完整内部，此时我们再回神一看，那同一个世界中哪里才止一个文化方式中的视阈或视阈融合，视阈内视生成与沉积已经与世界缄默的潜在动力产生了对称运用，在相互塑造中创生了一个独立完整而又垂曳融入一体的无限生成世界，时间的圆球在无限更新着自己，把行动化的空间坚实地收卷在自己生长着的“身体”中——这正是中国古典思想中的空间宇宙意识①。当没有人的活动存在时，那儿什么都没有（无人类活动知觉经验有效），当有人在其中活动时，一切又已经改变，世界为我而源源不断地流出，我是渗透在这个世界中的一个自然果实，我的身体行动创意空间就是它的原道时空。

---

① 胡塞尔将这一空间宇宙世界叫做“可直觉性的宇宙”：“它被当作在感性知觉中纯粹地和简单地（schlicht）给定的诸事物的王国来直觉的东西，我们在任何地方和任何时候都能够回到这些事物上去。作为在任何地方都总是自在存在的事物的总和，它也许是人们通常称为与全部历史变化相对照的自然的永恒性（the permanence of nature）。”参见（奥）路德维希·兰德格里伯著：《生活世界与人类实存的历史性（下）》，霍桂桓译，中国现象学网。

空间宇宙意识是在直接经验行动运用中产生的运动性自我知感生成空间意识，它不是一个构建行为，而是一种经验实践艺术运用有效尝试在环境活动中基于环境变易以及行动具身感受的对称运用中和而产生的协同性运动自成完整性。也就是说，这个空间宇宙意识不是一个谈论的对象，而是运动经验着的存在以及此一存在在共属一体行动中的深度构成，它把人类知识行为从形式运作中拉到了如此境遇中：不是在知识行为中产生世界意识，而是环境经验的共同存在状态让世界为人的生存而存在，让人的存在为世界存在而贡献，这恰恰就是人类在源始生存环境中无中生有的前理解事实，是存在之维产生的非同构形式运动，这是传承汇聚环境风格的无所不在的“我能”运动。具体来说就是在经验运用中生成人的生存意义与行动有效，同时又把这一生存意义与行动有效聚焦、内射于人的活动经验生存意识与知觉完整中和运用，在高度具体的实践经验调节艺术中共现出经验存在完整觉知。这是运动共存经验的综合筑造，它在运用有效性中协同生成着行动蕴涵能势，这行动蕴涵能势又没有意向性，而是知感综合完整风格，是综合平衡具身行动素质产生的无意识内化空间肌能调节与紧张，又是在知感式调节与紧张中自动弥合的时间节奏跳转、腾挪，并产生出行动稳定可靠的共同一致趋向与拓扑坚实质感，它产生了一种消弭意识注意的瞬间中和质量与均衡融合。外视空间意识在一种共存经验交互作用包裹形势中，被环境紧张冲击力改变；此时“我能”的行动在作用于经验时产生了环境后退以及后退中的综合支撑反应，而这综合支撑反应又同时构成了“我能”行动处身对行动当下作用的具身存在有效警觉意识与调节规整要求，这一被回访的处身警觉意识是共存经验的动感以及在动感中的拓扑效应之存在可能，行动一旦把握不到它，行动就失效，而要把握它，又必须借助于行动尝试业已建立的深度经验中和，这深度经验不是主体意识可以构建的，而是对称均衡给出状态，是环境变易中的共属一体连属组织有效默会生成，它在共属一体的动感自在变易中总是经验和人的生存行动在场的适存运用，总是这适存运用本身的变易可靠经验沉积，总是可靠经验沉积中的选择与中和同时发生以及在调适中的时机性、运动整全性知觉意识，总是这知觉意识对共存变易的再次知觉运用与可靠维持生成具身，它产生了如此的行动实践艺术性要求：每一个行动在出场中是行动对环境存在完整性的行动蕴涵与调节变化觉知，是这一觉知对称于环境变易完整运动在深度经验层次上的存在可能与行动有效，是在经验共存深入中的“我能”与环境经验的整全协同变化。时间性中的外部空间意识消弭就发生在：主体意识状态不可能在当下给出的意识操作中又同时深入地照应到“我能”整全具身行动知觉意识，这是环境整全变易以及深度创构中的完整协同性，协同性的运动超距作用与致意风格并不在静态中显示，这是意识操作与身体力行在构成经验觉知运用中的时间性错位。而协同性又是作用普遍存在的环境处身境遇，它同步到场而又随附变身、响应，时间在这里只有一个纵深的时间质量在先决定着的存在广度与综合运用效力，即在综合平衡性中的经验深度潜沉效力，它产生了一种空间意识晕眩，这是一种处身境遇的同步变易、协同连属组织效应产生的表象模糊与空间不确定，因为此时空间意识平滑的时间（主体意识状态）已经在处身存在的警觉意识中被修正，产生了一种深度存在趋向要求与生存意识紧张，这趋向与紧张源于无主体性的环境共在意识动觉，它是没有主体意识的共在协同调整，是不在知识行为中存在的实践艺术立身“化工”反应要求，此时注意只能是潜意识的唤醒中的共同行动反射性注意，它在行动连属有效组织环节中通过运用默会生成已经把注意调校到具身融合境遇的身体完整运用反应之中了，因而产生了主体意识看不见而又实存发生着的经验，在行动中我们只知道有这么一回事，但又不能在意识中说出它的内容，它是人类活动无意识构成，在事后行动的痕迹中，我们可以看到这一环境特征拓扑效力与变易协同的生命化直呈。

环境是人类实存活动物化交流生成的“行动化空间”化境、化工事实，“行动化空间”是人类生存活动在投入到环境运动汇意机制中通过行动有效尝试产生的环境存在具身意义，并在环境经验的组织连属行动蕴涵运用生成基础上发展出一个整全调节变化的共同－知觉空间，这是环境内部时间圆成的空间能指性，是人类生存活动同环境建立的共属一体物化交流与亲和力熔铸运动造型空间，这空间中已经生成着时间品质，即在具身行动调节变化中经验综合运用与环境变易的对称交换以及交换生成的形势驱动力，在这里，物化交流中的亲和力是自然生存的意义完整的生物性关联，是人类知觉存在的源知觉，因为这一源知觉已经具有时间性意义，即只有在亲和力生成的“行动化空间”知觉的环境物化性质才产生出来，生存才建立，人的生存活动才能像自然生物那样在环境中生长中、交换着，如果没有这一随环境变易的亲和力连结以及“行动化空间”的协同时机性意义，那么生存的时间意义就没有产生，也就没有一种扎根于环境中的知觉运用与生存活动，人类的具身完整也不存在。

风格是大地具身完整的生态运动，它在包裹、塑造我们时，也还给我们一个同一个世界的基本直觉。这又是无对象性（模式、命题）可提供的人类环境共存经验与知觉，它是行动有效存在的先天性，是行动与言说无外性（即内在于共在经验运动综合有效）体现，它发展了实践艺术的直接经验知觉，即在环境经验运用中的一体性知觉，知觉在环境物化生成境域中，只要一动就产生出来，它是行动具身处境运用的自然反应，是生存完整的生命内在驱动力，具身处境的行动总在行动中要求着自身存在的感受力中和知觉意识，一旦静下来转换成行为方式运动它就消失。它形成了一个地域环境循环更新着的共同体行动空间，这是母体（大地）与子体（人类）建立的共同生存生态养化环境，在生态活动时间过程中给出着源始生存栖居行动有效，它是没有分化的生存意义完整，在行动有效中涵括着相持相生的命运力量，它给予了人类行动具身完整生存稳定与生命质量支撑，是自然生物环境品质生态化的同一个世界共在成就，是子体活动把自身存在完整寄托、扎根在母体具身化协同生成质量中的肌体与血脉相连。因此，生存的现实不是人讲出来的，而是在灵韵世界中游荡的灵魂眼睛在内视性中流淌出来的整全存在域的故事，是源始人类存在的神话，它聚神而不成为在现实生活方式中构建的想象，因为此时的诗意生成已经超出了全部现实行为方式空间想象，它在意义源始存在的母体中，具体来讲就是在生命行动亲和力的唤醒与人类语言成事促言善道的具身性熔造中，在语言文字结晶化的运用与“行动化空间”的综合质能觉知中产生了文—文明这一对称交换意义，因此唯有在“立言的行动现象学”中，也即是在空间宇宙动感自在的世界与气动生命运用中，言说才是立信、立诚与立身的质感真实言说。

如今我们已经不再知道有人类生存经验觉知运动的源始性这回事，不再知道这一源始性正是从人类源始生存活动经验中生长出来的行动尝试有效地质沉淀，不再知道正是在完整召唤活动中才产生了世界在场的灵界经验感知运用及其意义创造。它是天、地、人共在的灵魂发现，是人在浑然一体的世界中浑然不知的巫术自然成就，是反复回到母体中的生命源始运动与彻底的现象学必然。当人类源始生存的命运力量产生了这一活动，而这一活动又在知感经验觉知运用中理解了这一活动存在的意义，此时就产生了人类生活世界传承的巫史性言说风格，产生了真实只在自身真实感动中的历史生命意义。

无者巫也，还魂着身体；无者史也，绵绵着生命。

因为自身在自身存在的历史中给出存在着的理由，但理由又不是全部理由的逻辑推理，而是一个魂在它的完整中自然产生，没有痕迹。

“古者，包牺氏之王天下也，仰则观象於天，俯则观法於地，观鸟兽之文与地之宜，近取诸身，远取诸物，於是始作八卦，以通神明之德，以类万物之情。”①

从结绳记事、龟背刻符、占卜卦象的意义世界中，自然产生了巫史文明。不是我们想怎么说就怎么说，巫史文明是没有一种文承风格的环境聚意机制与完整经验活动有效在先出场时的状态。

因为环境源始生存境域才决定了“事实本身”的人类存在意识与物意识共现，这是知感性经验知识。知：知觉；感：感觉、感受；知感性就是知觉造感觉，感觉造知觉的互动生成，是生成性指向那看不见的历史长河的无形能量本身。因为环境生存的活动性就是经验与行动不分离的物化生成，它为人类生存实践艺术先天创设了一个“立身”的交换世界，所有的活动完整性得以存在、成立，都直接产

---

① 参见：《易经·系辞下传》。

生于这一“立身”行动对于环境经验对称均衡调节的建立，这是重新迎回、唤起环境物化为人类存在，人类活动为环境贡献的设身处地时间性经验有效与连续性前提。这是生活世界的“原型”，是人类生存在世界文明活动中业已尝试传承、生长、结晶出来的环境物化知觉具身交换世界，每一个人无论在何时、何地都可以在这个“原型”仪式的唤醒中通过环境物化活动，产生无意识具身运动交换，因为人先天处身于这一“原型”生活世界中，无论他在做着怎样的活动（意识行为方式或实践艺术活动），他都源始地存在于这一“原型”生活世界业已建立起来的人类生存完整可靠性之中，它是一种生态世界地质拓扑稳定，人处身在这拓扑稳定状态中并不会直接产生连接空间断裂的深渊感觉，他总有行动蕴涵对称均衡变化的“成对现象”产生出来，他总能在地质拓扑沉积的生态连续性中活动着。

原来在我的身体之中还有一个我能存在的环境历史身体，它不在我的身体之外，而是构成着我的身体的共现存在身体，我的身体不过是它的身体中存活着的一个灵魂“单子”。

此时我们才发现历史，它不是什么，而是发自内心的赞叹与致意——“幽赞神明，易象唯先”。此时已经有一个巫师（他是我们的先贤）一直在那儿如此聪明地行动着了。

他是那么的勤奋、颖慧，双目如炬。他用结绳，然后用龟背，再后来用筮草尝试着“行动化空间”中的行动有效。十万块甲骨文不算多，无限繁复的天象占星、对位以及历法不算长，地理风物、矿植物的布局记载不算广，还有地下没有露出来的，还有那先天易卦变化无穷的生生世界。鲲鹏张开了它日行九万里的翅膀，一个天地间人类协同运动的身体力行实践与时间节奏开放了人类生活艺术文明的境界，“形而上者谓之道，形而下者谓之器。”人类在这道器转换的世界中，发现了画符运用的天地象数与纹理，一个造字的实践艺术与天地精神开始渐渐走在了一起。

“仓颉之初作书，盖依类象形，故谓之文。”① 这是立卦占筮内部

① 参见许慎：《说文解字·序》。

事实具身意义运用的自然生成结晶与超越。因为文字是应人类环境活动时机的历练而降临的礼物，是人类生存物化交换的功能发明与地质生成共同成就，它是世界化身的自然风神，如春雨在时节的风声中飘落大地，时间之树开花、发芽了。

它是风，绵绵若存、用之不竭之风；它是风，谷神不死，带来了大地的消息。

“缅想圣达立卦造书之意，乃复仰观俯察六合之际焉。于天地山川得玄远流峙之形，于日月星辰得经纬昭回之度，于云霞得霏布滋蔓之容，于衣冠文物得揖让周旋之体，于须眉口鼻得喜怒惨舒之分，于鱼虫鸟兽得屈伸飞动之理，于骨角齿牙得摆抵咀嚼之势，随手万变，任心所成，可谓通三才之品，汇备万物之性状者矣。”①

人类开始了为天地万物立言。

因此理解一种环境语言，就是产生一种环境具身行动，而这一环境具身行动又超越了任何意识行为构成性，它是大地书法艺术产生的内在文明文化活动，是这一环境地质生态特征运用产生的能指机制实践合生性、协同性，因为在这里意义有效的地质引动只在天（时机）、地（环境事物）、人（活动参与）三者皆备而又产生了默会运动的对称均衡完整性时才产生出缘发性的连接，而时间同步性与运动协调变化又只在具身行动掌握了召唤它的意义致意机制与实践行止风格后才产生了心灵聚焦，这是环境活动的地质生成意义交换只在此一循环体内的默会共时有效，是行动直接建基在环境物化知觉完整有效之上的知感运用拓扑性，没有普遍同构的共时系统意义有效，范畴也是在环境语言内在调节知觉平衡力运用中产生出来的特征运动综合知感规整有效，即关系在关系存在的默会运动中生成的品质聚焦与意义交换拓扑运动质能发明。意义只潜沉在知感综合的运动品质组织有效中，它是自然天成的环境活动体现，是共同体无意识的行动蕴涵。正因于此，作为一种环境巫史活动存在的人类语言才产生了一种行动性“语法”，即立言的行动不需要外在语法操作，不需要主体意识意向，

① 参见李阳冰：《论篆》。

它在具身行动直接经验中产生运用知性能力，并在这一知性完整调节运动中把语言内部的物化潜能激活，产生语言实践艺术的意义发现，产生意义存在切身感动的中文性①。

我们不是在现实行为方式中领会着生活，我们是在环境历史中经验着生活，我们不是在主体意识构造中产生生活的文字说明，没有在文字经验中生成文字活着的事实，我们就根本说不出生活，生活从来就不外在于完整历史经验本身。

在这里我们向我们的先人致以深深的敬意，他们造出的“方块字”，有一种立在那里维护自身存在的抗争力，不让外在性分裂它，它自身造出完整骨肉而不易随便毁灭，即使把它改变成“简化体”也伤不了它的全部内在气血、肌质，它不容许我们这些后人把它抛弃，因为它在那里告诉着我们存在的历史，告诉着我们大地布局生成流转与万物存在的消息，这伫立着的文字与自然品质在感动着我们，它是天地之间的一个器皿，是天地降落的礼物，含着世界而自身在不断地升华。

事实存在还有一条巫史灵魂般的根本限定：如果我们不相信有一个完整世界在成就着我们，我们只有依此信仰展开共同体的行动与对称交换，那么无论我们进行怎样的活动，我们最终都将被世界出卖以及我们出卖世界。不管你有怎样的逻辑与手段，不管你有怎样的主体

① 中文性：是与文字巫史性直接关联着的历史潜能，文字的连接意义有效在一种巫术活动（《易经》）列卦成象与环境地质分布匹配中产生出来，而文字的音、形、义与词、句、章的造法又有一种地质物化的直接融合贯串运用。比如在配词上，“药”这个字有药材、药物、药效，医药、采药、服药，药理、药典、药酒疗治，药农、药铺、药房等在物、用、理、气（经营）方面的活动完整与环境关联；在造句上，有比、赋、兴的情景交融贯注与行动意蕴的经验质感运用、启承，确保了一种造句之具身完整的文字直接经验有效，而没有纯粹同构运用的环境特征去势化；在成章上，有综经、哲理、气韵、神思的语势、语境实践艺术，在布局、章法内外平衡与“随物赋形”体裁自由运用中通达道说的自然圆成，没有体系、结构对于在场具身规整与环境活动完整对称的失效。可以说中文文字是人类文明唯一仅存的活化石与物化历史见证，没有一个文字再具有如此的地质生成潜能与厚势，它的视觉动感之丰富、生动，它的质感气动之直接、大力浑厚，它的历史承接与文体转换、兴起之自然、流畅，它的完整具身静立圆成与气韵通达之迅捷、有力，它的宇宙意识意象生命之强烈，运动质能综合之准确有效，都证明了它是一种无与伦比的文字。

意识与意志，你都将处于自我存在消失的境地，没有灵魂，也找不到生命。因为世界是具身的，你不召唤它，你就会出卖它，这具身性就是这样存在着，它是人类活动的基本可靠保障与生物约束有效，人类活动与言说不可能超越这一存在限定。

因此，从来就不存在一个汉语话语场，只要它是开放经验性的，就有外部融合交流；从来就已经存在着一个汉语话语场，这个汉语话语场之所以存在着，是因为内部事实的无限熔铸运动，是过程本身。因为汉语话语从来就不是一个静态的事实，不是我们（或者古人）一下子就在其中、全部拥有了汉语言说力，先人们也在汉语言说存在的创造中，所以失语不是我们不在其中，而是我们不想在其中，不想通过读写行动的生活化来开启、实施它的言说力，在运用中成长。让言说行动回到我们生活中，实现着我们的生活活动本身，才是开启存在历史动力性之根本。因此，只有言说行动化、生活化，我们才能不断栖息于汉语话语场中，它既在又不在，在有无转换之间言说生成了自身，道路的绵延无处不在地呈现着汉语真实生命。

没有文字存在的意识，即没有那个我们信仰着的天地巫师的灵魂召唤意识，对于我们现代人来说就是灵魂深处的不可救药。精神分析也无用，因为你只相信一种精神分析的科学权威，但没有灵魂，也就不再有生命环境存在的历史与命运归宿，这一点使人产生了科学事实描述与文字言说经验的断裂，别样的变化解释不了中国人的全部活动与生存意义，没有历史经验运用的有效，没有意义生成的自身存在道路，我们的全部心灵活动在科学权威理解中根本就是失效、虚构的，一个活生生的人被外在权威活动蒙蔽、误导，因为只有我们的巫师在天地间召唤了我们文化源始存在的灵魂，才产生了活生生的意义生态调节与内在结晶深入理解，这宇宙精神的生命意识才真实在场，这正是文字存在意识醒来的时候。

我们只能在历史资源的沉淀、结晶中才能思想与言说，进一步地讲，我们也只能在语言给出的历史潜能中存在并直接经验了存在本身，才能言说和思想，这不是一种倒退，不是返回到陈旧的历史，这反倒是真正地前行，是创造存在着的开始。没有道路的言说思想，不成为坚实可靠的言说。语言已经先天规定了我们言说的真实可靠性，而从语言经验源始性出发进行言说思想，则是站在文字历史存在全部意义有效中的内潜创造活动，它输送着大地生殖源始聚合能量，激活历史，创造推动着历史性理解。

没有像风一样运用着的“风中建筑风格”的文字，就没有感动着的言说眼睛；没有像风一样绵延着的文字，眼中看到的就还没有告诉言说的时机。风没有带来它的消息，就没有说。

意义总在读写行动中创造着意义本身，在循环往复的读写行动中成就着意义理解运动，此时它已经把文字的生命性建立在读写行动运用内置于意义经验熔造、结晶运动之中了，是运动性本身在实现着自身言说有效与意义发现，这个文字言说的意义在哪里？在天地之间切身经验唤醒与文字运用的融合、转换中，在文字结晶事实开启着命运的降临的存在理解中，意义与运动一体存在着，相互推动着，它就是原始人类巫术的行动召唤，他在倾听自然世界内部的声音，呼唤着生活意义的自然降临，在发现着言说与世界的内在关联，他在用一种原始画符的行动有效把画符本身的意义从自然世界生态运动中化生出来，用一种文字存在的运动有效凝结出意义存在本身，这是运用中的活化实施，全部的意义在有无相生中转化、生长着，没有了固定的工具性效用与字面规定。因为在语言源始经验、潜能中言说与思想，不是重新开始的新的运动，而是我们从来就已经在其中的言说行动，我们先天就能言说、会言说，这个先天潜能就在言说行动的自我发现中。当我们说我们有话要说，但又说不出来、无从表达的时候，我们就已经在开始言说了，而那个想要说出的东西还没有转换出来，成为有效的言说，这说明我们还不具备言说读写行动稳定可靠，还没有让生存经验与文字经验融合而成就出坚实可信的力量，它需要我们切身的阅读与书写经验把语言源始存在的历史潜能激发出来，成为我们的言说，这本身就是一个行动实施的过程，只要我们持存于一种言说行动经验的开放性、自在性当中，让阅读与书写在言说凝聚给出的发现中，即把阅读与书写实施为一种运用、积累、发现、修正的循环往复过程，这过程运动有效性的自身塑造就已经在不断给出着我们言说行动可靠。而那个我们想要说出、传达的东西是否在这一过程塑造中还持续存在着，是否还构成为我们源始表达的东西，此时就成为了一种历史天命。因为生存经验随着文字经验的沉积在深入改变着人，这改变是意义存在的奠基与渗透，是生存经验真实存在的塑造，它随着过程行动有效的建立已经在改变着行动者本身，改变着主体意识对于言说的夸张与误用，它在用一种道德文字内部综合的力量修改、校正着人生体验，文字无声的行动礼仪与生态品质创造着人的生存历史，刷新着生命存在的觉知意识，而当初的那个经验表达可能已经不存在了，它在语言经验的自我塑造充实中已经赋予了意义存在新的均衡品质与行动意义，生存经验遭遇的困境与难题不再是一种障碍，而是已经转化为生命实现自我的动力。或者说当初要想说出的那个表达此时可能被言说完整境界改变、转换了，成为了过程中行动有效的意义充实运动本身，生命已经超出了想要表达的欲望，在经验生成转换的有无之间，一种意义文字的宁静愉悦看到了生命存在的意义，此时活动就回到自身稳定存在之中，回到了生存意义照亮之中，它在不断成就着内心生活的言说行动本身，此时我们看到的就不再是一个主体自我的意义，而是已经有一个巨大的动力源泉勾去了我们的魂，我们被历史深深感动着，被中文文字内里的光辉深深感动着，被天地间生命驰骋的原始力量与生态改变着，我们同先贤站在了历史绵延的深处，在那儿中文正发出着唤醒沉沦世界，创造一个人类文明新世界的声音。

正当中文如春雷般滚滚而来，黄道带在环宇间异常地颤动。

此时，暗黑的山川一片鬼哭狼嚎（天雨粟，鬼夜哭）。只见一条龙从田间骤然醒来，飞身腾跃直窜入那高天星际。

良久，一道晨光划破长空，远处传来一首销魂的音乐。

刹那间，万山沉静，万树披绿。

从此，一个文明降临大地。

四、心的语言

当现代科学以及人类普遍意识以一种经验意向方式出现的时候，

经验内在于自身的适存“道路”——即事物环境运动的内在生活品质消失了。这一严重后果造成了人类行动全部礼仪制度的丧失，意向行为从根本上颠覆了自然力量汇聚生长的共同体伦理生活，以行为方式占有性理解取代环境活动过程的生成、结晶运动，人的失信就发生在行动品质得不到完整经验，人的失德就发生在意向行为没有大地支撑的回响，人的失言就发生在言说不再是成事促言的切身感动。

让时间获得其存在的光芒，让一切存在着的返回到时间生长的结晶身体中，在具身拥有的时候，也就是创造出物化言说与思想行动力的时候。文字的意义如奔涌的泉水从它的身体中流出，这正是心的语言。

（一）具身

有一种整体是时间性整体，在没有主观构造逻辑与知识运作时，它是共同体内部实践艺术境域与亲和力塑造着的环境历史运动。事物以历史存在着的“质料”运动中和质能呈现自身，同时它也在这中和质能空间宇宙活动中以“质料”参与着境域组织运动有效贡献着绵延的力量，而这个空间宇宙意识活动在自我生成中创造着环境源始宇宙论，它是一个幻化万变的万物齐一共享的世界。这正是一种具身存在的整体运动，“整体”是一个活生生的变动不居的视阈生成，“整体”又是视阈生成结晶、熔凝的空间宇宙，“整体”是在这空间宇宙中调节变化着的整全中和的视界世界，它使想象和每一次行动意义都站在了自身存在的世界栖居运动中，在想象力运用的高度具体中成就着自身，真实则以具身运动完整造型体现出来，它是一个求同存异的大同境界。

人必须要迎回这一完整存在行动专注力，才能在内部事实运动有效的对称经验组织中谈论环境，这是一个环境在其中凝结着，又在对象性视阈之外完整存在着的环中垂曳世界，在内部事实中我们看到的正是一个脉动空间聚神的基质世界，而这个世界又是环境运动特征风格组织、变换的视界，它既是自身稳定可靠的，又是具环境质量的，更是有历史源流的。然而，人又极易失去行动专注力，一旦失去这一专注力，就意味着人失去了全部身体在场环境响应协同意义，从而失去了身体在环境活动中给出身体姿态变化特征具身反应与环境调节配置、组织有效，就意味着人并不是在环境中存在着，人也不可能理解环境，因为没有环境自身给出的完整活动历史与行动理由，外在的想象只是一种强加行为，一如我的手足在没有参与到的实际活动中时，仅仅凭大脑想象是根本无法说明“我能”。

不是事物或环境没有它完整存在历史与不可分割的理由，而是当你想象它空无所有，你已经丢失了它的灵魂。但是，此时你更应该问自己，为什么你在行动中有不由自主的自然反应，可以不需要每一步都作计划就能把一个行动连贯完成？

为什么我们在言说我们周围的世界、社会以及传统时，我们看不到它的内部组织与秩序呢？因为这一完整组织有效性存在于我们行动着的身体中，而我们对于我们处身的世界行动知觉又总是“日用而不知”。当我们在内心深处不再坚定地忠实于我们的世界，当我们不再用身体行动去生成我们的环境生活可靠性，当我们不再有爱，也没有痛苦着的恨时，我们就不再有传统灵魂与完整历史感。

你要对这个现实世界说：“我是一个巫师，我只相信内心的真实。”

因为心要用它的还魂术创造一个意义熔铸的拓扑坚实空间，把时间驻留；心要用大地书法艺术风格唤回逝去的历史，把存在的整体复活。只有心才能实现真实，也只有内心真实才能看到世界本身。

内心真实是灵魂的声音，它不反映在现实表象世界中，而在我们身体行动中由身体行动环境化而传接、融合着心灵汇聚灵动经验的完整性，这是在完整性中构成完整存在运动的中和潜能，它没有固定形式内容，只有行动专注力的自然成就——一种“能形”对于“能形”运动的形与势的有效机制生成与意义规整，意义从此才产生出来。

行动专注力的丧失就发生在生物约束的心灵平衡调节突然失去了空间宇宙对称运动，这是有如手脚运动与身体失去了平衡支撑的协同作用，是人在环境中行动而又不再召唤历史性的失落，是人的心灵与人类自然生存道路的双重历史消失，在自我意识取代历史生命意识的原始意义上，人一直以来在做着的是“虫子”吞噬它的内部稳定质量，“虫子”在“蚀心”，腐蚀生态完整品质。

行动专注力是在行动中产生的行动存在的周围世界及其对于这个世界在活动中的完整构成意识，这是一种人类行动与环境世界源始形成的生态动静平衡，也就是说，世界显现并不是一种主体视阈样态，而是把人的视阈已经源始地涵括在世界完整变化组织有效具身性中的动静风格显现，它在环境世界赋予人的自然生存完整性中就同时给予了人的视阈运用，这是在场活动中的完整存在性视阈，不是我们要选择怎样地看，而是全部看的有效性是“波粒二相性”的动静合一，即在对象静的显现中包括着视阈形式的源始时间性经验，包括着动的变形协同规整意义。这是一种对称性运用视阈构成，即行动存在的环境活动组织有效生成态势原始地影响着看的经验形成，它产生了一种在中和能力运用中的源始“我能”视阈有效形成与形式连动组织内视经验，没有绝对的静，也没有绝对的动的经验，只有经验在动的时间性地质拓扑中看到的一贯运动形成风格。它从环境存在完整视阈形成的源始意义上改变了人对于经验的先验形式判断，不是外在形式决定经验的视阈意义领会，而是根本上就没有外在形式这回事——先验形式是一个“机心”，它总是对自己的内视性说：“你看，我们不存在，一样活得多好啊。”然而，正是这一机心的自我意识运动让人从此丧失了一种更基本的经验运动，即基于环境完整的源始生存活动与世界具身运动意识——人在有了机心后就不再有世界完整活动生态性本身了，它首先在眼睛的心灵存在中消失。因为没有“结”，就没有“构”，先结而后构，此时的构已经不是先验形式运动，构是在完整构的先天有效性中生成着结晶意义，这是异质经验默会运动产生的经验能指时间性与具身运用有效，西方传统知识把一种外在空间意向形式当成经验存在的自身明证，这是根本不能成立的，它的直接危害就是人从此丢失了一种“能形”言语性，即人只在现实样态形式中说话，而没有了说话的能力生成运动，全球化的语言形式从此把人类语言风格地域生态特征从根基上消灭。然而，只有环境具身活动中内视组织有效风格存在着，这一形式产生于活动完整的无量交换自然成就中。

无量交换是从“现量”完整中产生的一种不可量化、测算的交换活动，它是自然、社会活动的普遍现象，但这一交换活动又并不是人来主宰的，它是总体的环境经营活动，人不过是这一活动的交感经验者、领会者、运用者与守望者，因为这一交换实施的组织有效性已经超越了人类所能力及、控制的限度，这一交换的整全运动性综合形势已经在人的行动视野、目力之外，它是一种无限渗透、贯串的综合效能与协同，这一交换的内在潜能与运动质量包裹、塑造着人，人又不过是交换活动的游戏者，他看不到游戏的全部，只在过程中享有。现代科学技术之所以看不到这一点，恰恰就在于它一开始就把自己排除在活动之外，并没有活动参与的对称平衡经验，只是一种局部观察与操作运用，它违背了自然活动的生态意志，没有无量交换的整全调节具身体现，人为构造的运动性概念，把环境世界活动一体性变成了分割的物理学造物者的空间。

这里只有一种无限行动中的拓扑运动不确定性。因为它在生成着、转化着、并置并关联着、互动贯串而又循环周延着，没有绝对静态的认知能指形式有效，只有“我能”知觉在环境对称均衡运动中的平行而又弥深的动觉以及一动觉经验能指时间性的具身运动，由此决定了存在着一种形式在完整行动化空间组织中的深度经验拓扑运动不确定性，它已经超出了认知行为的范围。这是无量交换没有度量的运动性体现，但它又可以通过具身调节运用在环境整全存在中产生交换有效性，这恰恰是人类活动产生的地质容承在同一个世界中给出的具身平衡调节作用，有一个天、地、人“三才”结合的人类生活世界具身协同运动，有如不同的身体组织器官与整全肉身的关系，它把人类、自然生命、万物同世界捆绑在一起了，不再是系统网络连结，而是命运一体的生活实践艺术熔造。它是一切数量关系存在的前身。

无量交换是超结构的共在活动均衡综合质能，是沉淀在结构之下的、拉扯着结构变化的直接经验纵深运动性，它有一种无形的力量，通过具身调节运用的运动聚焦，而在环境特征组织内部植入秩序运动机制，内在卷曲着的空间叠置转换与腾挪的张力运用完整效能，这一隐卷的地质生成运动从根本上改变了结构外在运动，产生了万物的差异性质，也产生了万物在差异中差异着的“位置化”、“时间化”变异协同完整意义，它是“我能”的差异行动在实践艺术中趋达的差异行动存在着的整全对称交换有效，是在对象行为中看不见的时间性与能指性（即差异在差异共在运动性中的中和之可能），因此世间就没有纯粹的结构量度比较与形式嵌套，没有形式确定性，只有无量的整全存在平衡比较。这正是“范畴”在体用不二运动有效性中产生的根本原因，它是垂曳运动产生的经验整全存在环境品质聚焦，是同一个世界在地质层深处发出的力量。

由来已久的一个错觉就是：全部的事实与身体行动“我能”无关，与心灵自然状态的运动呼吸无关。因为我们在谈论全部事实时从来就没有说过“天地”这两个字，因此我们无论怎样谈都不会有身体及其心的自然呼吸状态出现。

因为身体与心都只存在于一个更大的身体与心的运动中，这就是世界环境具身——一种无论是身体行动，还是人的智力都受制于活动完整内部组织有效与地质拓扑支撑质量的生物约束性这一共同体的事实。

正是这一共变的关系决定了我们所说的全部事实只在它之中给出，而不可能还有在共同体生命绵延、互动之外的事实有效。然而，这一共变事实又只是一种大势命运事实，不是我们在现实生活方式中所经验到的意义，而是和谐整体中展呈的生命意义，是在整体中历史的创造——它让环境历史以完整行动的身体性经验与生命能量出场。

因此，所有的关系都是经验能指时间性的，我们存在的世界不是从固定形式关系开始的，也不是从现实意义中展开的，我们是从完整语言存在的“无”的境界开始经验与言说的，语言在人类生活运用中在开拓着世界，人类又聚合语言动觉在身体性中发现着世界。也就是说，言说描述的世界不是发现外在“客观规律”，也不是在现实意义中进行区分、辨识、预测，进行批判，用一种想象的美好假设去言说现实世界。世界并不存在固定的隐喻，世界是我们能看的经验，因此它是“能力”的世界。而“能力”的世界描述只有一种形势内容，没有真值判断，也没有实体性质，意义处身于完整形势运动中，由具身调节给出它的时机性与组织连属意义有效，意义又在具身调节形—势变化中变异生成着，在物化经验交换中贡献于品质构成运动性本身，它决定了世界的描述运动是从语言开始，又回到语言生成完整性中，一切在语言中产生，一切又贡献于发展一种人类语言生成的能力，在语言能力中我们生长着历史的眼光，生长着实践艺术物化交换内在精神世界。语言能力具身有效既是言说的限定，又是实践经验物化结晶的存在证明，没有实践经验把自身转化为一种具身熔造的环境语言，实践就只是人为性的，而不是共造一体性的。实践的潜能只在环境语言给出的完整形—势知觉与生态组织有效性中，给出了言说真实，也就给出了历史真实。

而发展语言能力又是一个在先性的运动，是主体行为在采取行动与言说前对于自身存在有效性的觉醒，它在意识主体要展开言说与行动时，首先降临的是一种语言组织有效“我能”的视阈与限定，此时意识在观照意识经验时必然是以“我能”的在场作为经验存在的奠基，它没有意识主体对于意识流经验运动的体验运动与统握，而是“原自我”的真实存在以意识流经验的具身有效性约束着意识行为，只有意识把自身转换为一种能在经验的存在意识，即在意识流经验中发现一种能看的经验与语言组织有效完整具身性，此时意识经验构成才是完整知觉存在的经验。

当主体意识把一种只在环境中存在的获得性动觉经验及其能指经验时间性造型当成自身意识来体验和进行方式构造时，已经把环境语言能呈表象化，以空间操作行为取缔经验连属组织有效与品质化，以不变的单一形式连接牺牲环境对称均衡知觉中和与空间宇宙意识。当它说出一个物时，已经没有了此一物的环境质感，也丧失了语言传达的真实可靠，它从形式存在的环境语言运动风格中脱离出来，把形式隐喻固定与普遍方式化，没有了环境性支撑与生物运动约束，没有了实践艺术生命与物化交换。

然而，只有同一个世界环境整全运动综合视阈才是产生共同体伦理实践艺术理性的策源地，对于形式理性而言，它就是在共同体内部存在着的先天绝对理性，因为外在形式理性不存在，环境事物在历史长河中先天产生的空间位置与相互关系并不是意向性的，而是环境时间性熔凝的“超距”作用与内隐转换机制垂曳运动的成果，它决定了理解这一连接本身的理解有效性不是认知行为，也不是领会和解释运动，而是实践艺术“立义”运动造型，唯有在环境一体具身有效中，全部的关系及其理解力才是充实着和感知经验着的，而且具身有效又是一个开放的环境空间宇宙，全部的运动造型只是一个具身生长着的完整状态，如身体一般。

因此，表达只是在言说成为行事完整的组成部分中，只是在这组成部分在行事完整运动中需要一种内在言说中和的力量，只是在表达能够把将要实现的新的表达组织有效与活力品质在实施出来的那一时刻，表达才是可以成立的，此时，表达就是在复活语言的存在，也是语言“原道”时空自身行动证明，时间在这里构成了历史生命的动力，万物自身在说。

万物自身存在言说同主体性言说已经拉开了一个时间性中的空间距离，主体意识看不到这一历史效果，因为它是胡塞尔所说的“先验主体性就是主体间性”，那个“先验主体性”又是主体意识意向运动触摸不到的物化境域，是“康德所谓的时间环节的和时间性的‘先验亲和力’”。因此，言说活动只是具身“场域性”唤醒中产生的具身性运动，没有言说的语言直接经验具身运动，一切就还没有开始。

具身性又体现在静谧效果自身放射与圆满的自然天成状态，体现在空间宇宙意识的经验深度与运动造型完整，体现在表现的与运动转换暗示蕴涵着的统一行动共同传达出一个“言外之意”的对称完满世界存在，因此这首先是一种在当下所从事着的运动中，在这运动对称于“言外之意”世界的共在一体融合中，产生出一种现象变易引起的实践艺术语言“立义”行动尝试有效，而实践艺术语言“立义”就是在这一艺术语言活动中所经验到的能指性意义之有效描述与知觉构成，它不是同构性操作，而是语言具身运用发现，这个具身运用发现又根植于传统业已在此一艺术语言中生成的行动一贯风格，是此一地域环境中共同体完整交换形成的全部生活质料，它是无声渗透于此一境域中的地质风貌分布流转于人类身体知觉运用的源始性，是具有强烈生态化工性质的原创之物，即源始环境的知觉运用意识与空间宇宙特征表达运动造型决定了质料“立义”的地质构造性。也就是说，即使是西方油画，它也只在这一共同体重新建立学习语言表达中才产生出体现这一环境现象的切身“原声”表达，这里已经没有了西方油画的传统艺术语言，只有发展出一套平行、匹配于质料在环境交换完整性中的艺术语言，这一行动有效实施才开始，因为再美的“美声”也不能唱出此一地域共同体心中的天籁之音与环境共鸣。当我们有了这一实践艺术语言，描述就在这一语言“绘事”行动直接经验与拓扑运用中产生，它最先在“绘事”行动中形成一种语言构成自身的底基“色彩”运动并对称于现象，或者是一段话、一个弥漫在质料空间中的意蕴或线条的飞动传神，这是自我呼吸的开始，是主体的“绘事”语言栖息在共属一体现象变易世界中而深达“绘事”语言构成自身存在的拓扑运动，而“心有其理”，它根本就不是主体意识中看到的“本质”映射之理、结构之理，而是感同身受环境活动塑造着共属一体的运动存在，又是在活生生的现象变易世界中，在地质深处沉淀状态中用“我能”、“绘事”语言深达的垂曳完整平衡运动本身，是这运动着的存在在时间历练中升起的“我能”熔凝之心在“绘事”语言中的圆成共现，此时我们看到的不再是一无是处的丑恶世界，而是同情世界中升起的希望，是我们的情怀在天地间看到的共同之心，它没有偏向任何一方，它只是在共同塑造中产生了共同世界坚实可靠的道路，以及在这道路行走中共同变化生成的言语艺术拓扑运动结晶物，它在意义转换有效性、相对性中产生生命力本身，因此，它是一个中和运动事实，不再有静态对象的评说意义。

文字的意义超过了人们想象赋予它的，在源出的运动活力中文字就是人类文明。它不在于我们表达了什么、怎样地表达，而在于文明存在的生命力与综合素质给予了文字在言说中的物化精神状态，不是我们想要表达、实现什么，而是没有达致那完整精神状态与文明程度，我们就根本不存在表达与实现。因为在这里，物化精神状态规定了能舞出什么，舞不出什么，一种神魂的舞蹈只在真力弥漫中出现，而精力弥满又已经是一个存在事实，是能够施展源始舞蹈的生命力奠基事实，它既在舞蹈表达中，又在这之外。因此文字正是在这一实施高度上见出了文字无限之深，见出了文字存在的行动力。有什么样的文字行动力，才能写出什么样的文字精神魅力与生活质地，有什么样的文字澡雪精神，才有怎样的文字活力体现以及文字表达实施的高度。因此，在信仰的层次上就只有文字行动力体现，而没有了表达。它是文字文明整全状态集中体现，而不是我们说出了什么。在这里说与能说在品质结合力、生命放射状态中不可分地存在着，它是在举手投足之间已经蕴涵着的，是完整运动的细节深造，也是细节在整体中的给出适度自由，是有此一细节出现而超出于平常的异常生动与另类变化（一种协同变形运动）。写不出伟大的诗篇，只是因文字血性、血亲丧失，而不是玉石的好与坏，天造之物的玉石都有含烟生辉的时候，在于化养与人的活力唤起，诗正是这一实践艺术高度，诗是达致那生机焕发之时刻的结晶之物，是每一个字放射生活品质之身体活力的时候，它给出的就是文字文明，而不再是其他，写什么、怎样写已经没有根本存在的意义，而是文字活力出现时它喷涌出了什么，放射产生了什么。它成为了一种见证，文明精神高度的见证，人类生命强健的见证，品质活力存在的见证，它直指了言说之外的那个完整世界。能呈现什么，怎样地呈现，又全在于从那个完整世界中所获得的、具身拥有的，它是一个完整行动蕴涵与活动机制，而不再是单纯地得到了什么物理内容，获得的恰恰是先于字面意义的文字整全组织运用有效——一种能呈的质地与共同体精神，一种言说行事与环境的完整交换。没有人能超出于这能呈具身质能与体式、风貌，而在别处获得一个完整世界，因为它是生活，首先是生活本身。全部细节之生动，细节之组织有效，细节的具身感动从此涌出，没有另外的源泉，这就是传统与历史本身，它首先以绵延的身体出场，以文明的精神活力完整收场，而能呈又不过是在此之中的分有，在此之中的创造，以及在此之中的异常生动发现与新的有效组织发明，是具身栖居在这之中的运动生命崛起，是文字共现光彩而又在此基础上的深入崛起行动体现，是完整调节中生成着的道路。从这个根本意义上讲，没有人能违背传统意志，没有时间性的言说行为是不存在的，没有历史传承的文字，就没有质地能呈与文字精神。而诗就是这能呈活力的体现，它要自身说话，让文字站在那里以呈现的身体风貌说话，而不是说了什么。诗体现了一个民族的伟大精神，它在具身凝结组织中复活了文字承载的文明风范，复活了此一民族的信仰与创造，从这个意义上说，诗表达了高度的精神。言说只在诗的精神高度中才显现了言说到底说出了什么，产生了什么，因为诗就是我们民族的肌体，是语言充满活力与天地精神的意志，如潮的诗歌精神与文明气度响彻到这个大地上，它是无限感怀的活力源泉，是承载与延续的能量。

在音乐中存在着“气韵”就是当乐音响起的时候，它的内部神使鬼差般地连接滚动，如流水一样不着边际而又销魂，它在不停地乐音滚动中催眠，当我们意识到我们在干什么的时候它又悄悄地溜掉了，我们看不到它，乐音是空、是虚的，没有我们可以抓得到的任何东西。当我们又回到它之中时，一切真实又如梦影般回到了身体，在身体中我们进入了温柔之乡，我们得到了什么？当我们醒来时，我们只是说，好舒服啊，仿佛周身血液又更换了新鲜的空气。

语言也有一种“绿”，是在文字行事经验中存在着的。我们在文字中划船，划呀划，好舒服，但是不要忘了那个“绿”，河流下面的“绿”。它是一个种子在包裹、熔造着我们，我们划什么？它不醒来，你就根本划不动，你所划的又不过是有如“在一张白纸上画出最美的图画”那种不存在的画，是风筝断了线不知道将在哪里埋葬自己的人为想象的线条，因为没有母亲的儿子根本就不存在。在文字发生微小震荡的波纹之间，一切事实存在的逻辑已经调转过来了，不是你在划它，而是它在划你。你说你是先锋，但它比你更先一步走在前面，你说你在消解，但它同时也在无声消解着你，当你还没有发现消解是什么时，它又已经先你一步自身闭合，不再让你看到事实存在的真相，因为它是一盆水，永远分不开。它是那样的温存柔顺，你用力抽它一下，看不到它的伤痕，然而全部的痛又已经埋在了身体内里，对着你做鬼脸的笑，那真是意味深长，因为此时已经有一个魔上了你的身，抽打又回到你的身体中，有一天等你醒来会把你吓死。我们怎能搬起石头砸自己的脚？怎能走在文字支撑道路中而不断破坏着脚下的土地？怎能在一种共同体的文字身体性中、在语言现象完整实存中不断捣毁着环境对称均衡与历史结晶？文字不是武器，文字是品质、质地、气息，文字的用是存在地用——心灵呼吸地用，气韵生动地用，身体健康与文字健动品质熔铸对称与协同生长地用，没有气的悠长、流畅，气的游丝牵引，生命又如何凝聚那支撑有效？在语言存在事实中只有一种“绿”的真实，它不生长，你的物化精神气质与思想调节机制就混乱、死亡，只有它活着，你才能随形舞动，产生出交相辉映的生命。文字已经先于我们的全部意义而存在了，不是我们要怎样用它，而是让它来告诉我们。

文字的“绿”是运动中活力放射的绿，而“运动”这两个字眼已经不再是物理学中定义的概念，也没有计算与结构，运动是大家的行动，是共同知觉的存在铸造。每一次言说回到言说之体中，先融合后分延，而分延、出离又不过是在身体存在中的一次远游，回荡在身体感应的回旋、酝酿中。因为文之体的气韵把言说的魂牵引，它在游神中划向母体的温存，是悠悠文字天地存在的声音在远处呼唤着文字，在文字经验的深处，产生出回荡于心际的情深，在缄默力量飞动中，文字之风吹过心灵的沟壑，在肉身记忆的皱折间长出的凝视风声的眼睛。那满眼的怜惜与热爱是心灵自身复活的声音，是生命存在的见证。

文字在哪儿呼号着，召唤着，没有心的感动，就没有可能听到那还魂的声音。因为没有一个语言不会召唤，否则语言也不存在。中国文字含蓄而骄傲，它需要更多的体贴、用心。如果一个民族总是在非自然、非古典意义上使用着语言，那么语言的自然生成力与交换性终将消失。而语言意识就是文字运动具身与自然生成的能力，只有它存在着，才能为我们提供语言使用的真实信用与全部肌理。在自然语言中，语言像万物生长一样向着自然阴阳调节的整全运动结晶着，它不是用来揭示什么的单纯工具，它不会为我们承担一切罪过。我们在揭示“真理”、黑暗时，已经过渡使用了它，正如一切谎言中没有人，一切真理中也容不下人，宣称真理存在的人与实际生活的人是不相称的，人做不到这一绝对纯度，语言也不在绝对透明中存在。语言是自然的力量，它不会因为人类技术需要的纯度标准而抛弃自然差异的丰富性，当语言失去自然伦理，失去内部响合质地声音的时候，我们就是在把文字存进婴儿般的身体往死里整，让它去堵枪眼，让它沉溺在黑暗污浊中窒息，而随着语言肌体的被伤害、肢解，使用它的人也跟着完蛋了，因为这个使用者不再有支撑自然灵魂的语言，他把文字生成能力在黑暗中全部耗尽，灵魂的真实存在随着语言自然生成功能的衰竭而消失。语言是自然的礼物，误用即是毒药，它会毒死人，把人变成没有灵魂的躯壳，把传统家业全部输光。

现代文明在语言自然意象力衰退中不断消失，这一点无需证明，只要睁眼看看就会知道，自从第一轴心时代人类创造了几大文明之后，人类一直都是在消耗着文明创造的家业，又有哪一个现代文明还具有那开天辟地创世的能力？我们因过度使用了自然资源，过度使用了语言生态，而不再有整全存在的大地意识与创造力，人类自然心灵的思想力随着环境意识的衰微，随着语言质地功能、生态运动消失而消失着，我们再也不可能有第一轴心时代人类把握自然意象整全存在的思想力与觉知深度，环境稳定质量与语言悬动精微性随着自然生态的器具性蜕变而更加不确定、更加式微，人的先天运用语言的整全熔铸力在换气功能上已经紊乱，我们很少有能力触及语言内在支撑域的运动，很难具备语言起承转合的自然运动力，我们说出的话大都是神散的，没有自然聚合性的，如此下去，我们将不再具备语言意义生成的能力，人类将把全部自然思想符号化，进而从根本上取缔存在信仰，世界走向碎片时代。

看不到那无形的风正包裹着我们存在的身体，看不到那历史牵动的生命之魂在无声渗透着我们，我们在写着、说着什么？

具身性是语言确立自身存在的基本事实，也是语言存在着的行动体现，因此，不存在固定不变的隐喻，也没有直接解释、表达确立起来的事实依据与标准。当我们在言说和理解中国古典思想时，我本着人类思想是一个活在当下的历史性直观事实，是需要我们不断去激活这一思想资源的人类语言风格内部组织有效，并在“我能”的玄鉴功夫与具身言说行动中把全部理解转换为文字直接经验运用，如果不是这样，那么无论我们说了什么、说了多少也没有用，说出的东西没有真实性。比如在你解释道所涵括的相关思想时，在你用现行中国的、西方的框架表达一种活着的思想时，人们只需一句话就把你建立起来的全部“学术”驳倒——既然道及其思想是生成变化着的，那么为何你的语言没有体现出来，如此你能证明你所说的是真实的吗？你的言说没有变化生长的能力与表达，你又如何能够去说道及其相关思想？

没有中文直接经验行动出场，没有思想化于文字气韵中的物化精神力量，没有中文性活着的思想表达，中国的思想就还处在事实层面之下，中国的思想还没有醒来。

只有塑体才能立象，进而明存在之理。而塑体、立象又是律生六合之声气，音调韵心之意动，这已经不是主体意识之想象，而是在文字直接经验中返身而在的言说行事自由，是身之默契自然灵动与心之畅所抒怀的完美结合，是言说身体的呈现。文字把我们带入到一个自由存在的境界，它有一种触及式的力量，这力量已经超出于形式同构想象，无论我们怎样在形式中为意义开出各种可能性，都实现不了那种触及式的突生，它像一个无法预知的客人突然来到了我们的居室，好像很唐突，一种无法理喻与没有关联性的造访，但这只是意识想象的一厢情愿与可能性而已，意义实存永远大于意识想象，它绝非偶然，它是一个天平，一道生动的亮光打开了天窗，使一切解释措手不及，使一切意义的研究式运动失效，因为文字是历史中的存在，是运用实践的成果，是运动连接的拓扑性、支撑性，是异质发生，它根本不在形式同构想象之中，它具有永远无法说出其存在可能的历史渊源。表面上看它好像不连贯、散乱、任意，但生活的行动蕴涵与实存交换又何止在系统想象之中？它的内在性，内在整全存在连接、渗透以及并置功能发明又如何可能成为形式运作中的明见性呢？只要你一从入神状态中醒来，那如梦如幻的情境交融就无声无息地消失了。每一个字显现的永远是连着文字身体蕴涵一道出现的存在，它不是百科全书式的构造，而是行动均衡肌体整全存在，有无限深入的层次性、交叉性、周延循环性与渗透融合性，就像行动实施的运动一般，它打破了认知行为运动研究的可能，如一滴水化于江河之中不可分地流动着。文字这一整全存在的运动唤醒着一种内在平衡魔幻巫术般的运动，这是大地诗性力量的自在证明，它可能形虚，但神不散，因为它的本性是肌体的，它在直接感受中回到了身体而爆发出看不见的整全存在力量，没有图式可以勾画出这内在的融合一体状态，只有思想肉身的品质、质地存在着，它以整全存在带出的存在火焰，产生了灵魂存在的呼声。

中文的每一个字都是那么憨实、流畅，伫立在那儿有如孩童一般天然、纯净，它在跳动、燃烧，它悬浮在纸面上相互摩擦、挤动，活泼地显现着内里的光辉，中文文字内在生命之质如玉石般晶莹温润，一个个方块字嵌入生成着多么深厚的力量。一当它在雪地高原的纯净背景中呈现，那布达拉宫式的建筑质地在文字高低错落的雕琢之间浮显出来，它是如此的庄严肃穆，文字在童真般的气息中说出，就像是从天堂坠落下来的五彩石。在理论论述中它将全部死去，趴在哪儿一动不动。因为中文文字是具身的。文字具身性正是那看不见的文字形声活力，它把自身存在有如绿色素般蕴藏在种子变化之中了，一旦它在文字悠长的气动河流中醒来，那说不尽的绿开出了万花的芳香，那道不尽的气动声像展现出变化万千、婀娜多姿的形象。

语言的具身性就是语言自我生成、自我显示的能力，它体现在语言可以自动形成一种源语言存在的知觉力与行动性，只要不是在对象性行为中，而是在共存的事实直接经验中，语言就可以闪现出自然事物所具备的那种内在聚合力与连续性，它像一个真实存在的肉身一样，在意识对象视阈之外生长着，语言自身的经验覆盖运用产生出语言经验垂曳的环境时空对称运用与整全运动均衡，当我们抛开意识行为意义解读，用身体行动的直接感应力去进行感受行动综合时，在无意识行动读出中，在感受经验运用的“出神”状态中，语言吐露“口舌之花”，把它的存在告诉了我们，就像我们正在吃苹果那样通透、纯粹，身心舒畅、回味无穷。这是语言经验直觉的平远性。

文字的秘密是世界“无知”的部分，它太微妙了，吸引着注意，并能修正着注意，它里面包含着合适的言说生产。这里有怎样的言词启用、搭配，选择怎样的先后秩序，形成怎样的缓急轻重，注意的精微性调整着语用状态，甚至在选择第一个用词的语速、语音、语调的时候，这个注意就在微妙改变中，而怎样不至于在探知文字背后的无知秘密上丢失？时常有一种弱中之强的声音在黑暗处依据它的全部行动力改变着探知文字经验本身的注意。文字在变，潜入无声地变，我们可能会瞬间就失掉对于它本身的注意，让你再也摸不着它。同时文字又在要求着对它本身的注意，不断提请、唤醒文字的注意。我们在它周围不断说起、提起而慢慢透出一点点光亮，让经验进入它的内部。只有慢慢地等候、消磨在隐忍中它才给出了它自身的力道，只有在无用中放弃并能想到它，才呈现有用，它给予言说的朴素、实在感，句句说在它的内部支撑上，踏实。

微微的调谐、调和轻而缓。无声的惊动一下就不见了，它转身变化、消失。它太轻微了，轻微中的沉重，轻微中的无限“玉理”、“无量”，天平中含着文字无量之大量。稍稍一拨动，它就起伏连绵，飞动、游走，出现另一个整全姿态，此时注意也被它吸收、塑身调效。注意的机制也跟着成另一个状态，它可能让注意失去它本身，它也可能让注意惊异，看到了什么，而所有看到的又在它之中，由真正属于它的，在不断给出与规定中成型，它让注意动，然后呈现，又让注意在它之中塑形，贡献于它的变动、调匀、绵延，注意只在它之中奉献，并给出，探问它选择什么、交换什么，由此在它的变化中才产生了气动品质。此时，合恰是一个两相碰撞闪出的内在调匀，刚好吸收了注意，起伏在变化多姿中把起伏本身包含在内，注意“无量”成为了有量，注意在它之中找到了可生长的品质结合性，进而产生了起伏于内在的旋转深入效果，动一发重千斤，注意定在了那儿，这是动中的静，静中的动，而定又是生长变化着本身，是无为持存的一贯风格。

文字的轻身是考验文字行动直觉渗透、规整的内部精微，言说在文字轻身酝酿中，文字轻含着全部生成的时间质地，因此它是轻的、微的，是酝酿而成的，它是生活世界沉重的色泽浓缩颗粒，直射内部状况、性能。文字在酝酿中交错、变化，在变化中沉积，它只在悬身气动游走中有天平无量的效应。搭配，是没有惊动周围振荡自在，在悄然无声中落下去的一个重量——词本身的重量。搭配本身也在内里唤着响应，唤着它的呼吸空广性，肌质、肉身在张开中吸附它的养分，要求一种周密、稳合，要求一个他词连体，还要在词中连绵、有势、运行，有一种贯通在唤醒着全部生机。而只有生机的出现才说明了全部色泽沉着的颗粒饱满、晶莹，才传达了整全存在质地。词本身的重量是游荡中的尘埃，而词的自由则在尘埃要落定时由词发生的相摩相克度衡产生出来，这是一种微闪的光，漂浮不定，在词的语言空间身体中寻找应承。注意给予触动，想要言说，但言说的传达在身体内部包裹着，它不外在表演，只在张弛塑造灵动性中给出合恰，抓不住均衡的气韵，又有对称的整全姿态与内聚饱满的适度，传达是在触动的注意机制、肌体性给出了、塑造了言说内部行动而产生出来。此时注意诱惑着词的言说内在变化，只有当内在变化稳合了词在那儿的感觉，词才被自在地放置。这是词的内部地质拓扑熔铸，是词的用，无量中的用发生的微变、化异融合，用在应承中有应承支撑嵌合状态，更主要是应承支撑产生了气动品质，气动品质之所以能产生恰恰在视肌对于词的质造性掌握，它看到了增值。而词本身恰恰就有内化自身的潜能，这潜能在词放入生存环境言说活动中由交流的质感产生出来，是行动感产生的对应与赋予，也是词能承载这一合恰位置所造，因为它有内部声音、视性，而所有的解释都处于世界内部黑暗中是无限趋向“无知”的发现，这“无知”是世界所开启的照亮与回收。

因此，文字的连接并不是你眼前看到的那样，也不是你逻辑中所理解的那样，文字在它的连接深处已经深深地进入到你的眼睛。连接是满眼斜斜的春雨，是团团簇拥着的绿意，它是在你已经读出的滞留、停顿记忆中，在你一目十行没有读出的未来中深藏的奇迹。

花儿开在季节绵绵的风里，字儿坠在玉色乾坤的肉身中。

不是字与字横着在告诉着你什么是道理，而是字坠在字的星辰里已经把道理埋在了纵深的可靠中，没有那字里行间渗透、蕴藏着的能指背景在下着无声信服的雨，纵使你造出千万个构架，没有道理——因为没有一个字被你真正搬动。因为相信文字，就是相信自己，没有外在于自身存在的文字。

一个字一个字地写下去，在文字的内里就出现了另一个风景，另一种排列。一本书一本书地写，文字在实现着一个完整存在语言事实，在主题转换之间主题消失不见了，只留下命运。一段文字一段文字地写下去，文字在产生着一种和恰拼贴的归位，要求着一体平衡的气韵变化与相互堪舆、反复调整的“重写”。一行一行地书写着，最后书写把行与行的表面逻辑更新组织，仿佛是把书写变成了线条飞动的并举，行与行之间要求着一种不断深入堪舆的精准位置，此时每一行是为着已经存在所有的行在聚集变化着，而已经存在的行又是在聚散分和之间为未来的行动准备着嵌合生长的空间。而这所有的行、段、主题变化又都在述说着一个无所不在的境遇——不是你在写文字，而是文字在写你，不是你在成就文字的现实，而是文字在深处呈现着你那无以言状的命运。有一个时间圆成的真实完整世界在你行动着的那一刻起，就已经在决定着你将有怎样的造化。如果你不相信它，你就找不到言说真实，无论你写了多少堆积如山的文字，最后你还是两手空空。如果相信它，它就在那儿成就着你，最后你会惊奇地感到，文字不过是你内心深处的自己，相信文字就是在信仰着自己的命运，在大脑想象之外，一个命运的种子发芽、开花、结果了，它让你渐渐地看到了自己，充实改变了自己。佛就是这样在你的内心信仰的深处开放的莲花，照亮了明镜的天堂。此时文字只写下了一个字——道。

语言的自动聚合力在语言质能运用中，它是一种在语言节奏、韵律中隐含着的肌体张力，一种返者道之动的品质结合性，一种生态运动潜能，这是语言经验存在的质造与集体无意识，是语言源始意义（行动蕴涵）的生成。

语言的自动聚合有如婴儿般纯粹、透明，又如婴儿般无辜，而它斩钉截铁的锋利感则来自于无微不至的关爱、呵护，来自于色空的悬动精微，它是无意识之用中产生的锻识成金的纯粹品质与稳定，在刀刃柔韧相及的刹那间，文字行动的柔刚合力迅疾完成了抽刀断水的运动，没有留下一丝痕迹。

（二）无用

人生所拥有的是流淌着的意义，人生所筑造着的是这涓涓细流沉积下来的绵延，人生所生长着的正是这一绵延润化而成的坚实可靠品质，它像自然果实般，一切存在着的都是为了那一片盎然生机。绵延并不占有什么，绵延只是自身存在充盈，然而，绵延又在创造着一种生命站立起来的奇迹，这个奇迹就是绵延着的存在之屋，它使生命产生了在那儿存在着的无所不在的真实，因为存在之屋留住了看不见的筑造运动，因为意义充实化在了身体全部潜能储备与生命活力升起的地方。此时，存在之屋空无一物，此时存在之屋又充实无比，老子说："三十辐，共一毂，当其无，有车之用。埏埴以为器，当其无，有器之用。凿户牖以为室，当其无，有室之用。故有之以为利，无之以为用。"①

何以有这绵延？何以能成就这绵延着的生命真实？

因为有个体生命自身生长的历史，更有个体生命在环境历史运动中的生命依靠和存在奠基。

你要像一个巫师那样用心性去发现这一切，做心性存在的真实运动，然后生命绵延的历史才从你的心性中自然流溢出来，从你的肉身中渐渐地生长出来。

这仿佛是在说教，这仿佛是在制造一种自我欺骗，让自己来蒙蔽自己清醒的意识。

我们的祖先就是这样一直天真地、无比坚定地在做着这一心性"说教"，在这"说教"的背后产生着无比真实的"科学"。

如果世间存在有什么思想层次的话，那么正是心性的环境存在意义确立了中国古典思想非凡高度，它不仅看到了主体意向性的"机心"，它更加超越在主体性思想之上，发现了决定主体性存在的绵延

① 参见老子：《道德经》。

源始时间性与经验能指性，主体在这个时间性的源始经验中构成自身的形式，这一形式不是观念性同构形式，而是语言的无对象性意义的完整知觉形式，它在自身空间宇宙意识中“映射”着主体性意识，同时主体性意识又必须不断返回到这个空间宇宙知觉运动平衡中才能看到符合事实的真相，而要达到这一思想境界，人需要放弃主体性，回到空无一物的完整活动心性世界中，即身体行动的品质塑造具身性中，在那儿看到的就是能看直接给出的，是动静合一的，在那儿用到的就是身体能做到的，是体用不二的。它属于前对象的拓扑知觉视阈。

用现代科学的话来说，这里就构成着两个基本运动原理——对称性运动原理和拓扑性运动原理。而这两个原理合二为一产生着身体行动吐故纳新必不可少的垂曳运动有效性。没有它，无论你有多高明的意向分析与语言分析，无论你说出怎样的存在哲学、生命哲学，你都无法看到意义从哪里产生出来，意义又是怎样完整地筑造着自己？因为一种身体行动潜能的生长并不在看的外在性、意向性中，只有心性存在秘密开启的运动本身才是能看的第一步，因为一种随着身体行动力而生成的行动存在着的功夫——环境能看的运用集中，并不是三维空间透视，而是大范围拓扑经验运成，它把身体行动、环境运用以及共同存在着的深度交感反应已经结合为一体，而只有心性真实的自身感动在感动生长着，才成就着无形散点聚焦存在的拓扑运用可能，此时它在筑造着一个心灵物化运动栖息在环境能指经验生长性之中的生命呼吸空间与地质拓扑运动坚实“长城”，它在学习生长一种游于物而又游离于物的世界存在肉身性与能在独立意识，如此，当它成就出一种真实可靠的行动与言说时，这一存在行动一开始就在世界为我、我为世界的共同关怀中，这一言说一开口说话就是心的语言。

因为有一种绿是满目沧桑而又不死的绿，是古老而又历新的绿，瘦弱无用的绿。它多么无辜，历经苦难，但又有一种幸运；它多么柔弱无力、常受人支使，但内里又一直润育着强大；它是那样瘦骨嶙峋，遭人唾弃，但正是那生存牵挂、依依不舍，又令它如此地隐忍、刚强；历尽令人心酸的历史依然不改生命华彩、高贵至尊的灵魂。眺望着天际星空，在无言承受中哺育着大地儿女，期待着枝繁叶茂的时候，一首荡气回肠的天籁之歌，一幅吟诵逶迤的画卷，把它那伟大身世同我们的生命紧紧相连。

如果我不是那么盲目自信，不是那么虚伪夸张的话，我就会看到，在我发生行动时，并不是这一行动在我的主观意志想象、推断中就已经存在了，就有了环境活动的时间成就。行动总在期待着自我调整中的共同存在对称均衡，而只有先天响应了命运共存的力量，行动才在主体空间想象、推断之外建立起了一个存在着的运动时空，这是失去主体自我意识的晕眩而在它之下产生出来的生动力量，它让我们切身经验到行动存在如下事实：行动之修正意义不再是一个主体意识可以判定的差异或有用性，而是共同存在的运动有效本身在给出着一种生存意义上的行动完整，而共同存在又不是系统知识，它是命运力量，是共同存在着的生命觉知意识，是一个有如我的身体一般存在着的“我们的身体”，它在共同命运成就的运动中给出的是超意识意向性的物化精神作用，即一种交感反应在相互渗透、改变着共同存在命运的世界品质化、生存化、亲和力运动。而那个“我们的身体”又是体与用共同存在并统一着的知性力熔成事实，没有“我们的身体”这一整全存在意识与时间性意义，就不再有“用”的单纯意义与操作有效实现出来。

因此，经验给予我们的存在感与行动力在知觉本性上不是符号、结构，也不是归纳、推理，而是语言，也就是说，我们可以通过经验行动实践一种环境性语言，像我们在绘画中运用色彩生产艺术语言一样，而符号、结构永远做不到这一点。这说明了什么？说明经验及其语言存在是超出西方传统认识范围的、有更基本活动潜能的活力存在与物化知觉内部生产者，经验不是物理与心理、经验主义与理性主义、内容与形式之分，而是共同语言的能指性，经验以语言环境性存在参与着物化运动，而物化运动又在生态与生成的源始意义上超出了形象思维与理性思维的类型划分，也就是说经验在源始存在的意义上讲只有实践艺术语言，而经验的理性思维活动不过是去（掉）物化运动的不完整经验，是人为操作的经验构造而不是经验存在本身。

在这里我们就可以看到，现实生活的意义并不是现实社会存在方式的先天领会。如果说社会仅仅是现实关系的总和，或者说是一种外在揭示的结构的话，那么我们就根本看不出我们为什么需要一个社会，因为此时作为关系或结构事实的社会并没有给出我能存在的根本理由。然而，社会的存在恰恰又是一切外在性所看不到、揭示不出来的“多出”，它是社会表象的肌体行动涵义，它在问我为什么需要一个我的身体时同时给出了“我们的身体”之存在必要，它在问如何实现生命存在我的身体行动时同时给出了“我们的身体”如何行动，一如我的身体行动在自然界中需要学习环境处身的行动艺术，我的身体行动在环境与他人的事实存在中也同样构成了我需要学习人与人处身行动艺术，这里我们就可以知觉到一种社会“身体性”先天存在，它在完整聚合品质化经验中给出的不再仅仅是知识，而是存在，是共同存在的命运产生出来的人类与自然的生物与生态性交换以及地质生成的肌体连接，它在我们觉察到有一个社会存在时，已经由我们的无数的人类祖先在自然生存活动中奠基、积淀出来了一个我们看不见的而又实存着的人类共存无意识整体，我们只是在一出生时就先天处身于这一共同体之中才开始了我们的身体行动。

“我们的身体”是一个怎样的身体？

心中有佛，才能见到真佛，而眼中所看到的真佛是心中佛性的对称显现。因此，当德里达说“只有词，没有物”时，不是没有道理的，因为没有词存在着，就肯定说不出物；没有心，就肯定没有世界——你拿什么来对称垂曳、比附、物意识？你又拿什么来测度、承受、转换、映照同一个变换万千的世界？

世界，作为存在着的世界，只是一个整体。如果没有一种与此相匹配的存在着的眼光，那么就根本看不到这个整体，看到的不过是局部构建起来的全体，但没有存在着的整体，也就是没有同一个世界的历史在我们的眼睛中存在。但是，我们又是如何存在着的，有同一个身体的完整认同？这里只有一个理由，就是同一个世界存在着，它给予了万物历史生成的具身。

因此，这里肯定是我们的眼光出了“问题”，我们并没有建立起一个与完整存在着的事实相对称的运动，这就是心性及其心性运用所产生的一个实践意义上的强大心灵世界。在心灵自在运动中悄然立起了一个风中的世界，它是在表象视界之外通过实施行动运用的有效转换而生长出来的拓扑性运动构成。

心性不是心理学事实，也不是认知对象，心性是与存在着的事实相对称的物化品质运动，它在环境经验中生成着源始生命力，在游于物而又超离于物中生长了一个厚重与轻灵变换万化的世界，它在沉积环境行动的无意识基质，在生成环境源始交换的聚合风格，这正是历史性完整存在的直观眼光。

由此有了“远取诸物”、“近取诸身”，这是环境生存行动者在运用一种意义有效比附配对，是在把我的身体姿态与身位的环境场域意义呼唤出来，同环境经验变换进行着垂曳运用功能配置、发明，是在贯注于我的环境行动意义中生成着共同体世界的身体活动致意机制，它产生了一个完整存在着的随附环境变换的放射、呼吸脉动空间，产生了身体行动寓居与环境的对称均衡品质结晶，一种非心非物的生命气韵与完整存在的身心拓扑转换效果在此生长出来，有如自然果实般充满生机。没有结构，只有环境语言的意义，没有心理，只有心灵完整存在的事实。

因此，人类理解产生于经验共同体的行动知觉语言，而环境活动经验的实践艺术熔造又产生了人类语言的理解发生运动，这并不是一种单纯的循环，而是世间每一事物存在着恰恰是在它自身的景深处开拓出了它存在的逻辑——道，此时全部存在着的经验事实都以共同体内部环境物化运动创造着自身，而共同体存在也不是一个外部构建事实，还是在它的内部共同寓居活动中由时间产生了创生的奇迹。这创生奇迹的开端处就是每一个存在的事实已经由世界先行给出了它的物化运动——不是作为简单的构造质料，而是作为世界活动创造的行动者而产生了生成效力与直接经验运用，理解运动由事实存在的物化经验运动那一刻开始。

要理解现实生活并不是首先在一种现实世界行为方式中去寻找答案，也不是揭示、反映现实的“现实主义”，而是刷新现实、创造活着的深度现实完整性，在现实存在的语言与行动中创造现实活着的风景。它是从现实对象眼光中抽离出来的倒置“逻辑”，而理解现实就是在现实存在的物化运动中创造一个实践艺术的运动坚实现实性，即身体潜动知觉平行于环境而又高于现实观念的语言存在现实。此时理解的触觉已经深入到了现代文化方式运动之下，而在环境物化经验中重新唤起大地物化精神与行动知觉力。在那儿，理解不是没有，而是创造，在已经存在的先人物化经验中，在人伦生活的亲和力感受中，在身怀人生经历的记忆与切身感动酿造出“化工”醇厚中，那理解的源始生命如一道彩虹在呼唤着灵魂色彩，理解恰是那临空飞绝的浑然一体气脉之绵延，吹起了“原道”时空的风。

理解在这里行使的恰恰是一种神话原始思维，它不再是现实行为方式的直接揭示批判者，它没有任何现实行为的理解逻辑，没有现存的可以利用的语言工具力量。“诗言志”，因为诗是语言存在中的言语，言说只有创造了言说经验的运动知觉力，言说才承担了经验的理解有效，而此时的理解有效性又是一种拓扑经验直觉物，它不是“介入”于现实方式中的产物，而是弃绝了方式存在的理由之后，从行动存在的源始理由生长中开始的思想创造，是现实生活内部实存物化经验中爆发的能量，这个存在能量并不跟随行为方式逻辑运行，它只在巫术招魂的复活中从天而降，是那存活于我们生活之中看不见的物化精神，如一个巫师长袖清风地行走在意义江湖上。

这是文明存在的核心动力，它在文明历史生命体中存在，是一条长盛不衰的河流，循环往复地生成着，因此重要的不是我们要依据现实行为方式与全球化的网络去构造理想以及在它之中批判它、揭示它，重要的是临绝汇通、超脱于现实而得生活之真粹的环中事实，不看对象物，不看汽车、飞机、大炮，我们不会死，反倒在眼中净化、升腾着身体处身于世界本真的交感默会，它“借尸还魂”般地复活着心中之物，此时，故事不是从外象中编造出来的故事情节，而是从心灵存在的视性河流中奔涌而出的深度现实的集中，不是现实物在安排我们的言说与词语，而是真实生活本身在选择着词语和言语，它在大范围拓扑知觉力的创造中产生了道说。此时如果没有一种现实生活方式之下的源始生活倒置的“逻辑”与知性存在意识，就没有灵动经验产生，我们就不可能在世界创造源始性的“神不灭”运动中重新创造文明，而言说的意义以及现实生活实存就根本还没有出现，此时我们再谈论社会已经没有意义。

因此，理解事实的运动并不是发展一套诠释学，而是知性力熔造运动产生的造型艺术呈现，因为我们并不能直观到知性力如何形成过程及有效潜意识运动，只能在潜意识运动中实现具身呈现的才直觉到了知性力的存在，而此时的知性力，即我们用于理解事物的直接经验行动有效意义又已经离开了主体意识行为的领会—解释有效性，它在共存的事实熔造中以共存的生命意识运动产生了“体”的存在奠基与品质化行动空间，有解释活动看不到的组织连属运动以及空间暗示体的转换与汇意均衡对称，它在根本存在的意义上规定了言说的道路，即语言运用“身体”存在意识是一个共同存在之心的“托盘”，在杜甫说出“国破山河在，城春草木深”、“朱门酒肉臭，路有冻死骨”时，我们不仅仅领会了说出的意思，而且心在痛，在他那为我们存在的心在流泪时，直接读出有一颗心的“形式”在牵肠挂肚地感动着我们，这正是一个行动、一句话说出来时灵魂存在的力量，它在共同存在运动有效中产生了一个熔凝的“体”，只有他的心此时忘记了自我主体时才在我们存在的历史中说出了传世千古的伟大呼声。

一种看不见的完整运动在行动让度中创化了存在的时机，时间机制在这里埋下了命运的“种子”，这是互渗共造的整全存在可能。逻辑不外在于人与物的融合一体运用，逻辑是生命远出的物物相用化成，它是减法中的加强，更是悬动具身潜沉力的宇宙贯穿，有限存在中的一体呼吸与开合在那儿生殖着无限创造，感动着世界。当我们说“知其白，守其黑”的时候，它不是一个外在语法强加操作中理解的句子，它存在在文字结体运动经验中，见出一种深度，这是意行气动垂曳游走复观的力量，它直接在体悟行动直觉中产生出存在理解，在行动声像的创意机制觉醒中张开了存在先天综合想象力的翅膀，吟诵的文字音乐在不同人的行动经验运用之间，给出了一幅生动自然的画卷，在兴起的气动性之中回旋、熔造着经验具身文字质感力量。文字复叠、回荡提升着自己，完整的组织有效理解在文字直觉力的运用中结晶，是音乐气动规整的力量创造了这一句子对应特征运动捆绑性，它不再是一种字面平面化的逻辑理解形式，而是没有一处可以断然分开的完整肌体与内在互文。知、守（呼出、长音）：放松、发出、伸展；其在不同的位置中变换着的呼吸节奏：行止、过渡、转换。白、黑（停顿、短音）：回到、收敛、呈现。上一句与下一句又构成对偶排举中的音高加强，产生动作重复中的动感生成响度与起伏变化。如此，句子本身的动作节奏在说出的呼吸与发声质感（音高、时程、响度等）状态中连接转换，运动性在先出现了，没有具体形象之前逻辑在先地拥有了动势存在，前一句是后一句的奠基，后一句又是前一句的贯串、循环与沉积，它把一种内里运动着的互动循环更新产生出来，在化入吟诵运动有效中熔成为一个完整具身的文字经验句子，“知其白，守其黑。”而守其黑、信着黑更加地能知白，并在深度经验汇意中运用白而创生着黑。完整的意象在文字语势气动变化中把它的语境缄默生成出来，我们感到了在文字经验中飞动的身影。这句话本身就是对中文性理解有效的完整启示，句子的并置有效只在前后一致的行动一贯风格中呈现，它在招魂，用文字质地现身的力量去呼唤灵魂附身的人。

一种出自自然品性的、古典意义的思想与行动，同启蒙时代开始的人类各种主义、主张、信仰、追求相比较。最大的不同就是无用，因为无用而弃绝了操作中的直接形式构造与意义表象，又因为无用而在无意识中生成着身体行动能在经验与无限后退承纳拓扑运动经验的可能，因而能“神宝藏用，理隐文贵”。然而，这又已经是两种根本不同的思想与行动，前者是“载道的”、“存在着的”、由品质奠基的；后者只是意识主体性经验与行为方式的产物，是外在形式的、功用的、目的性的，人类丧失的正是这样一种行动艺术价值，丧失的是一切现实功用、形式认定、意识活动之下的存在价值、思想行动力生成机制与品质塑造能形。无用是什么？

在白天闲着
是因为在晚上忙着
在季节里闲着

是因为在季节之外忙着
在闲着的日子暗运长风
是因为在寻芳的胜日等候着风的收获
在收获的季节闲着
是因为它已呱呱落地 更加开心地闲着

因为无用，才产生了文字生活化、生命化，才产生了文字真实存在的行动可靠，也才创造了文字品质、质感经验同生存世界对称交换的行动可能，也才创造了通过文字而发现共在融合世界的运动。这正是一种外部揭示、批判与消解活动看不到的世界实存运动，它比虚构的文本更具世界意义，它启示、照亮了世界的存在与信仰，用真实性本身回击了一切虚无运动，这是世界内部的生命伦理感化与造物，是大地生殖运动本身。

无用是外在性的清空与截击，当人们把一切先验的意识认定、操作、范式、解释、分析、解构等行为方式、主义、理想、学科主张全部用完了以后，还有一种极致没有触及，这是微分切割所不达的整全时间化行动奇迹，是直接经验近身搏击的行动艺术生命，只有在这里，经验才回到了自身存在，无用化解了一切外在意义认定，“用事实来回答”也只在这个意义上才成立，因为所有的现象认成方式与怀疑、悬搁已经不存在了，还留下什么？除了经验、经验自身的存在意识在被动中唤起存在熔造主动运用、尝试行动，不再有其他。

无用是在肉身放弃了意识行为努力而在生存行动中截击了经验能势存在的斩获，这是事物品质存在的直接交换。这里没有铁与铜的结构、构建，只有锻造中的铁铜韧性于一体融合品质，人的意识说不出这锻造劳作过程中的全部变化，因为互渗性在火候、时机与行动锤炼中已经超出了意识在单纯铁、铜中想象的可能，而无用就是在放弃了一切先用的认定中，在行动直接感应、可塑变异的唤醒中用着那化生运动性本身，它在行动塑造中创造着变化与应力，同时在塑造中塑造着行动本身的能势综合与鉴赏力，无用在化解一切存在方式之后来到了能用的适存变化中，经验开放了存在支撑域的化成运动，现象以现象存在着的运动捍卫着现象真实性本身。可见，铁与铜的存在性质与功能并不在单纯的形式规定与定义中，如果现象不在共在整全运动中存在着，我们就根本无法说出铁与铜的全部意义本身，意识所构想出来的经验本质认定只是意识结构的重复，而不是经验存在的本质。

因为文字有一种运动存在完整肌体性，它是文字能力知觉潜在（阴卷）密度，只有在这一密度中文字才给出了真实存在的言说“逻辑”，也只有在共同经验运动中我们才感到了一个共同体的存在，并用共同的行动语言去说共同发生的事情。这是文字动觉内隐质感聚合经验的深远性，而“逻辑”是这一密度聚合机制给出的动感经验运用有效，并不存在文字知觉运动有效之外形式逻辑。

然而，文字密度产生的文字质感经验与行事有效“逻辑”只是在文字运用中的共同交换，它属于生命能量在文字质感完整活动场域中的共同-知觉创造，这是文字节气与“我能”运动布下的动觉存在生态密云，在运动性交换包裹着“我能”力量、速度与节奏运用中同时考验着我的行动稳定质量，全部经验共存于这“我能”最微妙的姿态致意动感探索变化中，全部经验又深深地影响着、制约着动感存在的测度、堪舆组织意义，“阴阳陶蒸，万象错布。”这里没有主体性经验，只有共同-知觉经验，而且经验是以能转换为文字运动性中和经验为前提的，也是以收获文字动感生成有效为言说存在的规定。它在生命贯注于自身存在的时间性环境品质经验中，即文字经验有效是在动感运用变化中生成出文字运动物化转换的共同成就。这是在文字潜能中贯注人的能力的转换存在奇迹，它依靠的是生命活动身体在行动中产生的经验运动结合性，即“我能”的身体性同文字运动身体性之间经过对称运用磨合而产生生殖功能，此时，“我能”姿态动感变化在文字活动场中进行尝试、测度，进而在共同经验塑造中创生了一种时间协同性深度经验，文字改变了它的活动具身反应与品质结合潜能，这一变化又使“我能”协同经验姿态动感增值着它的运动中和调节组织力，二者建立起来一种“无”的共同基础——活动力的共同增进基础，而“我能”的动感姿态在文字具身性中产生的对称性意义又只是一种能势性，并不具有外在物的直接指称意义，它只在完整运动中“类以成巧”地给出着“应会感神”的环境暗示与对称平衡，在这里就可以看到文字内在运动的密度，即肌体性，并不直接构成对外部环境压力的意义说明与理解有效，它只与身体活动“我能”的混成反应有关，而当我们用文字去指涉在我们身体活动能力之外的物理连接时，这一身体间的对称均衡有效已经消失，也就是说文字肌体密度的运动只在人与文字共处的行动有效中产生出环境物化运动，它通过人的身体动感姿态的环境品质与潜能运用物流转化而产生文字活动共同状态，又通过文字具身密度的运动有效给出动感经验存在逻辑，因此，文字的运动潜能觉知有效是建立在人类身体性经验完整品质生物约束基础上的，它无法局部理解知觉到这一生物约束之外的经验，而全部的自然物理性经验只有能转化为文字具身这一有限能势知觉中才是可表达的。所以说，形式理性在支使文字经验时，并不完全理性，因为文字运动经验不在直接占有中存在，没有这一理性存在的表象连接理由，一旦让文字去承受这一理性操作经验，文字就给不出完整存在的同感经验，也没有了共同体质地生成的言说。人在使用它（文字）时无视它的存在有效性，因而就根本给不出人在寻找意义时的“逻辑”与“理性”，人走入虚幻。

文字的深是世界无极运动的深，“如一幅四周飘荡着金色的盛况。”无用是文字运用语境体势化，即产生语势的多样性与语境地质嵌入生成统一协调性，这是意行默会无声的力量，它体现了语言文字作为一种人类活动自身存在的行动艺术潜质，它不可定义，它是在景深处，即在活动存在的境域化力量中产生的游戏对称均衡效力与觉知性，是创意行动——文字意义存在的运动汇意机制生成奠基。它是无声的，因为它并没有在主体意识行为中成为意识到的外在声音的支配力量，它又是无用的，因为它已经在有用的主体意识使用状态意识之下沉潜为一种非构造性的直觉经验生成，是活动具身存在着的身体间的共时交感震荡与结体运用脉动空间，是消弭在结构之下的汇意蕴涵状态意义交换、生成、结晶。它之所以无用，就在于它的缘构发生运动只在一种整全存在对称均衡的游戏状态中才产生出来，全部的运用是共同－知觉运动的聚合熔铸，是结晶姿态变化的悬动能势一贯行动风格中的生态运动，我们无法在主体意识的意向行为中发现这一景深的活动藏用完整性，而只在品质具身的质能觉知唤醒中直觉了一种大范围拓扑特征捆绑效应。并置连动的脉动性给出一种能势生态运用，在整全存在生态能势中聚焦了品质化对应时空状态，我们看到了意行景深的崛起与意象生命，共同体的运用在聚散分合转承之间把肌体组织自动化效力产生出来，词语发出了自身存在力透空间的气动之声。这是大音，无音希微。它让每一个字、词、句回到了环境活动具身配置变化中，产生了文字存在的源始命名力量，世间就不存在任何一种方式意义之规定比这存在着的真实分量更坚实、更有说服力。

（三）结晶

思想要思及的是那历史长河中生生不已的神魂，要思及的是历史物化运动散落在现实世界中再次还魂的精神，没有立起来的完整事实运动与历史活现，就没有我们言说的“语法”与灵魂。主体意识失去了语言艺术，这是一种时间性经验能力，没有空间终止的时候，它具有物化境域能量，没有时间隔离的意义与数量，形式是实践艺术行动中的语言完整组织有效，是时间持存的存在证明。主体意识已经遗忘了意识存在的“风中建筑风格”意义，遗忘了意识只是环境语言塑造着的完整交换运用有效，是地质生成的对称均衡历史结晶。当它把自己想象成无所不在、无所不能的先验形式时，它就在扮演一个上帝的角色，此时它什么都不是。

现代科学知识没有历史运动，而历史又要到科学划分之外去找一个历史科学（即生成着的而不是关于历史的），这一荒谬的局面早该结束了。

没有传统何来历史？没有历史何谓科学？而没有真正的科学，我们又如何鉴识传统、承接传统？当我们用一种现代隐喻与普世形式来言说、比较我们的传统的时候，我们只是在另一个传统表象形式中①

① 这个传统也只是他们在不断经验与思考着的第一步中的第二步，是在走向更全面、更一般的思想过程有效中整合到基础中的部分，是没有离开同一个生活世界中传统更新力量的发现。

做着似是而非的事情，因为这既不是他们真实存在“内部事实”有效交流——只是一道异国风情的猎奇亮点而已，也不是共同体世界之间的交流——那只是话语权的争夺而已，更不是什么普世精神与价值“真实”，因为并不存在普遍的外在形式有效，只是一个现代虚无主义的神话。

环境性经验根本来说就不是现代意义上的系统科学知识，或多学科融合，而是“我能”的测度、堪舆经验知觉（玄鉴功夫），在这里，经验有效性并不是通过经验归纳方法实现的，而是与人的环境适存能力关联着的具身活动，并产生出可传接、承续的环境中和反应生物约束与生态品质规整性。而测度、堪舆经验知觉是将“我能”的环境活动经验进行连属组织与协同构成，并以此为动觉活动“单位”（动感自在支撑域变化），尝试此动觉“单位”与其他动觉“单位”之间的完整组织有效与调节转换意义，此时“我能”是寓于环境对称均衡深度经验中的拓扑知性力，它一方面在完整存在可靠性中规整着自身姿态，另一方面又通过尝试反馈调节、修正着支撑域变化的地质分布，在反复循环之间生成着环境具身知觉，从而把“我能”的姿态变化同拓扑支撑域地质分布进行着感受性直接融通，产生了地质拓扑成象与环境形—势语言，聚焦着人类体用性完整的活动意义，没有现代学科分类知识，这是树与风亲密无间的编织而又杳无痕迹的创化，留下的只有看不见的能量与无由的大地风神。然而，这是人类生存最基本、宝贵的环境知觉经验，因为人类适存在先活动是一切活动的奠基，人的在世性是由环境世界开出的具身行动可能，没有这一与环境相匹配的切身经验协同运动，就没有人的生物活动生态保障，也不会有共同体的生活世界。

可见，在能看的经验中还同时存在着一种能看形—势的聚合生命能量，它不是单纯的知识，而是实践艺术行动的环境锤炼，它在经验具身运用对称均衡性建立中产生出来。

这是实施文字与环境无量交换的前提，是打开文字物化潜能的行动准备，我们的先人就是这么干的，在文字读写实践艺术中发现了文字经验“兴”起的动力运动，不是看、读的方式运动，而是读写一体的汇意机制生成，它成为了炼字的实践功夫导引，成为了深掘身体行动内隐机制的官能综合运用艺术，让身体在环境浸透、包裹中自然畅快地完整调节、连通着世界，让身体在整全存在的文字经验运动中无不自然地融合着、运用着，把环境潜沉生态动力结合为文字韵文成章的生命力量，一个养化的文字动力器具张开了它的质造具身潜能，环境以隐然存在着的生命逻辑进入到了文字世界中，它产生了无法在外在想象与意识主体判断、理解中的深刻力量，没有一个外在思想与逻辑可以解透它。

“兴”的动力来自于文字环境语言垂曳运动，来自于“形式”与意义尝试的相互挤压、融合、修正，来自于生态力本身的结晶效果的运用，我们在看的同时先天拥有了读写一体的行动综合质能，我们在写作时先天感应到了文字内部的声音与气动性，它成为了看、写、读的综合艺术，对称于文字当下经验运用。文字在具身结晶运动中存活，化成为文明传唱的血质，又因为文字存活于结晶事实中，因而具有了有效行动组织的“密码”，这是一种嵌入于空间内里的机制，是思想存在的行动力锻造，正因为文字具有了内部存活的具身潜能与拓扑运动性，它成为了一种铭刻于肉身之中的先天话语运用力与觉知质能，因而人又能在复活文字存在的运动中创造化境融合的思想艺术，在文字结晶与经验存在刷新的意义上，推动文明绿色的事业。文字先天的生，携带、造化着天地间的浩然之气，那是人类自然生存的道路启明，它把人类文明融合凝聚、结晶，在紧缩的地质中爆发出绿色旋风，把天、地、人紧紧地汇聚到一起，如一盏火炬照亮在文字具身拥有中。

丧失世界不可直接翻译的内部宁静大气，就是丧失了差异具身结晶地域历史与民族性，就是从根本上消除了一种语言存在的必要，它同时也消除了这一民族自然生活中熔造的环境生态理性，水流过了一条没有河流的人工河道，世界在丧失激越的响合之声记忆中坍塌，处处充斥着克隆的人与物。

因此，不要以为用中文文字写出了个体感受就已经是个体的历史叙事，中文文体、炼字综合运动品质性不出场，就没有中文性思想结晶。

没有中文性的思想就只是个体身体与文字生成机制隔离的运动，仿佛是一个行动者只看到了行动与情境的一种空间局域性以及空间在时间中的滑动，即空间表现、面貌、特征运动，但没有共同－知觉运动均衡，没有情境之中相互支撑、交融的行动体现，没有相互塑造、并置功能配合的一体存在动感自在，它还是处于局部到整体的系统思想中，是没有整全历史在场的思想。这种思想没有自我生成机制与言说特征综合质能运用，它只是一种外在于文字效应的个体感受事实，它让文字说出个体感受，一种个体心理独白式语言，一种主体意识中心语言，但文字与个体身体之间并没有体现出行动交融性，没有文字源始风格的情神力量，它表现了个体而失去了文字。个体生命也因此在文字运动中滑过，没有张开、驻留，它狂欢愉悦了一把，反讽舒服了一把，尖刻痛快了一把，但没有精气活神的文字生长出来，只是如流水般在文本中滑过，没有留下痕迹，这本身就不再是艺术生命。因为不是人有思想机制与个体行动自由，而是自然给予了这一机制存在的自由，而且这一机制不在主体中，只在文字直接经验生成的动感自在以及平衡调节综合运用中，人不过是在文字体用不二中才拥有了能思想性而已。在这里，我们已经遗忘了思想动力产生的实质——只有用符号记下成句的意义文字以及用文字构成整全存在的文体的环境意义，尝试的有效性产生才产生出来，思想行动机制才同时出现了。

同样几个英文词，比如将 wife、children、warm、bed 拼在一起，就不一定能产生出中文那种味道。“老婆孩子热炕头。”因为这里“热”的情境性已经不同了，中国乡土的热是完整生活的创造，是炽热境域的力量，而非物理性事件，它不可分地存在着，而这里的“热”是体现出的中国乡土的炕头、老婆、孩子平凡一般，是词与词相互见证着、充实着的情景交融历史，有一种原生的质朴性在那里，词产生了它复活情境的存在功能，一种文字生存经验历史背景力量与意义结晶出场了，它在文字行动觉知创构、选择中衬托出它的存在背景，那是中国北方的土地。

当词与词码在一起时，就有一种无形的吸引、排斥力量产生出来，词在找它的伙伴，词在酝酿分延，在垂曳透析，在震动沉浮，词在变形伸展，文字的魂在词语间走动着。文字意义的有效组织涵括着共时呈现在历时运动中的综合调整，涵括着行动能势水平在场域环境中的运用灵动性与深度组织有效，这是时间性内卷秩序的收放运动，又是能势栖居的行动力注入与变化调节，它从根本上改变了个体经验表达文字的交换意义，不是从主体一方出现文字联想与言说，而是历史沉积的深度经验结晶塑造了一个超主体的经验行动运用，他（她）是一个招魂的巫师，站在整全存在的历史深处，从那儿发出天地间的行动声音。这个声音有一种招魂般的质地音乐催眠作用，每一个词从灵魂深入透出，是共同－觉知存在意识，是在经验和词语运用之间牵引、比附、荡漾兴起的文字活力发现，言说在这一告之世界消息的传播运动中，选择着文字质地分量，说环绕着全部文字经验，把心里的真实感动说出，他（她）在这环绕性运动中，不断补充、修正，不断改变、调整，不断深入变化、生成，在不断尝试着用词的叠码与行动环绕、渗透中一点点地把那个整全活动背景托出，词的响动回声，词的快速转变带着文字意义的内在惊奇，带着点燃氛围的热情与投入，带着在场效应的高潮迭起，把文字新的行动力创造出来，对应于天地之象的生成变化。

而思想行动机制的创造又与中文字意象力的中和运用分不开，中文文字的意象表达力异常丰富，远远超出了外在想象，只要看看“中華綠”（举例用繁体，编者按）这三个字，就知道了什么是缄默的力量。中，中正、刚强、不偏不倚；華，枝繁叶茂、巍巍华光；綠，苍翠欲滴、风姿招展。多么生动，又多么感动，这里就没有一种直入瞳洞的无形触动吗？就没有多出于 A、B、C 的自然力量与质感经验吗？文字能活，因为文字有品质、质地，它能在无意识运动中传染、感动着每一个人。它是脆生生的经验，是直入肌体的透彻力，是一个你看不到印迹，在你读出它时，又已经渗透进你的身体，盖下了一个印迹的行动过程生成与交换，并创造着突生性的生命事实。

中文性，一个说不出究竟的词。然而，在它的背景后面是全部中文立身的深深感动着的强大引力场，当它能对你说出什么的时候，它又已经把全部语言的秘密告诉了你。一种还魂归来的之风，让你第一眼就认出了它就是你要找的。没有时间先后秩序，没有高低贵贱区分，没有主体意志可以支配的，只有环境存在自由组织事实，在同步到场的全体中反过来在问你：“你说的是什么？你在此选择的是什么？你能发现什么样的逻辑？”这里根本就没有任何外在想象的客观中立立场，世界环境无极旋动的中央已经在先吸收了全部完整性活动注意，不是此，就是彼。有一个无处不在的引力聚合在暗中重新组织了一切。

此时的词又是什么？它在那儿说着它自己，没有旧瓶换新酒的时候，只有同一个词总在那儿崭新地活着。因为中文性就是那至大无外、至小无内的魂在牵引着的坚实可靠，它是“诗乃神授”四个字要传授给你的命运召唤，它要告诉你的不是我们的传统就是欧洲的传统，也是世界的传统，而是天地精神从来就没有同一个世界意味之外的事情，没有一个传统能统一全体世界的时候，只有天地大同中的和而不同。当你如此醒来的时候，你发现原来每一个言说都有它的内在精神、气质，它身怀着言说历史的使命，那是语言行动力在复活历史同步到场的空间暗示与致意机制中居高临下地说出了词之间的活力，顷刻之间全部的先人说过的话都在见证着那同一个环境之下的新鲜知觉生命，这就是信仰中最核心的部分——共同体存在的深沉情感。

可见，传统思想资源不是外在表象看到的含义，传统是人类与环境已经化为一体而看不见的自然生存境域，是共在活动别无选择的完整理解力与思想实存运动的内在生命奠基。因此，传统只在我们处身于这个世界中，只在除了这个源始存在交换运动被唤醒而不再有其他空幻奢想的前提下，才成为了活着的事实发现与存在证明，也只在我们切身经验与生存觉悟中才产生的中文思想性不可分的血缘关系与存在认同，它是产生思想真实存在的道路与言说灵魂的力量。因为一种活着的形式只在活着的意义经验言说有效中才成为了可能，传统并不能站在一种他人给予的外在视阈中评定与发现，也不存在多个传统之间中间设立的形式标准，传统是自我更新运动中一直存在在那儿的、与人不能完全分离的环境整全运动视阈——一种空间宇宙熔造运动，一种环境语言的地质生成运动，一种能看与能说一体结合着的经验事实。它是我们生存其间浑然不知，但又发生着的事情。

因此重要的是发现传统，再造传统活力，更新传统生命，思想要走向真实存在的行动可靠，传统是它的第一步，也是它的最后归宿。

思想是文字运动有效的存在证明与意义组织、呈现，文字是思想生成的物化力量与存在具身体现，从思想与表达的完整运动视阈有效性来看，传统正是我们思想置于基础存在的动力中心，所有的思想能呈，在一种思想组织的表达有效充分利用了聚合性资源足够多的数量与意义交换发明，在意义有效从传统文字的活力中创造了知性平衡的深入潜沉运动，在旧有的表达成为了我们意义生成的质能中和秩序刷新以及在整合到更全面、更一般的高度具体实施运动中成为了一种转换特征，穿透地质拓扑运动的表层，玄鉴了意义实存熔铸、结晶运动，此时我们在皱折连绵起伏的中央看到了两侧鹤立的巍峨群山，“北方真实，南方明亮。”从这个意义上来讲，我们迄今还不具备完整地理解、评价传统思想的能力。

当我们从传统文化汲取、学习此一环境历史中的人类思想资源时，我们才发现原来真正成熟的思想及其视阈运用并不是我们现在所做的、所看到的那样，我们需要重新学习思想及其实践艺术的表达，而与传统思想融合才是我们当下言说与思想的起点，是中文性思想交流的开始。

在这个意义上讲，写作最重要的事功就是熔铸—结晶的知性实践艺术，文字一旦有了这一炼字运动，它就已经把读写从书斋中解放出来了，不一定要投身到现实实践运动中去把握热点、提取高度，人生的经历可以成为创作无所不在的资源，不仅仅是大脑思想，更重要的是生命生态资源的转化，这是灵魂在文字物化知觉中化入、融合于它的前生渊源历史风格的运动。诚如没有人说一个农民、雕塑家、画家的劳作不是在生活实践中，但却总是强调写作一定要与现实结合起来。当一个人能够把写作做成像画家那样，质料在劳作中转化为艺术，全部环境处身经验无不自然地统一结晶到作品之中而又杳无痕迹的时候，一个真正意义上的文字艺术实践就诞生了，有如农民在种庄稼的时候已然同自然生态结合为一体。这是超出于通常想象的融合环境生态运动，没有什么比文字以一名行动者出场更具实践创造意义，没有什么更比文字能吸收环境生态养分而生长历史动力之源更，没有什么比用生命持存的力量去自然成就一个言说具身的事实更有说服力。因为万象在旁证明了言说真实的运动，不是有意识去提取什么、塑造什么，而是身体在环境中无意识地转化着环境无所不在的力量，这一实践艺术才是文字创作的道路，因为它在运动中承担了复苏文字源始的力量，更进一步的是它在实践大地一体行动艺术，把文字创造活动同表面的判断与操作俨然区分开来，成为了人类文明的复兴运动，晋代文人陆机在谈到“文之为用”时说：“恢万里而无阂，通亿载而为津。”这正是文化与文明的历史更新创造，因为它是生态伦理的，是潜在理性的地质生成运动，在人类生命筑造的历史长河中，在自然灵力的环境酿造中已经在不断生成着一种比形式理性更加真实有力的运动机制，这是行动、经验、思想、判断一体运动存在、融合运用着的机制，它在历史的深处，在自然的总体意识参与、创造中发现事实存在的人类命运力量，激活了世界整全存在运动时空能量。

一个农民只要把行动贯注于田间，他就已经在种植着命运；一个写作者只要把心立定在文字中，他就已然在关心着现实。没有心力去栽种运动性文字，根本就不会有体现现实的时候。因此，当我们思考现实时，这并不是一个思想着的主体性活动，而是共同体的灵魂存在，只有灵魂从主体意识操控中“出壳”，并全神贯注于环境存在运动着的共同体发生，我们才开始了共同－知觉的行动诗画活动与知感性熔铸，它不是我们在眼睛中所看到的，而是在眼睛中直接经验运用所“知感”到的，这是一种地质贯穿，这一贯穿的透视效力是实践艺术功夫中看到的共在交融性，是玄鉴了玉石的成色，它已经经过了具身性经验的锻造，并把那个时间性意义在共同体活动感知运用唤起的刹那间直接嵌入到了思想存在的“和实生物”状态中。因此，思考现实并不仅仅是单纯的思考或“透过现象看本质”，而是灵魂存在的“原道”时空转换与归位，是在切身感动中产生的经验共在处身成就与言说行事有效，它在一种“似离则合”的运动状态中开始了言说直接经验诗画艺术。

如果在我们周围的世界深处潜藏着一面倒置过来的黑暗之镜——一种境域的物化能量体现，一种“现量”直观的“无”的视阈，一种世界具身存在的“世界—视界”。而我们所看到的不过是这黑暗之镜在时间中凸显出来的透光的部分，那么此时对于现实生活的视性理解就出现了三种可能情况：第一种是行为方式的表面形式理解中的平面视觉，第二种是在黑暗之镜的旁边用主体的活动去窥视它的形象变化的空间张力变形视觉，第三种是在黑暗之镜中发现了一种与黑暗之镜平行的运动造型视觉，在与黑暗之镜游神为变的动觉经验尝试中生成出一种不断往返于运动之间的时间性具身视觉运用。当第二种视觉想去揭示这黑暗之镜下面是什么的时候，主体已经把原来属于倒置的镜颠倒过来，他想要把现实生活之下的历史本真意义与特征聚焦变化在自我深入理解中呈现出来，但他又遗忘了他此时也是黑暗之镜中的一个人，他的主体自我理解也是这一历史长河中的现实有效时空理解性，而他用了一个非平行于黑暗之镜的外在空间视阈来结构这黑暗之镜，与第一种平面视觉不同之处仅仅在于空间张力变形的形式，但同样不存在具身完整运动，他贡献给时代普系知识一种深度透视视角与主体间行为方式交流的可能，但历史本身的地质拓扑运动，即“有意味的形式”的知性杠杆运动造型没有出现，黑暗之镜没有显示它的原型风格。

与第二种视觉不同，第三种视觉始终处于一种倒置性经验运用状态，它把行动或语言仅仅作为一种行事有效性，作为一种意象性运动的地质拓扑融合质感经验来运用，这里就产生了一种运动性变化，因为在怎样造型中还存在着一个在主体视阈理解之外的“如何是”的视性存在运动，这“如何是”不是主体能回答的问题，而是在世界中走向世界内部的现象学哲学，它作为无主体性的环境纯粹活动性而被提请出来，有一种万物“齐一”的活动栖居可能，历史在那儿恰恰是以我们在生存中经验到的事物环境自在的时间性运动产生出来，即万物都有一个自成完整的开始—结束—转换—更新的运动有效循环性，它是内部事实熔造的黑暗之镜物化交换运动，在地质特征与风貌的积淀—规整交互作用有效性中，原型的沉积地质完整效力产生出场域运动均衡调节性质，每一个环境事物的具身运动是平行于原型场域活动，而场域活动中的事物处身运用又为环境开辟了“和实生物”的时间性与能指性意义，即在差异共在的事物之间有地质特征一体融合交换运动，在交互作用结体、分形之间环境把它的地质熔成拓扑质量贡献出来，并产生出大范围均衡变化的空间运用时机性与完整组织连属变化，产生出在这一形势总体变易中意义运势有效的空间变形整全调节与知性杠杆的深度平衡作用，产生出“我能”行动在这不同层次变易塑造中的行动转换与腾挪，产生出依据共同－知觉的动感自在运用而生成着的变形知觉力的运动具身性，以及这具身运用中吸收、放射能量产生完整交换的实践艺术运动造型——这是一种平行于环境世界活动产生的意义地质拓扑意象性运动，是作为环境现象存在的基石而奠基着环境溶解生成运动的完整有效意义的丰富与深度，意象性是一种“石化”经验，而不再是字面意义，它在行动运用中贡献着变化的层次，与环境同步构成融合一体的组织层面，不仅于此，这“石化”经验还影响着行动感中产生组织层面的协同知觉调整运用，把产生出姿态变化着的体位转换与匹配并置功能，如此一种意象性变身的致意机制在环境协同运用汇意机制中产生了垂曳运动着的共同—知觉完整中和，它在生生造就着空间宇宙，把运动行止寓于这循环更新的地质熔造空间景深中，时间如止水般沉静。

这正是一种内观原型的造镜运动，在无意识运用转换之间已经实施了物化世界交换的“氧化”呼吸与文字“石化”无声渗透，一切在表面平静中已经发生了实质性改变，黑暗之镜是在我们身体中，并在运用这一身体性时与从大地的身体血脉相连，历史正以传统伟大的活力屹立在世界的中央。一个文化—文明的天地之心运动正是通过这原型切身造镜的大地实践哲学，而在“原道”时空的“正名”源始性中产生了黑暗之镜的大地书法艺术轮回效力，它以艺术呈现的知性完整能量穿透了时间局限，我们看到了同一个世界中奇异的风景，即中国宇宙论的广远世界——天人合一的宇宙视阈神话现象①：

同一个世界中包含着无数个可能的世界，每一个可能世界又是同一个世界不同的版本，从一个故事中流淌出风格各异、道路不同而又相互致意着的神话叙事。它无处不在地说着一个大地身体的纷繁多样表现与具身事实。同一个世界既是全体自然的共同拥有，又是不同环境的道路选择，是自由选择中的共同命运与和谐完整；同一个世界既是一种现实，又是深藏于现实内部的历史创世神话；没有一物高贵于他物，没有一物是世界的中心；所有的现实既在其中，又在其外；天地同境，和同共生，和而不同，互有差异；每一滴露珠、每一棵小草都是一个浩瀚的世界，每一个故事都有它全部的过去；每一山川河流都是世界无极旋动的中心，高贵无比，每一个生活都在下着天下同一盘棋，命牵一息；同一个世界就是大地的身体，世界的肉身；同一个世界就是爱世界等于爱自身，你有多宽厚的心，世界就对称地显现着你的神奇，你有多丰富的经历与存在信仰，世界就成就你同等造化的生命意义，然而，在世界的背景中又分明写着——“天地精神，至诚如神”几个大字。

在现代科学那里，全部的人在忙碌着构建、证明一个没有生机的世界，他不知道世界生成从哪里来。在西方传统哲学那里，每一个人都在写着一个他以为的世界、世界观，他不知道世界自身是怎么样的，他也不知道无法关心世界和他者。只有中国世世代代在复活着同一个崭新的哲学，把世界深深地珍藏在无限丰富多样而又完整统一的地质生成运动中，让历史创造着不可想象而又无所不至的神奇，这是深藏于思想、文字合二为一运动性之中的至胜境界。而我们现代人所说、所看到的现实是没有让现实存在之物放射完整能量，产生超然于物外、得其环中的僵死世界——因为不是现实没有给你可看的，而是

① 这是中国古典宇宙论的视阈—世界，参见《庄子·天下》：“至大无外，谓之大一；至小无内，谓之小一。无厚，不可积也，其大千里。天与地卑，山与泽平。日方中方睨，物方生方死。大同而与小同异，此之谓小同异；万物毕同毕异，此之谓大同异。南方无穷而有穷，今日适越而昔来。连环可解也。我知天下之中央，燕之北、越之南是也。泛爱万物，天地一体也。”

你根本没有看到，没有心灵活着的内在感动与坚实独立，就没有能看的行动功夫成就着的视阈前景。

你要像古代巫师那样对这个现实世界说：“看到没有，事实分明就在你的眼前，也在你的眼中。它像风儿一样活着。”

中文性思想正是在无我之境的中文性直接经验运用唤起中产生出来的无为运动，是中文性意行动感在黑暗之镜大地书法艺术活动中的诗画文明，它没有主体中心视阈，而是文字直接经验运用不断创生着的主题文字意象在文字现实世界中的聚合旋转变形，在主题间运动转换在文字现实世界中分形变易与协同有效放射命运，在地质潜沉拓扑运动中生存吸收、吐纳，以及在生存无极运动中的诗画文明原型不断激活与刷新。当它在意行动感创生着的同步暗示空间以及空间变形协同转换中产生出运动汇意机制时，它已经在无意识运动中产生了知觉中和运用，这知觉中和运用是在文字现实中对于地质特征与风景的无量度衡交换与潜沉觉知—理解创构，它在开拓文字现实视阈的知性理解力，更是在这知性理解力的运用中深潜文字现实内部的地质沉积带，在那儿，一种完整读写意义的历史循环动力性被知性理解力的“如何是”运动带出，历史的地质生成运动造型被一种变易融合的循环时间性撑开了它的拓扑空间境域，这不是领会—解释运动，而是自我造型“立言”行动产生的道路地质测度交换，它产生了一种“我能”具身实践艺术在文字现实内部活动中的深层秩序涌现，我们在运用一种完整读写能力去读懂历史，正是在于这读写艺术知性力创构的平行空间宇宙意识把文字境域的原型在行动化空间压缩、结晶运用交互作用中激活，并嵌入了一把楔子，产生了无声渗透变易的动力回复机制，一种品质结晶的先天综合知性力在质地融合通感中创造了浑然一体的拓扑直觉领悟，并在文字运用中把这一直觉领悟的“古意”无意识地化在了言说行动中，传承与发扬就在这具身行动实践艺术文明境界的开启中复活了，文字的意象力在地质深处的稳定性编织与具身知觉互文无化交换中实践了它的形象化工程与绿化复生，这里就有一种文字经验运用内部自我定型的奇迹将要发生，它是历史生命的切身感动与“至诚如神”的力量产生出来的在大地深处先人们亲和力物化知觉的合力推动，是自然降临的礼物。

什么是我们应该生成的独特之点？这不是一个主体意识的判断，而是在行动着的文字整体性中心性垂曳运用所产生的那测度、堪舆兴起的品质，是历史特征在同一个环境运动生成中聚合组织秩序所给予的道说有效。这正是中国古典思想中超主体性而达致天、地、人对位共现的决定性飞跃的一步，它产生了一种在场共同支撑着的直觉宇宙，这不是认识产生出来的，而是行动渗透生长出来的共同-知觉均衡动力性，是直接可感知运用的命运通达力量。当文字运用在言说心性中复活，它的在场效力自然会在深度沉积中产生并置连动效应、叠加牵引效应、地质修正效应等等，文字在场域中结晶，产生化境存在的行动蕴涵以及聚散分合有效组织合力与穿透性，产生气动能量，这有效运用又在文体行动驻留中以整全品质熔铸效应呈现出来，浓缩着文字蕴涵与觉知创构，展示着文字质地力量与音乐性，字、词、句成为了我们存在着的意义真实证明。说是个体经验质感化在文字历史沉积经验运用中的言说，是倾听字、词、句内部创构变化音乐性而飞掷传神地说，是把词语行动觉知变异在时间中化成内在韵律、节奏而栖居酿造地说，说在词语流动中化出质地音乐与无形无影的晃动，汉语牵连着天地生成的灵魂在无声升腾，在那儿有了与李白、杜甫、屈原伟大诗歌心灵的对话，这声音似曾相识而又融入一体，全部的灵魂就在文字知觉铭刻记忆的大树之根下徘徊，它是现代诗歌活生生的质地音乐之声与气脉感化了历史记忆。“感时花溅泪，恨别鸟惊心。”① 此时灵魂深处文字流出的泪水瞬间“溅”活、“惊”动着一个现代性灵，“在马眼中溅起了波涛”②，他望见了大海。

如果我们不能在文字中经验到一种可靠性，不能在这一可靠性中产生一种确信无疑的言说，那么我们就不能开始言说，因为没有语言存在的支撑。而语言存在支撑就是文字无目的、无外在形式的活着，产生了文字立起的“原始形象”，进而创造出语言在言说背景中的运

① 参见（唐）杜甫：《春望》。

② 参见多多：《冬夜的天空》。

动性。在书法艺术中，文字“原始形象”是通过手腕悬走与纸、笔之间的擦抹而产生的墨迹圆润饱满状态，这是文字象形“画意”的体现，象形的神形兼备的均衡力栖息在纸质中。而在言说中，这“原始形象”又是通过“意会”的悬走与文字存在境域的巫史地质层产生交汇、摩擦，进而在文字气功性的创造中，塑造出文字意象栖息在语言意境中的饱满状态，这是文字“义理”的肌体创造，肌体以它的“义理”与“象数”统一的行动蕴涵站立在语言言说背景中，这是文字行动蕴涵读写的书法艺术。如果说在象形书法中我们看到一个字骄傲地站立在纸质中的视觉凸起与雕刻，那么在文字言说汇意艺术中，我们看到的则是字的行动稳定与力道站立起来的宣言，是字的行动蕴涵无形、无影的运动在那儿创造的神龙摆尾的创世晕眩。中文文字，有那开天辟地的神力，无论站立在何处都是如此地骄傲，又如此地令人心疼。

这是天地调节与文字灵魂的召唤，是文字巫术唤醒着共同的心灵与存在感应。它从容不迫、灵动自由而坚实伸展，它大气磅礴、意味深长，内敛的气质与渗透的功夫创造着丹心和大地礼仪，这是人类思想的存在化与精粹化，是精湛的技艺和传统生命，它在语言中没有离开文字质地，思想是文字柔韧性与综合运用想象力，是文字出入化神境界的攀升，思想打开了一个天窗，充盈着文字内在生命之生动与天地风景。在那儿，中华绿在地质深处正源源不断地传动着万象落英缤纷，一道电光闪现，眼前赫然立起雄健大象。

第四章　山川焕绮　皓月无声（大地哲学[①]）

在某朝，地老天荒。奥山林国的艾斯坦来到山泽斋，庄老正仙游归来，见艾斯坦，兴高采烈道："是什么风把老弟你吹来了，我总是想都想不到啊，今个儿老弟怎么从天而降?"艾斯坦忙解释道："庄老啊，我哪有你那雅致，真羡慕你在山泽斋一日无事，终日无事。此次来一是多日不见老兄，来看看，二是有一事没法解开，想听听老兄的高见。"庄老说："我等乡山野泽之鬼哪里知道你们赛先生那些事，既然艾弟来了就不妨说来听听，把事情敞开来，不要闷在心里，何不乐得自在。"艾斯坦无不焦虑地说："同赛先生一直以来的交谈，都在心里感觉到有一种不踏实，我无法证明时间这个东西，我越来越觉得时间好像是假的。比如说那日我同赛先生谈了一个上午的话，过后我还把这些谈话的内容做了记录，可第二天赛先生却矢口否认，他说他已经记不起头天是不是和我在一起了，也搞不清楚是否说了那些话，当然我不是怪赛先生不厚道，人人都可能忘记自己曾经做过的事，可问题严重的是，我发现我证明不了时间这个东西，这一点实在太糟糕了。你想想，我发明的那些公式、原理都包含了时间，可是，时间是什么？我不知道。会不会有一天人们突然会发现这些公式、原理是靠不住的呢?"庄老看着朋友那无不忧虑的面容，笑道："这些事恐怕只有你静下心来慢慢解决了，有些事情当前看来无法解决，但

---

① 大地哲学是恢复大地"权力意志"的历史天命哲学，它不是人类要交出什么权力或拥有什么权力之争执，而是大地命运与人类生存息息相关的前景已经被一种现代科学世界观的迷雾所掩盖，立于大地的人消失在存在无知中，消失在现代科学创世纪的神话中，世界生态危机的丧钟已经在全球化上空敲响，在这紧迫的关头，是每一个人思考文明与千秋大业的时候，是每一个人的思想与行动站立起来的时候。而只有共同体的人类意识觉醒后，大地才回到了自身命运与人类亲密无间的关系中，大地哲学就是我们的行动未来，它在自身存在意识中实施着历史天命生生不息的运动。

过后说不定一念之间你老弟就茅塞顿开了，就像那个从澡堂中跳出来光着屁股满街跑的兄弟一样，不都全解决了吗。好了，今天我给你说个事，是这样的……”艾斯坦听着听着，就不知不觉就睡着了，不知是连日来的劳顿，还是忧心于那件事，他甚至还没有听到庄老讲的是什么事，就已经安然睡着了。

不知过了多久，艾斯坦醒来，发现庄老不见了，再看看周围，此时他正在奥山林国自己的家中。哦，原来他是在做一个梦，梦见了庄老，原来这一切是一个梦，是假的？但是，不对呀，在梦中他分明听到了庄老对他讲的那些话，他还依稀记得庄老说：“花骨朵儿长在柿子中。如果你认为先有花骨朵儿，才有柿子，那么你可能一辈子都看不到世界就像一个柿子一样，把它的一切都卷在了里面。事实上，你长的时候，世界也在长，而世界就在你长的时候又已经把你收卷到它的肚子中去了。不然，你就看不到眼前的一切，也梦不到我在这儿同你讲故事了。梦是真的。”这下把艾斯坦搞胡涂了，“花骨朵儿长在柿子中①，这是什么意思？”“难道我做梦，你庄老还会钻到我的梦里不成。”此时艾斯坦好像又分明听到庄老在说：“不是我钻到了你的梦里，不要搞错，是你自己钻到了你的梦里，才让我来托你这个梦，我不过是一个替身。梦怎么可能完全是假的呢？我既在又不在，你想到了吗？”艾斯坦此时想：“花骨朵儿长在柿子中。那么，到底是我的梦是真的呢，还是此时想着的是真的呢？如果没有现在这样想着，怎么会有梦，怎么能产生梦？梦产生在那儿，它让我做梦。这个让我做着梦的又是什么呢？”庄老说：“这就对了，如果没有花骨朵儿长在柿子中，

---

① “花骨朵儿长在柿子中”：这是事物成其自身的世界具身现象，不是现代科学研究的事情。一种自然演化的世界具身综合水平已经在地域循环历史中同步创造了它的内部事物，环境事物从地质转换生成中产生出来，一开始就超出了原始同构事实，而是自然品质行动蕴涵，它有一种自我完善物化生成运用觉知机制，或者说在环境中结体、分形品质聚焦意义生成以及具身交换时间性对称，这是环境生态地质效应，是我们能够先天运用具身调节知觉判断自然事物产地、品质、性能的环境规整力，它使历史之物总以具身综合运用有限与生成潜沉无限适存运动统一展开自身存在的道路，从而超出了表象知觉、统觉想象以及数学计算的可能。现代人类反自然的心理化知觉习惯已经根本抛弃了全部具身事实，即一种心灵关怀的历史生命运动与实践艺术发现，这是“存在”选择的结果。

你就没有梦，因为全部梦，是先有了那个梦中的事，才有了梦，但它又并不是你现在想着的那个东西，它像花骨朵儿生长一般，你在想事的时候，它也在动，因此，你才做了梦。”庄老停了一下，接着又说：“有些东西并不是在你描述、计算中做不出来就一定不存在，或者说是假的，它可能并不在你的那种方式中，就像你做梦那样无形间就产生梦，它长在了你的身体中，这不就是时间吗？”艾斯坦恍然有所思：“那就是说，还有一种运动是在我和赛先生所谈的那个事情之外了，它是什么呢？是花骨朵儿长在柿子中吗？”艾斯坦想回过头去问问庄老，此时艾斯坦一直牵挂着的那个庄老已经飘得无踪无影了。

人总是看不到自己做过的事情到底产生了什么，他总是问：这有什么用，那有什么用，但他很少问一个最要紧的事情，就是在做的事情中命运关切的意义，因为在他做着自己想着的事情的时候，他看不到这个意义，因为这个意义已经不是以问题的方式出现，而是周围世界与人的共同无形变化。

“万物皆备于我。”“反身而诚，乐莫大焉。”“尽其心者，知其性也。知其性，则知天也。”①

在做着一件技术活的时候，你能同时又把做着的对象看成是一块玉石那样而具有一种测度专注力吗？在做着一种符号运动思考时，你能同时有“身体行动的魂想着世界”的那种知觉唤醒与响应变化的身体性经验吗？这是在每一件事情中已经隐含着的人类活动源始知觉——“事情在事情存在活动中生成着的事情本身”，这是事情在面对我们时要求的一种“格物致知”的差异之差异活着的美好感觉与“心之大”的还魂般知觉，从一个小小的事物中我们看到了世界，从一个大大的世界中我们听到了每一个小小身体发出的同等重要的“历史的”声音，一个万物一体明镜般的知觉降临，那是理、气、道合着“天地参”而一道存在着的仁爱谆谆古风，是充满着世间情人类关怀的世界。现世的人们已经不再会思想在事情本身中也就像在自己身体中思想世界命运的“无”运动。

① 参见朱熹：《孟子集注》卷十三，尽心章句上，凡四十六章。

第四章

山川焕绮　皓月无声（大地哲学）

如果我们的祖先看到当今我们所处身的世界这个局面的话，他们一定会痛心、叹息，还会在“道”这个古典品质思想文字中开出一个高度具体的命名——“地质生成科学”① 或“大地哲学”。同样也可能不予命名，因为无须理论，无须命名去强调一种异化，“大道废，有仁义；智慧出，有大伪。”

一、意象生成

在荣格文集中记载着这样一件事，他的朋友问，为什么中国古代有那么高深的智力，科学又不是在中国产生出来的。中国人没有发明现代科学这似乎成为了一个巨大的秘密，荣格出乎意料地否认了这一普遍看法。他说中国有一种科学，但不是西方意义上的科学，在《易经》中就存在着这样一种真正的科学，它是献给世界的巨大宝贵财富，他也同时预见了这一财富将随同这一帝国的陨落在大地上消失。②

什么才是真正的科学？它具有怎样的环境存在品质？

科学性只能从人的能力意义上来说，没有在人的处身能力之外的科学性。现代科学在塑造一种科学品质时遗忘了人的环境处身意义，遗忘了人类只能依据实践艺术的积淀成就而不是外在知识积累才能达致世界一致的完整有效与准确。如果张三说他有一种科学之科学性是绝对的，那么我们就要问，这个科学性在不在你的身体能力中，如果不在，你说的就只是一个虚构，因为你根本就还没有能力实现出这一绝对的科学之科学性，如果在，那么你的能力所把握到的科学性就不是绝对的，也有人在做同样的事情中比你做得更好，也不尽然一样。

---

① 地质生成科学是实现人类生存与环境完整交换、共存融合的活动。没有离开人的活动影响的客观存在，也没有离开环境完整交换活动与具身物化运用有效之外的科学，科学之所以是科学就在于它是与环境历史运动相对称的，并能在活动中发展人类用物与技术同环境一体循环生成的意义实践；就在于它必然是与人类环境生活完整均衡运动关联着的，能够在天、地、人活动场中生成具身品质聚焦，产生在人文历史中先天道德综合实践艺术对人类意识行为进行意义规整、调节与共同体价值创造、转换。

② 参见荣格：《荣格文集》，冯川译，北京：改革出版社 1997 年版，第 297 页。

可见，所谓的科学性存在于人的做事中，没有做事之外的绝对科学性与客观性。

同时，环境处身能力决定着人的全部身体行动自然素质及其知觉形成的完整品质，没有一个人类想象超出了环境处身中和运用风格，也没有一个形式是全球通行的而没有能指经验时间性的环境整合意义的，现代科学遗忘的正是一种环境活动的意义，当它在一种形式公理或科学假设的证伪理论中运作时，它遗忘的恰恰是这样一个事实：单纯的形式运作不存在，存在着的是决定形式成为有效的环境活动本身，这一形式有效性是奠基在活动环节知觉塑造与充实意义上的，它是环境具身的自我生成与形式构成自身拓扑运动完整风格的命运力量，这是一个具身的宇宙脉动空间与地质生成运动。

欧洲从来就不存在绝对意义上的唯一科学。

那么，为什么长期以来又存在一种错觉，以为世界有唯一的科学？

因为在张三、李四之间产生了一个共同的看法，就是在做事中只有一种如此这样做的办法是唯一正确的，其他的做事方法都是一种偏离。其实他们都不知道做事是在环境完整性中的共同成就，没有根本存在的“主题”，只有“主题”无法决定自身的命运，因此没有唯一正确。在不同的环境与历史状态下将有不同的时机选择，有不同的意义有效性，所谓这样做的唯一正确性，只是一种纯粹的空间不变想象而已。当人的工具操作意志把自身看着是世界的主宰的时候，意识的想象就在形式不变中把世界的环境历史性给抽象掉了。

李约瑟说：“中国和欧洲之间最深刻的区别也许是在于连续性和非连续性之间的重大争论方面，……而一贯对原子加以抵制。他们先验地倾向于‘场论’。”①

不同的做事科学性（能力与环境历史的不同）产生出一种经验能力对话，这个对话是在道路具身完整统一性中的对话，是能力与环境相匹配的共同经验深度对话，它发展了一种在完整物化交流中的直接知觉力中和作用，这是一种上升到境域直观运用上的综合，全部的

① 参见王振复：《大易之美》，王振复，北京：北京大学出版社2006年版，第89页。

细节知识只在这共存的运动有效性中才浮现出它的意义言说，没有单个具体事物在外在形式中的意义规定，因为一种环境历史的品质熔造与共同-知觉变异已经先于外在形式改变了人的知觉，是形式在完整环境性变异中的“能形”，而科学之科学性正是在这一“能形”的地质生成构造。科学之科学性正是在于它不是符号，而是行动者交流塑造着的，其中交流的每一个意义并没有结构实在意义，而是完整存在中的“动作”——动作为存在而尝试与选择、被造着，存在在共同体栖居有效中获得意义认同，因此“动作”不是代表一种先验客观，而是世界为我，我为世界的共同促成善意力量。

历史的科学不是人要不要它的问题，而是你一旦离开了它，你就根本不在源始生存具身性中谈论经验。你当你是在世界之外，而说着世界——一个假想的上帝角色在你的大脑中。

一种“无”的视阈在人类与世界共同交换发生的大范围拓扑运动组织有效意义奠基上产生出来，它不同于现代科学就在于人类活动并不是无限结构的方式运作，无限的结构细分的“原子式”的运动与无限的结构通摄的宇宙空间构造并不代表人类存在着的视阈事实，人类活动存在的经验有效意义只在人类能够参与到共同交换的场域中，并在完整对称均衡运动中生成了大范围拓扑组织有效，能够根据活动的不同变化选择行动运用与生存适应，如此，一种平行于世界存在的完整具身空间宇宙活动视阈才产生，人类也只在这一完整存在着的活动视阈潜能生成中才看到、知觉到了人与世界共同存在的意义以及无限行动的可能。没有这一世界—视界，就像你在人体中想象有一个不生长的知识体系一样，那不是存在着的事实，那只是你的虚构逻辑，一个总在完整交换中生成着的意义组织熔铸拓扑运动，一个总是整体大于个别总和的意义生成地质规整世界，怎么可能成为现代科学中的人为操作事实呢？现代科学正是在没有人类活动参与的外在观察事实结构统摄中抛弃了世界存在本身，它不仅抛弃了一个共同体生活世界，就连人类存在的信仰也一同抛弃了。

语言不是为了反映客观，而是为了来到世界，为来到世界而作出的完整存在努力，它也在人世的命运中决定着自己，是越来越远离世界，还是越来越靠近世界？

事实与价值分裂是“无”的世界一视界被抛弃后的人类命运悲剧，因为不在“无”的视阈中谈论世界，根本就只有人为想象这一条选择，因为环境根本就没有参与到人类活动中来，没有存在着的事实运动与见证意义，又何来生命存在的价值？何来语言的真实？

“无”的视阈只谈论此一视阈存在中的事情，只谈论人本身从来如此地在世界中存在着的事情，只谈论在此一视阈生成组织有效中活着的人和事，只谈论行动着的语言在能指时间性中具身运动整合意象生成，这是在完整存在组织调节内部的语言直接经验运用，是环境生存经验通过想象力的语言运动性赋予，在启承了语言历史行动力的意义上，即人类生活交往的语言呼吸自然节奏、韵律中而产生的语言存在事实与知觉运用有效的交谈，它是语言存在的世界呈现。

在这里，我们就可以看到一种语言行动力崛起的历史生命奇迹。

语言存在着是一个人类在生存历史活动中生长出来的完整动觉品质化结晶事实，即语言只在意义运用拓扑有效具身完整中存在，这不是人为想象的，也不是行为方式决定了的，而是环境历史的内部完整组织有效地质运动生态命运决定了事实存在的去留，历史总在历史存在的支撑可靠性中熔铸了它的具身完整事实，它不属于空间构造，而是在环境造人、造物的同时给出了语言存在的自然事实——如自然事物般在环境更新循环中的地质生成运动。它给予了语言环境言说行动力，而这一行动力是一种环境连贯一致特征综合聚意体现，因为语言的地质熔铸是在合着环境生存言说经验中自然地、无意识地聚合这一地域的风格运用，也就是说，人类的生存言说总是被环境经验的完整风格组织有效规整着言说的当下局部意义，局部意义以散落在环境中的特征被环境完整历史运动的拓扑性所塑造，并给予了言说经验完整存在的生物约束，这是环境地质运动“道”的返身制动性，因此当语言具有了环境给予的聚合环境特征的品质结晶运动性（一种经验能指时间有效与具身完整垂曳运动）的时候，语言就同时复活了自己，它在言说的自然节奏、韵律中拥有了直接经验语言运用的能势性，这一能势性又在环境给予的具身知觉中产生了语言整合自身的动觉有效，此时语言在塑造着一种历史运动的独立完整事实，即游于物的环境世界，而又出离于物的环境致意机制与质感经验。

只有符号首先建立了深度经验运动有效性，符号才为自己产生了空间运动地基，而这正是语言的地质生成历史统一性。这是人类活动产生出生活世界“事”的“逻辑”应有之事，是人类活动与环境物化交换完整的成果与体现，是世界创造万物的“太初有道”因此而“太初有言”。

正因为“太初有言”是完整存在的混沌一体熔铸运动，因此语言质感塑造就已经在完整行动中，进行了环境特征的风格熔铸与具身吸收，它是生活世界的完整体现。因此不存在单纯的叙事性、言情性等意义区分，只有语言存在的运动性完整品质及其运用着的应有之事。

“无”的视阈具有一种自成一类的超越意义①，意义有效从大范围拓扑支撑可靠运用形势测度、堪舆中产生，没有形势可靠性出现，就还没有言说的意义产生，而意义拓扑支撑运用又在环境完整活动具身风格塑造中生成着整合转换意象力，意象是整合风格中的语言自命名，意象是活着的语言给出的历史命运行动涵义。

当现代主体意识用先验形式结构实在化运动（即现代逻辑形式）产生世界经验的构建性知识的时候，它万万没有想到此时它正在做着自绝于环境人类生活历史的事情，从此以后人类思想意识从根本上丧失了语言风格塑造的原始意象力。

原始意象力，或原型、或原始思维是构成人类语言风格动力性的大地原道地质生成运动，是人类灵魂的家园。每一个人类行动、言说无不渗透着这一历史运动风格的痕迹，它不是以理论的姿态显现出来的外在思想形式，不是在一种现代知识体系上产生的哲学形态。哲学是一种“治疗”，但不是语言分析，哲学是超出于看得见的部分而无

---

① “换言之，对胡塞尔而言，对于生活世界的揭示——旨在指明科学知识之可能性的条件——与一种知识相关，这种知识处于科学的和日常的认识方式的此岸而表现为一种自成一类（sui generis）的知识。由此，在其超越论的结构中同时催生出的是一种新的知识，即作为严格科学的现象学。”参见汉斯-赫尔姆特·纲德：《生活世界现象学——胡塞尔与海德格尔》。

处不在的聚神传承与大象，这是由人类生活的历史性力量决定了的，哲学毋宁说是构成行动与言说自然品质、运动综合素质的源始灵魂的部分，是体现人类行动与言说环境完整理解深度与实施运动功夫的融会贯通能力，因此不存在外显形态的哲学，只有哲学就是一切，是人类思想品质存在的体现。当现代科学的思维方式以一种被人们信仰着的、代表世界客观的知识出现时，哲学才成为了一种人类世界观的总体概括，才以一种理论体系、姿态出现而实则是现代科学思维的奴仆，当哲学依照现代思维方式构建自身时，它什么都不是，因为哲学要么以人类行动的品质、灵魂出现在全部行动中，它是道的言说与行动地质构成，要么哲学就在出卖自身无处不在的渗透历史的行为中消失。哲学只在消除了现代思维方式后，以人类言说源始风格形式能指时间性的具身整合运动蕴涵在一切言说中，它是人类言说的大地身体，是规整着言说的语言经验物化精神。

原始意象力是构成人类行动与言说的具身有效组织风格，它超出于主体意识之外而以自然共同体完整品质的事实证明了自身必要，它构成了每一个个体的行动只能是在先有了整体中的稳定可靠，有了完整存在的地质构造运动形势意义，才有个体行动的完整性与意义实现，因为它是存在整全性对于环境之内活动的天然规整意义与生物约束。行动只在行动存在着的具身性中才成为了行动实现自身的道路，行动不在环境组织风格整全性中，行动就只有现代知识体系的“真值性”，但那不是存在，只是有如在同一个身体中的肠胃绞痛、捣鼓，它根本就没有实现出同一个身体中的完整调节运动而有了此一行动存在的循环更新意义，因此它永远得不到生命充实性。因为人类生存的具身性先天规定了行动的意义尝试拓扑运动有效，而此时在完整性中的存在行动就没有字面意义的确定性，也没有知识体系的符号连接准确意义，它是模糊的、变动不居的，又是在整全性地质深层历史效力中被先天制衡着、熔铸渗透与循环贯通着的，由此决定了一种整合在整合自身调节运用变化中的行动测度、堪舆，决定了实施着的行动只能是尝试、反馈、调节、组织，再尝试、再实践的完整平衡知觉运用与能力生成，决定了一种格物致知不是为了主体构建，而是为了穿透命运的顿悟，决定了身体证成的道成肉身性。

天地运势降临了言说、行动的历史意义，天象八卦生成了文本中的中国形象，她是庄严肃穆的。

没有一个地域的言说不渗透着历史命运的力量，只是你不想深入到原始中国的本土中，在古老的文字中直接启动原始意象整合力，所以你就根本得不到传统回到我们言说灵魂中的神迹。我们的风格是在直接行动书写中站立起来的不断返回到完整性中的大地意识觉醒，是重写思想在行动汇意机制中，在深深地感动于历史恢弘生命中，在无限潜沉的运动中的全部传统特征活着的还魂体现。

语言是完整存在行动，它在历史的运势中测度、堪舆着每一个词在完整语言存在中的出现机会与意义有效，而没有固定空间坐标。

这是一种“身体设位法”①，是超出于主体意识行为的整全存在运势中和设位法。“身体设位法”不是依据一种外在对象观察而产生的空间透视坐标定位，并在一种实验理想状态中去证实对象观察效果的技术性运动。“身体设位法”是在实践演变中逐渐形成的动觉空间宇宙运用交换艺术，具有一种“漂浮的能指性”与运用实践艺术风格，数在这里是呈象的地质分布，它通过呈象的阴阳两仪调节变化意义产生一种数的内隐机制用法，即数在卦爻运动中的存在分布，有显象部分——卦，与隐象部分——爻，它通过卦爻中的不同位置与组合而产生出空间中的时间变化意义（即空间时间曲线运动），而卦爻运动本身又是一种象数运用在环境中的比附垂曳运动，也就是说地，要确定象数的时空位置与存在有效就必然要把象数运动做成一个像身体在活动中那样的寓居于变化中的具身均衡效果，产生动觉的动感自在变化调节性，产生动觉变化与环境完整形势运动之间的对称平衡意义。在八卦中就有六十四卦的排列规整与错落有致形成为一个身体动

① “身体设位法”：一种经验完整场域运动沉积的实践艺术矩阵，一种在“我能”与环境事物活动之间生成的共时变化汇意机制沉着的形势时空性，一种在活动具身整全性中，即运动品质熔铸效果中的均衡变化运动性（象数综合），它体现了人类共存经验的实践艺术想象力与亲和性。

觉中的空间变化场，而这个空间变化场在承担了身体活动具身调节变化内部规整秩序后，又与辞的环境语言呈现构成为一个对称运用的阴阳随附变化性，它在辞的呈现显像部分中配置内隐支撑秩序变化，这配置本身就是一种反复实践运用中的人类语言活动意义尝试与修正中和，内隐秩序如何能成为环境活动呈现中的意义支撑，就在于当内隐秩序与活动呈现产生了一种人类行动意义有效切身经验时，辞的空间呈现与内隐空间场对应，不仅于此，辞的空间变化时间性也开始出现了，因为意义有效本身也是一个在反复实践运用中的深度经验积淀与意义结合变化事实，它在不断修正着尝试活动的时机性与形势变化性，赋予意义有效以空间变化暗示语言与切身性，如此，它就使内隐空间场的调节变化与辞的呈现经验变化之间产生了一种垂曳运动机制，它把辞的空间呈现与内隐空间场做成了一个在深度经验变化中的相互印证、转换、牵引的意义活动时空，它使卦爻辞一体结合运用成为了一个化成环境语言的实践艺术，一种环境运动与人类语言结合的原型机制在巫术尝试与人类生存行动反复运用之间被创造出来。卦爻辞无所不在，又杳无痕迹，它们在意义活动尝试中相互输送着看不见的调节变化有效性与见证意义。

这里的数符就不再是一种系统操作不变的数，它在整合状态中对称于环境变化的意义尝试有效，由此而发展出一种整全适应的内置变化行动涵义，这又是整合运行阵列依据环境变化实践艺术产生的规整命名状态，整合运行在自身行动有效充实状态中，这是整合数符的含义变化与意义尝试活动互动一体捆绑产生的数符含义肌理性，全部的设置与运用之所以成立，又在于用完整实践艺术产生的环境生成效果来加以证明。数符阵列的运行本身就是一个适应历史的行为，也是一个存在化机制，它在反复运用实践中适应变化调整而产生出来，可以说没有环境运用适应与反复调整的效果证明，就没有当前的八卦算符阵列。但为什么会产生出这一运动着的数符？这又已经超出了一种系统解释性，因为它是一种环境“怎么是”的行动产物，它成为了一种完整实践活动信仰，而这信仰又在完整实践艺术中自身证明着、修正着。人在环境活动中既是活动者，又是被造者，因整合创构的力量与活动性在自身变化着、组织着、生成着，由此决定了一种垂曳交流的基本运用，万物皆变，唯变适从。

我们能领会的只是一种“我能”行动的意义，全部的含义从“我能”身体行动蕴涵中产生出来，而“我能”身体蕴涵的意义又是在环境活动中生成出来的，是环境活动均衡动感世界（混沌一体）在“我能”身体中的组织连属与意义转换结体、分形体现，他人正是在处身于同一个世界中才领会了“我能”当下行动给出的意义，这是动感世界均衡在他人身体蕴涵中的发现的共处意义可靠，此时环境以环境运动语言传达了它的动觉身体能指性，这能指性是时间性沉积中的同步协同运动，是在环境活动一体性的运动提前“现量”中成为了共同发生的领会，全部的他者在我的一个动作到位时已经同步实施了存在的功能配置，因此“我能”的身体完整语言只是环境场协同性的“我能”存在语言，它之所以能体现环境完整就在于“我能”自然存在着，而同时在语言运动品质完整中放射了环境稳定可靠，它产生了环境特征的运动有效聚合组织风格，不是纯粹空间意义上的特征连接，而是环境特征在运动完整形势中的意义质能组织更新，没有在拓扑运动性之外的意义。由此可见，历史中的人类语言正是在它能依附于环境活动，同时又能自身聚意变化时，才具有了这一身体动觉的存在意义。它是从“一”（混沌一体）中生出的“二”，即具有自身存在意义之呼号性质，表象同时承载了身体动作的暗示意义，有阴阳性，也正是“二”的存在性预备了它产生自身变易、游走力的整全配置质能，因为它是一个不局限于字面意思的运动性“空号”——一种纯粹活动性中的行动有效，一种只在呼号意义上显示的运动性。它在期待意义有效组织连属关系中才成为现实的充实，这正是“我能”行动身体中体现出来的肌体、诗性性质，它对他者、世界而言只是结体、分形组织化、运动性意义，只是存在的意义支撑而没有占有性，身体动觉在这个意义上是行动观注之附属、辅助，它隐身了意向，是全部行动成为可能的支撑连续性时机与潜能，因此有了“三”“三”正是体现了环境存在运动性完整事实的意象生命，超出于符号形式。人类语言正是产生于人类活动交流中这一观注之下的意义驻留，这一意义如何发明出来？正是在人类活动不知道下一步将如何行动时，在过去的行动经验沉积之上，他放出来一个身体行动需要的尝试姿态，在不知道这个姿态有什么意义时开始了一种纯粹活动性的意义有效吸收，在遗忘了要去观注自我意识（在自我意识产生之前）而在无意识中自然成就了语言。《易经》的卦象巫术活动为我们重演了我们的祖先造字言说的历史情景，在一个完整环境活动中意义就像初生的幼芽般在历史天空中的成长，这是大地书法实践艺术产生出来的率意纯真意义符号，即文字。

“易有太极，是生两仪，两仪生四象，四象生八卦。”①

太极就是天地未分的物我一体混沌状态，“惟初太极，道立于一，造分于地，化成万物。”② 太极动而生阳，静而生阴，这是两仪，“动”指的是环境活动生成了特征运动结体与分形的汇意能呈，“静”指地质沉积，它产生了特征内隐支撑，这是默会运动在场域中所产生出来的内隐与外显对称平衡具身效应。“一阴一阳之谓道”③，太极混沌在默会交感中产生了场域阴阳转换、有无相生运动，同时也为行动者提供了垂曳运动生成的在场品质聚焦与行动嵌合运成能势，由此在支撑域的运用结体中就可以产生场域运动配置交错转换的内在行动时空性（一种身体直接经验进行同步地质定位与调节变化的环境整全运用潜能），这就是在“一阴一阳”转换运动中产生的道，“道”立起在符号世界之上，在人类生活完整交换中是先天决定意义实存运动的渊源，决定着事物存在家园的命运根本力量。“两仪生四象”，四象即少阳、少阴、老阳、老阴，这是行动者在场域中由于内隐与外显的活动转换而产生出来的场域运势以及处身情态（意象稳定状态的四种场域运势变化与表现），当四象以不同的运势场域性出现，并与具体处身情态运用有效结合时，就有了阴阳交媾叠置的多出，即“叠之为三”的阴爻、阳爻，这多出又能够以交错配置的有效变化性

① 参见：《易·系辞》（上）。
② 参见：《说文》。
③ 参见：《易·系辞》（上）。

反身作用于场域与行动者产生不同的交感生成形势，也产生出行动者不同的处身运用情势变化，由此就有了不同的卦、爻配置有效，这是场域活动默会生成的均衡稳定与行动具身交互调节共生状态——“四象生八卦”。而当这不同的配置又可以在具身行动中转化为结体、分形的运动内化组织综合有效时——一种意行动感产生了它的场域深度变化形势——八卦就生出了六十四卦。在这里的卦、爻场域活动还只是活动性的汇意呈现，还没有被说出来，也没有成为人的语境有效转换，因此需要进一步的用辞的运用致意机制产生语言的转换、流通，辞的意义尝试就是推动活动连接场并生成意行动感辞的运用有效的语言存在体现，它通过辞的覆盖运动产生出适时而动的运动变化有效，即文字运动汇意的自我修正、调节垂曳性，在卦辞与爻辞之间通过生存行动实践而创造爻辞与卦辞的互动交错变化，由此有了辞的理解、解释在活动中的调节变化汇意机制，有了制数与义理的象数相倚性，进而产生了人对环境场的基本言说交流，一个卦辞、爻辞的意义尝试完整实践艺术就这样产生出来了。易经八卦产生于人类环境生存的行动交流时空想象，八卦又在运用这一时空想象中创造着它的活动性，这不是一种简单的符号循环运动，而是因为有了人类活动的驻留与经营有效创生了这一时空想象的能在状态，它成为了以互动生成见证与运用有效为契机的意义容承器具，在深度存在运动中产生了综合质能结晶与能势性，激活着事境与意义尝试双向交流，从而把时空想象有效地转化为共在栖居亲和力熔造的意义规整，这正是辞与卦爻有效结合产生出来的实践功能。

每一卦爻辞的配置都占据着一个能指经验漂浮空间位置（就像是在大脑“智力模块”中的高度区域化功能组织调节空间），每一卦爻辞的配置在意义尝试活动中又可能产生出环境特征变化的意行动感有效，从而验证卦爻辞的形势断定（吉、凶是一种地质拓扑可靠性意义），而每一个意行动感有效又在经验覆盖中垂曳生成着意行动感的行动蕴涵，产生时间变化中的时间质量，以及在时机化行动中的行动蕴涵放射作用与交感反应，并化成为行动化空间中的时间节奏与支撑域连接；每一个卦爻辞的意义尝试又在时空有效渗透中产生了场域均衡变化的连绵起伏与品质熔成，生成了环境活动性中的地质拓扑性，同时增值着环境活动中的行动潜能，进而又推动着卦爻辞意义尝试中的意义存在空间质能觉知变化，产生出能指经验空间存在的支撑域连接深度“风景”，以及在时间性中的经验结体运用汇意性，事境与语境在意义尝试实践艺术中相互渗透、转化、融合产生出来，在意义解释与行动实施有效中生成着垂曳对称平衡，以及对称平衡深度运用中的汇意机制，如此，卦爻辞的意义尝试活动就协同产生了事境与语境的直接经验运用有效与互动生成对称交换（就像是整个大脑调节平衡具身运动被生长出来），而卦爻辞又成为了一个意义熔成的悬放生命，垂曳运成着事境与语境，进而产生出实践活动的内部循环更新生命与规整驱动性，如此一种生态运行的聚合功能与特征质能捆绑效应就在行动具身中产生了玄览集中的可能（就像是人在一种能指经验完整具身形式中看到了物的意象——一种环境历史变化的可理解性），一种环境事物的存在意识与语言命名力量由此被创造出来，文字意象生命在此产生了，它从卦爻辞的垂曳运动中，从事境与语境的对称交换中产生了文字活动实践有效，带着文字活动意义存在的巫史灵魂，从垂曳着的连绵身体中流出，一开始就有了环境事物内部活动撞击的声音与浑然一体性，它是心灵映照山川的实践品格与历史见证。

“昔者圣人之作易也，幽赞于神明而生蓍，参天两地而倚数，观变于阴阳而立卦。”① 这里的“生”、“倚”与“立”是全部理解存在着的缘构发生运行机制体现，不理解这三个字的动作蕴涵，就不理解易为何而作，怎么被作。这是中华原始先民的行动意识与自然生存信念，没有这作易的有效理解，也就根本无法说出“极其数，逐定天下之象”的创世的情怀，也就无法理解中华先民何以能“究天人之际”、“绝地通天”的“天下深赜之至理”。作易不仅仅是在推断命运，作易的意义更在于它产生了人对于环境历史，对于语言运动理解机制生成提供了伟大启示，这根本就不是什么“伪技艺”，这是生命自然存在着的大地书法艺术实践创作，中国人在天地之间书写着人与

① 参见卜子夏：《子夏易传》。

万物的存在，它包含着天文、历法、风水、地理、五行、人事杂占的全部实践有效性，包含着一个站立起来的人在中华“奇数”中与天地循环往复的对话与盛赞、致意。

八卦发挥它的存在功效则在生存行动意义运用与发现中，它在塑造人自身，也在不断注入着行动理解有效。人经营着意义，意义不外在于人的具身行动运用，意义怀揣在人的心中，而怀揣之意义又是一个行动平衡运用的暗示力，意义以运势出现的良机与循环更新性牵引着人的行动，因为八卦命运初断只是一个兆象，是“失得”之象、“忧虞”之象、“进退”之象、“昼夜”之象，象在运数的存在运动中，全部是策略性的，而不是既定性的，更是生存体已与对世界的关怀，因此它要求人对于自身在场性的具身行动运用与运势推行，要求平和的心灵与对变化敏锐性调节。这个意义是重大的，在人的经营中，八卦已经植入了善意的力量，植入了中和的引示性，因为如果没有这物物支撑运用“和”的力量与博弈运动，那么我们也就看不到完整事实本身，八卦在这里给出的就是一种人类翻译、理解他者的完整运用原型。当八卦把自身设卦的历史道路意义熔铸有效给出时，它也一并给出了立卦的能势创造意义驱力引示性，给出了再度夯实、结晶历史生命意义的可能，这是一种内化质能有效指引，人在这个引示意义中开始了行动实践，在经营中产生出场域意行动感，语言与思想的主宾性从“是什么”的意识状态中颠倒过来了，不再有数学形式运动对语言的奠基意义。象数是象中运用之数，“知象则理数在其中”①，“象数相倚”②，这是运用调节的策略，体现出一种时间性意义——“知几”、“知化”运动，数不处于线条上、坐标上，也不在集合中，它以活的隐喻改变着一切，赋予行动以完整存在意义，在

① 清代陈梦雷《周易浅述·凡例》中谈到对易经的理解：“易之为书，义蕴虽多，大抵理数象占四者尽也。有是理乃有是数，有是数即有是理。六经皆言理，独易兼言数。顾数不可显，理不可穷，故但寄之于象。夫子谓立象以尽意，而全象六爻之传皆称象曰，则理数之备于象可知。”

② 明清之际的王夫之，继承《易传》和张载的思想，进而提出“象数相倚”的观点。

“跨域交通”的综合有效意义运用中熔铸着新的拓扑运动品质，在质能创造中涵括突生性，因此数是均衡生成规定与转换着的数。这调节机制又与环境生态“天道”际会、星历大化连接着，人类生活与思想运动始终在这阴阳转换、有无相生的时间历程中，它不仅仅是个别经验，而且是经验运动性的创造思想，是文字源始存在连通着世界的地质生成运动。

“生生之谓易，成象之谓乾，效法之谓坤，极数知来之谓占，通变之谓事，阴阳不测之谓神。”① 《易经》之所以为经，是因为它是古代占卜巫术的集大成。它从龟背、蓍草占爻中演变而来，但又已经超越了早期的划符测筮。它一开始就把自身活动建立在天人交感的环境场，即占筮活动是在推测、算度中验证，又在生活经验运用实施中生成改变着的通变艺术，因而这一活动本身就是变易着的机制。

因此，《易经》给我们的启示就是生活世界地质生成交流行动，是语言本性存在的体现。《易经》是“变动不居，因流六虚，上下无常，刚柔相易，不可为典要，唯变所适”② 的生成态势，是“参变”、“研几”的阴阳天道之学，“通其变，遂成天地之文；极其数，遂定天下之象。”③

“究天人之际，通古今之变。”④ 在《易经》中我们根本就看不见对象性思维才有的那种“人类总规律”、“人类总系统、总体世界观”的说法，因为它在根本上不再是构造性的，而是创造性的思想运动，这里不再有一种方式存在意义，不再有命题逻辑的构成，它直接呈现的就是人与世界交感合一、融会贯通的生成场域，“易有太极，是生两仪，两仪生四象，四象生八卦”，这“极”、“仪”、“象”、“卦”就是混沌一体、相互交融的物象特征呈现，“其称名也小；其取类也大；其旨远”⑤。这里只有经验行动运用、适存与调节、

---

① 参见：《易·系辞》(上)。
② 参见：《易·系辞》(下)。
③ 参见：《易·系辞》(下)。
④ 参见司马迁著：《太史公自序》。
⑤ 参见：《易·系辞》(下)。

选择的谋划与策略，是以“以类度类”、“材官万物”、“梳理宇宙”，它从根本上改变了人的思想存在性质。所有的能思想、可思想性涵括在共在一体运动中，是对变易生成的能势存在把握，是对运动性的切身经验，思维先验结构操作无效。它直接在具身经验先天综合运用中，运用性即拓扑支撑运动性统摄着成事的逻辑，逻辑是选择之策略与整全运动调整改变，它不再是外在形式决定性因素，决定行动有效的是“生生”的调节机制。乾坤是阴阳相反之物，八卦是四象相反之物，六十四卦是三十二对相反之物。“刚柔相摩”、“阴阳相荡”、“八卦相销”、“天地氤氲，万物化醇，男女构精，万物化生”①。这是意象生命的游走在创造着它的存在环境切身性，它产生于太极浑然一体的声像世界中，所以我们才能有一种聚神的功能，把现象、语言、思想与行动规整于文字言说意义，构成为一个色泽斑驳、异质熔成的诗画世界与存在交响，这不是形式构造的妄为与僭越，这是规整于大道实践风格中的地质生成统一，每一个异质存在都在开放的世界经验中把它的声像融合于地质沉淀的拓扑支撑可靠性、行动有效性之中了，这就是太初境域的文字——在文字纹理器具之中跃动着异质经验的生命能势，参天的大树把环境风雨雷电的品质力量收结在年轮的质量稳定重心中，时间的沉积证明着空间中无所不在的生态风水，它在把天地万物进行着造物般文字绿色事业的转换。具身实践的心灵成熟与神知默会产生了言说化境存在的可靠品质屹立。

事实存在的运动是离开了主体构建的“神思”，是“神用象通”的体性通变之术，在这里，《易经》建立的交流途径是经验在活动场中的体用汇意机制生成，是切身经验的具身调节引示，人把肉身生命调节的生长活动同环境适存变化同步运用联系起来了，在相附相生中产生了行动默会一致与意义存在体认，这是环境变化同身体行动深度融合的共在生成交流。心智的能量更像是大地酝酿中的一道电光，穿透了事相的表面。

人并不知道物性特征的全部功能与去处，人只在身体行动中天然

① 参见：《易·系辞》（下）。

领会着人与物相持相依的生存命运性质，“生蓍”就是幽赞神明的人世活动发明与意义发现，充满着自然生存无比真实的力量。人的自然生存意义并不是由人为操作来定，而是人与物的处身艺术，是人物共筑的完整事实结晶与内在道路启明，意义存在于人物两用、体用不二、动静如一的完整生态动力性中，是当前行动在环境事实运用中的对称平衡与生成有效调节，也是当前完整事实运用在自然生态循环历史长河中的意义见证有效与道路生成。因此，数是筮之数，参天地而渗透着行动蕴涵与具身有效的能“动”之数，倚数就是数的存在内化与数的意蕴互渗，中国的数学思想一开始就充满着天地灵气，这是一道数之存在的意义共在与转换风景，是意义存在命运之数，在冥冥之中有神灵相助，这灵助就是天地万物存在的一团和气，是太极，是宇宙混沌的淳和未分元气，是弥漫于环宇与历史中的流动生命，古代先民相信世界是融会贯通的、连续变化着的，它既产生了物我相持相用的经验生成变化切身感动，又创造了巫术意义实践运用的开放一致贯彻效应。它把全部人类自然生存活动做成一个以生存运用实践的有效为准的内在调节、变化自组织运动，也就是说，当先人把“三”这个数进行了“八卦成列”的设卦观象运用处理，即八卦交流变化的内部时空性，而又用系辞意义尝试运用调节着意义理解与解释完整性时，一个以天地为准，不断熔成着人与世界行动交流有效与意义具身组织运动在此产生出来。八卦以它的精气弥漫、游魂为变的生生易象捍卫了自然世界的生命存在本性。

当人类环境生存走到一定的时候，就产生了繁复多样的面貌与不同的可能走向，此时他最需要领会、学习什么？他站在自身内部的多样中最想要知道：他是怎样来的，什么才是这一走向自身的历史与道路？但是当他这样要求着看清自己的时候，他又会发现“怎样来”又不是一个现存的答案摆在那儿，而是从现在的理解形成“我能”中去完整地理解过去。于是，他站在了一个关键的时刻，这个时刻是真正历史的时刻，是一个历史如何成为他自身存在理解有效的时刻，是怎样才是历史运动本身的行动及其理解的时刻。因为理解过去在这里已经不是一个从现在全部层次多样中进行归纳的问题，不是从我的主体立场或知识中发展一个视阈去解释过去的问题，这是历史在自身走向中不断同环境物化交流协同着、生成着自身历史容承的地质风貌与多样运动，历史已经有了自身存在的道路完整内在要求与规整性，没有这一点，就无从谈起历史真实，因为没有历史性的“历史”，只是人为想象，而历史性就体现在历史行动能力完整存在于与自在道路中。

因此，在历史性中理解历史，这不是为了解释，而是为了“看到什么”，进一步为了在前人的全部努力中找到“失败中的正确与可能”以及“在没有一个是完全正确的、失败的”中产生吸收历史地质层的“养分”，它产生了空间宇宙实践艺术与尝试的中和行动，产生了前人每一步行动意义尝试中的时间绽放之可能，这是一个真实存在的历史活动场，在时间及其经验双重开放中开放了知性力的成就向度，每一个动作、步骤在空间宇宙中正在发展着成为历史的熔铸运动具身可能之多样，发展着空间宇宙存在的知觉、动觉之触角，发展着尝试行动实施效果回复到历史走向具身生成的身体中和潜能，前人正是在那儿努力着成为了我们的共同－知觉以及知性杠杆之动力。

此时，随着此一内向“视阈—世界”的打开，也同时产生了对于“怎样是”的一种不同于一般表象思维的“我能”行动之认同，“怎样是”只在此一行动认同有效性中聚焦，而不成为方式判断的现实意义，即历史的回溯是一种身体行动性回溯，是在地质生成历史性时间意义中的测度认定，是在每一个过去的动作成为了“我能”行动中直接经验运用的均衡形势知性力判断，它指向的是能指性经验，而不再具有肌能品质结合之外的形式视阈意义与解释，它要判断的是玄鉴力自身成就，而不是每一个过去的词汇表面意义联想，这玄鉴力是诗性存在，是积厚中的“生成语法”、“语法生成”，它使每一个字、词、句成为了历史中活的资源与转换有效，于是，“我能”在创生着“我能”行动的语言能力——一种完整活动历史场中的环境实践语言生成艺术。

那么，我能理解什么？我在理解着我的理解力知性运动本身，我在知性力运动成就中发现着“怎样是”这一事情本身的原型巨大潜能，它是在原型能力上说着的文化生命与诗性，是在直接说着一种

“无用”的语言、超形式、样态意义的语言。如此，一种原型的潜能“语法”就这样在“我能”行动有效中拉开了它的意义世界帷幕。如此，我们就能看到“怎样是”在它自身之中自下而上、自上而下往复所以产生着的运动性本身，并看到在这一运动性之中存在之可能的实践性深度、高度，看到身体在酝酿着的肌能组织生命力有限中的无限融合、渗透精微性、贯穿力与广阔弧度。历史在这一诗性生命的恢复中有了当代存在的意义，有了永恒的能量。因此，我们并没有什么主体正确的视阈，也不存在外在形式、样态的误读有效，唯有艺术生命知性力的积厚薄发才产生了“误读”本身的意义，这意义就是行动的发现与不断学习、实践，没有现代评说中评说别人无知中的无知，因为别人的无知是为我们的存在而无知着的有效，是有知的礼物，它超脱于意识行为之外，以思想实存的历史事实生成了存在的光辉，从这一根本意义上来说，我们只存在感激，只存在对历史生命的敬畏之心与无知之心的实践意义。正是这一无知之心的知性力成就，才产生了一种“无立场”意义知觉中和以及语言“修饰”、“分节”实践艺术分析，那是在静谧状态中产生的切身性意义运动，我们在这一状态下才理解了他人（前人）以及他们在尝试中贡献出的和我们在回收中修正着的，这是诗性存在的自我修正与充实，不再是外在视阈融合诠释活动，因为它是另类身体性经验存在。

理解历史就是人类业已存在的语言中创造“我能”思想性，理解存在就是在存在的历史文本中“挖掘我能”存在之要，因此而承续文本历史内在生命。《易经》是群经之首，一个文明传统的思想总是与它有千丝万缕的关联，这又有一种深刻的历史渊源，因为一种巫术文化在其内部生殖了迄今为止最为生动活泼的自然交流，产生出一种象数相依的大地致意行动风格，把人类交流建基在符号与辞的垂曳实践艺术上。此时，每一个前人思想犹如《易经》中的一个正在成为卦象的卦象运动，它在那儿辛劳地尝试着我们的未来，而《易经》就是我们的天下文章中有尊严地站立起来的前身、地基，是文章自成圆满的时间性启示力量。这是运动着的文字“身体”在环境活动中化成“身体”运动潜能与知性力的大地行动，这是人类思想存在着的化境运动生成动力与行动哲学结晶，这正是《易经》化成天下的意义符合运用展示告诉我们的，在那儿，文字内化气动的生成历史与源始性，以如此丰富的大河气质与磅礴力量展示在我们眼前。

“意象生命”在语言源始存在的环境无意识活动中腾空呼号着，它是来自于我们语言意义家园“能形”存在的行动灵魂，是闪烁着世界宇宙光辉的品质结合小宇宙，在天、地、人“三才”结合中自在、庄严地跃动着。它源出于语言地质生成运动伟大的河流。

因为意象是一个空间排叠有序的调节生动之象。又是一个时间积淀、聚合运动有效的秩序与亲和力生成之象。从场域性来讲，空间排列位置与场域活动调节的内隐结体、分形交错变化，产生了特征分布同步交换活动聚意在调节机制转换中拓扑支撑有效的整全均衡质量运动，空间排列位置在调节机制转换循环运用中有了环境质量体现，它在一种内部活动垂曳内视性中呈现出“共同体”的具身效应，即每一物以这一环境活动效应的变化直接显示着它的当下交换场域共在意义与变化中的能势调整响应状态，并与环境整体构成了一种共在栖居的意义地质规整运动。从物的环境意义变化运动有效性中可以直接觉知到环境亲和力熔造的状况，这是一种生动性比较，它既在环境历史中，又在环境生成物的普遍处境中成就出一种活动具身综合质能比较，是质地聚合运动品质在具身交换中直接产生的生命力触动。从事物时间变化看，事物又在特征同步交换与场域聚意协同变化中收结、转换着活动意义，它在自身完整性中把场域意义进行着一种具身组织调节与分配，发展出一种品质化运动，即在交错配置与连动协同交换中把全部活动经验本身进行了一种“暌”的离合“类同”①，这是“体”的叠置与交合产生的垂曳融合运动，异质交换正是发生在这致

① “暌”的离合“类同”：在全部人类思想结合中，还有一种更基本的生态性结合没有被意识到和完整运用到，那就是意象具身性结合，它在一种“似离则合”的随附、致意行动尝试中产生出来，是人的物化知觉生成的意行动感在活动均衡调节运动中酿造的同一个世界地质生成经验，这是一种共在道路整合熔铸经验，是异质经验共造的出离于你、我、他，但又能共同经验享有的动感自在共同体经验，它确保了人类经验“类同”性与环境结合的运动品质有效。

意、随附机制中，它产生了一种异质交错调节“同感”经验，即在自身处境切身经验异质差异中进行无量交换共造运动与传达的可能，“体”的活动具身完整熔铸为这一“共同感”创造着条件。这“共同感”就是在一种完整具身交换“似离则合”中产生的共在亲和力本身，它在交换活动的先行赋予中成就了一种共现动觉默会性，又在具身调节组织有效中建立了一种完整活动交换平衡，或者说在完整环境适存运动中生成了具身调节平衡有效，由此产生了融合性运动本身的亲和吸引与类同感。我的异质经验可以在具身平衡有效组织与动感默会交换中成就出与他者的分享与吸引力，是因为它是一种共在活动“意象”，在结体、分形的地质交换效果中它呈现了环境致意、呼应的变化调节有效，在特征同步运用与协同连动中它给出了参与的活化机制与身临其境的生动创造可能，它在“未完成而又完整自在”的意义上成为了环境活动物，具有了品质交换共同生活的行动艺术生命。

可见，意象的生成与转换并非人力所为，而是宇宙精神的率意行动，是时间持存的酝酿与结晶，文字开口说话只是一道命运降临的亮光，没有人为臆造，没有外在逻辑，只有具身经验的生成创造，才让文字在化境力的生长中有了现实存在的声像。

意象是世界完整“能看”的眼睛，是超脱在现实思维方式之上的历史连贯一致知觉，是万物存在的体现。意象是世界意象，是一块补天的五彩石，是复活万物生成历史与人类心灵的还魂丹，是连通大地身体的内部红线与神经，是生长在世界丰富变换果实中的花骨朵儿。

花骨朵儿长在柿子中，花儿一茬茬盛开，又一片片坠落，结出丰满的果实，收成大地的年华，年年岁岁、岁岁年年，往复所以。

是什么促动着这循环往复的运动？

又是什么让大地果实永结同心、聚神传承？

天有多高，地有多厚？

没有一双眼睛有看得透的时候；

没有一个科学有讲得完的故事。

然而，地质生成又是无有的科学。花儿开了，又凋零。果实熟了，又坠落。增加的只是那土地的分量与人心。

天还是那样的蓝，水还在长流不息，青青的草儿在唱歌，远处传来了劳动质朴的欢笑声，天地间一片的清朗气阔。

二、承志维新

这是一位灵魂虚无者的忏悔：我来自于世代乡村的土地，父母含辛茹苦把我养大，希望我功成名就，光宗耀祖。我的理想是田龙飞翔的理想，因此我终日勤勤勉力，求取功名。

然而，仕途的生活并非我的想象，一切已经改变了。是什么变了，我不知道，总之我终日无所事事、无所用心，我的心丢了。想想吧，到了六十岁就要退休，从此结束全部虚有的名誉，实在心有不甘，何不现在快活，更加快活地捞一把。

我腐败了，接着被告发，被抓起来了，我忏悔。我忏悔什么？我能忏悔什么？

啊，我对不起父母乡亲，对不起养育我的土地，我悔过、悔过。如果再给我一次机会，我一定好好干，一定重新再来。

但是，一切又怎样从头再来，重来的意义在哪里，什么能绑住我的心，让我好好干？我能找到那个好好干的命运成就吗？

在现实的空间中仿佛有一道深深的鸿沟拉开了生命存在的距离，我根本找不到活着的意义与唤醒那生命活力的信心。我真想对着天空呼喊，为什么要生我？

为什么而活着？

为有生命存在的真实而活着，为找到生命存在而又能承启这一历史动力而活着，为建立历史的完整坚实可靠而活着。

然而，这一历史的完整又在哪里？

在历史深处启承一种人类生命意识，它是人类文明物化交换活动的开始，是人类精神屹立在世界中的浩然之气。历史的完整在历史的文明中，她是水一般在沉静国度，在那儿生活的传统中厚重、谦逊的人们，自然与历史都活在这一非凡气度的社会人群中间，在一种共同传感的物化精神知觉中，大地拉开了永动历史的序幕，它是积厚的万里生命的土壤，是大地与人类文明淳淳化出的静谧古风，无不自然，无不充满人世间的亲情。

然而，成为历史的，就是能涵容世界而又自身独立完整。成为传统中的，就是在环境中活着、生长着环境历史风格与大地礼仪，有着生命完整的天地精神，人类在源始生命中热爱着大地，人类又在做事的时候遗忘了大地历史，也就是遗忘了生命存在自身。

在非常久远的时代，这块土地上就已经行走着一帮超脱于国家、城邦、豪门政治的士族社会的人，他们一直在实践着历史生命的大道，实践着人类社会与天地间的同呼吸、共命运。他们是些“清谈”、“无用”的人，又是身体力行在做着看不见的绿色事业的人。但是从明清时代起，这一帮“文人画士”的气脉就开始衰微了，到了新文化运动不断兴起的中西体用之争与文化血质的根除，更是把这一帮“清谈误国”的“玄学”之人给彻底“清除”了，从此以后，新的社会不再有真正意义上的“传统中的文人”，尽管我们并没有改变我们的语言，尽管文言文到白话文也还是我们社会生活中的语言，而不是外来语，但是“传统中的文人”的不在场则已经使语言改变了它的自然本性，这一点是触目惊心的，我们已经走在了生命失道的夜半而浑然不知，因为“传统中的文人”不是主体、个体的存在。

没有“清谈”、“无用”的人，社会政治就没有传统生命的承志维新，文明就将失去历史存在的底气与物化精神。

没有“玄学”中站立起来的“传统中的文人”，就没有真实存在的环境与历史被唤醒，现代生活方式就将永远沉沦、不可救药。

“天不生仲尼，万古如长夜。”

人类古老的文明命系一线，大地沉陷的时刻，命运在召唤着复活天地灵魂的巫师。

人类完整存在需要的不仅仅是知识，更是能力，生命记忆，以及在生命记忆中唤醒出来的生命存在意识。世界命运需要的不仅仅是科学预测，更是品质化生，生态历史理性与大地平衡。人类社会需要的不仅仅是组织技术与管理政治，更是天地政制、文明关怀与历史传承。

这是人类同周围世界切身经验的实践艺术，是生长这一实践艺术能力的环境语言，是在人类对话语言中产生共同之心的话语意义活动。一个共同体的生活世界正是通过实践一种物化精神承启转换而自然生长出来的。

说话人人都会，但在说话中实践环境聚合一致，生长与环境平行而又对称垂曳运动着的质感经验，把说话变成环境生命能力，变成扎根在环境中的人类生态品质与共同体生命体现，而不是一般的交流手段，不是非能力的知识传递，这又并不是人人都能做到的。我们至今还没有意识到这是一种与人类生命同等重要的事情，没有意识到语言作为人类环境行动力的生命能量。在西方有一种普遍的自信夸大，以为人可以直接与自然对话，一如人们可以与上帝直接对话那样，殊不知，当他们这样做了的时候，产生了表面形式而失去了对话能力，没有一种人类损失比这一看不见的损失更加巨大。一句话，它从此改变了世界——世界的命运已经逆转。

思想不在环境历史深处生成着，融合着，思想就在无根的世界空想中捣乱毁灭着大地源始生命，因为此时思想已经看不到自身存在。如果人类可以直接与世界环境对话，而且只有这一种对话，那么人类语言就只是一种形式不变运动，一种附着在世界空间表面的本体知识，这就意味着人类没有能力深入世界产生对称均衡运动，意味着世界与人类不存在共同命运，意味着世界给予人类的只是加工材料而不是生命，也不是经营生命完整的活动环境，意味着人类可以不需要环境生态供养也可以种地，也可以生长，意味着人类生命不同于自然果实，是可以漂浮在环境世界之外的奇迹，这一切可能吗？

拼音文字在此已经先行进入了自然意义无解的状态，因为没有文字配对的气韵生动，没有文字运用对称于现象的地质拓扑有效，没有意象生长在历史深处的运动本身，仅仅凭取悦于耳朵的字母音乐爱好，不可能有那自然声音传动的“非思”气息在言说之间散发出来。环境对话的能力在这里渐渐停息。

如果人类没有一种对话中对于对话本身的深度经验，没有维持这一对话能力的言语运动与实践艺术精进的能力，那么仅仅靠形式不变的对话，我们能知道环境世界对于我们来说在说着什么吗——就像上帝说出的话一样，我们以为我们已经理解了上帝说的那句话下面的深度，而不是我们一厢情愿的那样？语言中的语言完整意象力是一种能力，而不是非能力的知识。如果我们没有意识到语言的源始存在并不是附着在世界表面或某一层次的变化，而是更基本的一种运动——它是它自己，它平行于世界而又在言语行动垂曳运动中完整地深度融合着世界，由此而产生着语言存在的独立意识以及对于世界完整存在的人类知觉，由此而生长着世界经验的完整对称均衡运动与共同命运的切身关怀，由此而在人类语言中发展了一个“小宇宙”的人类环境动觉身体，并能在这个“小宇宙”中产生一种人类语言与环境整体的物化对流质感，切实生殖着人类与环境的同感而不是口头的空话、大话——那么世界将从此失道，人类将从此走向自我毁灭。没有什么比这一现代世界的处境与我们的无知更触目惊心。

“1931 年圣诞节期间，胡塞尔仍未间断他对时间问题的思考。这些思考的成果见于手稿卷宗 C 11/59a－69b 中。值得注意的是，在这一卷宗的封面上，除了提示性的摘要内容外，胡塞尔还写下了这样一行文字：‘1931 年 12 月（圣诞节）。非常重要’。”①

胡塞尔在这一手稿卷宗中已经意识到：“一方面，现象学必须让被遮蔽的历史阶段课题化，把它的潜在的历史性揭示出来；另一方面，现象学必须深入到历史编纂学的‘内部’，再次唤醒已经沉淀下去的思想形式，重新激活观念性的链条，把个人和共同体的‘意向历史’完整地再现出来。”②

要切实做到环境有效对话，人类就必然要在人类语言中建立一种基于环境整全变化的运动汇意机制，把人类语言与环境变化做成一种有如书法艺术那样的存在效果，即从完整存在地基的堪舆状况出发产生出人的行动力与环境变化对称的协同运动尝试，在人类语言中生成

---

① 参见方向红：《“发生”与“历史”的初步分离——胡塞尔 1931 年“圣诞手稿”解读》，中国现象学网，2010—1。

② 参见方向红：《“发生”与“历史”的初步分离——胡塞尔 1931 年“圣诞手稿”解读》，中国现象学网，2010—1。

出空间宇宙的知性力拓扑运动，从而有效地吸附环境变化整全存在的“内部事实”运动能量与组织连属，产生出环境整体在整体存在运动中的理解“逻辑”与言语机制呈现。这是一种浓缩、结晶环境完整运动的人类语言构成，人类不仅在使用着自己的语言，而且在创造着人类语言与环境的垂曳运动，具体来说，就是一个写作者在把环境知识内化为一种行动力的完整可靠与综合素质中，向文字输入物化之风，在文字完整经验运用中输入环境交换物化知觉，由此承启语言生成历史，生成人类语言的环境融合运动潜能。因为一种拓扑“结一构”是变化中的变化堪舆与测度运用中的均衡运动性构成，它在整体中存在着，先有意象在意境中的对称关照，才有运用中的自身构成，没有观念与外在形式。但这一存在性又是通过心性、心力的“游神为变”张力运用产生的嵌合生成内在融合有效，在这里，人类运用了身体行动环境具身效力，在整体中贯注着行动参与的直接经验对称均衡运动尝试知觉意识，也就是说，他并没有直接在言说中把场景表象或记忆知识通过日常使用的语言表达出来，而是在场景、记忆化成为一种表象之下的经验切身感动与集中，并在语言运用的经验比附汇意中寻找这一集中效果的时机与平行构成中产生言说性，而此时的言说是成功调动了全部语言内在活力，并通过言说特征的运动协同聚合秩序构成的品质能量，这是一种率意纯真的行动。实质上这一平行时机的契合又不是一次性地已经直达了全部经验，它总是处于自我调整与修正中，它又总是在这一围绕着调整与修正运动中深据着言说有效性与汇聚反应，他在把生存经验获得性能力化成为语言，又在语言中和言说经验运用中，用这一运用有效性去测度、探试变化，并不断回复、修正这一运用有效，并在运用有效中塑造、生成一种拓扑熔铸与调节贯串，全部的经验汇聚为一种生动的传达力量，全部的经验在围绕着深度运用构成中延展，全部的经验又无声地化成为互动支撑与响合的内在变化，全部的经验在经验存在的运动知觉与平衡构成中生成着空间宇宙，经验自身聚合产生着一种能力在实践艺术中的具身性，空间有如一个身体循环组织在活化之风中垂临，此时这一拓扑“结一构”运动就生长了一种完美平衡运动的未完成开放形式，而这一形式变异性又有着重大意义，因为它可以不断崛起完美平衡中的生物约束与创造精进统一，实现人类有用性与存在性的历史统一，而不是说出一句话，产生一个行动而根本不知道它对于世界有怎样的广泛、深入影响。

此时，语言实施的方向与人类行动经验性就已经改变了，它不在符号理解的使用范围内，它是在自身构成环境物化交换的拓扑运动中生产环境言说能力。这一言说能力才是产生人类环境历史运动与思想的原始基础，才是在活的物化经验交换中汇聚环境世界运动性知觉的理解机制奠基。而这一言说力从哪里来？从人类语言中首先站立起一个自然行动着的人开始，从人类语言中有自然行动着的感知环境世界变化的人，而又能将这一变化用生命能量的专注力注入于语言活化组织中开始，从人能够传承一种人类语言，同时又能把这一语言无声化用产生出语言而作为一种人类综合素质体现的行动效果，在这一效果的运用中把环境经验不是作为表象符号连接，而是经过了肉身性转换，经过了意象身体活动内置的“化工”作用，进而能够产生出环境存在内潜呼应能力开始，能够将这一灵动经验注入于“大地书法艺术”活动中，“以手运心”活生生地创造出一个人类语言“无之化”的心灵世界映照效应，能够在这一物化经验的熔铸气脉变化中玄鉴历史运动品质与大地气象，能够无声地直接感动人类与环境共生的命运跳动，能够在语言化成为地质拓扑的能指时间性经验完整造型中实践出人类言说环境互动融合的切实可靠、诚信品质，一种不断地开始的运动，正是在开始的内部活动组织中开启了人类生命的天地境界与历史性。

人类需要可以传承的历史性知识，一种“我能”的思想资源，它是“世界的散文”①，是生命存在的共现与真实。因为历史根本来

① 世界的散文就是成为在世界中的活化文字基本运动，产生文字运用与环境世界对话的能力，这已经不是一般意义上的散文，而是具有历史传接风格的地质拓扑运动，即一种质性写作，一种生命灵魂写作。它首先在传承环境地域地质风貌的历史性运动中才成为了世界的，没有这一历史道路的言说与无极旋动品质的创造，继承世界传统只是一句空话，没有切身经验实施有效的环境语言风格产生出来就没有一切实现的可能。

说就不是一个专门的学科知识，历史发生在人类生活的一切方面，它是具有生活世界存在意义的肌体性知识，即一种可以在地质沉积的基本面上不断复活的人类活动知性力运用、结晶的综合运动，一种行动在场的环境世界全域性空间宇宙的内部绵延力量，一种“我能”思想同步唤起整全世界响应以及协同一致熔铸着、生长着的诗学。如果胡塞尔在思考这个现象学最重大命题时，不是那么先天怀有一种固执的西方优越感，不是首先仅仅把中国归属于一种“人类学的类型”经验，那么他可能早已发现在中国这块土地上两千多年前，而且从开始就一直是这样，发展了一种现代社会根本就没有、不具备的历史性知识，“伟大的散文”在一个如潮诗歌的国度中被“传统中的文人”默默地实践着，这是士的天地精神让中国古老的智慧在人类世纪的长空中放射着诗性的能量，“精微穿溟宰，飞动催霹雳。”①

——因为传统中的文人不是现代意义上的科学家，也不是社会理论工作者，他不是在进行知识行为活动，而是知识化于“无”的“纹”身、文化实践功夫与文明风格承启，没有这一文与化的活动存在着，那么就不会有意义完整的言说与存在灵魂。传统中的文人就是人文景深历史生命的召唤者，是环境地质测度、堪舆理解力生成以及知性力语言赋义的人，是聆听大地消息的“风之子”。如果人类没有在环境历史中产生出一种共同体命运基本连接力，没有将这一环境历史的关怀通过文明物化运动渗透、输送到生活世界中，没有把人类语言的行动活力有效结合到人类知识物化运动中，从而唤醒文明环绕着大地历史生命去记忆激活与沉积“极”的物化精神运动，那么人类就根本没有觉醒，人类知识的分量也太轻，知识中没有人，更没有生命。因为有一种知识只有人的自然生命品质才相配，有一种历史真实只有人用生命真诚的行动才能与之相通，有一个世界只有人站立起来的时候才属于共同拥有着的。

“传统中的”绝不意味着全球化与现代所谓的普世科学就可以取代，绝不意味着它只是我们的想象，而是我们根本没有看到，没有把

① 参见（唐）杜甫：《夜听许十一诵诗爱而有作》。

散落在四周的自然与人群社会特征聚拢来，也没有产生这一风格表达的有效语言。然而，传统在这一特征聚合“极”的运动中积淀更新着，它首先是能够实施这一实践功夫的能力，其次还是在这一能力中有效吸收中和的玄鉴功夫，最后还是由这能力知觉决定着的返回到环境历史就是返回到自身的认同和感动。“极”的事实是境界、信仰、能力、动力组织与玄鉴功夫同时到场，具有环境历史对称均衡整合深度的生命召唤力。它可以通过一种反复动作的强迫放松来逐渐实施无意识具身转换，文本反复几十次，文字率性纯真的闪光开始出现，时间中成就的书法悬动开始建立，最后你自然会对庄子那句话心领神会——我一句话也没有说。这是无法撼动的存在事实。

“极”的事实运动是从环境语言无声的部分开始的，只有呈现，没有解释的表达存在。因为它确立的是纵向时间运动的辐射、吸收脉动空间，确立的是在时间中垂曳运用产生的反复循环动态交换与具身转化的同时性，确立的是全部表达能够产生是因为先有了平行于环境的完整具身调节知觉与组织，并能在回到环境就是回到自身的特征聚合唤醒运动中化机熔凝环境能势风格语言的动力性，它已经改变了知识的现实方式运作，产生出知识被完整表达的行动品质均衡在场的见证意义，产生出知识存在于环境历史中的能指时间性具身运用唤起与行动化空间熔铸的命运一体关联，产生出能看的知觉聚合运动以及走向环境建立语言拓扑运动风格的真实信念与厚德载物的行动关怀，产生出生命的真实力量在言语表达中已经与世界一体化，并有了完整风格整合的坚实可靠与灵魂震颤的同感经验灵动空间，在言说中衬托出言说历史灵魂的人。

环境空间中蕴涵着历史积淀地质效应，这是一种能看的深度意蕴，这能看的意蕴又与“我能”的实践艺术功夫关联，在“我能”赋予这深度意蕴以怎样的完整知性力组织有效与运动造型中洞开着一个深度视阈与体用性知觉中和质能，意义正是这能形风格深度“化工”产生的形式与内容拓扑运动连动组织结晶构成，是平行于“我能”造型力的环境深度堪舆经验能指语言，因此环境经验的测度与堪舆并不是简单的看风水，而是崛起着人类语言的环境对话，这对话产生的大地消息正是在人类语言深度经验构成中自然散发的环境气韵。他（传统中的知识人）是一个物化生成科学家，因为在他手中掌握、运用着的并不是符号，而是人类历史积淀的“石化”经验，是文字，他要做的工作就是传接、维持、更新这一人类历史“石化”经验记忆，在“石化”经验的稳定可靠性中建立世界诚信对话地基，生成“石化”经验知性力崛起的内在品质与复明能量。具体来说，就是把生存经验的稳定可靠性通过文字体用经验的精微探测与内部玄动运用秩序刷新而无声地输送着生命能量，在文字具身潜能的创造中照亮、共现出一个“言外之意”的深度现实世界，产生人类活动的“天地之心”，恢复历史物化运动本来面目与共同－知觉观照。

不管我们怎样进行现代学科建制，怎样地引进、建立“先进”的思想理论与人类理想观念，没有传统中真正站立起来的人，没有深深感动于这一传统灵魂的文化人，我们就永远找不到自己。因为这不是一类知识的传授与研究，不是像我们现代人那样对传统知识的本末倒置的理解，更不是在现代人的生活方式中、知识谱系中对传统的考古、诠释，这是传承运动，是历史醒来的时候而在场切身经验产生的无由感动，是弃绝了外在形式绊羁，而在历史生命创造中直接知觉源泉风格经验的发现。它从历史地质层开始了中文性思想，以及保持着这一思想性绵延不绝。

沉淀以及沉淀中和中的无极旋动漂浮能指和时间性运动，产生了象数相倚的形式运用以及形式在总体运势变化中的地质测度、堪舆性质，产生了与环境中和有效相匹配的对称均衡组织知觉以及此一知觉能看的玄鉴性、功夫性，此时作为运用着的形式是绽放、跳转在每一点的聚集以及聚集返回到环境场的身位转移与姿态调整，又是形式空间组织运用在支撑域的连续和声与开承转和的层次空间转换、腾挪，形式因此是能实能虚、选择多样、行止起伏转折的同一“风中建筑风格”。学和术统一在行动化中和质能中，是以语言为媒介又以语言为积淀支撑与物化精神体现的科学，术在学中，又在其外，独立完整而又垂曳化入一体，贡献于综经、哲理，同时又返回产生着中和统一中的术的知觉、书写运用艺术与动力性，它是无之化的科学，能力不断转化在文字结晶具身灵动经验中，生长着言说的能指时间性与道术完整统一，启承着历史。它又是精一门而触类旁通，全部能通而无一样不在均衡能力中，它是多中的合一（时间性整合），一中的多样（风格中的差异化生）。因此，产生了如此的同心圆运动——术是势，学是用，语言是体，言说是道，存在是心，生长着的是自然和人，发展着的是文明共同体与历史。分开来看无一存在，合在一起又纷繁多样、卓然生辉。

这是同一历史风格中的地质生成科学，是肩负着人类历史任命的传道运动，不在于建立客观本体知识，而在于重新塑造人类知识知性理解力，它通过往复所以的文字经验活化艺术，通过传统文字注经式的循环更新读写实践，重新唤起中文字在大地深处的意象感受力，产生中文文字炼字的意行动感与运动汇意机制，从而生成一种知性杠杆的全域性视阈与空间宇宙意识，在历史生命活着的“石化”经验中艺术地理解（体悟）先人的大义微言，在“伟大的散文”物化精神中把这一诗性的理解力传达，以恢复人类历史的直接知觉与记忆，并在“传统中的文人”的天、地、人“三才”结合中把这一灵魂存在的思想生生不息地推动。

客观、中立、冷静地写作、记载历史并不重要，这里的外在客观已经不存在，如果文字本身拒绝进入历史，而是以同构形式决定论的意志产生人类控制历史的神话与企图，那么历史的记忆就已经消失。因为没有完整的词语意义运用重新恢复，没有结合着此一环境历史的经验文呈风格与组织有效，我们连对世界说话的机会都没有。

因为文化乃是人类思想的环境历史肉身化运动，是人类文明道路的世界共同见证与参与，是共同体生活世界的开始。

文化即是将思想的意义存在化，让思想在文字经验中产生双向互动的能力，实现思想栖息在环境中的意义言说完整风格与组织有效，实现思想归化于环境历史，在环境历史中激活地质层共同生活身体行动完整经验，并因此而产生历史生命承起与意义运用拓扑知觉整合运动，这是创生思想存在于历史长河意识以及思想言说动力的生成之道，是思想具身化进而成为有灵魂的言说交流的诗性觉醒，它产生出思想行动力的纵观历史的玄鉴眼光，产生出在这一历史复活的环境场中的秩序刷新与新鲜活力，产生出历史生命当下活着的大于、基本于知识行为构造的直觉经验与品质结晶。

这是思想必然要经过文字经验塑造，进而产生文明归化，进一步崛起人类精神的生命存在活动。人类精神与信仰正是产生于真实存在的活动唤醒，产生于思想坚实可靠的能量生成，它不是说出来的，而是在做中切身经验并用行动着的身体塑造、结晶出来的，没有一种意义运用拓扑运动，没有一种思想化成为文字经验的运动性能力，没有将思想通过环境语言塑造进而生成为活着的行动与功夫，人就看不到、感受不到生命存在的可靠与价值交换意义，思想就只是龟缩于自我意识中的虚无想象。精神、信仰的创造产生于思想环境生命能量崛起，产生于思想通过文字物化经验的承起而活在环境历史中的直接知觉，产生于身体行动在行动经验中对于生命存在的环境交换意识，以及生命存在切身交换生长的伟大历史背景的发现。此时，你就会发现活着的历史真实存在着，它不是什么传统已经消失的想象与虚构，文化、文字活着的生命创造可以告诉你历史并非僵死的外在言说与规定，它是一个只有道说才能产生出来的宇宙脉动空间。

当思想文字经验具身化之后，思想就已经给自身创造了一个灵动经验知觉的呼吸、放射身体，有如水化在了河流中，此时思想并没有死，而是以行动知觉的完整塑造活在河流中，此时思想就可以直接经验河流的奔涌与力量，就可以在完整言说的风格塑造中有直接传接给全部活着的环境生命能量，让历史瞬间成为我们无处不在的力量源泉与生命行动的坚实依靠。

种地的人为世界提供粮食，种“字”的人为世界生产物化精神。而写作既在现实之内，又在现实之外，它像穿越在生活世界深处飞翔的神力。

让历史在当下成为在场的行动活力，成为意义永驻的生成运动。语言经验“势”的崛起，是环境协同的创造性发挥，它通过文字直接经验行动的有效实施产生出来。文字经验能势性的运用就是产生历史知觉记忆在场效力的基本途径与存在之维，而保存、储备物化记忆，只有通过创造艺术作品的经验化合运动才产生出来，并真实可感，同时随着这一物化记忆的储存又深度熔造了人类活动的自身超越潜能，因为历史通过环境活动的地质熔造效力，即具身运用知觉力塑造产生了同一个世界活动力生成的态势，这是活动场品质聚焦与功能发明产生的完整交换均衡生成与运动品质提升，文明的综合实力正是在这一生活世界切身经验语言创造与积淀中被创造出来，它是人类心智成熟的高度体现，是人类不再有比这生生记忆的唤醒与恢复更具历史在场的行动知觉与洞察力。

中国古典思想就是这一气动光影融合的灵魂思想，从内在实质来说，就是文字心灵事实的运用与发现。它大于、基本于光影运动界面思想，掘起了文字藏蕴的鲜活历史肌理、血质，在经验细节的动力纤维处化平凡为神奇，在文字的画面深处作诗，这是多么地遒劲有力、圆通自在。思想在有效地运用文字质造力与质能行动蕴涵力，在气动中爆发了气势如虹的思想活力。是浩气长存的自然生命与天地循环之道在调遣着思想有机组织与地质熔铸，文字、经验、思想与行动达致锻造金石般的天然融合，因此，我们手中握着的是一块质地温润的玉，是潜入于事物内部的温润之雨。它从生命信仰的大地根基处发力，创造了生命与自然完美结合与无限渗透的历史真实还原，用带着人类灵魂炽热的文字光芒，直插光影灵韵的心脏，在意象冉冉升起的地方，思想已经化于天地间无声无息的运动，托着天人合一、造神涌动的磅礴气象与率意纯真，一个人类自然的思想屹立在天、地、人、道中。

人类在用气动生命描绘一幅自然画卷，笔在无形深长运用中化出了心与事物熔造的万千变化，光被深深地吸收运用，一支圆润饱满的笔浸透了心灵全部自然品质，世界的全部外在说法在此终结。

这是文字生命行走的思想，是体用不二、知行合一的自然原力生成。我们现代人在丧失了中国思想传统灵魂后，已经被外在事象之光影、空间操作之技术强力所征服，为怪力乱神之现代神话夺去了传统生命之魂魄，集体无意识的大地根性、生命自然栖居的历史动力消失了，我们以为改天换地就能再造一个家园，然而那千年自然调节的人类习俗与无意识生态运动，那怡然自得的原始生动画面，那人与人长久相处的艺术生命与生存氛围，那中华大地上开出的全部自然意象之花，已经不存在了，中国古典思想之天地精魂已经消失了，我们在用外在想象逻辑构造中国思想，用西方思想解释中国。“中国哲学家与世界的关系是一种魅力，人们不能够部分地进入其间。”①“东方思想因此具有原创性，唯有我们忘却了我们的文化的最后形式，它才会把我们当做知己。”②“假如人们进入到这些学说的内容之中——本来就应该这样，因为中国哲学的外在形式最终取决于它所表达的人与世界的关系——有哪一种西方学说曾经同样严格地教导过微观与宏观的协调，甚至曾经不顾禁欲主义的蔑视为每一事物和每一个人确定了一个属于它们自己的位置和名称，曾经把‘矫正’作为基本品德加以界定吗？人们有这样的感受：中国哲学家没有像西方哲学家那样懂得理解或认识观念本身，他们没有向自己提出过对象在理智中的发生，他们不寻求去把握对象，而只是在其原初的完满中唤起它。这就是为什么人们不能够在他们那里区别开评论与评论的对象，包含与被包含者，能指与所指；这就是为什么在他们那里概念却暗含着格言，格言同样暗含着概念。”③

世间谁还有李白的生命气韵、率性纯真？“君不见黄河之水天上来，奔流到海不复回。”④ 伟大的文字带着世界霹雳的动响。世间谁像杜甫那样博大精深、承纳万芳？“会当凌绝顶，一览众山小。”⑤ 文明璀璨的光芒，耀动宇宙。生命尽情地挥洒着自然山水画卷，动听的声音流芳百世，万里飞扬。这才是真正的世界还原思想，它存在于群

---

① 参见（法）莫里斯．梅洛－庞蒂：《哲学赞词》，杨大春译，北京：商务印书馆2003年版，第109页。

② 参见（法）莫里斯．梅洛－庞蒂：《哲学赞词》，杨大春译，北京：商务印书馆2003年版，第111页

③ 参见（法）莫里斯．梅洛－庞蒂：《哲学赞词》，杨大春译，北京：商务印书馆2003年版，第108～109页

④ 参见（唐）李白：《将进酒》。

⑤ 参见（唐）杜甫：《望岳》。

山起伏之间不断绵延，像鸟儿一样自由在风声气动之间翻飞，文明的根深深地扎在了地质生成运动的中央，和万物抱一①存在着。

在这里，全部的智性只是环境整全存在运动性、品质塑造力复活中的智性，舍弃了现代理解中的“现实主义”、“浪漫主义”、“现代主义”、“后现代主义”、“超现实主义”等智性存在虚构，只有古典意义上人类文明智性，而这个智性扎根在全部生命存在的行动信仰中，扎根在一个人的真实存在对于这块土地的全部坚韧和热情中，扎根在我们的祖先贯注于文字生命与文明生态运动的世界大道灵魂中，文字在锻造着每一块五彩石，把它稳稳当当地镶嵌在文明记忆中，用生命行动推动着文明生成事实的结晶，一个灿烂的文化之所以那样熠熠生辉，是每一个生命气血化在了世界行动稳定可靠中而沉积生成，是每一个文字玉片在金石音乐流动中发出的动人交响。它没有主义，而是在世存在之用，是至大无边的自行其是酝酿，是至诚至深的韧性生成。它把时间根本改变了，信仰先天实践了时间合生的统一性，整合了世界风景。

天上的、地上的、地下的一切到底告诉了我们一种怎样的真实？是时间的外在形式直插入那个时代的描述？还是样态、形式对任何一个发现的解释与理论构成？除了这些就不再有别样的真实吗？

真实是无形、不可摧毁的力量，是四季旋动的风声与形象沉积在大地之下的生生不息运动，如此又怎么可能有一个不变的时间中的描述和不变的形式中的构成？当大地把它的环境语言以物化品质的运动呈现给我们时，时间已经瞬间穿透历史来到了我们身边，此时你看到的绝不会仅仅是一个僵死的过去，而地下挖出来正闪烁着生命光辉的

① 抱一：“万物负阴而抱阳，冲气以为和。”这既是万物运行之法度，又是中文性的内在理解引示。负：依持、背负；抱：环抱、拥有；冲：搏动、融合；而：同步返身；以为：所以为、转换、协同。言说在负、抱、冲这三个动作承意的语势转换之间勾连着阴、阳、和三种状态的连续变化，产生出语境珠联璧合的气势回荡，一种大气磅礴而又厚积薄发的意象运动性理解（知性完整）把语言质朴简洁的至圣境界创造出来，这是高度复杂而又综合结晶的语言，它是有如塞尚绘画在追求了一生的色彩综合调节实践艺术后，最后达致的诗性简单，是有如倪云林的“逸笔草草”而宇宙荒寒透骨的无声感动。

事情在反问着你——“看到没有?”此时你还能说什么，没有一种玄鉴的功夫与历史存在的切身感动，你休要说看到了什么。没有一种品质称衡的言说有效凝聚，你休要开口说话。而一旦说出，那么这真实存在的说，就不是形式统摄，而是直接质感能量，是生命力的再次崛起，它承载着文明复活的道路，同时绽开了共同灵魂的言说风神。这是现实，还是一个复活着的神话?没有说得清道得明的区分，也没有比这存在着的真实更有力的事实。他不仅仅在考古，在观象，在理论，他同时在考自己的眼力，探自己的灵魂，说自身的生命，此时全部行动着的事实都已旋动绽出，没有那致意着的风神与随形舞蹈，我们又如何能说?历史站立在我们的中央，在修正、调节、规整着我们。

因此，不存在文字直接描述的外在形式，只存在文字容承化工的时间结晶与生成运动，它决定了事实存在的基本运动质性就是艺术生命，这恰恰是间接性言说，是“借尸还魂”的造势生成运动，它在阴阳、虚实的气动生命转换中创造着文字行走于历史境域的地质融造可能，文字意义熔铸的具身性在环境历史的同步协调变化中响应着、创生着先声夺势的切机，此时作者就是一个立于田间的劳动者，是物化生成的“科学家”。一个关心计量物理的科学家与一个关心地质生成事实的守望者之间有什么不同?他们之间是根本不同意义的人与行动，前者是观察事实——记载——形式推断，后者是化境存在——文字引动——熔造。前者不断面临问题，解决问题、又不断制造问题，他在线段之间忙碌着，机械地连接着，凭主体意志设定的不变形式设计着。后者只关心生命、发现生命、成就生命，他在身体之间飞动传神着，在时间中酿造着，在心的世界中含承因此而贯通着。因为重在经营，重在发现，重在运动中的化成，让他把目光聚集到了运动性成就本身，不再有是与非的外在评说。他在人类语言活动中运成着事实经验，创造着“生龙活虎般腾跃的节奏”在缠绵往复的旋律中表达着欣欣向荣的情绪。这是更深沉更寥廓的宇宙意识，它根本改变了心灵存在的境界与运思观注焦点，在一片生机潋滟的绝唱中星垂平野、万古同销，艺术实践的沉潜动力开拓了一个历史生命完整的“视界一世界”，在那儿，万物生生地涌动着，意义不再是从主体对象体验活动中产生出来的，而是经验活动性本身生成的一个亲和力肌体，是世界生命意志的涌现。

语言能有多真实，生命就有多高贵，世界就有多厚重。

生长一种大地书法艺术行动力与实践功夫，就在于势的崛起与中和，像中国古代占星术那样，像《山海经》那样，像《史记》、诸子、方术那样成为能学有术，势如破竹，均衡积厚，效准历史的动力资源，成为既是神话，又是现实而又化于历史道路中的大地风神。这是一代代人不断地重新开始书写，站在当代的历史源头、源头的当代历史复活的时候，没有历史活着与承志维新，一切学术史、思想史只是空头支票。我们要发展的是屹立在这块土地上的环境生态完美科学，是沉雄在历史中的测度、堪舆循环生长科学，是在百家诸子中有效吸收运用而能与环境生命记忆对称垂曳着的天、地、人同呼吸、共命运的科学，这将是一个充满希望的文明复兴实践艺术，一条巨龙的身体将要从神秘灵魂的海洋中腾空而起，多么令人神往——因为中国的科学乃是世界文明之林中伟大的科学，它能够创造一个东西合璧的历史新纪元。

一代代人收集天相星宿变化同四季异动之表现，观察地理环境与风物，不妄断、不外加想象评说，让观察在环境生存中不断积累，让变化更加深入、细致与多样，让观察积累与记载书写成为一种不断交替更新着的环境力量运动本身。这仿佛是在柿子中成就着一个种柿子的人，不断经验柿子的外表形态、颜色与内里生长变化对应运动，不断地经验在柿子中的整全环境反应与循环调节，又不断地修正、补充、完善记载经验本身，柿子中的人也在把自己不断内化为内部事实中的一部分，而柿子变化生长又把环境的切身作用不断涌现出来，如此，种柿子的人就有了一种内在于事实中的感动与言说有效，记载就不再是一种外在观察的表象运动，而是出入于内里的行动聚合与品质生成。如此他就像一滴色彩化在了画面颜色变化中，这是他的诚实与可靠，这也是他的谦逊品德与对事实的信仰、忠诚，因为他相信根本就没有为自然立法的立法者，没有那种直接在空间事实中就可以透过现象看本质的人。他知道真正尊重事实就是让事实说话，事实能够自身说话，事实现在没有说话只是事实存在还没有到那个时机与火候，人还没有看到、经验到足够多样、丰富的变化，没有产生存在于其中的完整经验动感自在。当不断深入积累，不断自行覆盖、补充、修正的运动变得越来越丰富、多样时，当事实存在在环境循环往复运动中不断呈现、显示出它的变化可塑性与深度存在垂曳性的时候，一种事实存在的行动意义在悄然无声地转化着，是事实迁移、变化的完整性产生了一种驻留与深入的意行动感，也产生了一种记载本身的时间补充、修正效应，是记载特征的多样与不同时节、境遇的经验变化关联创造了记载完整活动的命运力量，它产生了伟大的奇观，此时文字记载如有神功可以走动了，成为了书写性，他不这样做也不行，因为环境内部活动性在塑造经验的同时也已经塑造、改变了他，他已经不再是过去那个空间经验的他，时间性效力已经把他抬到了桌面上，他身体中已经先行拥有了那随物变化完整动觉的调节机制，此时事实不自身说话也不行了，因为全部记载成为了一种物我熔铸的运动，有运动调节结晶效力直接跃然于纸上，质感力透于事实言说之间，事实本身让他成为了替身。这里的自然经验生成了一种物化推动的行动动觉，空间之下的时间性把文字存在的可能在涉身经验中神差鬼使般呈现出来了，书写者做了一次捉刀替身，等他可能还没有完全弄清是怎么一回事时，文字已经实施了一次历险周游，多么惊心动魄、趣味横生。像有一个文字之魂无处不在，又毫无踪迹，又像一个大力水手，事实沉淀有多么深厚，这水手就能在海上行游多远，文字的神话跌宕起伏、波澜壮阔。

他与一个计量科学家只关心观察事实、实验数据与发明原理不同，他只关心物化事实，他发现它、运用它、见证它，他一生只做、反复做这一件事，记载、书写，书写、记载，然后让文字的活力点燃事实存在的风暴，让话语的力量照亮生活内在潜能，这根本就是事实本身在做，他只不过在用身体运用创造一种均衡调节动感，让肉身生命力去感味、捕捉环境适存的意义，这本身也还是在事实中，事实让他学会生命力的运用、学习自然生存。他根本无需强力意志与主题思想去揭示什么、批判什么、公正什么、推导什么，他生存于事实中，只在生命活出中忠实于事实本身，而这忠实又是天然的，不需要一个外在形式立法者。他也没有那种追求真理时一个人承担绝对性的无形压力，没有那种比他人高出一等的虚伪性，他的肉身天然知道事实本身从来就是混沌不分的，没有完全干净过。但是生命又能够更加强健有力，在生活实在中能够有效运用、发现并调节自己，用脚走出存在的道路。他是一个生命适应的物化科学家，他只是用身体直接经验、记载事实本身，当书写在空间中拉伸时间曲线，并把这空间之下的时间曲线衔接在环境聚合均衡效应与运动垂曳响应中时，文字的“原始形象”就在时间性运动中有效地融合、组织了自己，全部场域内在关联如风中垂曳的变化传动，一会儿凝重、倒伏，一会儿又飞跃跳动，内在多样的变化在文字原始形象中蕴涵、收藏，原来文字已经在书写中把自身行动力与品质产生出来了。

此时书写就是在实践着文字复明、复兴的事业，在文字活动之间实施着自身存在的苏醒。它通过环境事实记载的过程，为事实特征的潜在浮显做准备；它把记载转化为一种历史运动，不去揭示它、占有它，不先在下判断，而是让事实特征在记载中汇聚、变化，把事实环境存在的品质具身有效直觉经验产生出来；用一种音、形、义可变的特征构成事实记载着诚信运动，实质上就是发明了一种记载书写有效的内在调整运动与比附机制，此时文字可以在运动游戏场中内在包卷、聚意，可以在文字之间构成致意变化运动，还可以在游戏场的布局、篇章中形成整合凝结与栖居运动转换，进而产生出文字意象—意境的对称均衡运动，产生出文字动力掘进的可塑性与化境深入协调统一。文字就不再是单纯字面、符号连接意义，而是行动蕴涵，随着文字内化行动有效的可靠性建立，文字运动比附实存的效力（运动性）在增强，它通过自身行动化的塑造，建立了环境一体运动的诚信与完整融合可能；它在用文字行动化的效力记载事实，从而也为事实自身变化的精微性以及广泛动势存在奠定了文字内涵筑造基础，从而在文字呈现中立定言说事实真相；文字化又为记载活动内在机制的生成变化创造了自我开放条件，它使记载在记载事实变化中修正着文字运动本身，进而掘进、改变着文字随机连接意义，这是事实特征在环境广泛运动中并置连动的意义尝试活动，它期待着充实、凝聚在场效力中的自身证明，也只有文字记载在环境广泛意义上把变化先行进行了意行动感尝试与环境生成，文字记载的自我充实与改变才成为了可能，这正是环境生存运动经验尝试、涂抹、覆盖的意义本身，是栖居行动产生栖居灵动变化垂曳性的先行步骤，当记载把环境变化做成了一个历史运动之流，当文字又把环境变化进行了汇意机制的垂曳融合创造，此时经验记载的运动性综合就成为了可能，它开始创汇出“兴”的力量，有了生态意蕴本身被直接经验到，这是文字比附运动在场域变化中产生的特征汇意综合潜能，也是环境经验生态品质聚合的命运力量，它通过文字比附运动在自我修正、改变能势性的锻造而成就了文字行动动觉，产生了字面连接之下的特征聚合行动力，因此我们可以通过记载读写行动唤起再次承接这一运动理解，可以在文字反复记载运用中“穿刺劳作”，生成文字书写汇意机制知性力运用经验，一种运动施行中的普遍性成就出聚焦切身感动。此时人工凿斧的痕迹不见了，文字运动把自身存在的直接经验聚合有效创生出来，成为了我们对于环境事实行动觉知的复明，守望者在守成经营活动中发现着大地之下运动本身。

我们总要把自己套在意识形态的套子中，总想要追求一种普遍形式交流与沟通的意义达成，从而解决世界的困局。但是，如果这一形式有效本身是不成立、不存在的，或者说这一追求本身就在出卖“他者”，比如自然与人类历史，那么我们何不转换一种行动艺术，在保持、维持、经营行动交流与让度中融合，把人类的事业做成一个不断生长着的自然风景，跳出视性形式局限之外，以悠长、期待的目光与诚实的行动去熔铸世界风景，让不同地域的风景一道绵延、相互致意，让世界内在于自身的循环往复与地质多样生动运行起来。如此世界生态之风没有被阻隔，世界的共在共生没有被同一形式阉割，我们行走在世界丰富绘画中，一种存在性理解在肉身行动经验中自然生长着，它知道怎样去交流与行动。此时传统是否腐败、无能，也并不由我们说了算，书写行动本身可以在地质层之下实施天地伦理的对话，可以告诉我们什么才是真实，什么才是人类自然的生活，什么才是人的自由。行动实践艺术已经在肉身行动存在机制中安放了一个大地品质塑造的内在天平、砝码，开启了人的在世言说，世间就不再有什么样的思想比这更有说服力。无怪乎古人说：“古人弃糟粕，糟粕非真传。眇哉一勺水，积累成大川。吾亦非积累，源泉自涓涓。至无有至动，至近至神焉。发用兹不穷，缄藏极渊泉。吾能握其机，何必窥陈编?”①

“青青翠竹，尽是法身；郁郁黄花，无非般若。”② 得“玄冥之境”者已是道成肉身，他不同于“客观中立”就在于平地而生了心的存在之维，在“与物冥合”中创造了地质层的共处质量稳合与经验物化垂曳相生运动，破除了外在视界的局限，得生之浑灏一气。

这是守望者的耕耘，是无有的耕耘，除了年岁同大树一般高，增加的只是向树心靠拢的年轮，聚合后分散，分散后再聚合，起伏的波纹一浪高过一浪，时日的年华飞逝而过，记忆的光晕在尘埃中唱歌。

唱啊唱，花骨朵儿开了，又凋谢，
世界翻了个身儿又睡着。
唱啊唱，唱出了无有的日出与黄昏，
一代代人奔走在道上，
月亮爬上了枝头，歌声变得越来越辽远、悠长。

守望者的行动是赞化天地的运动，“建帮能命龟，田能使命，作器能铭，使能造命，升高能赋，师旅能誓，山川能说，丧纪能诔，祭祀能语，君子能此九者，可谓有德音，可以为丈夫。”③

正因为赞化天地，倾听德音，它就是没有问题的书写，永无止境的书写。书写的活动把一切眼前的事实化为了无有的判断，书写的活动承载着世道的光阴，而又汇入到文字生命无声的河流中，在那儿只

---

① 参见：《答张内翰廷祥书，括而成诗，呈胡希仁提学》，载《陈献章集》附录一。

② 《指月录》记载一则禅话，说“青青翠竹，尽是法身；郁郁黄花，无非般若”，谈的是真如本性与般若智慧。禅就在我们的生活中，道也蕴涵在我们的生活中。

③ 参见曲春礼：《孔府对联匾额故事（13）：九德官人》济南：山东友谊书社 1988 年版。

有一个清明的世界，文明已然立起在大地上。

三、正音理容

古老的华夏国里曾经有一个伟大的城镇“蝶梦之乡”。那儿的人们一直忠心耿耿地守护着一道九州鼎的神谕，这道神谕是从远古祖先那儿传下来的，被镌刻于镇城之宝的九州鼎这个青铜器上，这道神谕上说：蝶梦之乡诞生于九州鼎盛着的天地灵气，此鼎是远古先圣精血所造，鼎中旋动着看不见的神力，那是连接着天地太极的神力，每天人们只要从这个鼎中舀一碗灵气，化而用之，就能精力弥漫、灵魂附身，它有流之不尽、用之不完的醇香，有温良谦和的品质与和谐美好的生活。但此鼎万万不能倒过来，一旦被倒过来，它就会皲裂、破碎，神力消失，从此将天地倒行。

那儿的人们一直信守着这道神谕，并安然无恙地生活着，城镇的上空充满着一片蝶影翻飞的祥和之气，由此也招来了八方生灵在此逗留。

有一天不知从哪里来了一位自称是上界的术士，他自我炫耀地说他有一切造梦的法术，可以直通宇宙，还可以生出变幻无穷的仙界，那富丽堂皇，那享乐无比，真是要什么、有什么。开始人们不大理会他，但是当他从怀中摸出一个精巧无比可以自己唱歌、跳舞，还可以旋转、测定天时的器玩时，人们的好奇心被那个东西吸引去了，他们把玩着，相互传看、讨论，觉得十分有趣。此时那个术士见大家有反应，就说：这只是一个不足挂齿的法术，真正的法术你们还没有见过，我不仅可以通天、入海，还可以产生无所不包的神力，改变整个世界。大家觉得他吹得有点过分，没人相信，其中一个大胆的孩子对着他嚷嚷：“那你就再变一个给我们瞧瞧，你能变出一个像我们九州鼎那样的神物吗？”术士说：“九州鼎算什么，我们那儿人人都可以变出来，那不过是一般的器物。听说那里面会冒气，你真正见过吗？何况冒气又有何难。”于是，他从怀中摸出一块石头，置于水中，不一会儿水里就冒起了一股不知什么味道的气体。此时天色渐渐暗淡下来，大家开始纷纷离去，术士便高声吆喝道：“天旋旋，地转转，上帝派我来破梦，上帝让我显神功，变、变、变。”只见术士手执一金属棒，跳上高台对着天边一挥，刹那间一道电光从城外闪过，紧接着雷声轰鸣，震得大地颤动起来，城镇的上空顷刻聚起了一股不祥之云。术士对着那天边不断施号，城镇的上空出现了各种幻影，仿佛海市蜃楼一般，一会儿是仙女在舞蹈，一会儿是车流如织、华丽非凡的城市、广场在流动，一会儿是威力无比的战舰、战车从眼前经过，一会儿是小得比毛孔还小的纤纤暗道和呼啸而来的球体旋转……

从那以后，不知怎么开始变了，梦中又多了一个影子，从前人们安然入睡、睡梦香甜，现在神情不定、幻影飘飘。渐渐地，人们不再到九州鼎那儿去，也不关心它是否存在。渐渐地，人们开始争吵、意气用事。

一天九州鼎轰然倒下，不知怎么就倒了下来。从此以后九州鼎随着那道神谕一道从人们心中抹去，华夏国里的“蝶梦之乡”也在人们视野中消失了。

如果一位画家在绘画中没有感受力的笔触运用，这将意味着什么？意味着他根本就还没有开始绘画，因为绘画语言产生于感受力的笔触运用，它是绘画视写运动汇意机制的生成事实。笔触运用在绘画质料中通过感受力实践艺术而建立起一个行动栖居的可靠世界，它在不断地接受来自环境方面的暗示，并把这一暗示有效结合于绘事行动的聚意功能与环境融合平衡力中，它在绘画中产生与环境世界交互作用、渗透的协同一致，在唤起一种活动致意机制，生成感受力垂曳运动，进而达致活动完整知性力把握。没有笔触运用，单靠意识想象根本就不能产生出绘画语言。在这里，笔触运用又关联着人的心智状态，在感受力的回复、响应中心智在学习着心灵承受与行动实践与环境作用相互塑造、适应、融合的完整知性智力开发，它通过“以手运心”的动感运用承接着、建立着动力平衡，在心智自我调节同时又在行动有效尝试中处理着人与环境的活动关系，这不是主体赋予环境以意义，而是活动本身真实可靠建立起来的环境意义实存。因为“存在着一些对象，它们不仅仅源初地被呈现给一个主体，而且，如果它们对于这一主体是对象的话，它们能够理想地以源初在场的方式被给予所有别的主体（既然它们是被构成的）。能够源初地被呈现，并且为所有交流着的主体建立一个共同的源初在场领域的诸对象的整体，乃是原始、源初意义上的自然”。①由此可见，感受力的自身塑造是通达环境协同一致，生成共同感世界，产生心智完整，建立共同体世界语言交流，发现环境活动生物约束与同一个世界命运意义之所在。

高山流水画中游，唯有隐者饮其中。

做事在什么意义上才算在做着事情本身？长期以来一个错觉就是把做事指向对象，而不是在事中。然而，一旦没有在事中，通过事所原始给予的人类活动可靠，并把做事的意义指向活动本身，在活动中生成感受力的自然运用与完整存在知觉。那么，事情本身的意味已经消失，更严重的是我们根本没有在事中又用了意识意向的想象去说事情本身，如此我们就把属于事情本身的感受源始意象力赶出了本然的世界，事情从此失去了它的意义存在渊源，人类失去了把握共同体命运的机会，一种人类生活与环境世界的完整质性渗透意义与源始物化交换生态运动消失在人为方式运动中，现代世界的悲剧就发生在这里。

有一种腐败是质地的腐败，表面上“硬件”还在，但成色、光泽已经不同，这恰恰是一种“失神”，事物的自然运行处于物化圆成语言之外，事物失去了环境“滋润”，特征的运动品质凝聚灵界经验不存在了，就像人工产品中的铁铜生锈、“老化”一样。

社会人群失范不仅是个体失去了集体意识，更是个体失去自身存在意识，这双重意义的失落根本就是发生在信仰的危机。

质地是本色，而不是外在性质，质地在本色中被看到。本色即为渊源，是能看性自我澄清之根，它与外在对象直观不同，有一个化境的肉身层次，是接近本色的心性、心灵实践艺术才看到了质朴的真相。

不是人一下就看到了物，物与它的本色同在，所看之物并非一下

① 参见（法）莫里斯·梅洛—庞蒂：《哲学赞词》杨大春译，北京：商务印书馆 2003 年版，第 157 页。

来到了我们直观世界中。物在它的本色世界中呈现为没有主体性视阈的自然境域渊源之物，它给与人的源始经验就是拓扑知觉形势中的意象对称，而本色世界又是一个环境生存的源始意象力的生成世界，具有环境语言性的全部经验中和想象力与发生性，也就是说环境本然存在由于它的地质拓扑效应，由于它的设身处地共同经验活动先天知觉构成决定了人类的全部想象力只是在具身经验运成中的渊源意象力风格运用。它要求着破执而贯穿的心性对称运动，这是一种承纳经验域的意义世界完整而生成的语境融合平衡术，本色色相之组织有效同它的知觉先天澄明同时发挥作用，而知觉先天澄明是本色色相意义观照存在的前提。不是每一个知觉中的人都已经看到了色相本来的意义，而是在意义存在的渊源中，知觉才回到了色相应然状态，赋义才真实发生，而此时赋义是色相自在环境中的先天拓扑知觉构成。物回到自身，物在人之“度相”中被人所见。

色相并非外在观察而获得的表象统觉，色相有“隔”，是因为人之心性没有弃绝外在意义而污染了知觉肌体性运动，这是基质活性的澄浑态，色相在存在之渊源中要求投入于其中的澄明、清净而产生出道法自然的凝视，就是自然生存学习与肉身性适应，它要达致的是非统觉构建所能涵括的另一种“声音拓扑意象结集”“平面之内”运动，这是锻造性融合，为生存境界的澄明功夫降临而产生的生命肉身实践艺术，内聚张力的活火是“炼狱”般的考验与生死争执的风暴，锻造在这里首先考验的是心性、容成、化解与动力的物化精神潜质，以及由动力性品质决定着的平衡术技术系统层次，它是直接纵深抵达，没有生命承受力以及锻造可塑的心性开放双重开合、化解肉身平衡术，就不能产生“恶”消解于生存希望的和平以及有效克服精神分裂的内在平静。

心是莲花开，只有柔弱至刚至纯的力量才产生了自然美好事物的眼睛。声音的拓扑意象结集化开着质地澄明的广阔前夜与道路，完美的思想在耐心等待与忍受中回复于存在之诗。

存在之诗是意象“无理”而又本然完整之思，化平凡为神奇，是日常经验走向深度经验推陈出新的行为，进而创生存在广远之势的精微与生命新鲜血液，历史在地质生成刷新意义上产生着成长动力，因此，思想意识形态看不到这一本色思想锻造意义，也解释不了锻造之柔韧性与异质混成产生的思想品质综合素质与潜能。现实的并非合理的，无理的并非一定强横，一旦在心灵坚实可靠地基上崛起，更具完整渗透性与说服力，它是思想生命强大的存在事实，震撼着世界与人心。

可见，在现实背后并不存在文字揭示现实真理的方式，这是西方传统思想的一个根本错觉，世界的真相就是为生命存在而永无止境的行动，它以道路的生成而成就着生命与历史更新。

总有人想要抓住舞着的身体
但身体是轻盈的绿
散落在幻化万变的舞中
影子般呼吸的季节风里

舞　是舞蹈的身体
幸遇了闪亮的眼睛
还是身体飞舞
飞出的精彩撒播在眼中的种子

眼　在风布下的琴弦上随风舞动
远远静极伫立的风神

当有人想要抓住舞着的身体
落花漫天　飘入大地

欧洲的危机乃是发端于欧洲进而遍及全球的文明深刻危机。生活世界的文明力量以及生命源始记忆消失在行为方式的乌托邦世界构建中，消失在现代生活方式的全球化生产与消费中，消失在人类意识、欲望无止境的追求中。

“蝶梦之乡”在九州鼎神谕的保护中，那是一道产生全部“灵界”经验与“蝶梦之乡”生活的神谕。九州鼎是天人交感的经典之作，是立人、立言之鼎，因为没有立足的支撑力量把那化日月之气的器具托起，就没有天地境界的言与行（正如“鼎”这个字所呈现的那样），因为在我们的言与行之前，有一个先天完整的时间性对称，即自然经验成其自身的运动存在着。九州鼎立起来的正是人类生活的完整信仰与言行交流诚信，它先于主体意识而存在，这是中华先贤们为了那个远方礼仪之邦的人神理想世界，而创造的伟大道说共同体精神世界。没有九州鼎“化而用之”的言行灵动完整，就不再有同一个世界切身经验产生出来，因为只有在已经存在的言行完整经验交换中，才有了人类自然理解的运用有效性，这是将我们的言说寓于文字运动完整经验交换中，在那儿生成言说经验存在的运用完整秩序，产生语言中的语言意象力运动。这是现代性言说与思想的根本的缺失——一种内容存在对内容意义完整的先天规整性，一种言说在言说直接经验运成中的言说圆成通达之道。九州鼎倒下后，我们遗忘的正是这一命运攸关性。

如果说中国古典思想有什么值得骄傲的事情，那就是我们的祖先给我们留下了一笔宝贵的财富与思想精华，它通神明之德，类万物之情，能重新带来人类文明的历史动力，让我们走出现实沉沦的迷思，这是语言源始意象力的存在思想。

每写下一行理解的表达文字，同时也是文字在理解表达背景后的一次基质沉着，此时，文字出身于环境的渊源性，即源始意象力组织风格以文字经验特征活力潜质散落在理解表达空间秩序下，这是表达方式的平面性与文字自身深度潜沉活力之间存在着的转换之战。

沉着的基质总是以反复覆盖自身的牵引获得一种能指时间性可能，这是实践艺术书写完整调节力的培养、塑造而在文字经验转化为具身行动潜能中实现着的命运贯穿力。感性经验的活化通过整全存在牵引感应，并在运用实施中反复酝酿牵引感应沉积效果而生成着感性经验含承起伏变化动感知觉，此时，行动化的同步协调测度、堪舆产生着文字具身行动运用潜能沉积与文字经验渊源性之间的平行运动启承活感性，它给予了知行、体用中和知觉拓扑运动之可能，文字经验能指时间性以及现量具身整合意义正是在文字经验能够转化为一种具身沉积平衡调节运用力中，以命运知识实践风格的品质产生出来，它使文字经验获得了一种自身存在活力传达与参与仪式灵力附身，以及文字表达内在于表达行动可靠性的行止礼仪、风雅，这是在表达平面性之中植入的活力与完整质地，它使表达平面性获得了时间化风格质地，不是表达要走向行为方式意向操作无限性意义，而是表达只在回复于深度完整可靠的存在语言与历史本色中表达才承载了实存意义，表达才具有了人类自然生存行动有效与在场切身性，它在深度知觉行动化中赋予了表达一种自我玄动的具身脉动空间，平面性符号的意义被抹去，而在“能形”不断刷新的着色中产生了现量风格组织的“环中”之事的运成生态理性，它超出于表象性空间意向运动，又在空无一物与全体物活着的事体“逻辑”中生成了直接品鉴、论道。

因为不存在新文学的全部主张以及从西方学来的各种学术理论，“文以载道”把要说的已经说完，留下的只是灰色的世界。

不存在主体意向对世界本身的揭示，“诗言志”承启着完整存在言说的河流。能说的是在能说背景同时到场的知觉组织调节中才成为了能说的实在，此时能说并不直接指向任何局部事实，它在打磨语言经验能指时间性中以完整存在的内部编织有效性呈现了环境事实。

“幽赞神明，易象为先。”

人同环境的关系只是内在互文的协变运动，这是文字存在着的时间运动效力直接告诉我们的。没有一种有效凝结环境质量、品质的对称运动，人就永远以为世界如他的主体想象，而看不到对象性视阈之外的事情，他也因此不可能真实地反映历史的现实生活。

而意象又是在文字完整经验中凝聚的对称运动存在之心象，它直追文字意象力原道时空的源头，同时又与外在现实抽象空间根本区别开来，在意义实存的行动化知觉中中和了可见与不可见的完整质性（即“非思”），是幻化空间而临绝汇通之象。在这个世界上曾经有一种清明淡远的人类思想缔造了人与环境互通有无的地质生成世界，唯有它才在人与环境世界完整一体的活动中产生了一个运动性存在的直接经验、对话、融合的世界，而这一思想行动的致远的魅力又不是在对象行为中可以直观到的，它需要“格物致知”的修炼而跳出三界之外又通于环中之事，才能在一种总体对称均衡的视阈中看到（主要是切身感到、凝视到）这一渊源性经验，此时我们的先人发明了意象，或者说在人类日常语言中发现了词语命名的神奇力量。意象是直接活出在字面之上的人类环境生活完整风格灵力附身之物，是总体环境生活风格语言的渊源物化精神的结合体现，这一点在那些伟大的艺术作品中更能反映出来，比如绘画中色彩等支撑材料失去了它的外在质料意义，也正是通过这一完整的丧失而获得了一种更一般的物化世界的结合力，从而达致环境生活意味的对称知觉直接经验的传达。

文字是人类气脉与文明运势的物化精神体现，它与历史生命环境生态以及生活世界的动力品质、凝聚质能直接关联，这是贯穿于人类历史始终的原型具身行动素质与环境整体命运力量，它与时代的物质财富并不发生直接联系，却与思想的完整精神能量及其平衡调节状况紧密相关，一种厚实的完整行动促发与迅捷反应，一种完美结合的无形调节平衡转换艺术，一种潜沉的运动与彻底呼出、吸入的行动放射力是决定思想行动可靠及其思想完整存在物化知觉的奠基力量，是决定着意象有效吸收环境具身风格，并将此一风格入神贯注于无意识身体行动，而召唤潜沉于历史动力深处完美结合神力的人类灵魂，无中生有说的就是这一超出于空间操作效力的能指时间具身反应，说的就是在文字疏密、叠层运动之间直接聚合文字运动完整物化知觉特征以及在这一知觉中反转直观自身而发掘的文字运动品质与“心象”的能力，它把无量交换在文字造势的运用中进行了瞬间现量的品质玄鉴与凝视，在静力涵括中产生出反身制动的整合意义与特征捆绑，进而在文字运动性的存在高度上产生文字源始意象力的命名与生成转换，更重要的是它又在无意识具身运用中召回并刷新了源始意象力的运动风格，产生了文字运动“平面之内”的澄浑广远之势与中文性思想的大地原道时空融合，这是一个身体的奇迹，是必然要在文字运动之“深”中崛起的对称于完整运动而又超然于物外的文字之“生”，是精神动力的发现，没有这一玄鉴力的运用，就没有文字写作之灵魂，更没有完整动感的凝聚、体现。因为如果没有历史生命具象显现，没有文字言说自身效应的测度与平衡修正“易象为先”，那么文字就是无法与说出的完整性产生运动中的互文交换，无法堪舆说着的完整气象，也无法对言说本身的事后效果负责。

“起初，神创造天地。地是空虚混沌，渊面黑暗；神的灵运行在水面上。”伟大的创造正是象《圣经》中说的那样，人类的身体被灵魂捕获，不由自主地在灵魂感动中为神圣招魂，只有在精神上无穷信仰的力量，没有其他。因为源始物化精神才是产生伟大作品的根本动力，文字精神不需要自我吹嘘，直接能说的力量就直接来自于文字渊源所给予的，只需灵魂附身一下子就展开了精神自身——“神说：要有光，于是就有了光”。

能够直接呼出“道”的人就是神，而这样的人在我们先贤中并不缺少。我们现代人所根本缺乏的正是这一大地雄浑质朴的力量，缺乏的正是与环境历史动力交换的诚信与灵魂真实，一味地相信那些外来理论，相信没有自身历史的“世界传统”的天真说法。

然而，地球是圆的，从来就没有向左、向右的平面意识操作的存在潜力与知识本体，只有向下或向上的“太极”无限生长性。因此，没有“零度写作”，也没有“介入写作”。意识形态不过是人类无意识肉身行动源始土壤上刚刚分裂出来的一些流逝幻象而已，唯有意象才是大地上最古老的初生婴儿。没有净化力量，就根本不会有人类生活，又何来意识形态。风中飘零的树叶从来就没有离开过“大树”，主体表象知觉不过是人类共同体源始意象力组织风格在具象物中用过的知觉想象，是永远兑换不出行动具身流通性的废币。

意象超出于主体立场与想象，超出于文字对象视阈，它潜藏于文字运动疏密之间，是文字能动潜质的具身化，是豁然立起的能指时间存在证明，它无法直接看到，但又在文字运动直接经验之间潜沉汇聚于行动肉身之中，在文字运动不断覆盖的基质沉着与潜沉效力中而隐然崛起。

一种身体行动蕴含的环境地质拓扑效应在空间表象秩序之下重新塑造着含聚历史活力经验的现实特征时机连动组织有效，产生出超越于现实眼光的现量同步意境对称运用的心灵真实形象，一如现实中从来不曾有凝固不变的不瘦不胖之人，但在现实活着的深度事实中就含聚着这一追求不瘦不胖的平衡协调性，它是对称于历史积淀的完整物化知觉运用性本身，是超然于现实认知之上的世界肉身体现，因而产生着不瘦不胖的自命名平衡调节作用。这是在现实外在眼光之外的“第三只眼”的深长和谐目光，它的动机与目的并非人为想象，而是广远之势的精微之笔，这“第三只眼”看到的是意境能势整合形象，即一种动感自在中的“造境”物化综合简洁传达。“细雨荷锄立，江猿入画屏。”它运用先天综合想象力直接捕获了历史深入理想状态的灵魂，并通过现实场景而传达了言外之意。立象以尽意，通幽而致远。这是人人心中所有的，而又难以思及的历史深刻见识与命运传神知觉，诗意的复杂感情通过物化精神动力的还原而凝结为完美融合的神游会通之意象，文学、诗歌要指向的正是这样一种超迈的“灵界”整合经验风格与艺术形象。

没有意象的思想写作，就像是一个农民种地无法看到收获的希望，也没有现实历史感，思想陷入永无止境的自我折磨、消沉的平面化绝境，活不出大地生命，因为意象并非人为，而是事物运动性完整的玄鉴事实与活力体现，是写作存在着的真实可靠奠基，写作只能通过文字经验的拓扑构成活出于纸面，才传达出现实历史完整不可言说的意味，意象不是在反映、抽象着现实，而是在创造、传承着现实历史，体现着现实深处之真实可靠性，它也不是在揭示、主张着某个现实活动，而是在语言经验的事中做着“事情本身”。这是思想真实存在的分水岭，是历史眼光崛起的时机。因为没有在文字经验中被唤醒出来的那个心灵中的深度现实，并凝结为活着的高度具体形象，纵然你一直在说着伟大的哲理，也是无效的。意象是“驭文之首术，谋篇之大端”。这里存在着的是于无声处的惊雷，“寻声律而定墨”（默会运势）“窥意象而运斤”（塑像雕刻），思想要活在文字中就，它是产生无量交换完整现量境界之根本，命名是只此一种的运动汇意成事“逻辑”，意境对称行动的体现，是语言完整存在的自然生殖成就，它不在现实空间中被抓到，它在历史天空中一直活着，有了它，写作才有了爆发力而并超越主体理解，有了它，言说中的源始意象力语言才呈现为行动以及行动中的转换，语言经验的和声互文活动才产生出来，如此一种“风中建筑风格”展开着自身，“夫神思方运，万涂竞萌，规矩虚位，刻镂无形。”

可见，“文以载道”说的是写作形式的质性风格生成运动，说的是言说风格内部意象语言的身体转换与灵魂启承，是共同存在深度命运知觉与语言实践风格的完善吸收、放射，是赋予文字运动地质拓扑完整性而还原着文字经验与现实渊源对称平衡的本色运动，而非先验形式同构反映世界的妄为，这是书写的大地书法艺术酿造行动，在文字存在的实践之道中承启着言说历史生命，体现着人与环境的内在互文沟通。

如果文字活动中不存在一种像农民种地那样的劳作、经营、酿造、守成活动，那么你就看低了文字存在的意义，如果文字写作中没有一种历史生成科学性，没有一种如同大地生存一般实在的完整意义与生命艺术紧密连接，那么你就更加看低了人类语言。

人类文明在这命运被颠覆的急迫时刻，需要崛起的是天地共存的唤醒力量。“穷神变，测幽微。”“究天人之际”“随色象类，曲得其情。”实施身体直接经验文字运动性的无意识写作，把大地聚神传承的历史风格再次唤醒，让世界再次切身感应到完整存在的行动灵魂。

不是传统已经成为了历史，传统太强大、传统的做法已经穷尽，我们学不到它的完整魅力，而是没有过去就根本不存在未来，没有强大的历史在背靠着、支撑着我们的灵魂，我就根本说不出一个完整的句子。

传统并没有死，它是存在于一个活着的中文性思想具身世界；大地的历史生命肉身只有一个，从来就没有一切从头开始的时候。统领着我们言说的是语言完整存在的过去，以及过去在过去力量沉积中开辟未来的现实生命，它是直接上升到语言行动力完整具身高度的言说精神，是带着历史陈迹一道活着的大地风神。当它面对现实时，首要的不是在句子之间冷静的分析，而是需要生命全情投入的大力积厚薄发、平衡完整地说出，需要带出千万个先辈灵魂深处化出的伟大能量，闪电般迅捷地开合呈现，需要瞬间回到宇宙风暴中央，带着现实的活在力量爆发之时旋风般地穿越。

全部的外在理解终止于语言中的语言经验实践意义，理解力从语言动觉经验具身有效中产生出来，同时也在语言运动存在中获得了自身存在的证明与意义规整。它是意义完整存在的地质拓扑知觉，是历史悠长的目光，在内视流溢的“变形”运动中产生了选择着的看与感受运动的“形式”，并在活着的运动中持续赋予了环境特征以生动力量。

因此，写作不是去揭示什么、批判什么，写作实践出了一种共同体精神世界，写作成为了自身存在的时间性对称，即产生了在文字直接经验运用有效中的圆成通达，言说才生成了存在的意义，言说的行事有效才呈现出来，这恰恰是写作在文字直接经验实践艺术中的自身文明。她是我们的天地精神，是产生寰宇世界对话的“世界肉身”。

当我们写作一个文本时，就是在施行物化生成运动，语言的完整造型在文字运动汇意机制中是整全存在的深度调理变化与地质生成，是一个民族语言默会性、集体无意识在共同命运力量中汇聚生成的言说行事与生存实践存天理、厚人伦的道路，意义的生成、转换发明在文字运势生成中走向历史深处的坚实可靠，这里就存在着书写经验圆成“大音”的规整效果。这是一种拓扑支撑有效脉动性与内外转换的平衡力量，它总在读写汇意机制中直接调整、规定着文字经验完整运动的存在效果，这是文字运动性深处爆发的生命激情以及激情在现实历史中完整存在的环境具象对称见证，正音不是主体意识在系统知识中制造的体系，正音恰恰是运动完整修正、规整机制本身，它在覆盖中产生经验完整变化知性力，在完整变化调节中又产生了拓扑经验及物运动垂曳的知性力运用杠杆，生成着完整变化觉知意识与圆通性，在悬动均衡创造中产生出对称有效的取势成物集中，这是当我们写作一个文本时，体式游走的步伐在寻找自身存在的时空位置，因此它总在“重写”覆盖中产生均衡动力，又因均衡动力的深度经验崛起而调节着文本的体式姿态运用，它使修正成为了一种自下而上而又自上而下的往复所以的生成，即环境具身运动在运动汇意中生长着运物成势施行高度——一种大范围拓扑性与对称熔成特征捆绑运用。这是物化环境运用生态力量给出的聚物气动品质，历史生命深深地嵌入于环境形势特征汇意机制中，天地循环的调节功能在引示着事物成其自身的运动，也在考验着经验完整运用的行动力道，同时又不断给出着正音理容的存在心路。调是文本运成之基调、步谱，是词、句、段、章的完整造型，这里不再有理论、乌托邦，也没有技术科学、世界观的人为导向与形式嵌套，这是全部“质料”存在着的环境历史生态运动，每一次变化由语言经验运动读写机制生成出来，每一次活动又在共同－觉知运用变异生成中引示着更加坚实可靠的存在之维，这存在之维正是沉潜于历史地质深处的潜动生命爆发，在反复酝酿、吟诵感怀之间，文字涌现着质地语势变化、交合动响的力量，调是这切身关怀中的汇聚生成，是深度切近垂曳性产生的自我规整、修正，随着调的意行调整变化，文字乐声已经在地质深处制动着“质料”的全部变化趋向，这是正音产生的理容效果，意义在行动蕴涵完整性中走向一种净化自身的运动，用词的切意性、成句的意动性以及断章的融汇调谐都在简朴有效的行动之道中产生出来，它在增殖着文本存在的分量，昭示文字历史生命的内在文明与天地情怀，在文字具身潜能激活中产生出文本承前启后、继往开来的动力性。

这是文字运动实现着密度的纯一“减法”而飞临嫁接的自我指涉内隐时空完整，是感动在自身感动结晶中突生的意象风神，是文字活着的切身感动化出的风中世界，它在现量直观中涌现着自身存在的道路与非凡的理由，这是历史的奇迹。没有它，一切表面的“逻辑”只是没有文字行动可靠与完整渊源性的主体臆造而已。

当我们在文字整合经验运用中调节着文字运动生成完整有效的时候，一种随形而动的身体能势综合，一种知觉运动性自我生成的完整呼吸，一种在运动知觉中全部消耗自己，而又因为消耗的完整运动重新产生了回溯中的完整平衡放射力与行动生命激发的回声，产生了一个聚合意义特征的奇迹。这是具身运动有效吸收，这是当我们把文字直接经验做成像水一般潮起潮落的时候，文字文承的品质结晶为我们开启了垂曳运动风格完整具身塑造环境性，此时我们并没有有意去模仿一种风格，但历史风格的完整灵魂又已经在文字经验生生不息运动中活现，历史的灵魂在直接行动撞击中生出了生命火花。因为我们先天被造，因为我们在先天被造的历史道理中活出而带有了更新历史生命的活力。

倾听文字内部的声音，倾听心灵绽放的声音，有一棵希望的种子在天地间垂曳致意的风声中开花了，它指向着环境共存的命运。这是一种形－势语言，它的存在指向世界具身，即生态性经验及其体用性知觉组织逻辑，它是人在环境经验观察、运用基础上产生的具有经验积淀测度、堪舆性质以及环境完整活动组织知觉，这是存在的转换生成经验，留下的只有身体“我能”含聚的能形激情召唤着大地身体完美结合，而不再有激情风格之外的事物性，因为万物一体正是“我能”的全部世界，因为激情促发经验动势并产生密实结合的质性形式，它为测度与堪舆活动提供了经验运用景深处的激情内在结合力与获得性“遗传”之可能，这是经验在运动中通过布局密度改变与功能发明交换而产生的嵌合于激情能形运动的具身效应，它产生了这样一种成熟经验的客观性，即客观是为人的活动实践而准备着的深度经验结合潜能，是与人的行动功夫关联着的动力性资源与意象玄机，此一客观经验随着物化交换渗透作用改变着知觉组织形式，它是物化知觉运动有效的客观，是生命激情的存在风格体现，因此它既不是物理性质的感觉，也不是主观情感的反映，而是激情在经验结合中产生的运动品质，是质感、直觉经验，是亲和力与共同－知觉意象性的发现。是一种行事有效的身体感受力与行动态势，把存在的体用性知觉构成为寓于环境之中的完整行动艺术，意象升腾于文字大地气象之间。

在写作中我们容易陷入思维给自身设定的意识形态意义虚构陷阱中，从一个隐喻开始把写作不断地拖入到这个本身不存在的世界。然而，写作并不是外在世界在告诉我们说出的理由，而是文字自身的渊源在召唤着它的存在。只有心灵在自身开放中被无声感动了，思想才超越于主体意识感觉经验，产生出灵魂凝视的眼光，历史才在绵延的身体中展开形－势语言，如此写作才开始了生活世界物性完整超脱于物理世界的品质结合运动，而形－势的语言又在自身命运运势测度、堪舆运用中生成着地质拓扑存在之道与完整可靠性，它是“此在”在存在中存在着的历史存在之维，是灵魂的前生与来世，已经超出于现实样态的思想世界与“公共美学”理论，并产生着现实世界平衡调节启示的力量以及物化转换创造精神生活支撑的行动直觉意义，这是历史性科学自身实践意义与灵魂沟通的艺术，它在学会关心自身存在命运中实现着完整地关心现实世界，不需要揭示、批判、说教而又真实呈现、无声感动着。

人类最高级的写作艺术就是源始意象写作艺术。在垂曳运用之间通过掌握文字运动节奏、韵律变化的静默效果而自然拥有了言说的灵动风格与互文性，通过掌握文字运动力度调节变化的行止默会性而自然拥有了静力涵括的深度汇意机制，通过文字“非思”的环境物化对称交换而拥有了完整组织言说的生态能量与拓扑秩序，如此尽管他没有从语法中学习说话，但他又先天会说话了，在自由灵动风格的道法自然中完整地组织着文字，它完整而又能深入骨髓的无形无声产生着感动神奇的效果。

它在召唤命运种子垂临中含蕴着的馥郁芬芳；

它在灵魂呼吸的震颤空间中盛开了风中之花。

灵魂存在于每一个人心中最顽强、也是最不易被发现、最令人感动的地方，它增添了身体的一种骨气与质地，它经过漫长时间地质性的筛选，慢慢地多层次的，步步深入地进行着对位与牵引，这是一种身体环境地质拓扑构造，它对称于周围环境，这是身体行动中最隐秘无声的合着看不见的组织连属“建筑风格”，每个人都西化了，环境也如此，洋装在身，洋房矗立，但骨头里的东西一如建筑材料的“家乡”，不会轻易改变，完整存在的运动性世界没法彻底改变。因为灵魂只是那挥之不去的大地生命气息，只是身体如一整块玉石般在默然的镜子面前才生出光来。它的吸收性、排异选择性是最不易被发现的，这是活着的生命最完美的构造，是历史科学悠长的目光，没有人能够在这一“道”的科学性之外还能发现它的“科学”秘密。它在词源学的家谱意义上产生的是谱系树的伸展与蔓延，而蔓延的基础不是现代意义上的谱系学，而是它的地质拓扑性，是风中震颤的还魂质地，它还是“无”。当一个词，比如“上帝”，进入到它的词语构成世界中时，如果这个词处于一个地质层的最上层，同时也是最基础运用意义上的词性，如果这个“上帝”在存在的意义上讲只是一个外来词，而不是在远古时代我们先祖们所认同说出的那个“上帝”、“上帝昊天”①，那么“上帝”这个词要进入到这一地域性身体内部成为时间循环中的广泛认同，就不是那么容易的事情，因为深深吸引与忘乎所以的心驰神往并不是看得见的，词性在背景深处产生着地质原道时空的完整存在对称性对位，产生着“化工”的骨髓移植反应，全部的词语在“玄黄色杂、方圆体分”的世界中辨认着“合实生物”的色泽、质地与气息，灵魂在灵魂质地空无的世界中在找寻着它的前身与来世，而此时的灵魂就是李白那率意纯真的声音，是杜甫无声叹息的儒雅文明风度，是屈原在江边上留下的一双白鞋，心在永远等待着他回来。没有替代物，它是历史完整存在的无物之镜，神就是在“原型”身体中滚动着的同一个崭新的身体，如气流般绵延，我们已经先天拥有这一不可分的环境气质与流淌着的血液。

可见，赋义并不在形式概括中，而是共同体内部栖居行动的尝试有效，是环境适存一贯生态运成风格的体现。同样是土壤形成山和丘陵，却有不同的环境特征，同样是成为山的五台山、武当山和横断山脉，也有不同的环境意义，因为作为存在着的事实是栖居在环境中的完整形成事实，它已经与构造事件根本区分开来。特征存在的意义只在特征所在的环境生态汇意机制中，如此我们才能切身经验和说出事物存在的特征。特征在环境整全存在运动场中又存在着“三远”性，即在不同的环境生态空间层次上看，有不同的“高远”性意义在出入、转换着特征聚意功能；在环境内在运动深入层次上看，有不同“深远”性在经验深入与转换之间产生行动蕴涵；在环境运成完整性中，又有“平远”性在空间运用选择中产生出不同的特征差异时间组织连属有效与聚散分合功能。这是由共在活动生生经验创造的变化

① 《礼记》：“是月也，天子乃以元日祈谷于上帝。”《诗经》：“皇矣上帝，临下有赫，监观四方，求民之莫。”

统一性，是栖居行动的视性垂曳生成的有限行动无限关联的意义熔铸、贯串，共同体环境生态运动的内部层次性与关联性不是一个系统的基本认知行为，而是生存行动的处身尝试有效才产生了内在“风景”。在这里具身经验的环境交感恰恰说明了存在的基本事实：在构造行为之下存在着的是共同体事实的运用与深入发现，而在共同体环境生存的意义创造中只有完整语言活动的经验事实，没有知识行为的逻辑事实，这是一个行动处身意义尝试在内视经验生成中产生的视性聚合功能，它不是视角变化的全视性，而是视肌存在的完整结晶内在风景，是景立成像。

在言说展现言说灵动经验的过程中，有一种世界风景般的致意生动与韵味出现，有一种把时间留住，进而产生活动场直接玄览集中的效应，此时文字已经是存在之物，在地质分布与转换之间，一种直觉力把我们带到了文字创造世界的迤逦风景中，它在世界深处嫁接内在风景，感受文字经验的飞动传神，文字把自己的存在之根深深地扎在了灵动经验的运用圆成状态，在启动自然意象与历史潜能中文字化开了外在表象的桎梏，在体式变换的内在呼吸之间，把它的运动有效同环境活动场的完整生态运动进行着对称均衡互动，通过身体间的共在交换与渗透，产生了文字运用的自身存在状态。

一种不为字面内容而又已经在内容存在完整性之中的无形力量，是文字直接经验交换的拓扑运动，它不为某个外在意义指引，而又有文字运动时间圆成的时候，这正是为文之道，是文字自身存在的文明与心智成熟，它在万物故此由，万物故此得的天地运动精神中发现了命运深处的力量。

言说所要走向的是言说的无字之境，是言说成为存在着的无形聚神地质生成规整，唯有聚神才产生出艺术的生命，才给出了自身存在的证明，才生成为共同体原型的内在河流，才有了无量交换的切身感动与招魂。而言说的聚神则来自于言说内部运动经验的质能综合，这是一种穿透性聚焦的阴阳平衡运用，一种局部题材汇意定形与生活场地质分布意义的虚实转换，一种言说语势随物赋形调节与言说语境高低的潜沉、与崛起有无关联，一种过程有效驻留并生长着的说不出的命运，产生着同一个世界言说经验运动说等于没说的无化境界，运动中的沉默是存在着的沉默，时间成就着这沉默内在生命的力量。

“笔与墨会，是为絪缊，絪缊不分，是为混沌。”当我们在混沌太虚之体的具身知觉中的时候，我们才第一次闻道知道，才重新开始了文明思想交汇的意义体认，思想在返回它的家园，在不断激活历史中发现、塑造着自己。

在很早的时候，我们的先人就已经意识到了言说之道的历史意义与完整运用的内在法度，为此给我们后人留下了一部部经典之作，这是人类文明综经、哲理的伟大诗性成就，是言说文明的传承地基与飞翔之道，生命在这里找到了它源始思想的言说经验与存在信仰，大地回旋的无化能量在历史深处为此生此世作证。

每一个文明都在创造着自己的经典，经典之所以是经典，就是因为它熔造了历史生命，传承了文明道路，并在文明自我更新的生态运动中生长着生命血质与创造力。一种大地书写活动开启了意义存在的行动艺术活动场，当大地共存的经验如书法艺术般在字与字之间川流不息、遥相呼应的时候，当共存的世界如大地风景般在那儿欣然跃动、生机盎然的时候，一个共同的世界就已然跃动于纸上，它是人类精神的存在体现，是传承道路上的行动艺术一贯风格与自然品质，是心灵格义的意义实存与肉身存在感动。

经典是如何创造出来的？经典非人力所为，它恰恰是集体无意识的体现，一个伟大的灵魂在历史长河中召唤着复生的希望，是切身感动、随想在文字灵魂的深处唤醒了一个人，而那个人就是我们的巫师，是屈原、李白、杜甫，庄子、老子、孔子……他在创造一个崭新的世界，而这个崭新世界又是历史中的活出，是历史鲜活的发现；他在写就一个活生生的世界，而这个活的世界有全部死者的故事，是死亡复生的奇迹；他在锻造一个晶莹温润的世界，这个晶莹的世界有全部混沌的过去，甚至有不洁的前生，而温润的世界在心灵复活中化开了陈腐，在身临绝境处升起了云岫，文字在自身文明中带着大地生命的意志展开了道路，“独与天地精神往来”。

如今，我们已经失去这一方水土中有灵魂的具身言说，外国经典也救不了我们。那不可翻译的魅力，那是此一环境无奇不有的纷繁多样与存在氛围，那中文字奇丽多彩的意象传达伟大艺术活力，在灵魂深入说出的是传统道路与共同体精神，是语言传统的魂在召唤着生活于其间的人，把整全存在的气动神韵创造出来，活出千秋的故事。没有内就没有外，没有自身存在的坚实就没有世界他者的意义“我能”吸收，当你聚拢不了自己言说文字精神的时候，你就根本不具备意象力直接碰撞的能力，感动了也等于没感动，主体的状态并不等于言说的质地有效吸收，因为文字没有开始召唤，因为文字没有在自身思想力的高度形成存在全域性协同，因为你根本还没有筑造思想存在的意象风格，你就因此而失去了平行能力与思想运动品质的判断，你就根本还没有达致道说的完整而失去了对话的诗性尊严，也丧失了对论道者应有的尊重，你看到了他者的精彩而失去了自身意象的地质风景。降低自身完整就可能失去自己，当然你可以说灵魂是自由的，但语言并没有如此的自由，语言只在环境地质中生根、发芽、开花、结果，事情本身原来如此，没法改变。

夫文心者，为文之根也，拓文缘辞必识其大体，文思交融须饮水于渊源。近代以来，为文之道莫不丧失于文心之衰竭，思之源流尽废弃于文化之功。

不是主体的我在思，而是语言中的完整意象运动在思，是散落在环境中的人类语言在聚合为行动品质时召唤着思的出现。思之待文如水之于鱼，而文章承起于民族之风骨，这是语言存在的灵魂。每一个民族语言中都活着一个伟大的巫师，活着一个祖先的灵魂，它不是在说理，而是在说心，说心对环境历史经验的共同感知深度与宽广，说心的源始存在无外生存世界，它直接在输入环境力，让你不得不信仰它、依赖它，它的语调、节奏，它的存在完整分量与姿态就是不可动摇的逻辑与说服力，没有太多的理由可以说，因为那一方水土先天传接的历史一直在共同体的存在中，同自然、同历史进行着无限复杂而又包容、渗透的调整运动，每一个民族在他们的地域循环历史中创造了他们的生活平衡与节制，同自然进行着有效交换与对称均衡机制生成，不断创生着生活世界的存在功能与价值，它是灵魂无限存在的经验、感动以及活化运用的“深”，更是生命发现自己真实活着的“生”。这是历史生成的能力在能力身体中的存在道路，是完整形式同步沉着的地质拓扑风格体现。

经典不是学说、学术，经典作为文字伦常事实运用而存在，它超过了任何主义、真理的思想与言说，每一个民族有其经典，就像每一个民族有其祖先和传统一样自然，我们遵从我们的祖先，并不是把他看成一个完人、代表真理的人，只是一个熟悉亲切的人，一个屹立在历史生动经验证明中的人，经典就是我们首先能直接用身体抚摸、感动的书，没有其他书可以替代，它是地质之书、肌体之书。经典具有共同体潜在的生态理性，它存在于传统生命化为共同体身体中，成为了无声的运用，它的“逻辑”在外在视阈中消失了，我们后人只有用它而承接它，发扬它和创生它，因为它是历史存在的见证，是过往生活世界的意义结晶，是人与环境相处的调节均衡与对称，是我们行事与言说的相处之道，因此经典只是实践修正、嵌合、调整的深度事实，而不再是外在形式理性、逻辑批判的对象。它不成为对象，它就是存在本身，是我们的过去与未来。在这一特殊的“对象”已经包容了我们存在源始性，包括言说中的道路与机制，包括伦常生活中的行动、言说与致意，包括对无意识肉身行动完整支撑的活动，包括正在用着的文字风格，包括我们在批判它时而又站在场中分裂着这在场性的矛盾本身。经典就是这全部矛盾，是共同体内部矛盾着、延承着而又相生相克的历史运动贯串，是自然生态循环调节着的存在风景与特征汇意，是传统生命存在的见证。对于经典的理解我们常犯的一个错误就是：在文字完整经验组织有效还没有被我们体悟到的时候，我们就已经开始依据字面意思进行逻辑强构。这不是意义有效的“误读”，而是无效虚构。要突破这一困境就只有通过读写经验产生了文体内部“形式”运动的互文性，有了言说经验的直觉、知性理解力，才能经过反复回溯、细读去印证、修正我们的理解，这就需要“我注六经”、“六经注我”的文承综合理解力塑造与心灵沟通。

中国人几千年来都在反复做着“注经”这一件事情，这之中的含辛茹苦又有谁能理解？这是文字大地性、生命性的唤醒，它在塑造人类的天地之心，这是文字书写艺术的魅力。当语言质地化，文字的肌体行动力就开始被唤醒，此时语言同世界的关系就已经改变了。语言不再是表象所看到的那样是一个被动的传达工具，语言具有了文字形象游走的能力，它可以产生唤起行动质感与动觉的效应，它离开了主体、主体间的依附性而独立存活，言说直入环境肉身间的行动交流，容纳、载承着人与世界共在创造的深度融合事实。“六经”就是这一共同体精神的高度呈现，人们确认它的创造位置，围绕着它来展开文字书写行动，奠定着言说有效的共同体源始经验与共同礼仪，并在此基础上展开言说活动的创造，“六经”在这里承担的是多重功用。其一，它像一块玉石一样，被人们鉴别为一块美玉，这块美玉在共同体中是一个鉴识行动的“典范”，它为不同的文字书写作品提供了一个价值比较与创造超越的可资利用的资源与高处标杆。其二，它又是一个自然存在的身体，蕴涵着生活世界交流、创造的潜能，它以自身存在的创造高度与共同体精神深度思想力开启了共生交流的肌体连接运动。每一个人在注经，以自身行动体认的经验寻找着共在交流的行动发生，注经就是进入文字经验整全存在运动场的行动艺术，而“六经”就是注经活动的一个源始文字运用共在栖居交流场，在那儿人们通过阅读唤起行动响应的意象力，在那儿人们开展文字书写行动共在交流，在不同环境成长的人们为这个行动场注入着丰富多样的异质经验与活力，用不同的经历、体认、理解着“六经”文字经验行动发生，共同创造着经典的深度经验风景，不断地激活、锻造着这一共同体内在生成的行动潜能，“六经”因此成为了人们进行自我行动创造的文明复兴文化基地，而“六经”又以一个原型的身体在共在交流中展示了丰富多样的身姿，展现了不同的自然品质与行动融合，它在不断生长、壮大着，不断承纳着多样的世界经验，它在自身行动创造中把经典熔铸为一个涉及生活世界方方面面的运动，而又成为了自身完整统一的文明器具，源源不断地进行着吐纳与吸收，为人类生活提供着生活指引与创造资源，因此，它把自身做成了一个人类共同体文字语言交流的共在发生场，复活了文字历史传承的内在生命力与思想性，达到了人类思想自然存在的内在调整与平衡作用。其三，

"六经"以人类共同体创造的强大生命力、行动性塑造着每一个行动交往者，创造着思想内在互文肉身与手的关系，它是一只看不见的肉身之手，它存在在那儿不以主体行为意志为转移，而是以肉身行动间际的发生开启了内在交流的启示与照明，拉开了人类共同体向着世界融合的天地之心的恢弘序幕。六经注我，我注六经的书写行动意义交换在心灵找到它的源始生命的时候发生了，这是一个奇迹，先人们亲临现场同我们一道走在大地上，话语是如此的轻柔、温存，没有任何说教的意味，而是有如父亲般手把手地在教会我们一些人生经验，是直接指着那些事物让我们看，并感受、体会他们所说的每一句话的行动蕴涵。老子不强求，庄子、孔子也从未强求过我们，他们从未标榜过什么，而是让我们向历史学习，切身体会先贤们的内在精神，这是传道，是承让、包容的气度与谦逊的品格。六经以循循善诱的自然品格与开放性创造了文字游戏的意义生成，开启了人类经验意义发生、交换的源始行动，这是一种"格物致知"式的对话与互文交流，是文字承担着善用的行动力创造，这善用即是良知、良能体悟的用，这善用是文字形象"制数"限定中被塑造着的用，是唤起真实行动质感而创造着新的生命的用。理解又是在原典切身经验中进一步加以运用与创造的活动本身，在这里理解将自身存在的行动性再次贯注于原典，进行着原典的器具性创造。这创造是文字书写深度存在的行动响应，是响应后的生命力注入，在生命力将自身响应经验到的文字行动理解注入于经典活动中时，原典的内在文字身体被激活，它在整全存在中不断变化着肌体感应觉知力，这是体悟在体认身体力行中创造的行动读出与肉身整全感受性，是不离开具身交流的先天综合行动力，它创造着博弈在博弈经验开放中的经验放大与内向超越功能，原典的原型被陌生经验的生态秩序刷新，增强了原型的内在肌体功能与坚实融合效应，同时原典又以环境存在的文字身体塑造着人，人在这里直接经验到了文字书写与世界交流的互动与开启。

可见，思想的逻辑在文字经验运动性中，而文字的运动又在文字经验物化交流聚合机制生成中，在文字以历史结晶的环境品质参与到文字之间的深度能指经验时间性构成中，产生出文字在共在活动地质拓扑构造中动觉身体姿态致意的意义，产生出文字在自身存在活动中历史化的运动趋向——把当前的活动交流不断深入推进到具身熔铸包裹着全部过去经验有效性的能力提升中，使文字运动内化为行动肌能而有了可以直接知觉运动理解的机制。在这里，思想的运动并没有离开自身存在，它没有对象性视阈，而是深度经验运动组织视阈，文字也不指向外在事物，而是在文字运动时间性能指经验中构成着平行于环境世界的对称暗示，文字在活动贯注于自身存在的内部环境拓扑运动中通过生命力的身体调节运用，把环境平行的活动时间有效机制化机熔凝——这是产生言说环境力的源始运动，没有这一言说在自身能力形成中对于环境的能指意义创造，就没有语言可以言说环境世界的依据。然而，一旦言说在自身能力形成中指称环境经验，此时言说运动与环境的关系就根本改变了，我们是在言说文字运动经验知觉中观物，而所观之物并没有外在表象性质，而是心灵凝结之象。

一个地域文化、一个社会人群与民族一旦丧失自身语言文字思想的活力，丧失在语言文字中运动结晶能力的塑造，丧失把全部的思想转化为语言文字的物化运动以及思想自然传承的运动品质，此时我们再来问："我们何时丧失了理解力？"我们得到的回答就是：这一百多年来我们从来就没有真正属于自己的理解力的时候。因为我们已经没有生产思想力的全部运动地基——一种自我更新、开发与生殖的能力必然是在有此熔铸、结晶与转换的生成储备能力基础上的事情，而不仅仅是制造行为。如此我们的痛苦遭遇就是：我们将永远丧失与别人平行对话的能力，我们将永远与世界最前沿的思想相差一段距离，不是你听不到别人的思想，而是你总是处于这样的境地——你没有完整理解力的源始生成，你只能从别人那儿进行外在逻辑地理解，而不是运动理解性的源始再造。别人从自己的全部文化背景中生产了一种思想，对他来说就是在他的文化物化熔铸无意识活动中自然产生的事情，而你要理解，你就得不断在他的文化综合能力与传统中去学习经验，这是怎样的理解运动？他用于发明一种理论的源始基础根本就不是你所能理解的那个表象，因为此一"表象"是只在完整存在中才能拥有的生成变化着的"他者"的形象，是涵括着"他者"完整生活沉着基质的表象形式，此一“表象”中根本就没有你要去实现一种发明创造的动力有效资源。如果你想要用你想象的思想形式去融合理解他的完整性，这根本不可能，你只在他的能力呈现的表面逻辑中理解了他的思想，而不是他的完整思想能力深层发生与不可言传的无意识渊源，如此你将永远追不上他的思想力，不是你不聪明，而是你的聪明用错了地方，你没有活的思想源泉，没有思想实现自身的语言熔铸力与组织有效风格，没有思想传接的动力基础与交流平衡对称的能量。一个法国人可以直接写出他自己的思想，而在翻译这一思想时，你是在没有语言家园的他人知识理论园地中为他人做嫁妆。这样的事在这一百多年来不是时时发生着吗？这样的事情说明了什么？没有一种自身环境语言能力的思想运动与思想能力的文字物化精神塑造，你就根本不要谈自身理解力，你根本就没有生产自身理解力的源始意象力运动与传承道路，你也没有你处身环境的完整言说存在的逻辑。你今天理解了这个，明天理解了那个，但所有的理解都无法产生能力保持的完整组织生长态势与风格，你就永远当别人的思想仓库保管员好了，这就是没有思想传统品质与完整生命的新文学的现代悲剧，这就是言说的批判、批判的言说没有形式沉着基质、风范与道路完整判断的悲剧，你永远也别想成为一个文化、思想生产的大国，这样的大国只在有强劲思想能力的文字物化精神创造中才会产生出来。没有一个形式从天而降而没有过去的灵魂，没有一个判断不带着古人在文字中留下的气息与生命质地，形式是物化知觉“风”中的传接，是文明历史醒来的时候，它在创生自身环境历史的道路中，也在无时无刻地产生着同一个世界的天下“逻辑”。

没有语言经验存在事实的运动，就没有真实的思想，而外在形式运动不过是没有完整经验可靠性的思想分裂。思想是生命力在文字中化成的思想具身，又是思想弥漫在文字之间的生命活力。此时语言真实又只体现在它能给出一种思想存在的深度经验，即语言文字的运动组织调节深度视阈与完整质地，把思想储存在文字品质结合的动力性之中，产生言说的生成道路。

由此可见，一个学说不处理它与共同体具身性（原型）的关系，就是没有言说实存经验的空想学说，它相当于一个人在自身存在完整经验时间性缺失中说着、做着与身体“我能”无关的事情，相当于说出来的一切想法无法实施，而一旦强行去做，共同体就将处于自我分裂与瓦解的状态。学说在最源始的存在意义上开始于文字运动造型思想，而不是结构与理论；学说开始于文字共同体完整经验交换与命运关怀；学说的存在开始于它坚强地捍卫共同体文字经验沟通、致意的大地道说传统与文明礼仪制度一贯言说实践风格。它在“仁义礼智”的文字参与仪式中贯注、凝聚着言说具身存在的力量，它在召唤天地政制品质结合中开启着文字起承转合的历史动力，它在文字运动造型完整屹立于世界的生命呈现中唤醒了共同体伟大的灵魂，一个诗性的生活世界在大地上复活，一个共同体永驻的运动在天地间复明。

在中国古代，文、哲、史不分家，格物、记载、注经、炼字、修身、体道贯穿一体，没有自然科学、社会科学、实用技术与理论之分，筑造这天地人文、生活实用的是语言文字活动，而不是观念、符号，中国古人在倾注熔造着一种天人合一的创世工程，它传承远古，照亮未来，因此有了文字化成天下的状态。先人们在用文字把生产、生活记载下来，这不仅仅是单纯的知识记载，他们在造“遗传”工程。这遗传工程是在把文字化成为美玉，让后世之人在运成玉之成色、质地中就可以闻道、得道，这是凤凰衔来的天地露珠，用般若之力化出的文字珠，在火中重生，用生命之质换来了文字大地的神韵。把天文地理的运势呈象特征记载、浓缩、凝炼，既是记，又是书，更是倾注，是用情至深的旷世造型，在时间驻留的传世之作中“气象氤氲，由深于体势”“用志不分，乃凝于神”①。

在这里就可以看到，我们的祖先一直在顽强地维护着历史生命与大地完整不被空间操作的“机心”与人为意志强权所分裂，一直在为我们的世代文明创造着传承的道路与天下“逻辑”，这其中所付出的生命与努力，所承受的艰辛到底有多深，没有人知道。

---

① 参见《庄子·达生》。

如果说“形而上者谓之道，形而下者谓之器”不仅仅是一种说法，而是思想与知识互为表里，历史与事实相互印证，那么你就会看到中国古人在做着生活与世界本身的事情，历史呈现给我们的根本就不是现代人理解的表象逻辑与时间意识。“花骨朵儿长在柿子中”，全部的器具、文物以及文字写作既是器，也是道，局部事实在含具历史整体特征拓扑运动中产生了完整存在意义，产生了在同一个文明礼仪世界中环境生命记忆玄鉴的眼光，是出入于历史中的思想史、学术史的内部意义世界再造，一切将在还历史本来面目中重新开始，不断回到起点中的重新开始，把历史拉回到既是过去，又是现在的同心圆运动中。如此我们就会看到我们古人做着的事情，就像是一个镶嵌在完美拓扑空间中的原道身体，每一个学与术、经史子集、科学与事实都活着，能呼吸、有质感，真实无比。

如果一个人在大地上的行动犹如书法艺术运动那般，那么他的专注力就不再是一味向外扩张着的，他是在不断开创一种为天地立心的运动，是在关怀共在的行动协调本身，行动的自身意识不外溢于整全存在，所有行动在深度存在中循环、周延，在整全存在中由深度存在开拓着广阔弧度的意识，如此我们就看到他追求的是书写行动均衡效应，一种整全存在和谐性，一种内在的互文，一种传承稳定更基本于分解破坏意志，创造发明仅仅是依据生活世界内在调理而被制衡着的艺术，他把自己的行动塑造成一个共同体生态品质，一种共在连接的生存经营与技艺，如此他就不再有心去为自然立法，不再一味地发明创造、复制产品、推广技术，这内向运动的满足感造就了他始终是一个自然环境中质朴的人，一个有天地良心与大地信仰的人。

如果说《易经》在天象大化方面创造了它的内向超越向度，产生了一个交感运用的事物酝酿、均衡把握的人类先天综合想象力与天地对称和谐运动，那么老子的《道德经》则直入大地，创造了内向超迈的玄动生命与万物存在维持经营的精微艺术呈现，谷神、玄黑、守成、无用把我们引领到大地母亲怀抱中，让我们领受了大地生殖的地久天长与生命存在的自然，而庄子的与物同游而又超然于物外的伟大宇宙精神神话想象，又为我们“以出世的精神做人世的事业”指引了一条心与世界同在的生命希望之路，而孔子的《论语》等则走向了肉身生命塑造的意义完整，走向致中和。居于人类社会中的生命大地书写实践活动，他让我们在人类生活世界中学习怎样做人，向自然事物那样高贵地屹立、亲切地协同，而西天乐土投来的一道佛光圆轮，则更是给这东土大唐的朗月清空平地而生了至刚至纯的性情与力量，它让我们修为出一种提起的精神与无私、无畏品质——只有在这里才创造了中国艺术深沉质朴宁静大气的灵魂，也只有在此时回到历史中我们才真正享有了神圣创造的时刻。

如果人们在做事中的缺乏一种人类活动环境意识，只知道在主体对象性活动中不断地筹划、构建、捣毁那个乌托邦的“帝国大厦”，而看不见环境与人类生活的完整存在命运，看不到环境自然的生态运动；如果人们在运用语言文字的时候，只知道主体按照人类中心为自然立法的逻辑在说，而没有文字绿色生命的意识，没有语言言说立起在世界中的道路；如果人们根本就不想世世代代生活在地球上，不愿意为世界立起人类存在的天地之心，不愿意在思想与行动中真实地承担大地环境与人类社会的共同命运。那么可以说大地上根本就没有什么人类思想，一切不过是意识形态与技术科学制造出来的谎言，是过眼云烟的“意识流”幻象，是捣腾世界留下的虚无尘埃。

世界是人的世界，人在世界中存在着，物化交换生生造出的血液在人与世界的身体中流淌，哪里还有外在于人的世界，哪里还有情深之外的客观？

一阵风从远处吹来，带来了大地的消息。

正当艾斯坦百思不得其解的时候，一天他漫步来到牛头山，看见牛大哥正在苹果树下摘果子，于是便他走上前去问他：“牛大哥，听说前段时间你被什么东西给砸到了，怎么不见你到上帝那儿报到，反倒好好地在这儿摘果子？”牛大哥说：“哪有那么严重，不过是落下来的苹果，刚好打了一下没有开窍的脑袋。”牛大哥用手指着自己的脑门笑道：“嘿，那一下还真管用，一下就把里面的东西砸出来了。”

一阵秋风起来，吹得苹果树沙沙着响，树梢上的叶片在阳光下泛着一片细碎的白光，牛头山边的溪水流得更欢畅了。

艾斯坦想，我为什么不能把自己变成一阵风，化作风该多好啊，无所不在而又了无踪迹……

牛大哥见艾斯坦一副若有所思的样子，便问道，“老弟，又有什么事情把你的心思搅乱了？”于是，艾斯坦就把前些时候做的那个梦同他讲了一遍。牛大哥说：“是啊，花骨朵儿长在柿子中。莫非世间真的有一个看不见的的东西在我们的背后，无处不在地拉着我们？”

艾斯坦接着说：“为什么柿子花就一定朝着柿子的方向长，为什么苹果就能刚好砸在那个答案上？就好像世间全部的事情都要走到它自己的那个圆里面去一样，就好像苹果就该砸在它的答案上，就好像你就该收获这个答案一样，太自然，又太神奇了！”牛大哥好像不解，忙问道：“你说说，我的答案怎么跟柿子花是一回事？苹果砸在我的头上，于是冒出了一个答案，它是关于苹果掉下来的答案，而我的头刚好接住了这个答案，这完全是一种偶然。”

艾斯坦说：“是啊，纯属偶然，偶然，这是一个偶然吗？全部的事情都往它自己要去的那个圆里面钻，这是一个偶然吗？在你要去的那个方向上一早就埋下了太多的偶然成为你行动圆中的事情？在你要想得到一个圆满答案的时候，你的行动身体就已经开始预备偶然将会发生的那种奇迹般的事情？难道就没有偶然存在的历史消息吗？”牛大哥连忙争辩道：“这是——偶然，是偶然中的必然。”

此时，艾斯坦好像已经知道了什么，自言自语地说：“光更像风，光无形，人有眼。光在我的眼中晃来晃去，充满着色彩斑斓的意义世界，哪还有什么纯粹不变的公式？”突然，他惊喜地喊道：“这不是偶然，这是风，它在偶然的深处，是轻柔曼舞无所不在的风，是命运的种子。哇，你看，当命运的种子漫天飞舞的时候，那一茬茬火红的柿子花已经在枝丫深处绽放了，多么神奇！”

艾斯坦像一阵风，一溜烟跑得不见了，把牛大哥一个人留在那儿，一头雾水。

从那以后，上界理想国也不时传来坍塌的消息，乌托邦式的“现代逻辑世界”一片迷惘。

正应了那句话：道，上善若水，无所不在。

四、为天地立心①

水雾连天起，苍翠浴清明。
离离原上草，悠悠天地心。

世界并非现实人类以自身的方式所拥有的世界，世界是立心、立诚所感受到的存在世界。当心灵真实的世界弃绝了现实方式认定的质料意义后，世界并没有完全虚脱，不仅没有虚脱，相反屹立了一个完整的世界。语言表达之后，能留下的全是诗。

没有人知道在现实世界的背后才是真实，少有的写作敢于选择一切外在知识消失后命运凝视自身开始的心灵选择，现实的人总以为抓到了一根救命稻草，然而，他在现实的世界中沉醉太深。“回到事情本身”就是回到每一个自然事物、生命本身，回到同一个世界本身，它指向着事实存在的两个方面：回到存在的历史本身，回到存在之环境具身运动本身，而这两个方面又是合二为一，相互支撑、见证着的，也是在现实的行为方式之下深藏着的。

环境生存经营的实践艺术与历史感生成的行动哲学，是守持命运存在的共同体精神觉醒，化在世界历史运动中不可见而又无处不在的伟大诗性成就与文明品质中，它贯穿、渗透于环境生存活动中的思想智慧以及成就这一思想智慧生成的环境沟通艺术。而这一智慧艺术性潜能又充分体现在环境语言的发现与创造中，是人类语言垂曳、呼应着环境生态运动汇意机制而在每一物，每一生命那样发生着的完整物

① 为天地立心：这是一个“后物理学”立人类天地政制的环境默会运动，是产生同一个世界意义完整的实践艺术，它要实施的是人在世界同步连续具身性中的地质生成运动与意义发现，修正、规整人类行为方式运动与符号性操作对于意义存在的知觉偏离与失衡，还言说本身的经验完整与实在力量。立心就是立人、立身、立诚，唯有信仰着世界与语言完整具身，恭谦地进入世界，才产生了在心性自然中初生婴儿般发现世界生动的力量，这是在自我意识未分裂出世界前“主我”、“宾我”交换存在、与物同游的境界，是世界在同步协调连续性中事情本身的意义汇聚与呈现，唯有心性自然才克服了行为方式的内在分裂，才在存在可靠稳定性中开启了天、地、人的融合与物意识无限复杂的对称具身运动与意义熔铸亲和力发现。

化交流，它在给每一事物命名，不仅于此，它还在给人类语言每一个词汇塑造灵动经验适恰的默会交换意象潜能，它也在给人类语言动觉身体输入奇特的表达秩序与运用机制，进而伸延着这一动觉身体能指性器官触角，产生物化经验内在聚意集中的强大功能。我们已经深深地遗忘了在每一个事物环境历史中心灵的存在意义，它在大地哲学的实践完整风格意义上超越了全部现代人类知识，在同一个世界灵魂醒来的时候要求——为天地立心。

“道者，物之所由也；德者，物之所得也。”① 因为有了道与德，所以有了心。它直接对称于环境完整运动的物化精神与人类栖息在历史天空中的灵魂，没有心，你就什么也看不到。心是肉身感知经验活力精气的汇聚、凝结，身是心的感性存在居留与熔造。身即是心，心即是身，我的身心是世界的身心。因为心的存在逻辑是整全存在信仰的行动艺术，它指向两个方面自证行动信仰：一是心外无物、心外无理，二是有心便有一切。在生命意识的最高点上一切存在之可能总在发生着。

你以为我们的古人画画的时候，仅仅是在画眼中所看到的世界吗？那是在画看到的与看不到的全部，是在画心。以手运心，质地生成，把完整世界的行动知觉与伟大的心灵直透于纸上，如一颗青劲的小草在悠然地召唤着苍翠灵动的世界。而现代世界的根本迷失就是：穷欲灭心。

“不以嗜欲累其心，不以小害大，末丧本焉尔”。从局部到整体隔着的不仅仅是空间构建，更是时间存在的意义；正像从现在返回到过去横陈在我们记忆之间的并非单纯的心理体验，而是一个完整的地质沉淀世界。我们从不怀疑我们脚下的大地及其周围环境世界的地质分布沉积，但我们在思想事物时，又根本抛弃了地质生成运动，仅仅把眼光局限于一个空间操作的先验形式世界，这就是现代世界最大的悖论。嗜欲的人已经丧失了道与德的大其心的意义结晶，因为没有了心灵自然的参与、关怀而致使其根本丧失了与环境称衡的厚道，他看

① 参见：《老子》第五十一章。

到了人类征服自然的表面辉煌与“灿烂”，而失去了心灵凝视，他也从此再也听不到万物的歌唱。现代世界把自己驱赶出大地，在一个没有过去生活意蕴与行动品质厚沉，没有世界地质生成肉身性的空间虚无中捣鼓着家产、埋葬着自己，沉沦的脚步走到了呼吸的喉塞，窒息的时间离我们已经不远。

有一种现实看不见，是心灵付诸于行动而汇聚着的现实潜能；

有一种传达不为表达，在字里行间自由往来而完整存在着；

有一幅活着的画面在周围，是大地奉献给人心的真实礼物；

“有一个古老的传说，精美的石头会唱歌。”

曾经出现过一个寻找智慧的人，他走遍了万水千山，最后，竟然发现了一种人类前所未有的、不可思议的生活，这是存在于中华大地文明历史深处的性灵生活——“蝶梦之乡”。一些民族的生活呈现为一种金字塔式的建筑结构与律法制度，而另外一些民族又过着一种宗教主导的人类生活，唯有中国人曾经过着一种普通日常但又无法想象的生活。让人吃惊的是，从日常生活到社会关系到科举、文明制度、天下政制等等，他们竟然能把全部人类活动“蹈空”、“悬放”来做。养空而游、虚虚实实、唯道集虚。他们竟然能做成一种无所不在的人类之心的事业，历史展开了一幅壮丽多彩的画面。每一件事像一个球体般旋转、自身独立，所有的事又像有一个定海神针把它们全部汇聚到周围。不完全实在，每一件事既是开放的、悬空的，好像未完成，每一件事又自身完整，并与它的环境遥相呼应、虚实相生。没有宗教，每一物在自我吸收、放射，全体的物又在相互塑造、修养生息，天、地、人在相互转换着，充实而自然。不为体系，而是一种生态，既在里面又在外面，既看到了自己，又看到了世界，变化万千永远看不完，又永远在拥有与吐纳之间一体进行着。不需要系统性知识与科学技术管理，但它又是一个不断结晶着的生成组织，全体的运动在波纹中散开，又在波纹中汇聚，在循环往复中生成着一种地基似的质地可靠，它轻盈、稳定而又无不旋动集空，动中能定，静中有动，均衡统一。全部的生活只为一件事，一件看不见的而又无所不在的事，而这一件事中又没有事，只是在化生着纷繁万千的变化，也正是这一变化的神奇把他们与他们的祖先以及万物紧紧相连。原来中国古人已经探索出了一种大地书法艺术，为世界掘起了一种生活艺术哲学，每个人、每个物都在实践着蜜蜂一般的绿色事业，哲学成为了人类天地行动化养圆成的实践道路，成为了共同体心灵沟通的致意风格与“世间情”的连结。

这是一种传承历史生态意义上的地质运动，它太先进了，现代科学也无法进入它。这是一种自然风景式的循环生成，它又太柔顺了，谁都可以踩上一脚，把它捣毁。这又是一种野草式的见风长的活力，一会儿没人管它就又长高一寸，在天地教化中茁壮成长。因为它是灵空、悬动、富有弹力的，去掉了表面一层，还有里面永远也去不掉的心，心是浸透在地质中的无所不在，而又无处搜寻。它又是一种大地生活，隔开来看是艺术，投入进去就是生活，通过古典式的论道、品藻、技艺传授、注经、日常人伦、自然情怀的倡导与践行，把文明深深渗透进生活之中，舍弃了纯粹的观念与理想，只有生活行动的艺术本身，灵虚之胸怀、超凡之气度从生活中产生出来，又通过直接经验行动与文化活动化为一体，体用不二、道器合一。每个人都可以用它，每个人又在生活相互染指中影响着、传唱着，它因此成就为一种生活哲学。不存在理论向度，没有现实生活与理想化形态的隔离，思想就是生活的结晶，是言说与行动的艺术，是境域的物化生成，每个人都可以切身体会与运用，又都在生活中践行着自然人伦，并塑造着行动品质，哲学就在生活水乳交融之间如音乐般潜入并无声地浸润着。从白发苍苍的老太婆日常言谈中可以随时听到天人之道，从刚刚懂事的孩子朗朗的读书声中可以见出文明的影子，从厚道老实的农夫为人处事的信赖中可以闻道，没有高深玄奥的知识，只有传承地质之书的人，他们在身体力行地运用着生活的伦常道理与天地大道，无不自然。诗歌是哲学知性理解力的发动机，哲学是诗性的结晶高度与潜能深度，历史是综经、哲理的中和创造，是诗性的完整自然，历史又以大地行动实践艺术、人类伦常生活之道、天地物化之心的动力源泉生成着一个如歌如画的世界，创造着天地可鉴、万古长青的文明事业。

道，不自生而能生，地久天长。

因为他们深信，从来就不存在离开了环境历史而设立的制度，也不存在离开了具体民族、文明活动的外在客观性，包括一种制度的优劣比较。制度的论证不是在现有的知识本体上的论证，而是作为人类活动在环境中的出现，作为人类在这个制度中所建立的全部行动有效都必然是实践艺术成就着的，必然是环境历史生态运动的深层协调，因为人与他所从事的活动在环境完整意义上是具身统一的，这是一个文明制度存在着并能不断传承、发扬的先决条件，是制度能够在自身运转中与天、地、人合一，保持历史绵延的基本品质力量。如果一种制度不能充分考虑它与环境历史、文化、人群的这一完整均衡对称有效，不能充分考虑在环境中如何达成“同一个世界”的人类广泛交换与环境历史的统一，不能充分考虑作为一种制度它只是在此一土地上生长出来的人类对自身命运、对世界生态的关怀与贡献，是在此一地域民族性中自然形成的人与世界“同心圆”运动，那么就没有哪一个制度堪称优秀。

可见，我们现代人已经被一种表面的奢侈意义迷惑，被现代人类制度强大、高效、华丽的外在性迷惑，丧失了成为世界中的人的基本活动，丧失了简单、质朴的自然生活，丧失了在天地之间生成一种人类“品流社会”① 对称调节机制，丧失了大地命运的切身关怀与一种极富魅力的天地政制文明。

然而，有一种天地政制在它的环境历史生成与完整对称交换中产生了人类制度的作用，就像是在一个巨大同心圆，以环境品质交换活动产生了自身存在的命运与意义，以“品流社会”的内在循环调节融入于环境历史中，它又在人类生活完善活动意义上形成了人在天地政制中的位置，进而有了人类生存的基本活动与意义，即人不仅服务于一种人类制度，人更是推动人类文明制度与大地活动平衡融合的灵魂塑造工程师，是关心人类历史与命运的天地之心的人。

这是一个在现实的世界中生长出来的灵魂眼睛，它看到了现实之

① 参见钱穆：《中国文化传统中之士》。

下无限深度的独立意识，看到了言说飞出于表象而又集中着生机的神话世界，那是它自己的眼睛，又是合着心一道生长着的环境历史。

当一个人在练习书法的时候，他就是在学习书法的身体行动经验，这与一般的行为方式运动不同，行为方式运动经验到的是主体意向性经验，经验随这一方式、方法运动而呈现出意向相关秩序，但事物在环境整全行动场中的自在均衡经验与运动性并没有出现，它被遮蔽、视而不见了。但悬腕式的运动则不同，手在运成、容纳着经验，每一个经验事物之间细微的碰撞都在改变着手的运动状态与方向，手离开了主体意向性，成为了动感自在行动生成之物，仿佛流水渗过了沙，沙的环境存在整全运动性与水在渗透之间呈现出沙与水交相呼应的波纹。每一物充分地展现着差异，但差异又成为了共现中一体运动着的差异，个体自由朝着环境内化的自在之维涡流般旋转，生命被释放出来了，生命又在自身成就中贡献于环境，生成着一片生机盎然，一颗丹心如明月般悄然升起，这是集体品质聚合的行动无意识体现，它向每一个个体开放，它又在环境整全存在经验深度熔铸中汇聚结晶为有机整体，空间中的同步运动与时间中的制衡塑造有如一根魂魄附体的红线，把个体与全体牵连在了一起，走向传统道路的深处。每一个人都可以切身经验、体悟到这一共铸的心，只要身体一回到那在场醒来的状态，心就在那儿活生生地跳动着，它是个体生命存在的心，又是环境整全存在天造地设的心，这颗心又养育着生活于其中每一个物和人。

正是这颗心的存在才感知、见证了物，感应了历史。

也正是这颗心才塑造了这一传统中生长出来的读地质之书的人，他是我们的巫师、士者。因为有人就有魂，有史就有召唤它的人。而有了召唤天地之心的人，我们才又一次醒来，回到历史中，回到平凡的世界创造着灵魂的生活。

历史在平凡的世界中，是行动稳定可靠的地质沉积与转换，历史的生命穿过外部的喧嚣而在寂静中结果，透着坚实的目光。历史存在的命运造就了召唤它的人，士从天地位置中降临了他的存在与言说，他是在场行动艺术中天地灵气的召唤者，是唤醒文字中天地之心的人。是人类饱有了自然生态之气才化成了这一言说行动，又是共同体的世界命运创造了这一绿色事业的人。因此，士就是历史深处存在的人，在意识介入言说之外，又在天地良心中化入了人类生活，“君子之德如风”，“切切思思，怡怡如也”他是风中的寂静。

没有灵魂，文化无以传承，只是全部散状的表象，与说教无异。灵魂在清明的世界中降临，它是潮润的风声，雨打芭蕉的淅淅沥沥，它含着这一文明声像中的从容与风度，是我们聆听大地的乐声与耳朵，是心灵震颤的和声。它是说话的气流、节奏，更是这气流、节奏中的缄默，它潜沉于地质层的演化变异中，在心灵中直接显现为明镜照神。现实的世界紊乱，人心不定，正是我们丧失了这一内部的声音，没有了祥和的氛围，然而这又是一根擎天之柱、定海神针，大地性灵环绕着这一能量，展开纷繁多样的运动。在那儿存在就是稳定、凝聚，是生命。

世界的贫困根本上与金钱财产无关，世界的贫困是人失去大地存在的分量，万物悄然隐退的贫乏、无味，这不是什么普世观念，而是内部的声音与文明形象，是历史传承的礼仪制度与言说风格。万物内部的声象有一种纸比黄金还高贵的沉重品质，比钻石还要称手，越过千年的人为争吵与意识纷争，化在了自然中无为般地存活，这存活是奉献给大地，奉献给人心的礼物，无处不在地说明着它的分量与稳定，它像一个挂在心中的秤砣——踏实，又像一口古井中的水——甜润，没有人可以再翻造这样一个“古镇”的淳淳古风、古意，失真、失重就在于翻造给它嵌上金边，把全部的古旧换上现代新装的一刹那之间，那游荡于其间的魂魄早已四散，连清晨的薄雾与水泽的气息也不沾边，只有自然知道这里已经发生了什么，那翻卷入内的质地合着它的节奏、气息一道消失不见了。“江山寥落，居然有万里之势，”① 此中“溟涨无端倪，虚舟有超越”。②

因为心是驻留于人与世界之间的促事成言道路实践的结晶，又是维持这一汇聚生成发生之器具，它把理解做成为栖居行动的自我渗

---

① （宋）刘义庆：《世说新语·言语》：“江山寥落，居然有万里之势。”

② 《文选·谢灵运（游赤石进帆海）诗》：“溟涨无端倪，虚舟有超越。”

透、改变、生成的深入聚合见识力与结晶智慧，心与行动一道存活于成事的道路，并产生出自我吐纳、收放的艺术生命，没有物我的分界与对立，只有物我一体熔铸的成事经验与行动功夫，这是实践性智慧，是心的容承与运用道路敞开，是理解与行动艺术生命的内在协同一致。正是有了世界之心，万物能容承、锻造，环境能汇聚，人能在历史生命运动中发现事物，把具身性运动产生出来，心在自身存在的道路中看到了历史，因此成为了内在于世界肉身之中的同体自然，成为了有限存在与无限掘进深入的品质存在，成为了天人合一伟大艺术的践行与世界存在的见证。心如明镜般看到了世界的浩瀚。

心的贫瘠是文明精气活力消失的动因，大地上不再有人，不再有那个守望着土地而浩气长存的人，不再有那个生生死死与祖先们在一起的传统生命，不再有那个传唱着世界灵魂的共同体精神。心在人心不古、食古不化中全部消逝。因为世界发生在不可见的至微至柔性中，在那里天平在一点点地倾斜，而巨大的震荡则是由如蚁般的滚动产生出来，这是环境配置变化整全效应，微微的凸起表面是看不见的。因为均衡只是一种在场发生的质感，是整全存在的悬放状态。当心不在场时，人与物就失去了具身能势牵引，环境的配置变化与稳定质量在心的行动静定丧失后成为了视而不见的幽灵，成为了无人类生存忧患意识的纵情享乐，然而这又是一个变化万千的情景，祸福吉凶在悄然无声中进行着，对此科学技术也无能为力，它感应不到整全存在运动效应，那是一个玄动存在的巨大之黑，是源始发生与沉着的命运，没有整全存在的特征变异层次性、丰富性，就产生不出地质层的酝酿发生深度测度的力量。科学技术调整的速度是事后发生的滞后速度，它看不到居于其中的质地涨潮与跳转，层级般的跳动、转换潜入无声的改变着一切，而只有生存智慧的锻识在张力运用涵括中才可以瞬间唤起这同步、深度嵌入运动。此时事物特征意义熔铸随心而动，在荡漾开阖之间畅神，清除“滞塞”，它改变着人，也改变着面对事物的目光，改变着万物存在的命运。

同样是黑白，可以有黑白颠倒、是非不清，也可以是黑白分明，白中有黑，黑中有白，黑白变灰，甚至还能听到黑白争吵尖锐的声音，但老子说“知其白，守其黑”，一下子变得多么的辽远、开阔，开放的气动声像在特征心力运用中层层叠叠、变化牵引、相克相生，就这样一匹浑然磅礴的白马（它已经变成了龙马）从苍茫宇宙中键动而出，活力四射。

有心便有一切，心是明净之镜，如月亮般纯净、透亮，它体察万物，洗涤铅尘，大地的空鸣是心的飞驰神往，在宁静中化作耳朵听着随形响动之音，万物潮汐般的喜悦合着和谐的歌声，心听到了万物合声的缄默，感到了天地之间无处不在的神韵，一个世界存在的舞蹈在万象舞动中绵延至世界远方，万物与历史在此生此世中活现。

“蝶梦之乡”是神韵降临的乌有之乡，但不是乌托邦，是“大同”境界，它是生活世界的内里实质，因为“历史是有关绝对存在（absolute being）的重大事实”①，它在环境无有转换之间汇聚着命运的力量，聚神而无形，没有一种形式想象的造梦逻辑，只有容承的器具效应，在明心见性之间存活、屹立，在心死之后质地散神而不可见，它是同感经验世界的共造，是每一个参与者在活动中所先行奉献的命运关怀，是在捐赠产生的无量转换中共现出的心灵实存发现。它在生长中，在灵界经验酝酿中具身融合着；它在贯通中，在心灵活出的品质无为运用中如肉身般结晶、熔铸、圆成着；它在降临着，在肉身间的致意行动嵌合弥深风格中如旋转的星云沉淀出生活五光十色的品质；它在传承发扬中，在深谌致幽的潜沉运动中历史显现了生命长河，世界弥合为一体，大地奏起了雍穆的天地之音，八方朝贺，生活世界拥有了佛光圆轮至刚至诚的力量，人们安详地回到世界中。这乌有之乡就是和谐力量存在的体现，它不是我们在远方彼岸找到的，而是只活在我们的心中的真实，它在心灵存活中存有，在行动艺术中连接、显现，在共造生成中感同身受。没有它，就没有世界本身，因为那僵死的材料对于生命与世界存在而言，什么都不是，只是人心丧失后的一堆寄生物质而已，是终将把人类命运断送的帝国大厦的梦幻。

① 参见（奥）路德维希·兰德格里伯著：《生活世界与人类实存的历史性（下）》霍桂桓译，中国现象学网，2009—10。

这乌有之乡以共同的命运存在高出于现实生活方式，又以共造的成就引领着现实生活，这正是中国传统士大夫谆谆以求的深度现实人生境界，是一个天地人伦社会共享的至纯至真的永动循环世界，政制与生活相互启承，礼度与社会合于自然，政制是人类实践在环境世界中走向历史道路完整的伟大艺术，礼仪是实施共同体协同一致的行动言语，这正是文明的自然品质与力量，是文化承道的体现。“士志于道”①、“和其尘，同其光”②。

天下同有此心，心是理的存在根本，这是“心有其理”，不在表象世界构建中，而是在环境存在活动性中通过实践艺术的沉积，达到从经验存在的完整高度进行灵动自由思想的能力，唯有通过心灵运动才可以酝酿、发现这一事实存在行动至理——人文之理。人文之理是行动之质在同一个世界中实施着的完整运动造型，是造型本身体现着的环境世界小宇宙的天地和谐，而理就寓居于这完整协同全部活着的经验运动中，是“齐万物”共在之理，是不可见而又感同身受着的人性本身。是生物体普遍适应的生存吸引力，当人类行动达致环境存在的连续与和声具身有效的时候，它就产生了共同响应的通感与认同；当人心不再是一个主体自我的理由和想象时，而是共同世界的关怀，是行动之身体在承受、含纳着经验，并把经验实施为共在身体语言，在知感式运动中呈现为经验协调、融合与平衡的时间性艺术的时候，一种体怀万物、明心见性的圆成庄严就在环境生态中产生出来，一种共同体的人心与道德就已经在生长着一个和谐的社会，它是永远说不尽、道不完的传统历史生命本身。全部文字存在的理由只在这时间熔造的共同“形式”中，这是经验直接行事运用而在环境一体性中发现的运动品质之气韵、神韵，是世界在活动中充满着诗性——一种肌体性运动，一种基质绵延的运动才有了心灵，才有了心灵中的诗。全部经验也只在这诗性存在中才产生了直接说服力，进而复活了经验存在，也才复活了一个大地自然生命中的人。

---

① 孔子:《论语》，子曰:“士志于道，而耻恶衣恶食者，未足与议也。”
② 参见老子:《道德经》。

因为心外无理。心外之理最多只是人为操作方式，连“无机世界”也不完整成立，因为世界是心的现实性，这一点无须论证，只要看看当今世界“观念化”对环境的异化、毁灭，对社会的权力支使、破坏，就可以感受到这一点。中国古代先贤们之所以强调自然心性，乃是在“立心”中实现心的现实性，世界首先是在有了心的存在中才复活了一个完整的世界。一旦心的沉沦发生，人就不再把心性存在的知性完整作为理解世界的“身体动觉”基础，人就不再把语言生成的“能指性”经验作为心灵中感受到的经验，不再把地质声像当成世界存在的完整具身形象（意象），也不再把生成一种内视性的时空位置与赋形力当成世界本来的源始运动，如此，一种人类行为方式的操作习惯，在暗中操纵、修改，进而颠覆着知性完整言语性，从而在心灵失衡的惰性化与寄生依附于工具力量中改变了人的知觉，物化知觉的创意功能在失去了“动感自在”的立象自足——一种介质运动统筹于完整交换言语意义生成的内视“大象”，一种不在表象世界中存在的大地书法艺术的内时空拓扑性——从而把外在观念化的世界作为了诠释世界存在的基础，这一切直接就发生在人类行为和方方面面，比如：艺术不再是在艺术语言生成中意象崛起生命的艺术，只是观念的、寓言的、象征的、戏剧的往而不返的艺术，只是在人为使用一种意味资源而无资源的环境内在生态存活的“无”化对称潜能、无物化知觉之道的生成与复活灵魂的艺术，没有一个艺术走出了外在形式而达致介质与形式安排的自足知性完满，没有一个现代技艺性的追求能够达致精神独立——一种艺术语言“能形”思想地质奠基，一种知性能力内视完整动觉对全部技艺的主动诠释强调，对技艺思想独立的实践性信仰，并赋予事物以高贵完整品质与亲和力构成。

在这里，整全存在及物性又已经改变了经验感受觉知。及物是一个时间中共在发生的事实，是语言整全存在在现实生活对称运动中发现的特征综合书写性，是现实生活物化生成行动支撑域的同步浮显，每一次行动在行动稳定可靠中显示出行动所在的时空完整，每一次主体意识一醒来，这及物的同步协调无量空间性在瞬间消失了，因为这无量空间性是全部特征运动活泛起来共现的气动均衡，是悬身运动中的行动支撑分配与并置，因此而超形式。但它又有一种令人吃惊的绽出感、悬动感、眩晕感，是记忆深处的生命回响与无声渗透。韵在这词语书写的无我之境中，是生命化于这无声感动奏响的大地存在之音，行动内化于深切呼吸之间，在平旷腾挪跳转之间，在不断发现密实响动惊喜之间，层层转换、收放张弛，把一种合生共造能势化成出来，这是身体调节激发词语的经验质感、通感的复杂多样运动，它是神来之物，说不清道不明，恍然之间已经全部改变，无处追寻。因为它是动感自在，在物化生成中任何一个偶然、细微的牵引、暗示都触发了全部意义的有效组织与内聚，此时身体不再向着词语的句子连接的外在形式，不再关注修饰性本身的实验效应，而是文字在内环境行动觉知中直接运动，转承牵引着视性对称运用经验有效组织，经验在环境中的每一变化引起的是文字运动内觉知深度与平旷整全变化，是改变着的及物对称运用本身，二者始终处于物化生成器具均衡时空张力变化中，始终是熔铸一体的存在中的运用，因而没有了外在形式判定，只有生成平衡态势的把握与调节变化，功能在对称交换中出现，功能又在深度变化中随整全品质的有效性呈现而跳跃、改变着。功能出场在地质层的深度中说明着自身存在意义，不再是修饰性的音律形式，而是质感真实重量。词语显示的是叠加、码词、穿透、飞动的内部之韵与环境对称，词语在相互垂曳着，是内在嵌合的筛子（在现实中不存在，只在心灵复活中被身体运用着），它把词语的稳定性品质与响合之声韵筛了出来，每一个词在说出时唤醒着整全存在历史，是物化生成的可靠潜能，是天地共存的发现。

韵是道中的气韵，是“大同”境界创造之韵，它超然于物外，而又得其环中。大同，删拨大要之简约，层次演化之整饬，达致一种感性物化直接状态，一种持续变化与调整的肌理来表达的境域空间。

现实，是这震颤的无限后退风中花园的还魂活现；

历史，是一个神话故事的灵韵在述说着全部的过去；

真实，是心灵活着与世界对称地活着，并发出着如梦如幻而又无比真切的大地歌谣；

命运，聚神而又说着无形语言，无法科学预知的神秘降临的时刻。

这是一个适宜心灵生长的平衡一致性，是成熟的完美风格产生着的灵魂美好记忆空间。

当神韵降临那一刻，世界产生了内在的光亮。词语在形式操作中不会说话，但词语并没有死，只有当心灵自身开放了，词语才开始说话，这是主体意识怎么想也想不到的。词语可以在潜意识中自动组织，有连续滑动的感觉，但不仅仅于此，当思想合着文字经验的运动而舒展着、塑造着自身灵动身体的时候，思想就在开始了自身存在的知觉与呼吸、放射、结晶，他在生长着思想存在的言说有效组织调节力，在化入文字“石化”经验时生产着知性“形式”与思想生命的爆发力，此时词语就不再是自动滑出的感觉了，词语在深度跳动、转承、腾挪之间创造气动声像的垂曳，它召唤心灵的潜沉运动，词语要飞翔。是整全存在抱一的灵魂唤醒了心灵存在行动，又是心灵寻找自身存在无声的灵魂声音发现了词语，在并置功能与深度潜动贯串中那能在的全部精气召唤着大地的风，只有这生命之风吹动了词语质地共现的气动，静静躺着的词才全部伫立，在紧张磨合的身体之间，在气动声像的地质绷直、夯实之间，在全体具身锻造的交融聚神那一刻，词语跃然出纸，直透宇宙，放射出耀眼的光芒。

因为有了道，世界产生了光。

如今，一种外部空间的活动已经耗尽了人类全部的精力，没有人让心平静下来以便回到自己完整的过去，没有人停留、歇息下来以便修整着家园、呼吸着清新的空气。当人因为一种外在空间的奇想而看不到空间内里的自然、历史的时候，人就已经丧失了全部存在的理性。

现代理性并非真正的理性，它给不出自身存在的理由与道路，它把自己想象成代表某一真理的形式运动，它不知道，世间决定着事实驻留的并不是某个隐喻的固定形式运动方向，而是环境完整历史的自我生成，是没有构建必然逻辑只有环境内部调节、经营、组织、关爱的共同体生活酿造。因此，存在着的只是环境语言及其生长着的沟通能力，只是人与世界、与他者打交道时，人心的付出以及感动着的经验知性运动，它不是一个空间构建的事实，而是历史在自身道路中的命运降临以及这一“天机”的耦合发现。当现代理性用同一形式运动想象世界时，它是在用一种直接操作运动替代需要人与世界之间付出真诚努力而给予的语言生长能力以及理解力的自然成就。这样做时，不仅自己的语言能力在退化，而且在想象的形式对等交换中失去了理解世界的生态多样，它培养出大量的专家、全才、通才，就是没有培养出在身体能力中生长着的理解、体会、关怀自然的人，因为自然只是心灵事实酝酿，是全部知识化为“无”的自然品质生成，是身体行动与环境完整统一、平衡调节的运动。它自我生产了大量想象的意识形态，又把这一切强加于世界，寄生在现代网络世界中，根本不具有人格的力量，不具有尊重他人、世界的存在信仰，一切只是无心的“机心”在运动，太冷漠、荒凉，在骨子里生长着摧毁生命、历史以及环境生态运动的“毒素”。它根本不知道全部意识构造的乌托邦不能证明什么是更美好的人类生活，一旦它想要如此时，环境并不会给与想象中的那个更好的世界，环境将在失去人类经营对称交换的共同体生态命运中走向腐败，生命流离失所，社会人群失去家园，大地沉沦于欲望中。

传诵着的声音
唤醒耳朵里的神灵
同一完美的句子秘密打燃宇宙火石
磅礴的宁静徐徐穿越大气

风暴汇合的讯息正飘荡四周
为何今夜无人前去接应

我们已经遗忘了人类生活与环境垂曳一致的具身运动，遗忘了在环境完整一致运动中等候命运降临的耐心，遗忘了正是环境一致运动本身给与了我们酝酿生活的意义，以及在这一拓扑运动结晶知觉完整中测度、堪舆命运的历史眼光与存在灵魂。天下不再有诗，也不再有真正的科学与思想，只有喧嚣的尘土。

“悲夫，百家往而不反（返），必不合矣！后世之学者，不幸不见天地之纯，古人之大体，道术将为天下裂。”①

我们要重新寻找生命存在的意义，是因为我们的生活与做事已经根本改变了，既改变了思想的实质与生活的意义，又改变了人心。在世存在运动本是“道”在指引，没有意向，人源始地就生存在之中，它是无中生有，即环境完整活动自身给出的经验内在生成指引，以肉身是道，肉身成道的自然平衡运动生长、结晶着共属一体道路本身，内外平衡、相互交融，相克相生，创造价值。而生命价值、伦理价值、精神价值等又不是人为规定的、需要时就能去创造、产生出它的活动与追求，人需要这个主体意志力量在自身意图中把这一切实现出来，因为创造只存在于无的境界中，创造又为无之化的运动产生了全部价值的完整存在与“理一分殊”的奇迹，为历史所深深感动的人敞开了真诚之心扉，这是道路的源始存在运动起点，全部的价值在这个道路中自然生长、降临，被切身经验到，没有人为的虚幻性。因为在这个人类生存源始活动的大地之下已经蕴藏了深厚的潜在理性动力，这是自然的力量，也是历史的力量，它在人类无量度衡的心灵神往运动中以自然潜动结合的能量显现，这是生命幽赞神明致意的风声，它吹过了大地，在垂曳运动之间降临，风进入了世界，世界还它一个容承的场域，在醒来的时候，“心”活现在这个世界中，是“心”创造着一切价值。她不是外来的神，而是我们的“谷神”，是大地母亲。神，伫立在那儿，用她那背负深重灾难的肉身为我们再次弹奏起天籁之音，这是仁爱的音乐，是今生今世回到前生前世雄浑的音乐，是化骨般舒畅而又无比沉痛的声音，她用最后羸弱的身体柔情似水般地挥舞着、召唤着大地风之子的归来。

这是心灵的活出化生的春雨和声，是存在的历史意蕴吐丝般织出的绵绵无尽的大地衣裳，那五光十色的意象包裹着万象风景，一曲悠长的乐声从远方传来。万物欣然地跳跃着，细碎的响动合着世界空泛的回声，无处不在地说着：“执大象，天下往。往而不害，安平泰。”②

---

① 摘自《庄子·天下》。

② 参见老子：《道德经》。

它是“空中之音，相中之色，水中之月，镜中之象”。① 此时的世界又是多么的和谐轻灵！

因为有了道，世界生出了光，大地母亲引领着我们前行。

大地人心的丧失，让人永远失去立起在大地上的传统与历史，人只看到了表面而失去了内里，人在终结历史的时候，也终结了一切，从此以后，茫茫黑暗的死亡意识将伴随人的一生，伴随整个世界。

“冬日的山巅有时是死者的/安魂之处，那林中‘簌簌’的融雪，/大块大块颜色灰白的岩石，/有时是死者嶙峋的面孔。

云彩有时是冰冷的思乡，/踯躅着，那远方亲友的姓名，/无声的念叨，山下的河流/是他们深陷的眼窝——

他们的手指最先触到日出，他们的瞳仁/保存着对昔日爱情久久地凝视/冬日的山巅，黎明的晨曦/有时是死者灰暗的前额。”②

——一道镌刻在宇宙深处的文明之光横亘在寰宇的星空之上，那是一条深邃悠长的、久久地回旋在上空而不愿离去的让人无限伤神的昔日璀璨星河，每当思绪奔流、感怀沧桑的时候，思念的句子说不出口，思乡的话语找不到家门，灵魂已经被抛尸于旷野的冷风中，面对黑夜仰天无声地哭泣、长啸，只有风儿知道。风，在地上转动着，无声地述说着。

大地荒寒时，有巫师从葬身于鱼腹的大海深处走了出来……

走在额头飘雪的夜里而依旧是
从一张白纸上走过而依旧是
走进那看不见的田野而依旧是

走在词间，麦田间，走在
减价的皮鞋间，走到词
望到家乡的时刻，而依旧是

---

① 参见（宋）严羽：《沧浪诗话·诗辨》。

② 庞培：《怀念》，中国艺术批评网，www. zgyspp. com，2005. 10.

站在麦田间整理西装，而依旧是
屈下黄金盾牌铸造的膝盖，而依旧是
这世上最响亮的，最响亮的
依旧是，依旧是大地

一道秋光从割草人腿间穿过时，它是
一片金黄的玉米地里有一阵狂笑声，是它
一阵鞭炮声透出鲜红的辣椒地，它依旧是

任何排列也不能再现它的金黄
它的秩序是秋日原野的一阵奋力生长
它有无处不在的说服力，它依旧是它

一阵九月的冷牛粪被铲向空中而依旧是
十月的石头走成了队伍而依旧是
十一月的雨经过一个没有了你的地点而依旧是

依旧是七十只梨子在树上笑歪了脸
你父亲依旧是你母亲
笑声中的一阵咳嗽声

牛头向着逝去的道路颠簸
而依旧是一家人坐在牛车上看雪
被一根巨大的牛舌舔到

温暖呵，依旧是温暖

是来自记忆的雪，增加了记忆的重量
是雪欠下的，这时雪来覆盖

是雪翻过了那一页

翻过了，而依旧是

冬日的麦地和墓地已经接在一起
四棵凄凉的树就种在这里
昔日的光涌进了诉说，在话语以外崩裂

崩裂，而依旧是

你父亲用你母亲的死做他的天空
用他的死做你母亲的墓碑
你父亲的骨头从高高的山岗上走下

而依旧是

每一粒星星都在经历此生此世
埋在后园的每一块碎玻璃都在说话
为了一个不会再见的理由，说

依旧是，依旧是①

---

① 参见多多：《依旧是》

后　记

本书不是通过介绍、解释、揭示、批判的方法写出来的，在书中，没有采用通常那样把一个个问题或主题列举出来，进而加以分析的写作方式。因为那些真正有意义的，一直困扰着我们时代思想与生活的重要事情，能不能通过“学术惯例”的思考方式与写作方法产生出来？正是本书要质疑的。

当我们说要思考和反映现实的时候，当我们在写作中想要书写那些尽管是我们相当熟悉的主题生活与历史的时候，有一个疑问存在着，就是在你的思想和写作中，你所面对的“对象”到底是怎样的对象？你能找到一种有效的方式来思想和呈现这个对象吗？

一种真实存在的思想产生于它与对象之间的对称平衡运动，也产生于要表达这一动态整合思想时表达方式与语言之间的对称平衡运动，而对称平衡是在一个活动参与中的知觉深入完整过程，也是思想与写作走向对象，对象向我们走来的时间奇迹。它给出了这样一个人类思想与写作的限定——我们在思想和写作时，由于“同构”的惯性思维方式作用，没有看到或经验到我们与对象之间存在着的不对称“距离”，我们还是在“自以为是”的状态中想象着对象，而根本丧失了行动参与中经验对人和对象的处境改变，包括思想选择方式、语言蕴涵的经验姿态暗示，包括行动中所发生的事情，并不被外在对象性观察与思考所拥有。因此，不是你熟悉了对象，你就能够直接思想和写作它，绝对不是。在你与对象之间始终存在着你永远无法预知的世界，这是在活动中建立起来的共在交换与改变，而改变往往是无形无声进行着的，是默会运动的多出与生成，是它决定了你直接思想与写作的不可能——总有深度经验中的意外，也是它在一种失而复得的伦常意义上给予了你回到思想存在的对称交换“美学品格”，而思想与写作的现实局限在此时又成为了开放塑造中的动力，它生成了一种这一思想不再是通常意义上的思想与行动脱节的外理解发生与知觉、想象不在场的思想，思想在思想自改变着世界，而“改变”正是思想内部“生殖”产生贯通与灵魂的复活。

种直接行动中的环境活动一体性已经被现代世界抛弃、种知识吗？能力吗？它比知识、能力又更近，更贴身，要它而又无须中介，人通过这样一种行动而扎根在环境世而能直接唤起它而又可以在行动中不断地习得它——这一既在外的平行、对称运动，人同环境这一天然活动性又像是出于而又回到子宫的生存活动，并在一个更大的、更深厚的看不见的“子宫”中实现着自身的命运。这首先是肉身行动先天直觉“本能样式”，是没有外在样式中介性的而又在直接行动中可以恢复生存有效并与环境活动完整关联，并能在“子宫”天然给予的肉身品质中平行、对称，它深度重合着环境活动同一具身风格。环境是这一直接行动超出于对象性认识而又在完整存在信仰中，通过一种没有外在条件的状态而构成（科学概率），它是行动拥有的具身特征连属组织，以及由这一组织调节知觉直接承启、统摄着的环境活动直觉运用空间。也即是说，环境是身体行动在具身完整性运用中贯串着的直接行动蕴涵，是我的身体包容着“环境活动完整”，同时又是“环境活动完整”在共筑的行动中不断包容着“我能”，而生成的空间舞动音乐——一种在深度共造中有深厚共存栖居的活动潜质，在深度共造中我来到世界、世界向我走来的潜质双重塑造与生成着的存在局面，一种在深度共造中主体与环境不断融合一体的生活世界具身熔造动力语言。

将武术还原于格斗，将艺术还原于生活。这是消除主体意识后对于人类源始生存活动躯体性事实符号、表象化知觉的“用”，是将艺术源于生活、高出于生活实践活动推向存在极致的根本方法。让艺术回到它的生活世界，让事实回到它的环境存在，这已经不是主体意识还原可以做得到的，也不是任何“拿来”的方法可以解决的问题，这是一门古老的生活实用艺术——生存直接还原。“用”被赋予了经验直接行动激活、存在见证的意义，“用”也被直接行动具身构成所导引。因而没有了外在形式想象世界的可能，全部可能深藏在直接行动运动有效性之中，这是历史源始生成意象力所规定着的“前生活”行动化世界，而此时的文学艺术就是“说话”，就是在语言还没有分化为对象性工具之前的言说直接构成，语言被赋予了强烈的原生色彩，语言也承担了这个前理解世界的内在启明。这是生活世界存在着并给予着的内部事实生存构成发现，而语言就是生存活动本身——既是众多的人类生存活动手段之一，又是生存活动据以存在的方式构成，也是世界存在的行动生成奠基。因而，手段不再是生活世界之外的事情，而是构成性本身生成着的存在方式，是生存直接照亮着的艺术生命。语言在说话，如同武术在还原于格斗的截击实用之道中让时间成为了生存行动可能，说话不需要学习语法，也无需理论，如婴儿般在活动中自然释放，这正是我们的躯体被给予着的自然承启运动与活动酿造，文学艺术在它的原生世界言说有效性中开启了身体舞蹈的原道时空。

如果你不在语言直接行动意义上使用语言，那么言谈中就不存在谈论世界的真实可靠；如果你以为主体性意识可以通过日常生活的言说和虚构传达历史，那么你就永远也找不到虚构存在的真实性，因为言说虚构的活动意义不在主体意识视阈融合中，它是无主体性的个体被历史所征用的存在意识，它没有中介转换，而是直接承启了语言经验行动才生成了存在方式的言说。如果你把知和行在语言运用中分离开来，那么语言就失去了它的全部记忆传感和生成能力；如果你把记忆仅仅理解成一种回忆的线索、方式，而不涉及到一种与内容有效性关联着的质地与力量保持，那么你就无法理解记忆根植于人体的全部生长过程。不需要大脑专门的回忆，人天天都在运用着记忆资源，在无意识之中已经把记忆与行动直接连接，因此才有做事越来越衬手可靠的感觉。记忆本质上是行动有效性在事物与身体之间形成的对称交换完整“印迹”的能量，它同时改变了人体与事物的经验知觉涵义，在经验调节共同支撑与转换的意义上，赋予了经验运动性潜能，不是知，而是知行合一的动觉拓扑质地生成，产生了瞬间回到事情本身中的存在力量，并以当前化的行动激活了空间之下的绵延。而语言又具有这一神奇的能量，语言的声音含聚着自我辨识、区分、自我调节修正的内部组织潜能，音调与节奏含括着形象循环、差异与层次转换的内在均衡调节机制，仿佛是滤满着墨汁的延宕之笔，“寻音律而定墨”。它在言说成为一种经验“行走”的意义上尝试，承担了既是说与知，又是行与知的双重功能，从而实施着“行走”动觉的自成完整性，而“音律”是“行走”经验共同交换的默会运动产物，那看不见的韵律在声音经验的起伏连绵中生成着声音回到自身，同时也是融入到世界中的共在支撑平衡，内在力量在恢复着语言经验的完整质地，赋予着语言生殖的活性潜能。哲学是内在于历史当前化行动的综合潜质，历史是运用这一潜质产生完整存在具身行动与实践艺术贯串的生命成就，没有意识到这一点，那么你就将永远处于如此境地——在世界之外谈世界。

“能思想的文字”就是能生成文字完整运动具身，能最大限度含聚文字历史讯息，能通过文字运动性特征的地质拓扑构成与动觉运用平行吸收、转换、植入身体、寓居于语言活动的共同觉知，生成语言默会运动并召唤空间。在那儿，文字具有了运动汇意机制，在那儿，文字具有了身体参与其间的完整动觉记忆激活能量与双向塑造的组织调节性，在那儿，文字又以完整存在的完美构成与未开放空间一起召唤着世界的进入，它不仅是有意味的文字，更是能直接对话，产生灵魂碰撞的思想品质与开启世界“无明”的智慧力量。现代汉语则是通过测度句式运动综合潜质，以及堪舆句式体块的结合有效性，在深度编织的内在呼应形式中产生出来的意象，在现代汉语新的形式有效性中同一个身体被刷新，这不是现代西方语言所面临的问题，也不是他们的语言实验可以解决的事情，而是在生成现代汉语思想中必然要开辟的从“书同文”的文言格律中开放出来。“能思想的文字”是一个民族语言质地的独特性决定着的空间宇宙以及宇宙意识多样呈现的“音乐”风格，这是共同体历史积淀而产生的与生活世界的协同一致。没有一个外在性经验和语言可以告诉你这一灵魂深处的质地结合有效性，也没有一只外来的鸟儿可以教会你唱本地的歌，只有灵魂醒来的时候内心深处在教会着你“至诚入神”的法则。

词、句式、形式，是由词的繁变延宕的结体与分形运动而不断增值着的内空间“建筑风格”视界，同时又是依持于词，但又超出于词的拓扑运动性知觉。词的“音乐性”，即词的比附连属组织有效“兴起”的结晶运动，是一个根本不再等同于词的意义总和的凝练成果，是一条在词的存在不断被码高着的地质风物之弧线，它是看不见的高，尽管贴着地，但在还原于运动拓扑的行动化意义上已经不再是“花的态度”，而是“雪的精神”，因此在规整着词的“原生”视界中，它也在倾听着词根，这是中文性思想家园在弹奏一曲忧世怀古的“大悲咒”，这是“无明”世界中凄寒的梅花再度显现的文明气节，它奏起了一种“风与骚”的雄浑古意，撩动了中文字内在的寂静，带着气血的化骨震荡而生长着，所有的新无处不在地旧，所有的旧无处不在地新。这是洁净的风带来的一个“云涌”的世界，大地音乐在“水穷处”升起了“云岫”，词在生花的一刹那间“神思”般地看到了前世的“今天”，而词在它的内部事实运动结晶中已然将文字学修成为一个“如日中天”的大地风景，因此，整合是组织调节，更是组织调节意义的承启与刷新，是精、气、神的酝酿与提高，此时，唯有古旧的音乐忘怀着生命，唯有古旧的音乐更新着值得一过的生命，在意象转换的时间历程中，声音的地质拓扑归还了一个意象的集结而又升腾着意象生命运动。当“能思想的文字”音乐响起的时候，文字在“漂浮能指”的运动生成空间中随大地之风的吹拂而舞蹈，生出变化万千，把文字在世界中存在的“石化”经验潜能全部激发出来，在运动聚合的直觉宇宙中深深回荡。一个流金岁月的历史场景醒来。

因此，不是传统在语言外在逻辑与表达方式上的改变就已经抹去了记忆，而是记忆根植于每一个中文字的质地中，你用生命完整存在的信仰以及身体力行的实践功夫与耐心去唤醒它，忘却渺小的自我，感动于那个产生我又给予着我一切的世界，爱将是这个传统世界复活的唯一理由与“武器”。

行动中生成的哲学，是实践艺术的哲学，是历史统一的哲学。在这里，哲学同存在共适生命、同完整世界构成关联着。所谓的“世界观”是在共同经营中形成着的，也是在运动生成的协同性、一贯性中产生的对同一个世界的运用区分，这一意义所包含的共在生存关怀的普遍平行意识与运用、转换物化精神关联着，它是维护世界生态理性的行动哲学，也是实施这一哲学有效性展开与历史当前化的调节组织，这是诗性哲学的内在语言形态。它否决了传统西方哲学的外在方式合法性，否决了主体意识行为的意义标准，也否决了在生命历史“非思”之外的本体知识世界。

文学是对人类集体无意识行动语言的承启而产生的同一个世界大地哲学的刷新和完美体现，当一个伟大的传统沉寂于世纪的狂野冷风中时，我们听到的是失去内心的哭声，先人们的哭声经久不息，大地的哭声经久不息。

写作作为叙事行为，作为思想行为描述与演绎过程，作为有意识地选择某种角度、方式、立场而趋达某个目标、结论的活动，都不是、也不足以代表写作作为一种存在事实本身。比如：对某些生活体验的详尽描述、分析，对故事情节的编织，对诗歌叙事戏剧性的占有和虚构，对诗歌内部组织的主体意识调整，这些都不足以凸显在写作中用语言编织的“拟生活性”，同时不足以凸显把写作自身编织进这一“拟生活性”活动之中的实在意义。呼吸、驻留于一事情中，并通过此一事情而趋达存在，同时让存在来实现着对称于环境的时间性“度衡”，在这一整体时间性“度衡”中给出内部编织行动有效秩序，这是专注于一项活动而没有目的，而写作在这里已然抹去了全部暗藏在写作中的而又与写作无关的“心机”与技术。只有通过生活而发展起来的“世界向我们走来”的完整性，写作也因此忘我地达至了一种境界，一种精神立起的状态，一种雄浑的能量，它是写作与语言经验达成的存在活动“耕耘”，更是因为这一“耕耘”塑造的写作深度呼吸与生命的内在关联而产生的人类精神独立，在“毋忘、毋必、毋固、毋我”中而达至意义失而复得。不在意识行为主体状态中构成文学与诗歌，而是“闪电”本身的聚合能量直接构成了一个“落英缤纷”的状态，凝结出一个超出于意识想象力的结晶，一种现实瞬间带出的超迈品质。而此时均衡调整运动已经生殖，并以灵魂醒来的事实唤醒着世界。这正是写作突围的方法。

如楔子般嵌入，如流水般无迹，生长在时间中萌发，这是劳作与忘怀共同沉积的质地，这是沉积在劳作中再次醒来忘我的记忆。“如月亮般明晰，如江河般奔流不止”，记忆不再是止于某个空间的表象，而是覆盖、涂抹深处印迹的运动历程，“行到水穷处，坐看云起时”，当记忆能够把空间的叙事无声地转换为叙事时间的沉积，在叙事支撑变化之间把叙事转变为叙说着的行动之道，一个空间就在风中屹立。这是知觉协同在特征连属组织拓扑运动中立起的无化之风，是诗中有画而溢出于表的飞动传神，它在生存直接行动中让生命记忆复活。写作在知觉与语言相互转换、承启的指引中，打开了在世存在的文化与文明。

写作与思想的存在价值正是在于为沉沦的世界贡献不沉沦的希望与灵魂，它在回到自身存在的生命统一性中实现着历史生命的贯串，现实存在的意义在历史当前化行动中得到完整调节与组织，并启示着未来的行动意义。这不是在揭示现实与历史中可有可无的选择，而是在你想要思想和写作时，世界已然存在基本力量，唯有同这一基本力量的运动保持协同一致与关怀，你才能说出这个世界到底是什么。这恰恰是超出于对象性活动的历史源动力思想，它更基本，更丰富多样而完整，也更坚实可靠。历史在“在话中有话”的酝酿中产生了任何对象性方式说不出的强大传统以及环境生活的骄傲与尊严。如果将这一切呈现给西方观众，“卖出”的不仅仅是一个经过装饰、结构后的“肉价钱”，要收回的是一个活着的伟大传统，它让世界惊叹——像我们的先贤那样修身养性、自然来到世界，与世界进行着品质相称的对话与生活理解。中国古典思想自然屹立着，同世界进行着传统之间的平行交流，像老子、孔子、庄子那样存在着，说着，成为永远也读不完的世界文明不朽传奇。